제주학회 제주학총서 ③

물을 품은 제주섬

을 말하다

윤용택

문경미

강수경

고기원

고은희

하규철

박원배

이영돈

한그루

**물을 품은
제주섬을 말하다**

차례

책을 내면서

　　제주학회가 세 번째 제주학총서로 "물을 품은 제주섬을 말하다"를 발간한다. 지난 2021년 가을에 제주학회에서는 같은 주제로 제53차 전국학술대회를 개최하여 물이 제주섬의 소중한 자원이라는 것을 제주도민과 공유한 바도 있다.

　　제주섬은 먹는 물이 귀해서 용천수가 나오는 곳을 중심으로 마을이 형성되었고, 제주 사람들은 농업용수가 부족하던 시절에는 논농사가 어려워 쌀을 곤쌀(고운쌀)로 불렀다. 하지만 현재는 지하수가 개발되어 우리 국민과 세계인이 마시게 되면서 세계적인 보물로 각광받고 있다. 이처럼 소중한 제주섬의 물 자원을 청정하게 잘 관리하기 위해서는 물 문화 확산과 과학적인 정책이 필요하다.

　　제주섬의 물은 빗물이 고인 봉천수, 땅속에 스민 지하수, 샘솟는 용천수, 흐르는 냇물, 항상성과 청정성을 지닌 용암해수(염지하수) 등 매우 다양한 모습을 보여준다. 그처럼 다양한 물들을 제대로 알려면, 환경과학, 지질학, 수문학, 해양학 등 자연과학 분야뿐만 아니라 철학, 역사, 민속, 문화 등 인문사회학적 고찰이 필요하다. 따라서 이 책의 집필을 위해 제주섬의 물에 관심을 가져온 인문학, 사회과학, 자연과학 분야의 연구자들이 참여하고 있다.

　　윤용택은 "물의 마을 일강정의 물 문화"에서 강정마을의 하천과 용천수에 대한 추억, 논농사와 일노래에 대해서 정리하면서, 강정의 물 문화를 보전하기 위해 물을 테마로 한 생태박물관(Eco Museum)을 주창하고 있다.

문경미는 "제주섬의 물 이름과 신화·전설"에서 다양한 물 이름을 통해서 제주인들의 물과 관련한 지식체계를 살피고 신화와 전설 속에 드러나는 물과 관련된 의미를 추적하고 있다.

강수경은 "제주물의 이용 양상과 민속적 인식"에서 현장사례와 면담자료를 통해 상수도 이전 시대 이용하던 용천수, 봉천수, 빗물받기, 우물 등을 중심으로 제주물의 소비와 생산, 이용 양상과 민속적 인식을 다루고 있다.

그리고 고기원은 "제주도의 수문지질과 지하수 부존 특성"에서 제주섬의 지형, 수문지질, 지하수 부존형태 연구사를 정리하고 상위지하수, 기저지하수, 염지하수, 기반암지하수 등 다양한 유형의 지하수와 수직적 대수층구조에 대해서 논하고 있다.

고은희는 "제주도 지하수의 수질과 순환시스템"에서 제주도 지하수 수질에 영향을 주는 다양한 수리지구화학적 반응들과 함께 배경수질, 수질현황 및 도내 분포하고 있는 잠재오염원들이 지하수에서 유동하는 순환체계를 밝히고 있다.

하규철은 "물수지와 지하수 함양"에서 제주섬의 수문학적 물수지 분석을 통해 지하수 함양을 추산하고, 물자원의 이용과 지하수의 지속가능량을 산출하며, 제주섬 지하수위의 변동 상황을 제시하고 있다.

박원배는 "제주의 용천수"에서 향토자료와 문헌조사, 그리고 용천수 현장 전수조사 자료를 토대로 제주섬의 용천수 현황, 유형 및 특성, 이용실태 등을 정리하고 용천수 보전·

관리 방안을 제시하고 있다.

　이영돈은 "제주 용암해수"에서 제주 용암해수(염지하수)의 유효성 탐색과 식음료 개발 과제와 제주테크노파크 용암해수센터의 용암해수 산업방향 등을 바탕으로 용암해수 사업추진배경, 용암해수의 정의, 용암해수 미네랄성분의 기능성, 용암해수의 개발현황과 방향에 관하여 서술하였다.

　바쁜 가운데도 제주섬의 물에 대한 이모저모를 입체적으로 밝혀 주신 필자들의 열정에 감사드린다. 이 책은 제주섬의 물 정책을 입안하는 전문가뿐만 아니라 일반 도민들이 제주섬의 물 자원 특성을 이해하는 데 큰 도움이 될 것이다. 그리고 이 책이 오늘과 미래의 축복받는 제주사회를 만들어 가는 데 씨알이 되기를 기대한다. 집필진을 대표해서 이 책이 발간되도록 적극적 지원과 협조를 해주신 사단법인 제주학회 관계자분들과 오리온 재단에 심심한 사의를 표한다.

2022년 12월

사단법인 제주학회 회장 **이영돈**

물의 마을 일강정의
물 문화[1]

윤용택

I. 머리말

물은 인간뿐만 아니라 모든 생명체가 살아가기 위해서 반드시 필요하다. 일찍이 탈레스(Thales, BC. 624-546)는 "물은 만물의 근원"이라 하였고, 노자(老子, BC. 6세기경)는 "가장 좋은 것은 물과 같다.[上善若水]"고 하였다. 제주섬은 구조적으로 물이 잘 빠지는 지형과 지질인 데다 토양 보습력마저 약해서 다른 지역에 비해 강수량이 많은데도 늘 가뭄을 안고 살아야 했다. 대부분의 빗물이 지하로 스미는 바람에 제주섬 사람들은 지하수가 개발되기 전까지는 식수와 생활용수를 용천수와 봉천수에 의지하였다.

제주섬 대부분 지역에서 식수마저 부족하여, 물을 많이 필요로 하는 논농사를 짓는 것은 엄두도 못 냈고, 쌀을 생산하기 위해 나룩(논벼) 대신 산뒤(밭벼)를 재배해야 했다. 우락기(1965: 120)에 따르면, 1960년대 초반 기준으로 제주섬에서 나룩을 재배하는 논은

---

1) 이 글은 「제주도 강정마을의 물문화에 대한 고찰」(『제주도연구』 58, 185-217)을 수정 보완한 것이다.

<표 1> 제주섬의 쌀생산량(1960년대 초반 기준)

구분	면적(ha)	10a당 생산량(kg)	총생산량(M/T)
나룩(논벼)	1,028	189	1,949
산뒤(밭벼)	3,999	76	3,049
합계	5,027	99	5,350

1,028ha로 전체 경지면적의 1.5퍼센트이고, 산뒤를 재배하는 면적은 약 6퍼센트에 해당하는 3,999ha로, 나룩보다 산뒤를 4배나 많이 재배하였다. 하지만 단위 면적당 생산량은 나룩이 산뒤보다 2.5배나 많아서 총생산량에서는 큰 차이가 없었다.

그러나 제주섬에도 일부 지역에서는 물이 풍부하여 논농사를 짓는 지역도 있었다. 물과 쌀이 귀하던 시절 옛 제주 사람들은 그러한 마을들을 부러워하면서 '일강정 이번내 삼도원(1강정 2화순 3신도)'이라는 말을 만들어내기도 하였다. 이는 강정마을이 수량이 풍부하고 수질과 토질이 좋아서 나룩농사를 많이 지어 제주섬에서 가장 풍요롭고, 화순(번내)과 신도(도원)가 그 뒤를 잇는다는 것을 의미한다. 그리고 강정마을 사람들은 '일강정 이법판(1강정 2법환)'이라 하여 자신들이 이웃 법환마을보다 부촌임을 과시하고 더 나은 생활을 하고 있다고 자부하였다(고재환, 2002: 379-380).

제주섬에는 지형적으로는 논농사를 짓기에 부적합하지만 화순과 중문처럼 인간의 불굴의 노력이 더해져서 논농사를 짓게 된 지역도 있다. 김광종(金光宗)은 1832년부터 약 10년에 걸쳐 화순마을 동쪽의 황개천 물을 이용하기 위해 바위를 뚫고 수로를 개척하여 약 5만여 평 들판을 논으로 만들어 화순에 '이번내'라는 별칭을 얻게 하였다. 그리고 대정군수였던 채구석(蔡龜錫)은 중문 천제연 물을 이용하기 위해 1907년부터 2년간 공사 끝에 바위를 뚫어 수로를 만들어 약 5만여 평에 논농사를 짓게 하였다.

이와는 달리 '강정(江汀)'은 강을 뜻하는 '강(江)', 물가를 뜻하는 '정(汀)'으로 이뤄진 지명에서 알 수 있듯이 냇가 근처에 있는 물이 풍부한 마을이다. 사시사철 흐르는 '큰내(강정천)'외 '이끈내(악근천)'가 있고, '큰강정물'을 비롯하여 크고 작은 용천수가 20여 곳에서 솟아나

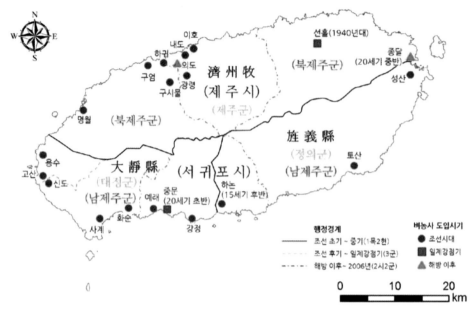

〈그림 1〉 제주섬 벼농사 분포 기록(출처: 정근오, 2021: 107)

서 논농사를 짓기에 천혜의 자연조건을 갖추고 있다. 그래서 강정마을은 '일강정' 또는 '제일강정'이라는 별칭을 얻게 되었고, 지금도 마을주민들은 '강정'보다는 '일강정'으로 불리는 것을 더 좋아한다(이 글에서는 '강정'과 '일강정'을 혼용해서 쓴다). 강정마을에는 제주섬의 다른 마을에서는 찾기 힘든 물과 관련된 이야기들이 많다. 특히 강정쌀(강정쌀)과 강정은어는 강정 출신이면 누구나 자랑스러워하는 것들이다(이 글에서는 '강정쌀'과 '강정은어'를 고유명사로 쓰기로 한다).

하지만 강정쌀과 강정은어는 1970년대까지 전성기를 이루고 1980년대 초반부터는 쇠락하기 시작한다. 강정 취수장이 건설되고 지하수가 개발되면서 지하수위가 급격하게 낮아지는 바람에 용천수의 용출량이 급격하게 줄었을 뿐만 아니라 쌀값이 폭락하면서 논농사가 경쟁력을 잃게 되었기 때문이다. 지금은 일강정을 대표하던 강정쌀과 강정은어도 이야기로만 남게 되었고, 논농사를 지으며 부르던 일노래도 이제는 한낱 가사로만 남았다. 하지만 큰내, 아끈내, 골새, 곳곳에서 샘솟는 용천수들, 일강정을 대표하던 강정쌀과 강정은어, 그리고 주민들의 고된 노동의 애환을 달래주던 일노래들을 단지 옛이야기로만 남겨서는 안 될 일이다.

물의 마을 일강정의 물 문화는 물이 부족했던 제주섬의 주요한 생태문화자산으로, 제주섬의 물 문화를 더욱 풍성하고 풍요롭게 해준다. 생태적으로 뛰어난 일강정의 자연을 잘 복원한다면 강정은어가 다시 돌아올 것이다. 그리고 일부 지역에서라도 벼농사를 다시 짓는다면 사라진 강정쌀뿐만 아니라 잊히던 일노래도 전승될 수 있을 것이다. 이 글은 강정마을의 물에 대한 추억과 기억을 공유함으로써 해군기지 갈등으로 갈라진 마을공동체를 회복하고, 일강정의 물 문화 보존을 위한 기초자료를 제공하며, 더 나아가 다른 지역에서 찾아보기 힘든 하천과 논농사에 대한 생활 양태를 소개함으로써 제주지역 물 문화의 지평을 확장하려는 데 목적이 있다.

이 글은 1960~80년대의 물과 관련된 강정마을의 생활상을 고찰한 것으로, 강정청년회지인『강정(1988)』, 강정마을지인『강정향토지(1996)』, 윤경노의『향토강정(2001)』과『제주전래민요집(2006)』등을 참고하면서, 필자(1959년생)의 기억을 바탕으로 서술하였다. 2장에서는 큰내, 아끈내, 골새, 용천수 등을 중심으로 강정마을이 '일강정'이라 불리는 배경을 살펴보고, 3장에서는 강정은어, 강정해안, 골새 등의 추억을 기술하며, 4장과 5장에서는 일강정의 논농사와 일노래에 대해서 살펴보기로 한다.

Ⅱ. 물의 마을, 일강정

1. 강정마을 개요

강정마을에는 사시사철 흐르는 '큰내(강정천)'와 '아끈내(악근천)'가 있고, 마을 중심을 흐르는 '골새(마흘천)'가 있으며, 마을 곳곳에 용천수가 많이 솟아난다.

강정마을에서 발굴된 유적과 유물에 비춰본다면 기원전 200년경부터 사람이 살기 시작한 것으로 보인다(강정마을회, 1996: 55). 그리고 강정마을의 '대궐터'에서 수습되는 기와, 자기, 대리석 파편들을 볼 때(강정청년회, 1988: 24; 제주문화유산연구원, 2015), 당시 건물은 원명(元明) 교체기인 14~15세기에 축조된 것으로 몽골 황제 순제의 피난궁전이었을 것으로 추정된다(김일우, 2020: 57-58). 이러한 자료들은 강정 지역에 이미 오래전부터 마을이 있었

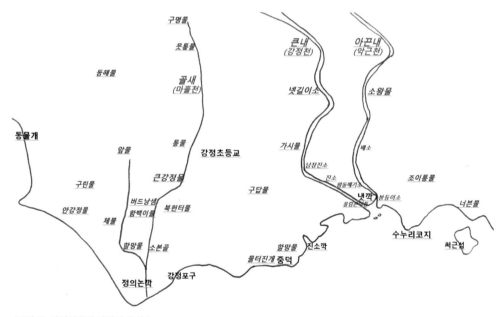

〈그림 2〉 강정마을의 하천과 용천수

다는 것을 보여준다. 하지만 현재 마을주민 입향조(入鄕祖)들은 대략 1620년경부터 1740년경에 정착한 것으로 파악되고 있다(강정마을회, 1996: 56-65; 윤경노, 2001: 21). 그리 본다면 늦어도 그쯤부터는 강정에 논농사가 시작된 것으로 추측해볼 수 있다.

강정마을은 해안으로부터 1킬로미터 이상 떨어져 있고, 약 5.5킬로미터에 이르는 해안선을 지니고 있어서 넓은 논 들녘이 펼쳐진다. 강정의 논 면적은 1963년 자료에 따르면 160여ha이고, 1987년 자료 따르면 130여ha로 대략 40~50만 평 정도로 추산된다(강정마을회, 1996: 289; 강정청년회, 1988: 25). 게다가 강정은 토질이 좋고 물이 풍부하여 쌀의 품질이 뛰어날 뿐만 아니라 다른 지역보다 단위 면적당 생산량도 많았고 무게도 많이 나갔다. 그래서 예로부터 "강정애긴 곤밥주민 울곡 조팝주민 안 운다.(강정 아기는 쌀밥을 주면 울고 조밥을 주면 안 운다.)"는 제주속담이 생겨나기도 하였다.

강정마을에선 1960년대까지만 해도 매년 40여 명의 아기가 태어났지만, 1970년대부터 가족계획사업으로 출생률이 감소하여 1990년대에는 평균 25~30명 정도 탄생하였다(강정마을회, 1996: 115). 지난 50여 년 동안 강정마을의 가구 수는 두 배 이상 늘었지만, 인구는 거의 변함이 없다.

그리고 강정에서 1980년대 초부터 비닐하우스 시설을 갖춰 바나나, 파인애플, 감귤, 화훼 등을 재배하면서 벼농사는 경쟁력을 잃게 되었고 1989년에 이르러 벼농사는 완전히

〈표 2〉 강정마을의 인구변화

구분	가구수	총인구	남	여	가구평균 인원
1964년	484	2,098	1,019	1,079	4.3
1976년	535	2,227	1,070	1,157	4.2
1987년	592	2,310	1,124	1,186	3.9
1995년	642	2,254	1,191	1,223	3.5
1998년	673	2,216	1,086	1,130	3.3
2017년	1,018	2,279	1,208	1,071	2.4

자취를 감추었다. 제주섬 전역에 상수도 시설이 갖춰져 식수가 해결되고, 지하수가 개발되어 농업용수가 공급되면서 강정마을이 누리던 특혜와 영화(榮華)도 많이 퇴색되었다. 하지만 지금도 마을주민들은 '일강정'에 대한 자부심이 있고, 물과 관련된 많은 추억을 간직하고 있다.

2. 큰내(강정천)의 지명

마을주민들은 '강정천(江汀川)'을 '큰내[大川]'라 부르는데, 『신증동국여지승람』에서는 가내대천(加內大川), 『탐라지』에서는 대가래천(大加來川)이라 하였다(오창명, 2004: 127). 1984년 여름 강정새마을청소년회에서 큰내 하구인 멧부리부터 강정천 원류로 추정되는 영실 동북쪽에 위치한 하천 폭 50센티미터 지점까지 탐사한 결과, 총길이 15,889미터, 소(沼) 7개, 폭포 13개, 지류 10개소로 조사되었다(강정청년회, 1988: 77-80). 하지만 사시사철 물이 흐르는 구간만 따진다면, 넷길이소부터 냇깍까지 약 500미터 정도이다. 여기서는 그 구간을 중심으로 살펴본다.[2]

① **넷길이소**: 큰내의 수원지로 길이 49미터, 너비 48미터의 호수이다. 수심 11.5미터(1984년 측정)일 정도로 용출량이 엄청나며 높이 4미터 절벽으로 둘러싸여 경관이 매우 빼어나다. 넷길이소는 폭포[하폭괘천(夏瀑掛川)], 깊은 물[수원심상(水源深狀)], 암벽[양안병립(兩岸屛立)], 은어[은어유약(銀魚遊躍)] 등 네 가지가 길(吉)하다고 해서 그렇게 불려왔다(우락기, 1965: 373). 넷길이소는 큰비가 와서 냇물이 넘칠 때는 폭포를 이루며, 바

---

2) 이 글에서는 '강정천'과 '악근천'이라는 공식 명칭 대신에 주민들이 주로 사용하는 지역명인 '큰내'와 '아끈내'를 주로 사용한다. 여기에 등장하는 지명과 유래는 강정청년회, 1988: 77-80; 강정마을회, 1996: 223-228; 서귀포시, 1999: 392-396; 윤경노, 2001: 54-59 등을 참조하여 서술하였다.

로 옆 '동의본향당'은 이렛날(음력 7
일, 17일, 27일)에 봉제받는 '이렛당'
으로, 신목(神木)인 500여 년 된 담팔
수나무는 천연기념물 제544호로
지정되었다. 마을사람들은 넷길이
소와 동의본향당을 성소로 여긴다.

〈그림 3〉 넷길이소(사진: 윤용택)

② **베락마진소**: 넷길이소와 취수장 사
이에 있는 소로, 예전에 절벽에 벼
락이 떨어졌다 하여 그리 불리고,
멸종위기 2급으로 지정된 솔잎란이 암벽에 자생한다.

③ **강정취수장**: 넷길이소에서 용출하는 물을 막아서 서귀포시민에게 수돗물을 공급하
고 있다. 1971년 시설용량 5천 톤 규모로 물막이 공사를 하였고, 1981년 2차 공사로
1일 2만 7천 톤의 물을 뽑아내고 있고, 1993년부터는 악근천 보조수원을 개발하여
1일 8천 톤의 물을 추가 공급하고 있다.

④ **가시물**: 강정마을 초기에 형성된 더넷동네 주민들의 식수로 이용되었으나 1981년
취수장 확장공사로 매몰되었다. 2876번지경에 있었다.

⑤ **남장진소**: 길이 51미터, 너비 34미터, 깊이 3.5미터이며, 옛날 남동지라는 사람이 은
어낚시를 즐기다 빠져 죽어서 남동지소라 불리다가, 지금은 남장진소라 불린다.

⑥ **흑소**: 남장진소 서쪽에서 갈라진 물을 가리킨다.

⑦ **진소**: 길이 104미터, 너비 31.4미터, 깊이 1.8미터로 소가 길어서 진소라고 한다. 여
름철, 특히 백중과 처서에는 강정마을과 인근 마을 주민들이 많이 몰려들었고, 지
금도 서귀포시민의 피서지로 각광받고 있다.

⑧ **왕돌메기소**: 강정교 다리 바로 밑에 있는 소로, 크고 둥그런 왕돌이 한가운데 있어
서 생긴 이름이다. 왕돌 바위 밑에는 큰 은어들이 많았다.

⑨ **올림은어통**: 큰내 하구에 바위 사이로 새끼 은어들이 냇물에 물길을 따라 올라오는

곳에 있는 급류가 흐르는 물웅덩이를 말한다.

〈그림 4〉 큰내의 냇깍(사진: 윤용택)

⑩ **냇깍:** 큰내 하구로 바다가 만나는 지점은 폭포를 형성하고 있는데 조수 간만(干滿)의 차에 따라 그 높이가 0.5~2미터로 변한다. 큰비가 와서 내칠 때(물이 넘칠 때)는 하구 전체가 큰 폭포가 된다.

3. 아끈내(악근천)의 지명

마을주민들은 '악근천(嶽近川)'을 '아끈내[小川]'라 부르며, 『신증동국여지승람』에서는 가내소천(加內小川), 『탐라지』에서는 소가래천(小加來川)이라 하였다(오창명, 2004: 127). 큰내(강정천) 동쪽 200미터 지점에 있으며 연중 맑은 물이 흐른다.

〈그림 5〉 아끈내의 봉등이소(사진: 윤용택)

① **소왕물:** 아끈내의 수원지로 물이 깨끗하고 차갑다. 옛날에는 이 소 주위에 소나무 수림과 잔디밭이 있어서 여름철, 특히 백중과 처서에는 주민들이 수백 명 모여 씨름판을 벌이고 피서를 즐겼다.

② **배소:** 아끈내 다리 바로 상류에 있다.

③ **봉등이소:** 아끈내 하구에 있는 깊은 물웅덩이로 은어낚시터이면서 주위에 수림이 아름다워 피서지로 많이 이용되었다.

4. 골새(마흘천)의 지명

마을 가운데를 남북으로 흐르는 마흘천(馬吃川)을 주민들은 '골새'라 하였고, 동동네와 섯동네를 가르는 기준이 되었다. 여름철에 큰비가 내린 후 구명이 터져 도순 아랫동네 '구명물'이 솟기 시작하면 '웃통물', '섯동네통물', '큰강정물'을 거쳐 하류인 '정의논깍'에 이르게 된다. 골새는 마을 안쪽에서는 여름철에만 흐르지만, 큰강정물부터 정의논깍까지는 사시사철 흐른다.

① **구명물:** 골새의 시작 지점으로 여름철에 천둥 치면서 큰비가 오고 난 후에야 물이 솟는다. 도순동 414번지에 위치한다.

② **웃통물:** 웃동네 사람들이 식수로 사용하던 용천수로 도순 남쪽 지경에 있다.

③ **도채비골아왜낭목:** 아왜나무 수림이 조성되어 있고, 가축 뼈가 많이 버려져서 습도가 높은 날 밤에 인불[燐光]이 나타나서 '도채비골'이라 불렸고, 골새와 만나는 지점으로 4470번지경에 있다.

④ **골왓:** 골새 옆 넓은 밭으로 여름철 큰비가 올 때는 물이 솟기도 하여 습기가 많았다. 4398번지 일대를 말한다.

⑤ **섯동네통물:** 한여름에 큰비가 오면 구명이 터지면 차가운 샘물이 솟고, 가을이 되면 마른다. 여름철에 섯동네 식수로 사용되었고, 용출량이 많아서 빨래터와 목욕 장소로 사용되었다. 4583-1번지 지경에 있다.

⑥ **삼통아왜낭목:** 통물과 큰강정물 사이에 위치하며 아왜나무 수림이 있었고, 수령이 오래된 곰솔과 팽나무가 있다. 예전에는 잣담이 높게 조성되어 동네사람들이 담소를 나누는 장소로 사용되었다. 하지만 4·3사건 당시 나무들이 베이고 잣담도 마을 축성을 쌓으면서 사용되어 사라졌다.

⑦ **큰강정물:** 아무리 가물어도 물이 마르지 않는 용천수이다. 마을에 상수도가 시설되기 전까지 섯동네, 알동네 주민들이 주요 식수원이었고, 빨래터아 목욕장소로 사용

되었다. 이 물은 청케, 새청케, 북헌터, 죽은(작은)구럼비 등 약 6만여 평 정도 논에 공급되었다. 5345번지에 있다.

⑧ **하래비소**: 죽은구럼비에 물을 대기 위해 보를 쌓은 후부터 동네 노인들이 목욕하는 장소로 사용되어 '하래비소'라 하였다. 4755번지와 4759번지 사이에 있다.

⑨ **할망물**: 펭망동산 서쪽 바위에서 솟아나는 작은 샘으로, 예전에 가정에서 토신제를 지내거나 정성드릴 일이 있을 때 이 물을 떠다 정화수로 사용했기 때문에 할망물이라 부른다. 4812번지에 있다.

⑩ **소본골**: 세벨물레방앗간의 물레방아를 돌리기 위한 물을 가두려고 보를 쌓았던 곳으로 4774번지경에 있다.

⑪ **세벨물레방앗간**: 1954년에 세워진 현대식 물레방앗간으로 4965번지에 있다.

⑫ **정의논깍**: 강정마을 서남쪽 해안가 5002번지 일대는 남원지역 사람 논들이 많아서 정의논이라 불린다. 정의논의 깍[尾]이라는 의미의 정의논깍은 골새의 하구로 골샛물, 큰강정물, 하래비소, 초본골, 동고대왓골, 서고대왓골, 함백이골, 구린물골 등을 흐르는 물이 모이는 곳이다.

골새는 1985년까지만 해도 맑은 물이 흘렀다. 집집마다 돗통시가 있어서 인분, 음식 물쓰레기, 생활하수 등을 처리해주어서 오수와 하수가 골새로 배출되지 않았기 때문이었다. 그러나 1980년 후반 돗통시가 사라지고 개량변소가 갑자기 많아지면서 골새가 오염되기 시작하였다. 게다가 자동차가 늘어나면서 1996년 서귀포시청에서 골새를 복개하여 도로와 주차장으로 사용하게 하였고, 생활오수가 흘러들면서 하수구 정비사업이 완료될 때까지 30여 년 동안 역겨운 냄새를 풍기기도 하였다.

5. 용천수의 지명

강정마을의 3대 용천수는 큰내(강정천)의 수원인 '넷길이소', 아끈내(악근천)의 수원인 '소왕물', 마을주민들이 가장 많이 식수원으로 사용하던 '큰강정물'이 있다. 하지만 이들 말고도 강정에는 비교적 큰 용천수들이 20여 곳에서 솟아나고 있다.

① **동해물:** 강정마을과 월평마을 경계 지경에 솟아나는 용천수로 '이첨장물'이라고도 한다. 옛날 이첨장이라는 사람이 이 물을 이용하는 수로를 개발하여 강정 지경은 '빈녀코지'까지, 월평 지경은 '무그레미' 지경까지 6만여 평 밭을 논으로 만들었다. 한때 동해물은 고구마 전분공장의 공업용수로도 사용되었다.

② **앞물:** 4·3사건 이전까지 사람들이 거주하였고, 5256-2번지경에 있다.

③ **구린물:** 모두 흐렁논(습답)으로, 5202-2번지경에 있다.

④ **함백이물:** 선사시대부터 사람이 거주했던 유적들이 발견된 곳으로 5315번지에 있다. 함백이물에서 정의논각으로 흐르는 물골인 함백이골 주변에는 크고 작은 용천수가 많아서 연중 수량이 일정한 편이다.

⑤ **체물:** 4905번지에 있는 용천수이다.

⑥ **안강정물:** 빈녀코지 서쪽에 있는 용천수로 제주4·3 전에 안강정에 살면서 어업에 종사하던 이들이 식수로 이용하였다.

⑦ **물터진개:** 중덕 서쪽 암반지대에 있는 연못으로 주민들이 빨래와 목욕을 하였고, 그 아래 바닷가에는 하늬바람이 불 때 배가 정박하기도 하였다.

⑧ **중덕할망물:** 중덕 동쪽 너럭바위에 솟아나는 작은 샘으로 제(祭)를 모실 때 정화수로 사용하였다.

⑨ **구답물:** '구럼비' 안에 있는 용천수로 이 물로 강정에서 처음으로 논농사를 시작하였기 때문에 주변 지역 논들을 '구답(舊畓)'이라 한다. 2797-1번지에 있다.

⑩ **조이통물:** '변수연대' 남서쪽에 있는 비교적 용출량이 많은 용천수로 '써근섬' 입구 쪽으로 흘러나간다.

⑪ **두머니물:** 강정마을과 법환마을 경계 지점에 있는 용천수로 밀물 시에는 바다에 잠겨서 썰물 시에만 식수와 논업용수로 사용된다.

III. 일강정의 물에 대한 추억

강정마을에 가면 사시사철 흐르는 큰내(강정천)와 아끈내(악근천), 누렇게 잘 익은 나록(벼)이 물결치는 구럼비와 청케, 광활한 너럭바위가 펼쳐지고 하얀 파도가 부서지는 중덕 바다가 반겨 맞아주었다. 1960~1980년대의 기억을 바탕으로 예전 일강정의 모습을 되살려 본다.

1. 명성 높던 강정은어

넷길이소는 큰내의 수원지로 아무리 가물어도 마르지 않는다. 넷길이소는 예전에는 창이 터졌다 할 정도로 용출량이 엄청났다. 강정취수장이 생긴 이후인 1984년 여름 측정한 수심이 11.5미터인 것으로 볼 때, 그 이전에는 더 깊었을 것으로 추정된다. 취수장 댐으로 냇물이 막히기 전에는 넷길이소와 베락맞은소에는 무태장어가 서식했고 고도리(새끼고등어) 같은 큰 은어도 많았다.

은어는 1급수에서 사는 수박향이 나는 고급 민물어종으로 가을에 하천에서 알을 낳고, 부화된 치어들은 바다로 내려갔다가 봄이 되면 새끼은어가 되어 다시 하천으로 올라오는데 강정주민들은 이를 '올림은어'라 한다. 주민들은 여름과 가을에 하천에서 자란 것을 '새은어', 가을을 넘겨 이듬해까지 크게 자란 것을 '묵은은어'라 하였다.

강정은어는 대정에 유배되었던 추사 김정희 선생의 한시 '은어를 쥐에게 도둑맞고서 초의에게 보이다[銀魚爲鼠偸示艸衣]'에도 등장한다. 이 시는 초의선사가 제주섬에 왔을 때 마침 강정 어부가 보내온 은어를 대접하려 했는데 밤새 쥐들에게 은어를 도둑맞았다는 내용의 시이다.

> 낚시바늘에 걸려든 오십 마리 은어는
> 강정 어부네 집에서 보내왔네.

어부는 고기를 잡아 자기가 먹지 않고

꾸러미에 싸서 먼 손에 부쳤구려.

앙상한 마른 폐가 참깨 마늘 내 맡으니

입가에 흘러내린 군침을 자주 닦네.

냉락한 부엌사람 기쁜 빛이 낯에 도니

식단에 맛있는 찬이 오를 것을 예상했네……3)

여기서 '강정'의 한자 표기는 '江汀'이 아니라 '江亭'이다. 하지만 추사 유배 연구자인 양진건(2011: 118)은 여기 등장하는 '江亭'은 서귀포시 강정마을이라고 주장한다. 그는 추사의 또 다른 6수로 된 '입으로 칠언절구를 불러 강정 김생에게 주다[口號七絶贈江亭金生]'라는 시의 제목에도 '江亭'이 등장하는데, 시의 말미에 노인성(老人星)이 등장하는 것으로 보아 '江亭'은 은어의 산지로 유명한 강정마을이라는 것이다.

……

눈 지난 봄강이라 개인 낮을 생각하니

마을 빛 걸림 없어 거울 속에 환하구려

복령이랑 마맥은 묻는 사람 별로 없고

은어만을 좋다하니 세상 정은 아니로세

……

으시으시 봄추위 처음으로 늦게 개니

노인성 아래 작은 창이 환하구려

---

3) "五十銀絛針生花 來自江亭漁子家 漁子得魚不自食 包裹珍重寄遠客 槎牙枯肺因麻昤 口角屢拭饞津零 冷落廚人喜動色 將畀食單羞珍錯…", 민족문화추진회, 1986: 94,

그대 오면 함께 가서 맑은 강빛 구경하며

갈매기 해오라기 노는 정을 보자구나[4]

제주사람들은 '은어' 하면 '강정'을 떠
올린다. 특히 큰내(강정천)의 은어는 유명
했다. 강정주민들이 은어 잡는 기술은 실
로 다양하다. 우선 통살받기가 있다. 은어
는 하천을 따라 거슬러 올라가다가 여울
을 만나게 되면 뛰어오르는 성질이 있는
데, 여울 근처에 가짜 물줄기를 만들어 작
은 돌로 사방을 두른 다음 나뭇가지 등을
얼기설기 덮어서 통살을 만들어 놓으면
은어들이 냇물 줄기 위로 뛰어오르다가

〈그림 6〉 조예기로 은어 걸리는 모습(사진: 윤용택)

옆으로 떨어져 꼼짝없이 잡히는 것이다. 통살받기는 올림은어통과 남장진소 주변에서 이
뤄졌다.

둘째는 조예기(후리치기)이다. 은어를 잡는 대표적인 기술로 삼봉(세 갈래)낚시를 낚싯줄
에 20센티미터 간격으로 서너 개 매어서 급류에 쓸려 내려가면 반복해서 채어 올려 걸리
는 것이다. 은어가 쌍알로 걸려들었을 때의 손맛을 느껴 본 사람은 평생 잊지 못할 정도
로 짜릿하다. 주로 흑소와 진소 등에서 조예기를 하였다.

셋째는 눈(수경)을 쓰고 물속에서 걸리는 것이다. 삼봉낚시를 130센티미터 정도 크기
의 대나무 끝에 매달아 눈을 쓰고 잠수하거나 큰 바위 속에 있는 비교적 씨알이 굵은 은어

---

4) "…雪後春江想畫晴 村光不礙鏡中明 荻笋蔴麥無人問 多是銀魚不世情 … 惻惻春寒試晩晴 老人星下
小窓明 君來携取淸江色 眉眼留看鷗鷺情", 민족문화추진회, 1986: 239.

를 찾아서 걸리는 방법이다. 이 경우에 전문 은어낚시꾼들은 강한 철사를 구부려 날카롭게 갈아서 삼봉낚시를 만들어 사용하였다.

넷째는 흘림(놀림낚시)이다. 은어는 텃세가 심해서 자기 영역에 들어온 놈을 몰아내지 않고는 못 배기는 성질이 있는데 이를 역이용하는 방법이다. 씨은어를 잡아서 낚싯줄로 코를 꿰고 꼬리 부분에 삼봉낚시를 매달아 슬슬 끌고 다니면 다른 은어들이 그놈을 몰아내려다가 걸려드는 것이다. 비교적 큰 은어를 잡을 때 사용한다.

다섯째는 꺼랑(깔아서) 걸리기이다. 바람이 없는 날 수면이 잔잔해서 물속이 잘 보일 때 수심이 깊은 곳에 낚시를 드리웠다가 은어가 그 위를 지나갈 때 재빨리 낚아채는 방법이다. 꺼랑 걸릴 때 쓰는 낚싯줄은 은어가 잘 알아채지 못하게 투명하고 가는 것을 사용하였다.

여섯째는 사들(뜰채 그물)로 뜨는 것이다. 장마철에 폭우로 냇물이 넘칠 때 작은 은어들이 물살 약한 곳으로 몰려들면 사들로 떠서 잡는 방법이다. 이 경우는 한꺼번에 많이 잡을 수 있어서 동네 사람들에게 한 사발씩 나눠주기도 했다.

예전에는 냇길이소와 베락맞은소 주변까지 큰 은어들이 서식했는데, 취수장 댐이 생긴 다음부터는 더 이상 은어가 올라갈 수 없게 되었다. 댐 아래에 있는 가시물소에서 남장진소까지는 물이 얕으면서도 물살이 빨라서 곳곳에서 조예기로 은어 걸리는 모습을 볼 수 있었다. 필자도 소년 시절 운 좋게 커다란 묵은은어를 걸려서 구럼비 논에서 일하는 어머니에게 자랑하려고 단숨에 달려가던 때를 생각하면 여전히 가슴이 두근거린다.

남장진소는 두 길 이상이나 깊은 데다 주위에 높은 바위가 있다. 바람이 없어 물이 잔잔한 날에는 바위에 올라서서 낚싯줄을 깊은 물속에 드리웠다가 지나가는 큰 은어를 낚아채기도 하고, 눈(수경)을 쓰고 잠수하여 엉장(물속의 패인 바위)을 오가면서 큰 은어를 걸리기도 하였다. 남장진소는 수영을 잘하는 아이들에게는 더없이 놀기 좋은 장소였다. 아이들이 높은 바위에서 시퍼런 냇물을 향해 호기롭게 소리치며 뛰어내릴 때는 보는 이들의 간담이 서늘해진다.

좀 더 아래루 내려가면 진소가 있다. 진소는 길이가 100미터가 넘고, 깊은 곳은 한 길

이상이다. 진소 옆 도로 위에서 물속에 반짝이는 은어들을 보는 것은 강정마을에서만 볼 수 있는 풍경이었다. 백중이나 처서쯤이면 인근 마을 사람들까지 물 맞으러 오는 바람에 진소에는 발 디딜 틈이 없을 정도였다. 은어 걸리기 대회가 열리는 날에는 내로라하는 청년들이 눈을 쓰고 은어를 걸리는 모습과 그것을 구경하는 사람들의 모습이 진풍경이었다.

〈그림 7〉 진소 은어 걸리기 대회(1963년)
(사진: 강정향토지, 1996)

왕돌메기소의 왕돌 밑에는 큰 은어들이 서식하기에 안성맞춤이었다. 그러기에 여기에서는 눈을 쓰고 파랗게 시린 입술을 불면서 한 손에는 날렵한 짧은 낚싯대를 쥐고, 다른 한 손에는 마삭줄이나 모람 줄기에 길게 뀐 은어를 자랑스럽게 쥔 청소년들을 흔히 볼 수 있었다.

큰내와 바다가 만나는 지점에는 올림은어통이 있다. 올림은어가 한창 올라오는 시기에는 물 반 은어 반이라 할 정도로 은어가 많았다. 굳이 조예기를 할 것도 없이 올림은어통에 낚싯대를 드리우고 위아래로 가볍게 움직이기만 해도 올림은어들이 두세 마리씩 걸려들어 '올라온다!' '올라온다!' 외치기에 바빴다.

올림은어통 동쪽 바위에 올라서면 바위섬인 지서여가 넘실대는 파도로 멱을 감고, 그 너머에는 범섬, 문섬, 섶섬이 아스라이 보인다. 하얗게 부서지면서 검푸른 바다로 떨어지는 냇깍폭포와 절벽 아래의 옥색빛 봉등이소는 지서여와 어울려 강정 제일의 경승을 이룬다.

하지만 큰내에 취수장을 만들어 서귀포시민의 식수로 이용하고, 곳곳에 관정을 뚫어

지하수를 뽑아 올려 농업용수로 이용하면서 강정마을의 지하수위가 급격하게 낮아졌다. 그에 따라 큰내와 아끈내의 수량과 용천수들의 용출량이 눈에 띄게 줄면서 강정은어의 명성도 그 빛이 바래고 있다.

2. 남기고 싶은 강정해안 이야기

강정마을의 바다구역은 동쪽 법환마을 경계인 두머니물에서 서쪽 월평마을 경계인 동물개까지로 해안선 길이가 약 5.5킬로미터에 이른다. 강정바다의 동쪽 일부는 유네스코 생물권보전지역, 해양부 생태계보전지역, 환경부 천연보호구역, 도립해양공원 등 다중의 보호구역에 속하며, 강정바다는 연산호군락지로 천연기념물 442호로 지정되어 있다.

강정마을 동쪽 끝에 있는 '써근섬(서건도)'은 밀물과 썰물에 따라 섬이 되기도 하고 육지와 연결되기도 한다. 써근섬의 산책로를 걷다 보면 동쪽으로는 섶섬, 문섬, 범섬이 손에 잡힐 듯이 다가오고, 서쪽으로는 멀리 산방산과 송악산까지 보인다. 써근섬에서 나와 서쪽으로 발길을 돌리면 '너븐물[廣水浦]'과 '수누리코지'를 만난다. 너븐물은 옛지도에 등장하는 변수포(邊水浦), 새수포(塞水浦)의 서쪽 해변을 이르며, 『탐라지』에는 수전소(水戰所)와 방호소(防護所)가 있었다는 기록이 있다. 수누리코지에 서면 냇깍폭포와 바위섬인 지서여가 반겨준다.

강정마을이 '일강정' 내지는 '제일강정'이라는 별칭을 얻게 된 것은 사시사철 흐르는 큰내와 아끈내 덕분이다. 두 냇물은 발원지는 서로 다르지만 하구는 지서여 근처에서 만난다. 큰내 하구가 냇깍이라면, 아끈내 하구는 봉등이소이다. 냇깍은 사리 밀물 때는 해수면과 거의 일치하지만 썰물 때는 폭포를 이루고, 특히 폭우가 쏟아져 냇물이 넘칠 때는 장관을 이룬다. 냇깍의 바다는 꽤 깊어서 가끔 낚시꾼들이 따치(독가시치)를 낚는 모습도 볼 수 있었다.

냇깍과 인접한 멧뿌리는 날카로운 바위지대 위에 형성된 하얀 모래 언덕으로 예전에는 학생들의 소풍 장소로 애용되었고, 강정마을 포제인 별포제를 지내는 제단이 있다. 멧뿌리 남쪽의 너븐덕은 낚시꾼들이 즐겨 찾는 곳으로 ㄱ자의 주상절리는 그야말로 절경이다. 주상절리 서쪽은 개구럼비코지이다. 개구럼비코지 벼랑 아래로 내려가면 웅장한 바위들이 용트림하고, 그 바위들을 타고 서쪽으로 넘어가면 여드렛날(음력 8일, 18일, 28일) 제를 올리는 개구럼비당이 있다.

개구럼비당에서 개창(포구) 근처 세벨당까지 구간에는 환경부 멸종위기야생생물인 붉은발말똥게가 서식하고 있다. 발과 등껍질이 붉고 말똥 냄새가 나서 별로 유쾌하지 않은 이름이 붙은 이놈은 2009년 여름 마을주민의 제보로 제주환경운동연합에서 처음으로 서식하고 있다는 것을 확인하였다.

개구럼비당에서 중덕 쪽으로 가다 보면 바다 가운데 왕릉처럼 보이는 바위섬인 모살덕이 있다. 실제로 모살덕 정상의 비석 아래에 하원마을 강씨 어르신(1797~1876) 무덤이 있었다. 하지만 해군기지가 건설되는 과정에 2010년 6월 이장되었다. 모살덕을 중심으로 펼쳐지는 절경은 너무나 아름답다.

바람 부는 날 중덕으로 가면 하얗게 부서지는 파도로 세파에 찌든 몸과 마음을 한꺼번에 정화할 수 있다. 중덕 동쪽에 진소깍이 있다. 긴 연못과 같다 해서 그리 불린다. 파도가 먼바다로부터 진소깍으로 밀려와서 검은 바위 위로 하얗게 부서지는 광경은 숭고미의 절정을 이룬다. 중덕의 파도가 아름답기만 한 것은 아니다. 가끔 너울성 파도가 덮쳐서 낚시꾼과 주민들의 생명을 앗아가기도 한다.

중덕에서 빼놓을 수 없는 것은 천태만상의 모양과 문양의 바위들이다. 그리고 중덕 바다에는 가끔 곰쉐기(돌고래)떼가 출현한다. 밀물 때는 물에 잠기고 썰물 때는

〈그림 8〉 중덕 할망물 (사진: 윤용택)

널따란 암반과 자갈이 드러나는 상부 조간대에는 여러 종류의 말미잘, 고둥, 게 등이 서식하고, 조간대 하부에는 각종 해조류와 전복, 소라, 성게, 오분자기 등이 자라고 있다. 중덕은 수심이 깊어 큰 고기들이 서식하여 마을주민들뿐만 아니라 전국의 낚시꾼들이 선호하는 명소였다.

〈그림 9〉 중덕 물터진개(사진: 윤용택)

중덕의 너럭바위 위엔 크고 작은 연못이 여럿 있다. 하지만 그 가운데 이름이 있는 것은 '할망물'과 '물터진개'뿐이다.

먹고살기 힘든 시절에는 심미적이거나 생태적인 것을 생각하기보다는 실용적인 것을 우선했기 때문일 것이다. 강정에는 정성껏 치성을 드릴 때 정화수로 쓰는 할망물이 두 군데 있다. 하나는 동동네 사람들이 사용하던 중덕 너럭바위 틈에서 솟아나는 할망물이고, 다른 하나는 섯동네 사람들이 사용하던 꿩망동산 바위 아래에서 솟아나는 할망물이다. 논농사를 짓던 시절에는 중덕 할망물과 근처 연못에 민물새우가 많이 서식하였다.

중덕 서쪽에는 '물터진개'가 있다. 물터진개는 중덕에서 가장 큰 연못으로 논농사를 짓던 시절에 멱 감고, 빨래하던 곳이다. 필자 누이도 어렸을 때 거기서 세숫대야를 짚고 헤엄치다 물에 빠지는 바람에 넋들임을 했다는 이야기를 들은 바 있다. 예전에 물터진개를 비롯한 중덕의 연못에는 장어들이 서식했고, 실제로 어머니가 논골에서 팔뚝 굵기의 큰 장어를 삼베 갈옷으로 덮쳐서 잡았던 기억이 있다.

강정해안에서는 거의 일 년 내내 꽃을 볼 수 있다. 어렵게 바위틈에서 피어난 꽃들이라 더 색깔이 곱다. 물냉이, 유채꽃, 벌노랑이, 물솜방망이, 암대극, 염주괴불주머니, 갯장구채, 땅채송화, 순비기, 가는잎부들, 무릇, 부처꽃, 흰꽃여뀌, 고마리, 골등골나물, 갯사상자, 층층고랭이…, 말만 들어도 정겹다.

강정사람들은 세벨포구를 '개창'이라 부른다. 『제주삼현도』에는 강정포(汀汀浦)라 하였고, 큰내에서 서쪽으로 5리 정도 떨어져 있어 천오리포(川五里浦)라고도 하였다(고광민, 2003: 126). 어렸을 적에 돛단배들이 하얀 돛을 펼치고 뱃고동을 울리면서 개창으로 들어오던 모습이 꿈속같이 아련하다. 당시에는 개창 밖에 톤돈지, 톤돈지불턱, 솔박여, 톤여, 세벨불턱, 웃코지, 왕부리덕 등이 있고, 개창 위쪽에는 등대 역할을 하던 등경대, 그물을 보관하던 그물막, 수력을 이용한 현대식 물레방앗간도 있었다. 마을 안에 클방(정미소)이 두 개나 있는데도 주민들이 먼 곳에 있는 세벨물레방앗간을 찾았던 이유는 연료를 안 쓰고 물로 기계를 돌려서 곡식을 찧거나 빻는 비용이 훨씬 저렴해서였다.

강정 동쪽에 냇깍이 있다면 서쪽에는 정의논깍이 있다. 근처에 정의(旌義) 사람들 소유의 논이 있어서 그런 명칭이 붙었다. 정의논깍은 골새(마흘천)의 하구인 셈이다. 마을주민들은 정의논깍 앞의 바닷가를 '돈물깍'이라 하는데, 멸종위기종인 기수갈고둥이 서식하고, 겨울에는 하늘을 하얗게 수놓는 물새들의 군무를 볼 수 있다.

정의논깍에서 서쪽으로 걷다 보면 들어물코지, 안강정, 빈녀코지가 나오고, 좀 더 서쪽으로 가면 강정마을의 서쪽 끝인 동물개가 나온다. 안강정은 5081번지 일대의 해변동네로 4·3사건 이전까지만 해도 어업에 종사하던 사람들이 15가구 정도 살았다. 안강정에서는 고망낚시(돌틈낚시)로 우럭, 어랭이, 맥진다리, 보들락을 많이 낚았고, 운이 좋으면 짧은 청대(대나무낚싯대)로도 북바리를 낚기도 하였다.

강정의 주인은 사람만이 아니고, 강정에 사는 동식물만도 아니다. 가만히 귀 기울이면 강정의 바다와 냇물과 바위들도 말을 걸어오고, 마음을 열면 사람들도 자연의 일부처럼 느껴진다.

3. 잊지 못할 골새의 추억

골새(마흘천)는 강정마을 가운데를 남북으로 흐르는 개천이다. 골새는 구멍이 터진[제주섬에서는 천둥 치면서 비가 많이 온 후 샘이 솟는 것을 '구멍이 터졌다'고 말한다.] 다음에야 흐르기 시작하는데, 도순마을 아랫쪽의 '구멍물'에서 발원하여 웃동네통물, 도채비골아왜낭목, 섯동네통물, 삼통아왜낭목, 큰강정물, 할애비소를 거치면서 정의논각에 이른다.

　동동네 아이들은 큰내에서 수영을 배우고, 섯동네 아이들은 통물과 골새에서 물장구 치는 법을 배운 다음 개창에서 수영을 익혔다. 골새에서 물을 막아 물놀이를 하다 보면 검정 고무신이 어느새 홍애(다리)를 지나 떠내려가는 경우가 종종 있었다. 울면서 골샛물을 뒤따라가 보지만 어린 걸음이 물살보다 빠를 수는 없었다. 그런 날에는 누군가 잃어버린 짝글래기(짝이 다른) 고무신이라도 대신 주워야 집으로 돌아갈 수 있었다.

　여름철에만 흐르는 골새에도 물이 장기간 흐르게 되면 장어, 은어, 송사리, 새우 등이 물길을 따라 상류까지 올라왔다. 동네 사람들은 게우리(지렁이)를 미끼로 골새 축담 아래에 숨은 장어를 낚고, 웃동네 아이들은 보리짚단을 굴리면서 은어를 폭 좁은 상류로 몰아넣어 잡기도 하였다. 10월경 갈수기로 접어들어 골샛물이 줄기 시작하면 장어들은 물 고인 곳으로 모여들었고, 아이들은 우글거리는 장어가 무서웠지만, 어른들은 양동이에 한가득 담아가기도 하였다.

　여름철 큰비가 올 때는 골새 옆에 있는 골왓(4398번지경)에서 물이 솟아나기도 하였다. 장마철이면 골왓 근처 집들은 집 안에도 샘이 솟아서 철부지 아이들이 종이배를 띄우면서 놀기도 하였다. 그리 본다면 강정은 물에 떠 있는 마을이라 해도 과언이 아니었다.

　섯동네통물은 한여름에만 솟는 용천수이지만 수량이 풍부하고 물이 몹시 차가워서 동네 사람들에게는 더없이 소중한 장소였다. 통물은 여름철의 주요한 식수원이면서, 한쪽에는 남녀 물통이 구분된 노천 목욕탕이 있었고, 다른 쪽에는 아이들이 헤엄치며 노는 물놀이장도 있었다. 여름날 개역(미숫가루)을 타 먹거나 냉국이나 자리물회를 만들 때 시원한 통물을 길어오는 것은 아이들 몫이었다. 송골송골 이슬 맺힌 주전자의 차가운 물은 한여름 무더위를 싹 가시게 하기에 충분하였다.

　하지만 여름철이 지나면 상수도가 없던 시절에는 식수를 긷기 위해 물허벅이나 물지게를 지고 큰강정물로 가야 했다. 사철 펑펑 솟아나는 큰강정물은 섯동네와 알동네의 주요 식수원이면서 아낙들의 빨래터였다. 큰강정물은 수량이 풍부하여 청케, 새청케, 북헌터, 죽은구럭비 지경 논이 수원지였다. 그 때문에 곤새는 마을 안에는 여름철에만 흐르지만, 큰강정물부터는 사철 흐르는 큰 물골이 된다.

좀 더 아래로 내려가면 하래비소가 있는데, 물이 얕아서 명칭과는 달리 수영을 채 익히지 못한 어린이들의 물놀이 장소로 쓰였다. 꿩망동산 아래에는 마을주민들이 제(祭) 지낼 때 정화수로 쓰는 할망물이 있다. 이제는 시대가 바뀌어 토신제를 하거나 넉(넋)들일 일도 없다 보니 더 이상 정화수도 필요 없게 되었다. 할망물은 지금은 농업용수로 사용되고 있다.

상수도가 생기기 전에는 강정에서도 집에서는 물을 절약해야 했다. 어른들은 아이들에게 "ᄎ셋은 물은 죽엉가민 다 먹어사 혼다.(세숫물은 저승에 가면 다 먹어야 한다.)", "물에 데낀 돌새기는 죽엉가민 머리카락으로 다 건져내사 혼다.(물에 집어 던진 돌멩이는 저승에 가면 머리카락으로 다 건져내야 한다.)"고 가르쳤다. 물이 아무리 많아도 물을 아끼고 잘 보전해야 한다는 말을 에둘러 표현했던 것이다.

이제 큰내와 아끈내의 수량과 수질은 예전 같지 않고 강정은어도 눈에 띄게 줄어 멸종을 걱정하게 되었다. 그렇게 아름답던 중덕의 너럭바위와 연못들도 강정해군기지가 들어서면서 모두 매립되고 말았다. 여름철 더위를 식혀주던 골새도 복개되어 도로와 주차장으로 사용되고 있다. 물의 마을 강정의 하천과 용천수가 말라가는 것에 비례해서 강정주민뿐만 아니라 제주섬 사람들의 정서도 함께 메말라가고 있다.

IV. 일강정의 논농사 이야기

강정마을은 사계절 흐르는 하천이 두 개나 있는 데다 용천수가 20여 개소 있어서 논농사를 짓기에 적합하였다. 게다가 토질도 좋아서 강정쌀은 생산량도 많지만 좋은 품질로 제주섬 사람들에게 선망의 대상이었다.

1. 강정 애긴 곤밥 주민 운다

강정마을은 도내 최고의 쌀 생산지였을 뿐만 아니라 다른 마을에서 생산된 쌀보다 밥맛이 좋아 인기가 높았다. 그래서 타지에서 생산된 쌀들이 강정쌀로 둔갑하여 오일장에서 거래되기도 하였다. 서귀포나 중문의 오일장에 강정쌀을 팔러 가면 사겠다는 사람들이 줄을 섰고, 강정쌀 한 말이면 보리쌀은 두 말 이상 쳐주었다. 강정주민에게 나록(논벼)은 중요한 환금작물이었다. 그들은 곤쌀(백미)을 팔아서 학자금이나 세금을 내는 데 썼고, 식량이 부족하던 시절에는 보리쌀과 바꿔 먹기도 하였다.

강정마을 논 면적은 기준 연도에 따라 차이가 있지만 130~160ha(약 40~50만 평) 정도로 추산된다. 그리고 강정마을에는 육지에서처럼 천석꾼, 만석꾼 같은 대농은 없었고, 논농사를 아주 많이 짓는 집이라야 1ha(3,000평) 정도였으며, 가장 많이 짓는 집도 1년 수확량이 80섬을 넘지 못하였다.[5]

쌀이 귀하던 시절 제주사람들은 강정마을을 '일강정'이라 하였고, "강정애긴 곤밥주민 울곡 조팝주민 안 운다.(강정 아기는 쌀밥을 주면 울고 조밥을 주면 안 운다.)"는 속담도 있었다. 그러나 그 속담을 곧이곧대로 받아들여서는 안 된다. 예전에 강정마을에 쌀이 흔했던 것은

---

5) 제주섬에서는 2리터짜리 됫박으로 4되가 1말이고, 15말이 1섬이다. 제주섬에서 1섬은 60되로 육지부의 단위와 다르다.

사실이지만, 그렇다고 주민 모두가 언제나 곤밥을 먹은 것은 아니었고, 주곡은 다른 지역과 마찬가지로 보리였다.

강정주민들도 곤밥은 명절이나 기제사 때만 먹을 수 있었고, 보통 때는 대부분 보리밥을 먹었으며, 아주 잘 사는 집이라야 보리쌀에 곤쌀을 섞은 반지기밥을 먹었다. 그러기에 강정 아이들도 곤밥(쌀밥)을 주면 좋아했고, 곤떡(쌀떡)을 먹기 위해 명절과 제삿날을 기다렸다.

2. 일강정의 논들

강정마을 동남쪽 지경은 큰냇물을, 남쪽 지경은 큰강정물, 꿩망앞물, 함백이물, 앞물, 구린물, 체물 등 용천수를, 서남쪽 해안 지경에서는 동해물을 이용하여 벼농사를 지었고, 아

〈표 3〉 강정마을 논 지경의 수원지와 물골

논 지경		수원지(용천수)	물골
구럼비	구답	구답물	흐렁논(습답)
	큰구럼비	넷길이소, 큰냇물	교통골
	개구럼비	〃	〃
	족은구럼비	큰강정물	골새(마흘천)
빈녀코지		동해물(이첨장물)	소나무골/동해물골
직근밧		〃	〃
청케		큰강정물	알골
새청케		〃	원도
북헌터		〃	웃골
고대왓		꿩망동산	함백이골
큰바량		함백이물	함백이골
갑작골		함백이물, 앞물	함백이골, 웃골

끈내 동쪽 지경의 논들은 주로 법환마을 사람들이 경작하였다. 논농사를 지으려면 용천수와 더불어 그 물들을 논으로 보내는 물골이 있어야 한다. 대표적인 물골들로는 다음이 있다.

가시물골, 갑작골, 개남밭골, 구럼비골, 구린물골, 구명물골, 꿩망앞골, 논케왓골, 담드루골, 동고대왓골, 동해물골, 베소골, 북헌터골, 빈녀코지골, 새청케골, 소도릿골, 아왜남골, 앞물골, 연대앞골, 정의논골, 직근밭골, 청케골, 초본골, 큰강정물골, 큰바량골, 탱지남골, 함백이골(윤경노, 2001: 81)

강정마을에서 논이 많은 지경은 빈녀코지, 구럼비, 직근밧, 청케, 큰바량, 갑작골, 북헌터, 고대왓 등의 순이었다.

빈녀코지[5115지경], 개낭밧[5583지경], 직근밧[5248-1지경], 동산논[5210지경], 구린물[5202-2지경], 앞물[5256-2지경], 갑작골[5292지경], 불미왓[5293지경], 함백이골[5315지경], 원상봉이논[5041], 큰바량[5035지경], 정의논[5002], 동고대왓[4949], 서고대왓[4994], 서칩논[4932], 체물[4905지경], 버드낭샘[4880지경], 머들틈[4876지경], 관답[4876], 당쌀[4862], 징줄논[4857지경], 청케[4833지경], 새청케[청케 위], 꿩망동산[4812지경], 오라윗논[4807지경], 담도루[4798], 고대정논[4795], 꼼쟁이[4793], 세벨논[4786지경], 칭논[4785], 소본골[4774지경], 알골논[4769], 웃골논[4754], 구시논[4746지경], 보재기 드루[4679지경], 북허터[=굴왓, 4625지경], 성창논[2835-3지경], 구답[2797-1지경], 큰구럼비[2731지경], 죽은구럼비[4670지경], 개구럼비[큰내 서쪽해안지경], 소도릿도[2672-3지경], 은개통[아끈내 동북쪽], 수누리[봉등이소 동쪽], 논케왓[조이통물골 동남쪽], 수리덧[썩은섬 입구 물골 북쪽](강정마을회, 1996: 203-222)[6]

---

6) [ ]관호 안 숫자는 강정동 번지수이다.

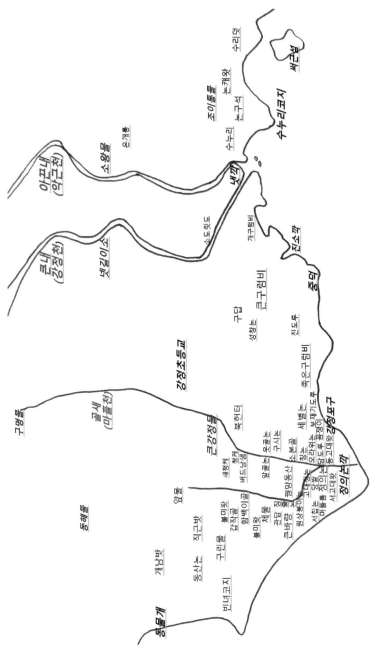

〈그림 10〉 강정마을의 논 지경

이 가운데 '구럼비'는 강정마을을 대표하는 논농사 지대이다. 구럼비라는 지명은 아홉 암자를 뜻하는 '구암비'에서 유래했다고도 하고 '구럼비낭(까마귀쪽나무)'이 많아서 그리 불리게 되었다고도 하는데, 확실치는 않다. 구럼비는 '구답(舊畓)', '큰구럼비', '개구럼비', '즉은구럼비'로 나뉘는데, '구답'은 흐렁논으로 주변의 구답물을 이용했고, '큰구럼비'와 큰내 서쪽 바닷가 근처의 '개구럼비'는 큰내의 수원지인 넷길이소로부터 수로를 만들어 물을 댔으며, '즉은구럼비' 일부는 큰강정물을 이용하였다. 강정쌀의 대표적 생산지였던 구럼비는 1987년까지 벼농사가 이뤄졌다(강정마을회, 1996: 191).

쌀이 귀하던 시절 다른 지역 사람들도 품질이 좋은 강정쌀을 확보하기 위해 강정에 논을 소유한 경우가 있었다. 이를테면 논 지경의 지명에서 '정의논', '오라윗논', '고대정논', '서칩논'은 각각 남원, 오라, 용수, 도순 사람의 소유였고, '관답'은 대정현의 공답(公畓)이었다. 타지 사람 소유의 논들은 대체로 강정주민들이 소작을 하였다. 그러나 1950년 토지개혁을 단행할 때 강정마을 소작인들이 유상 장기상환 조건으로 소유권을 이전하여 이후에는 자작 형태로 되었다(강정마을회, 1996: 296).

3. 나룩(논벼) 농사 풍습

논은 흐렁논[습답]과 ᄆᆞ른논[건답]으로 나뉘었다. 흐렁논은 주변에 용천수가 솟아나서 늘 물이 차 있거나 습기가 많아서 나룩(논벼)만 재배할 수 있다. 강정에서 처음으로 논농사가 시작된 '구답'은 대표적인 흐렁논으로 주변의 '구답물'을 이용하였다. 반면에 ᄆᆞ른논은 나룩을 키울 때만 물을 대서 논으로 사용하고, 나룩 수확이 끝나면 보리를 재배할 수 있었다. 그 때문에 주민들은 흐렁논보다는 이모작을 할 수 있는 ᄆᆞ른논을 더 선호하였다.

ᄆᆞ른논은 나룩을 재배하기 전에는 밭으로 사용하였기 때문에 나룩농사를 지으려면 멀리 있는 용천수로부터 물을 끌어오기 위한 물골을 잘 관리해야 한다. 마을주민들은 보리 수확이 끝나고 나룩농사를 시작할 때쯤 되면 물골에 물이 잘 흐르도록 청소하는 '물매기'를 하였다. 매년 5월경에는 날을 정해 나룩농사를 짓는 집에서 한 명씩 나와서 물골이

잡초를 제거하고 떨어진 돌들을 주우면서 농사 준비를 하였다. 이때에는 각 지경의 논 면적에 따라 물을 고르게 나누기 위해 물골이 나뉘는 곳에 도꼬마리(물을 나누기 위해서 돌이나 나무로 만든 기구)를 세우거나 정비하였다.

도물매기(큰 물골 청소)가 끝나면 논 주인들은 '도꼬마리' 근처에 모여서 물을 감독할 수감(水監)을 위촉한다. 수감의 권한은 절대적이어서 아무리 가물어도 논 주인이 마음대로 물을 댈 수 없다. 논 주인은 아전인수(我田引水)는 불가능하지만, 자기 논에 들어온 물을 '판이(배미)'마다 골고루 퍼지도록 하는 것을 소홀할 수는 없었다. 수감은 해당 지경의 논 사정을 잘 아는 사람이라야 할 수 있었고, 공정하게 차례대로 물을 대어 모두로부터 신뢰를 얻었다. 수감은 수확할 때면 논 주인을 찾아가 면적에 따라 나록으로 수감료를 받았다(강정마을회, 1996: 303).

옛날에는 붓씨라 하여 논바닥에 바로 나록씨(볍씨)를 뿌려 벼농사를 하였다. 하지만 1930년대 후반기부터는 나록 메(벼모)를 키워서 모내기하는 이앙법이 보급되기 시작하였다(윤경노, 2001: 89). 논에서 이모작으로 보리농사를 짓는 사람들은 망종(6월 6일경) 이전에 물코판이(물꼬 입구 논배미)에 있는 보리를 먼저 수확하여 모판을 만들었다

보리 수확이 모두 끝나서 하지(6월 21일경)쯤 되면 본격적으로 모내기 준비에 들어간다. 우선 소를 이용하여 논을 갈고 괭이나 곰베로 흙덩이를 부수게 되는데, 이때 부르는 일노래가 '곰베질소리'이다. 이 과정이 끝나면 논시둑(논두렁)을 정리하고, 물을 댄 후에 소를 이용하여 써레를 끌면서 반죽이 되게 이리저리 섞으며 부드럽게 고르는 것을 '논 달룬다'고 하는데, 이때 부르는 소리가 '써레질소리(논 달루는 소리)'이다. 논 달루기가 끝나면 모심기 좋게 밀레질을 하면서 '밀레질소리'를 부른다.

써레질할 무렵이면 주인은 나록 메(벼모)를 뽑아서 적당한 분량으로 묶고 모내기를 할 만반의 준비를 마친다. 모내기는 한꺼번에 많은 인력이 필요하므로 수눌면서(순번을 정하여 돌아가면서) 하였다. 주로 여자들이 메(모)를 심고, 남자들은 멧줄을 잡는데, 이때 '모심는 소리'가 불리기도 한다.

논에 나록 메를 심고 나서 2, 3주 지나면서부터 검질(잡초)를 매어야 하는데, 이를 '메살

룸'이라고 한다. 나룩 메가 잘 살 수 있도록 김매기를 한다는 의미이다. 메살룸은 수확할 때까지 세 번 정도 이뤄진다. 1950년대부터는 벼 포기 사이를 밀고 가면서 잡초를 제거하는 제초기가 등장하였고, 1970년대부터는 제초제를 뿌려 잡초를 제거하면서 메살룸도 더 이상 필요가 없어졌다. 그리고 농약이 나오기 전까지는 벼멸구나 나방 등 해충을 제거하기 위해서 어유나 폐유를 논바닥에 뿌려 해충들을 털어내어 기름물에 떠내려가도록 하였고, 1960년대부터 배낭식이나 고압식 분무기로 농약을 살포하면서 병충해를 구제하기 시작하였다(윤경노, 2001: 90).

백중(음력 7월 14일)이 되면 논 주인들은 정성스레 메를 지어서 보시메 1개와 접시메 1개를 준비하여 차롱(채롱)에 넣고 곤대구덕에 담아서 논에 가서 농신(農神)에게 풍년을 기원하는 제를 지냈다. 나룩이 어느 정도 여물기 시작하면 흐렁논에서는 물골을 조금씩 터서 물빠짐을 좋게 하고, 무른논인 경우는 수감이 원도의 물을 막아서 나룩을 빨리 익도록 하였다(강정마을회, 1996: 304).

나룩 수확은 호미(낫)로 베어 말린 후 예전에는 클(벼틀)로 훑탔고(훑었고), 1960년대부터는 발로 밟아서 돌리는 탈곡기를 사용하였으며, 1970년대부터는 원동기 동력을 사용하여 탈곡하였다. 탈곡 후에 남은 나룩찍(볏짚)은 눌(낟가리)을 덮을 노람지(이엉)를 엮거나 멍석, 멕(망태), 가마니, 방석 등을 줏는 데(잣는 데) 사용하고, 소의 사료로 쓰기도 하였다.

V. 일강정의 논농사 일노래

강정마을에는 논농사를 지으면서 불렀던 일노래(노동요)들이 있다. 제주섬의 다른 지역에서는 듣기 어려운 민요들인 셈이다. ᄆ른논(건답)에서는 보리와 나룩(벼)을 번갈아가며 농사짓는 이모작이 행해졌다. 보리 수확이 끝나면 논농사가 시작되는데, 우선 논을 갈고 '곰베'로 흙덩이를 부수고, 물을 대어 소를 이용하여 '써레'로 흙을 잘 풀어내어, '밀레'로 논바닥을 잘 고른 다음, 모를 심는다. 강정사람들은 각 과정에서 4·4조 운율의 일노래를 부르면서 농사일의 고달픔을 잊거나 달랬다. 하지만 같은 노래도 일의 난이도, 논 지경, 그리고 부르는 이들에 따라 곡조와 가사가 다르고, 같은 사람도 부르는 상황에 따라 조금씩 다르게 불렀다.

1. 곰베질 소리

쟁기나 따비로 밭을 갈면 벙에(흙덩이)가 생기는데, 농사를 짓기 위해서는 그것을 부수어야 한다. 논농사를 지으면서도 보리 수확을 마치고 논을 간 다음에 '곰베'를 이용해서 벙에를 부수어야 했다. '곰베질소리'는 논농사와 밭농사 가리지 않고 곰베로 벙에를 부수면서 부르던 일노래이다.

덕석만썩 일어난 벙에 요 곰베로 모사보자
젖먹은 이내 기운 다 내연 두드렴져 손바닥이 다 붕문다
푸러지라 헤싸지라 요 벙뎅이 모사그네 풍년농사 지어보자
어떤 사람 팔재 조왕 높은 집에 잘 먹고 잘 사는고
요네놈이 팔자사주 요네 뼈가 다이도록 이런 노동 해야ᄒ나
육칠월 무더위에 ᄒ루 종일 요 일해도

지친 중도 몰라지고 고픈 중도 몰라진다

(윤경노, 2001: 288-289; 2006: 18)

2. 써레질소리(논 달루는 소리)

나룩 메(벼모)를 심기 위해 논을 갈아엎고 곰베로 흙덩이를 부순 다음, 물을 대고 소를 이용하여 흙을 골고루 반죽하여 부드럽게 풀어내는 써레질을 한다. 강정주민들은 이를 '논 달룬다'고 하는데, 이때 불리는 일노래이다.[7]

1) 써레질소리1

이러 저러러-허-이러저러 어허

저 산중에 놀던 쉐야 어서 글라 어서 글라 어서 글라

요송치야 저송치야 어서 돌라 어서 돌라

사흘만 오몽 허민 너도 쉬고 나도 쉰다

허당 말민 노미 웃나 어서 글라 어서 글라

실픈 일랑 거린건채 돌랑돌랑 걸어보라

먼디 사람 보기좋게 부지런히 허여보자

간딜 가고 온딜 온다 어서 글라 어서 글라

(김축생, 윤경노 제보; 강정마을회, 1996: 368)

---

7) 『법환향토지』에도 써레질할 때 부르는 '논 써레 이끄는 소리'가 1수 수록되어 있다(법환마을회, 2000: 367).

2) 써레질소리2

이렁저렁- 허- 이러저러 허-
요송치야- 저송치야 어- 어서 돌라 어서 돌라-
씨암탉 걸음으로 어-어서 돌라
(윤두형; 강정마을회, 1996: 368)

3) 써레질소리3

이러저러 이러저러 이러저러
저 산중에 놀던 쇠야 어서 글라 어서 글라
앞발 논디 뒷발 노멍 방글방글 걸어보라
말 모르는 요 쇠야 삼복땐 줄 몰람시냐
사나흘만 오몽ᄒ민 너도 쉬고 나도 쉰다
한부종때에 한걸리놀민 저슬드렁 멀 먹느니
성널오름도 사흘들르민 장마도 갠댕ᄒ다
ᄒ당 말민 놈이 웃나 부지런히 ᄒ여보자
실픈 일랑 그린듯이 돌랑돌랑 걸어보라
먼딋 사람 보기좋게 어서어서 ᄃᆞ기여도라
요런날에 요일ᄒᆞᆷ은 누어두서 떡먹기여
요 농사는 논농사여 상놈 벌엉 양반 먹나
산천초목 젊어지고 인간 청춘 늙어진다
일락서산에 해는 지고 월출동방에 달이 솟나
저 산방산에 구름끼민 사흘 안에 비 내린다
어떤 사람 팔자 조왕 고대광실 높은 집에

진 담뱃대 입에 물엉 사랑방에 낮줌자나

우리 어멍 날 날 적에 해도 달도 없었던가

요 내 뼈가 다이도록 요런 노동 해야하나

노래 불렁 날 새우자 내 노래랑 산 넘어가라

오뉴월 장마 속에 하루종일 요일해도

곱픈 줄도 몰라지고 지친 줄도 모르는구나

잠깐 전에 다 되는구나 그만저만 하여보자

간딜 가고 온딜 온다 어서 글라 어서 글라

(윤경노, 2006: 9)

3. 밀레질소리

써레질한 다음에 모내기하기 좋게 밀레로 높고 낮은 부분을 평평하게 수평이 유지되도록 하는 것을 '밀레질'이라 하는데, 이때 부르는 일노래이다.[8]

1) 밀레질소리1

어어허어 밀레로다 밀레로다 밀레로다

노픈 동산 낮촤 오멍 어서어서 밀어보자

이어도사나 밀어보자 공글공글 밀어보자

노픈 동산 얕촤 오멍 맨들맨들 밀어보자

이어도사나 밀어보자

(고화순; 강정마을회, 1996: 369)

---

8) 양영자에 따르면, 2003. 11. 15. 조사에서 서귀포시 예래동에서도 '밀레질소리' 1수가 채록된 바 있다 (2007: 97 각주18; 2017: 38).

2) 밀레질소리2

서르릉 서르릉 밀레소리 요 동산도 밀어보자 요 동산을 골라보자
서르릉 서르릉 밀레소리 잘도 잘도 골라진다 어기녀랑 밀어보자
서르릉 서르릉 밀레소리 노픈 동산 밀어보자 제완해도 못 허키여
어떵 허민 좋을 거니 허당 말민 놈도 웃어 어서어서 밀어보자
(윤경노 제보; 강정마을회, 1996: 369-370)

3) 밀레질소리3

어허여어 밀레로다
높은 데랑 밀어다가 얕은 데랑 메와가멍 어허여어 밀레로다
세로 길에 물결치듯 한라산에 구름일듯 어허여어 밀레로다
고공산에 안개걷듯 설쩍설쩍 밀어보자 어허여어 밀레로다
무울좋게 미는구나 물 좋은 우리강정 어허여어 밀레로다
풍년농사 지어그네 우리 권속 식량허자 어허여어 밀레로다
(김축생, 윤경노 제보; 강정마을회, 1996: 370)

4) 밀레질소리4

후렴: 어허어허 밀레로다
높은 디랑 밀어다가 얕은 디로 메워가멍
저 바다에 물결치듯 한라산에 구름일 듯
고근산에 안개일 듯 살짝살짝 밀어보자 물결이 노는구나

물 좋은 우리 강정 이 고장에 태어나서

제일강정 좋은 물로 풍년농사 지어보자

실픈 일랑 그린듯이 요 노래로 날보내자

먼딧 사람 보기 좋게 부지런히 하여보자

요런 날에 요 일흠 은 누어두서 떡먹기여

실픈 일랑 그린듯이 부지런히 해여나보자

먼딧 사람 듣기좋게 요 노래로 우거나보자

(윤경노, 2006: 10)

4. 메(모)심는 소리

일제강점기 초반까지만 해도 강정에서는 논바닥에 바로 볍씨를 뿌려 농사를 했기 때문에 모내기를 할 필요가 없었는데, 1930년대 후반 전라도에서 정길선, 정순옥, 이문준 씨 등이 강정마을에 입주하면서 모내기가 시작되었다. 강정사람들은 모내기를 '나룩 메 흔다(나룩메 싱근다)'라고 하는데, 이때 부르던 일노래이다.

후렴: 아-아-아요-에-에에헤야

제일강정 청케드르 큰강정물대연 달룬 논에

장줄은 태와박고 즈른 줄을 윙겨노멍

재게재게 심어보자 손 빠르게 잘 심그민 흔 나절이민 다심글로다

제석할망 할마님아 올금년 농사라그네 풍년들게 흔 여그네

낭대이랑 자흐 치만 고고리랑 물막개만썩 황금물결 일게 흅서

(윤경노, 2006: 11)

5. 메살룸소리

　모내기를 하고 이삼 주 지나면 나룩 메(벼모)가 잘 살아갈 수 있게 제초작업을 한다. 추수 때까지 세 차례 정도 메살룸을 하는데 메살룸소리는 이때 부르던 일노래이다.[9] 1960년대부터는 제초기가 도입되어 편리하게 제초작업을 하였고, 1970년대부터는 제초제를 뿌려서 잡풀이 사라져서 메살룸이 없어졌다.

　　후렴: 아-아-아요-에-에-양 에요
　　검질지슨 청케논에 고분새로 여이멍가라
　　장질 주른질 검질지스난 오널물질 물 때 느지키여
　　서방님아 서방님아 분시모른 서방님아
　　논물 몰랑 검질 못 맴시난 도꼬마리나 뵈려방옵서
　　실픈 일랑 그린 듯이 요 노래로 날 보내라
　　나 노래랑 산너머 가곡 나 노래랑 물너멍 가라
　　ᄒᆞ단보난 물 때 느첨져 그만저만 해여나보자
　　(윤경노, 2006: 16)

　제주민요의 고전인 김영돈(2002)의 『제주도 민요연구』(상, 자료편)에는 논농사와 관련된 일노래는 전혀 등장하지 않는다. 그리고 그동안 제주민요를 연구해온 양영자에 따르면, 제주섬의 논농사 일노래에 '모심는 소리'나 '논매는 소리'가 없고 '밀레질소리'와 '설메질소리'만 남아있는 이유는 다른 지역에 비해 논농사의 규모가 작았기 때문이라고 진단한다(2007: 96-97; 2017: 38). 하지만 위에서 보듯이 논농사를 많이 짓던 강정마을에는 '모심는

---

9) 윤경노(2006: 16)의 『제주전래민요집』에는 '메살름소리'로 되어 있다.

<한라 226 >

제주도 서귀포시
강정동

메살름소리

(메) 정옥배(1956년 서귀포시 안덕면
　　　대명리 출생.강정리로 시집옴)
(받) 정옥배.이예숙 등

가사 정리 : 윤봉택(1956년생.남.토민)
녹음&채보 : 素 2022.5.19
　　　　　　(Z.0067처음)

♩ = 100 ~ 110

(메)α
아 아 아 야하앙어 허 앙어 요

(메)A
검 질 질 순 청 캐 논 에

(받)
아 아 아 야하앙어 어 앙어 — 요

(메)B
고 분 쉐 로 여 이 멍 가 게

(받)
아 아 아 야하앙어 어 앙어 요

(메)C
장 질 저 른 질 검 질 질 스 난

〈그림 11〉 강정마을의 메살룸소리(이소라, 2022: 548)[10]

10) 이소라 선생은 윤경노(2006: 16)의 『제주전래민요집』에 의거하여 '메살름소리'로 발표하였고, 채록
　　당시 노래를 부른 정옥배는 안덕면 대평리 출신인데, '대멍리'로 오기(誤記)되었다.

소리'와 '메살룸소리(논매는 소리)'가 엄존하고 있다. 강정마을의 논농사 일노래들은 제주민요의 지평을 그만큼 넓히고 있다는 점에서 큰 의미를 지닌다.

강정마을에서 논농사가 이뤄지던 1986년 강정마을회는 '논 달루는 소리(써레질소리)'로 제25회 한라문화제에서 최우수상을 수상한 바 있다. 하지만 지금은 강정마을의 논농사 일노래가 가사만 전해지고 있었다. 그러던 차에 원로 농요(農謠) 연구가 이소라 선생이 강정마을의 논농사 일노래 가운데 '메살룸소리'를 채보하여 제12회 전국해양문화학자대회(주제: 변화하는 섬 세계와 지속가능성, 일시: 2022. 8. 4.-6., 장소: 목포해양대학교)에서 발표한 바 있다.

강정마을의 윤경노(1922년생) 어르신은 일찍부터 강정마을의 일노래에 관심을 가지고 마을지(강정향토지)를 만들 때 일노래 가사를 제공했을 뿐만 아니라(강정마을회, 1996: 368-384), 손수 정리하여 두 차례 출간한 바 있다(윤경노, 2001; 2006). 현재 강정마을에는 그를 비롯하여 예전에 불리던 일노래를 기억하고 있는 어르신들도 있어서 논농사 일노래를 채보하고 채록할 수도 있는 상황이다. 더 늦기 전에 그들의 증언을 바탕으로 일노래 전문가와 일강정민속보전회가 협력하여 논농사 일노래를 재현하고 전승하는 길을 열어나가야 한다.

VI. 맺음말

강정마을은 사시사철 흐르는 큰내(강정천)와 아끈내(악근천)뿐만 아니라 크고 작은 용천수가 20여 개소 있어서 물의 마을이라 할 만하다. 그리고 강정마을은 해안으로부터 1킬로미터 이상 떨어진 데다 긴 해안선을 지니고 있어 40~50만 평의 광활한 논을 확보할 수 있었다. 게다가 토질이 좋아 강정쌀은 품질이 뛰어날 뿐만 아니라 다른 지역보다 단위 면적당 생산량도 많았다. 그래서 강정마을은 '일강정'이라는 별칭을 얻었고, "강정애긴 곤밥 주민 울곡 조팝주민 안 운다."는 속담도 있게 되었다. 강정에는 제주섬의 다른 마을에서는 보기 힘든 물과 관련된 이야기들이 많다. 특히 강정쌀과 강정은어에 대한 얘기는 강정 사람이면 누구나 자랑스러워한다.

하지만 일강정로 불리던 강정마을은 1970년대까지 전성기를 이루고 1980년대 초반부터는 조금씩 쇠락하기 시작한다. 그에 대한 가장 큰 이유는 큰냇물이 예전에 비해 급격하게 줄었기 때문이다. 맑은 물을 서귀포시민에게 공급하기 위해 큰내에 취수장을 만들었는데, 1971년 시설용량 1일 5천 톤 규모로 1차 물막이 공사를 하였고, 1981년 2차 공사로 1일 2만 7천 톤의 물을 뽑아내고 있으며, 1993년부터는 아끈내 보조수원을 개발하여 1일 8천 톤의 물을 추가 공급하고 있다.

그러다 보니 창 터진 물이라 할 정도로 용출량이 많던 냇길이소도 수심이 얕아지고, 거센 물살을 거슬러 오르는 은어들도 수 미터 높이의 댐을 뛰어넘을 수는 없었다. 그리고 논밭과 과수원에서 뿌리는 농약과 정수장의 소독약이 냇가로 흘러들어 은어가 폐사되기도 하였다. 또한 최근 강정마을에 제주해군기지가 건설되어 2,000미터가 넘는 방파제가 생겨 조류가 바뀌는 바람에 큰내와 아끈내의 하구에 퇴적물이 쌓이면서 은어들이 살기에 점점 열악한 환경으로 되고 있다. 그에 따라 강정은어의 명성도 점점 그 빛이 바래지고 있다.

강정쌀이 사라지게 된 데는 물 부족 탓도 있다. 큰내 취수장에서 물을 너무 많이 뽑아써서 지하수위가 낮아지고 용천수의 용출량도 줄어들면서 강정마을에서도 논농사가 쉽지 않게 되었다. 특히 므른논(건답)은 가뭄에 취약했다. 가뭄이 들면 강정에서도 물이 부족하여 나룩 메(벼모)가 발갛게 타들어 가는 경우가 생겨나고, 써레질과 밀레질도 예전 같지 않게 되었다. 모내기철에 가뭄이 심할 때는 말라가는 모에 물을 공급하기 위해 밤새 양수기로 물을 퍼 올려야 했고, 수분 증발을 줄이려고 한밤중에 써레질과 밀레질을 하는 경우도 생겨났다.

강정마을에서 논농사를 짓지 않게 된 데는 경제적인 이유가 가장 컸다. 다수확 품종의 벼가 개발되면서 쌀값이 하락하고, 비닐하우스 시설을 하여 연중 농사를 짓거나 열대작물을 재배하게 되면서 나룩농사가 경쟁력을 잃게 된 것이다. 1980년대 후반부터 논에 비닐하우스 시설을 하여 열대작물, 감귤, 화훼 등을 재배하거나 마늘밭으로 바뀌면서 강정에서도 나룩농사가 설 자리가 없어지고 강정쏠도 사라지게 되었다.

지금은 일강정을 대표하던 강정쏠과 강정은어에 대한 이야기도 기록과 기억으로만 남고, 나룩농사를 지으며 부르던 일노래도 이제는 한낱 가사로만 남았으며, 많은 추억을 간직한 골새도 복개되어 그 원형을 잃고 말았다. 큰내, 아끈내, 골새, 곳곳에서 샘솟는 용천수들, 마을을 풍요롭게 하던 강정쏠과 강정은어, 그리고 주민들의 고된 노동과 애환을 달래주던 일노래들이 단지 이야기나 영상으로만 남아서는 안 될 일이다.

우리가 자연과 문화를 지켜야 하는 이유는 그것이 곧 우리의 일부요, 나의 일부이기 때문이다. 잘 보전된 자연과 문화는 생태문화체험시대의 주요한 자산이다. 그리고 인류문화가 풍요로워지려면 각 민족문화가 살아있어야 하고, 민족문화가 풍성하려면 각 지역문화가 잘 보존되어야 한다. 일강정의 물 문화는 물이 부족했던 제주섬의 주요한 생태문화자산이다.

일강정이 있음으로써 제주섬에서 곤쏠(백미)과 은어에 대한 이야기도 생소하지 않았다. 강정쏠, 강정은어, 강정의 논농사 일노래가 사라지면서 제주섬의 물 문화도 그만큼 축소되고 있다. 생태적으로 뛰어난 강정의 자연을 잘 복원하여 강정은어가 다시 돌아오고, 일부 지역에서만이라도 다시 벼농사를 짓게 된다면 사라진 강정쏠뿐만 아니라 잊히던 일노래도 전승될 수 있을 것이다.

더 늦기 전에 예전의 일강정 모습을 부분적으로나마 복원하는 작업이 필요하다. 하지만 지역을 복원하는 경우 단순히 옛 모습을 재현하는 게 아니라, 지역의 자연, 문화, 생활이 연계되고, 유산 보존과 주민들의 삶이 일치하도록 해야 하며, 지역주민들이 스스로 지역에 대한 자긍심을 느끼고 정체성을 찾아갈 수 있도록 해야 한다. 그에 대한 대안으로 앙리 리비에르(G. Henry Riviere)는 생태박물관(Eco Museum) 개념을 도입하였다. 그에 따르면 "생태박물관은 지역사회 사람의 생활과 그 자연환경, 사회환경의 발달과정을 역사적으로 탐구하고, 자연유산 및 문화유산을 현지에 보존하고 육성하여, 그 지역사회의 발전에 기여하는 것을 목적으로 하는 박물관이다(천진기, 2015: 202 재인용)."

강정마을에 물 문화를 주제로 한 생태박물관을 조성한다면, 일강정의 물 문화유산을 보존 전승하기 위한 기틀이 마련되고, 제주섬 물 문화의 대표적 명소로 상징성을 획득할 수 있을 것이다. 그뿐만 아니라 강정마을의 물(하천, 물골, 용천수 등)을 활용한 다양한 체험 프로그램을 개발하고, 지역 생산물을 이용하여 지역주민의 소득을 창출함으로써, 마을공동체를 결집해나가는 데도 크게 기여할 것으로 기대된다.

생태박물관을 조성하려면 지방정부, 지역주민, 전문 연구기관의 협력이 절대적으로 필요하다. 강정마을을 생태박물관으로 조성하게 되면, 일강정의 자연과 문화를 전승하면서 지역산업도 함께 발전하여 주민들의 삶의 질이 높아지고, 지역주민의 자부심도 함께 높아질 것이다. 강정마을을 어떻게 물을 주제로 한 생태박물관으로 만들어 나갈 것인가에 대한 논의는 다음 과제로 남긴다.

참고문헌

강정동새마을청소년회, 1988, 「강정천답사기」, 『강정』창간호, 강정청년회, 77-80.

강정마을회, 1996, 『강정향토지』, 강정마을회.

강정청년회, 1988, 『강정』, 강정청년회.

고광민, 2003, 『제주도포구연구』, 제주대학교 탐라문화연구소.

고재환, 2002, 『제주속담사전』, 민속원.

김영돈, 2002, 『제주도민요연구(상, 자료편)』, 민속원.

김일우, 2020, 「몽골 황제 순제의 제주 피난궁전 터 탐색」, 『몽골학』46호, 한국몽골학회, 27-61.

민족문화추진회, 1986, 『국역 완당전집』 제9권.

서귀포시, 1999, 『서귀포시지명유래집』.

송상조, 2008, 『제주말큰사전』, 한국문화사.

양영자, 2007, 『제주민요의 배경론적 연구』, 제주대학교 탐라문화연구소.

_____, 2017, 『제주학으로서 제주민요』, 민속원.

양진건, 2011, 『제주 유배길에서 추사를 만나다』, 푸른역사.

오창명, 2004, 『제주도마을이름 연구』, 제주대학교 탐라문화연구소.

우락기, 1965, 『제주도(대한지지 1)』, 한국지리연구소.

윤경노, 2001, 『향토강정』, 도서출판 디딤돌.

_____, 2006, 『제주전래민요집』, 강정마을회.

이소라, 2022, 「제주도의 메살름소리」, 제12회 전국해양문화학자대회(주제: 변화하는 섬 세계와 지속
　　　가능성, 일시: 2022. 8. 4.-6., 장소: 목포해양대학교), 『학술대회자료집』2, 554-559.

정근오, 2021, 「제주 벼농사의 물 이용」, 2011년 (사)제주학회 53차 전국학술대회(주제: 물을 품은 제주
　　　를 말하다, 일시: 2021. 12. 3., 장소: 제주대학교), 『학술대회자료집』, 107-116.

제주대학교 탐라문화연구소, 2013, 『해녀생태박물관 조성 연구(최종보고서)』, 제주특별자치도.

제주문화유산연구원, 2015, 『제주 강정동 대궐터 유적 문화재발굴조사 간략보고서』.

천진기, 2015, 「마을박물관 만들기'의 여정」, 『박물관학보』 28, 201-208.

제주섬의 물 이름과 신화·전설

문경미

I. 머리말

물은 인류의 생존을 위한 필수 요소이다. 생물학적으로 우리 몸의 70%를 물이 차지하고 수분을 갖지 못하면 생명을 유지하기 어렵다. 이처럼 생명유지를 위한 기본요소라는 이유로 물은 당연히 우리에게 소중한 것이고, 같은 이유로 물은 중요한 자원으로 다루어져 왔다.

제주의 물에 대한 연구는 산물[湧泉水]의 위치와 수량 그리고 수질에 대한 평가 위주인 자원적 가치 중심으로 이루어져 왔다. 하지만 물과 관련한 인문적인 연구는 이러한 양적인 문제가 아니라 인식적 가치를 중심으로 다루어질 필요가 있다.

그러면 과연 제주인들에게 물은 어떤 의미였을까? 이를 산물의 양과 질로만 파악하기에는 어려운 부분이 있다. 때문에 제주의 물이 지니고 있는 인문적 가치를 이해하기 위해서 본고에서는 제주인들이 즐겨 부르던 물의 이름과 제주신화와 전설에 등장하는 물의 의미를 중심으로 접근해보고자 한다.

특히 어떤 대상에 대한 인식을 이해하는 데 이름이 갖는 의미는 매우 중요하다. 우리는 대상이 의미를 가지고 있을 때 비로소 이름을 붙이게 된다. 예로, 아직 태어나지 않은 아이를 생각하면서 태명(胎名)을 붙이는 것은 뱃속에 있는 아이를 생명이 있는 존재로 받아들이고 있다는 증거이기도 하다. 이렇듯 이름을 붙인다는 것은 그 대상을 다른 것과 구별하여 의미를 부여하는 행위이다. 역으로 이름을 아직 붙이지 못한 수많은 대상들은 아직 우리의 인식체계에 들어오지 못했다는 것이다.

다양한 물의 이름을 살피는 것 역시 그러한 이유로 제주인들이 생각하고 받아들여 온 물에 대한 가치를 확인하는 데 중요한 단서를 줄 것이다. 제주의 물에 매우 다양한 이름이 붙었다면 역시 그 이름을 통하여 물에 대한 매우 섬세하고 다양한 인식들 즉, 광범한 민속적 지식체계가 만들어져 있다는 것을 알 수 있다. 본고에서는 이러한 물 이름을 통해서 제주인들의 물과 관련한 지식체계가 어떻게 이루어지고 있는지를 소략하게나마 살펴보려고 한다.

또한 신화와 전설 속에 드러나는 물과 관련된 의미를 추적하여 보는 것은 제주인의 물에 대한 인문적인 관점을 이해하는 데 중요한 정보를 제공한다. 여기에서는 생물학적으로 요구되는 물의 가치가 아니라 다양한 물의 상징성에 주목하고자 한다. 특히 물이 갖는 정화기능과 삶과 죽음의 경계를 이루는 물의 상징성은 제주에 국한된 것이 아닌 인류가 갖는 보편적 가치이다. 그러면서 섬인 제주에서의 특별한 문화전파와 관련하여 물이 갖는 특별한 문화적 배경에 대해서도 돌아보려고 한다.

제주의 물과 관련하여 현장 연구가 아닌 이러한 신화와 전설을 중심으로 살펴보는 것은 물을 생명유지를 위한 물리적 자원이라는 차원이 아닌 생활문화적 가치가 있는 인문적 자원으로 접근하기 위한 시도이다. 진정으로 제주 물의 가치를 이해하기 위해서 자연과학적인 접근과 더불어 물에 대한 인문적인 접근이 필요한 이유이기도 하다.

Ⅱ. 제주인의 물 이름

1. 이름의 의미와 가치

인문사회적으로 물이 중요한 가치를 갖는 것은 기본적으로 인간은 물을 중심으로 마을과 사회공동체를 이루어왔기 때문이다. 즉 물은 생명을 유지하기 위한 물리적 조건에 그치는 것이 아니라 공동체의 유대를 형성하는 관계망을 만드는 사회적 조건인 것이다. 특히 화산섬인 제주도는 자연환경이 육지와 달라 독특한 물 생활문화를 만들었다.

이 글에서 물 이름에 주목하려는 것은 사라지는 물통의 이름을 한번 상기시키려는 데 목적이 있다. 이름을 부르는 주민들이 점차 없어지게 되면 공간에 대한 기억도 사라지고 더불어 이름도 소멸되고 만다. 아직은 마을 촌로들에게서 자연스럽게 튀어나오는 물 이름들도 점차 영원히 사라져버릴 것은 자명하다. 이름이 사라진다는 것은 문화유산이라는 사물이 사라지는 것 못지않게 구체적인 우리 것 한 부분이 사라진다는 것을 의미한다. 이름은 기억을 대신하기 때문이다.

물이 공동체의 관계망에 어떤 영향을 주고 있는지 이해하려면 어디에서 방법을 찾아야 할까? 한 가지 방법으로 물의 이름을 살펴보는 것도 의미가 있을 것이다. 사람들은 이름을 지을 때 아무렇게나 짓지 않기 때문이다. 이름을 보면 별 의미 없이 지은 것 같지만 그 속에는 그렇게 부르게 된 동기와 역사가 담겨 있기 마련이다. 이런 이유로 물의 이름을 들여다봄으로써 물에 대한 공동체의 인식과 관심을 이해할 수 있으며, 그것을 통해서 사회적 공동체의 특징 또한 이해할 수 있을 것이다.

사물에 붙여진 이름을 보면 그 대상을 얼마나 중요하게 생각하는지, 그리고 어떤 방식으로 이해하고 있는지를 알 수 있게 한다. 바람 많은 제주에서는 바람이 부는 방향에 따라 이름을 달리 부르고, 바닷속을 누비며 살아가는 해녀들이 보이지도 않는 해저지형에 수많은 이름을 붙이며 살아가는 것처럼, 제주인들은 삶에 중요한 물(물통)에게 다양한 방식으로 이름을 붙여왔다.

마을주민들은 대체로 함께 이용하는 장소를 말할 때 자연스럽게 기억하기 쉽도록 이름을 붙이는데, 물통(급수터)도 개인적이라기보다 공동의 공간이기 때문에 서로 소통되는 이름이 필요했다. 그런 이름은 지역마다 다른 특징을 가지면서 하나의 문화권을 만들기도 한다.

이름은 단순한 호칭으로 그치는 것이 아니라 이름 속에는 어떻게 부를지를 고민하는 과정에서 그 사물을 바라보는 관점이 담겨 있게 마련이다. 마치 갓난아이가 태어나면 뭐라 이름을 지을까 고민하듯 제주의 물 이름에도 그 안에는 제주인의 의식이 깔려 있다.

제주에서 용천수는 땅에서 솟아나는 물을 가리키는 말로 다르게는 '산물'이라고 하거나 '천(泉), 샘'이라는 용어 등으로 같이 사용된다. 그런데 이렇게 여러 이름으로 달리 부르게 된 것은 어떤 연유일까? 거기에는 제각기 다른 가치관이 들어있기 때문이다. 육지에서는 통상적으로 땅에서 솟는 물을 샘이나 샘물이라고 지칭한다. 한자로 표기할 경우에 천(泉)이라고 기록하였던 것은 제주와 같다. 그런데 한자어임에도 불구하고 천(泉)과는 달리 용천수(湧泉水)라는 용어는 육지에서는 사용되지 않고 거의 제주에서만 사용되는 용어이다. 그러면 제주에서의 샘물은 육지와 무엇이 달라서 이런 용어가 생겨난 것일까 하는 의문이 아니 들 수 없다.

'천(泉)'은 김정(金淨, 1486~1521)의 『제주풍토록(1520)』이나 이원진(李元鎭, 1594~1665)의 『탐라지(1653)』와 같은 고문헌에서 찾아볼 수 있고, 회천동(回泉洞, 봉개동)이나 통천리(通泉里, 감산리 옛 자연마을), 덕천리(德泉里), 낙천리(樂泉里)와 같은 마을이름에서도 종종 사용되는 것을 볼 수 있다. 반면 다른 순수 우리말과 마찬가지로 '산물'이라는 이름은 옛 기록에서는 보이지 않는다. 우리말을 한자로 옮기기 어려운 경우 훈독으로 적는 경우도 있는데, 산물은 그런 방식으로 기록된 바도 없다. 하지만 현장조사를 나가 보면 주민들에게서 매우 빈번하고 자연스럽게 들을 수 있는 용어가 '산물'이다. 반면에 '용천수'라는 용어는 고문서에서는 찾기 어려우나 보고서나 학술용어로는 매우 일반적으로 사용되고 있다. 게다가 최근에는 방송이나 지면을 통해서도 용천수라는 용어가 더욱 보편적으로 사용되고 있다. 용천수는 이제는 특히 해안가에서 솟는 물을 가리킬 때 일반적으로 통용되고 있는 실정이다.

제주의 물 이름에 대한 궁금증은 이 세 가지 용어의 혼선에서 시작된다. 현재 일반적으로 이해되는 수준으로 세 가지 용어의 용례적 차이를 정리해보면 주민들 서로가 제주어로 부르면 '산물'이라고 할 수 있고, 그것을 한자로 적을 때나 기록을 남길 때는 '천(泉)'으로 적어왔으며, 학술용어로는 '용천수(湧泉水)'라고 부른다는 정도로 구분할 수 있다. 하지만 용어의 용례적인 단순한 정리 이전에 이러한 용어가 갖는 미묘한 차이를 이해하고 규정하는 것

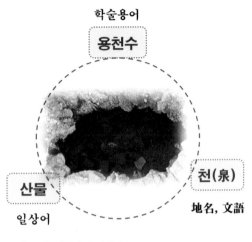

〈그림 1〉 물 이름의 세 가지 경로

은 사물의 인식을 구체화해야 하는 입장에서 중요한 과제이다.

2. 산물과 용천수

학술적인 용어로 자주 사용되는 용천수라는 이름은 일제강점기 일본인 학자의 영향이 크다. 제주의 물에 대해 기록하고 학문적 대상으로 연구를 시작한 것은 일제강점기를 전후한 일본인 학자에 의해서였다. 그러면서 국내의 고문서에는 등장하지 않던 용천수라는 용어가 처음으로 문자로 기록된 것은 1929년에 젠쇼 에이스케(善生永助)가 쓴 『제주도생활상태조사』[1]가 아닐까 여겨진다. 그 후 1938년에는 『제주도수원조사개보』[2]라는 보고서가 발간되었는데 여기에서 용천수라는 용어를 적극적으로 사용되게 된다. 즉, 일제강점

---

1) 善生永助, 2002: 10.

2) 제주도, 1999: 209.

기 전후 당시 제주인들이 산물이라고 말해왔던 것을 일본인 학자들은 용천수라고 표기한 것이다. 거기에서 그친 것이 아니라 이후 제주의 물과 관련된 논문이나 보고서가 나올 때마다 용천수라는 용어가 주로 사용되기 시작한다. 즉, 용천수라는 명칭은 실제 그 물을 이용했던 제주인들이 아니라 그것을 연구하던 지식인 학자들에 의해 생산되고 유포된 용어라고 할 수 있다.

용천수라는 용어가 일본인 학자와 근현대의 학술용어에서 많이 등장하는 반면 국내의 고문서에서는 주로 천(泉)이라는 용어로 기록되었다. 물론 지금도 '~천'이라는 이름으로 불리는 물통이 없지는 않지만, 한자어로 기록된 천(泉)이라는 이름 역시 당시의 식자들에 의해 문자화되는 과정에서 채택된 용어라고 할 수 있다. 예를 들어 민간에서 가락쿳물이라고 불리던 것을 가락천(嘉樂泉), 말물을 말[斗]과 같다 하여 두천(斗泉)이라 하고, 큰물동네라고 불리는 마을 이름을 기록할 때는 통천리(通泉里)라고 하는 것이 그러한 태도라고 할 수 있다. 한자문화권에 속해 있던 조선시대에서부터 이어진 지식인들의 태도에서 천(泉)이라는 이름이 선호되면서 '~천'이라고 불리는 물통을 지금도 우리 주위에서 쉽게 접할 수 있다.

반면에 산물이라는 이름은 일상생활 속에서 제주인들이 주로 사용하는 용어였다. 조사현장에서 "이거 무슨 물이우꽈?(이건 무슨 물이라고 합니까?)"라고 촌로에게 질문하면 대개는 "이거 산물이라, 산물."이라고 대답한다. 그러면 제주인들에게 산물은 어떤 의미로 붙여진 것일까?

조사 현장에서 산물의 의미를 물어보면 대개 두 가지 답을 들을 수 있다. 첫째는 '산에서 내려온 물'이라는 의미다. 여기서 산은 당연히 한라산을 가리킨다. 제주인들에게 있어서 한라산은 어디에서나 볼 수 있으며 영험하다고 믿는 산이기에 제주 해안에서 솟는 물이 한라산의 높은 꼭대기에서 지하로 흘러내려 마을까지 온 것이라고 믿는다. 두 번째는 '살아있는 물'이라는 의미이다. 물이 계속 솟으면서 흐르고 있어 마치 생물이 살아 움직이는 것처럼 물을 살아있는 생명체로 보아 이름으로 표현한 것이라 할 수 있다.

이 두 가지 이미를 갖는 산물에는 물이 근원을 한라산이라는 신선한 대상에 이존하려는 것과 물이 살아있다는 생명에 대한 관점을 은근히 드러내고 있다고 할 수 있다. 천(泉)이라고 한자로 표현하는 지식인들의 호칭과는 다르지만 산물이라는 호칭에는 민중들이 가지고 있었던 물에 대한 가치와 소중함이 충분히 담겨 있다. 필자는 산물이라고 말하는 제주인들은 물통을 같이 이용하고 같이 믹는 데서 '물공동체'라는 주장을 한 바 있다 (「제주지역 용천수의 이용관행 연구」, 2015). 물 공동체라고 할 수 있는 배경을 보면 물이 귀한 경우에 주로 '물을 같이 먹게 되는 이웃마을은 같은 마을'이라는 동질감을 가질 수 있다. 확장하면 한라산에서 내려온 물이라는 동일한 근원을 인지하고 있는 제주인들은 같은 물을 먹는 사람들이라는 동질감이 생겨나게 된다.

또 다른 의미인 '살아있는 물'이라는 이름에는 생명이 있는 사물과 생명이 없는 사물에 대한 차이를 인지하고 있음을 보여주고 있다. 생명체의 움직임은 매우 중요하다. 깊은 잠에 빠진 사람을 표현하여 죽은 듯이 잠을 잔다고 하듯이 미동 없이 멈추어 있음은 죽음을 의미한다. 끊임없이 역동적으로 살아온 제주인들은 땅에서 솟구치는 물에게 이러한 살아있음을 상징하여 그 이름을 붙인 것이다.

위에서 서술한 두 가지 의미를 갖는 산물이라는 이름은 다양한 차이를 보이면서 또 다른 물 이름들을 파생적으로 만들어냈다. 그렇게 만들어진 다양한 이름들을 통해서도 역시 물에 대한 다양하고 세심한 사고를 볼 수 있다.

3. 다양한 물 이름

산물이라는 제주인의 독특한 물 이름은 이와 관련되어 다양한 이름들로 파생된다. 다양하게 불리는 이름들을 체계적으로 정리해보면 제주인들이 물을 어떤 의미로 구조화하고 있는지 이해할 수 있다. 대표적으로 산물의 '살아있다'는 의미와는 반대 개념으로 '죽은물'이라는 물 이름이 있다. 죽은물은 쉽게 고여있는 물을 말한다. 산물을 땅에서 솟구쳐 심장이 펄떡거리듯 힘찬 물 흐름을 보여주는 것에 빗댄 것처럼 죽은물은 그와는 반대로 생명력을 잃어버려 잔잔히 고여 있는 정지된 전혀 움직임이 없는 모습을 빗대어놓은 말이다. 그야말로 살아있는 것과 죽어있는 것의 차이를 생물에 빗대어 고도로 은유화된 시적인 언어로 표현했다. 물의 움직임을 보고 살아있음과 죽어있음으로 표현한 제주인의 언어는 참으로 놀라운 감수성을 보여주고 있다.

'죽은물'은 보통 못처럼 물통이 형성되어 있고 평소에도 물이 고인 모습을 볼 수 있어서 다른 용어로는 '골른물(고인물)'이라고도 한다. 그래서 이 물(물통)은 가뭄이 오래되면 바닥을 드러내기도 한다. 그런데 어쩌다가 비가 많이 오면 다른 옴팡진 땅으로 빗물이 흘러 일시적으로 고일 때가 있다. 사람이 지나다가 뜻하지 않게 이렇게 골른물을 발견하는 경우가 있는데, 우연히 보게 되는 경우라서 '봉근물'이라고 부르기도 한다. 역시 표준으로 옮기면 제주어 '봉그다'는 '줍다'는 의미가 있으므로 '주운 물'이라는 의미이다. 아마 돈이나 물건이라면 몰라도 물을 주웠다고 한다면 참 특이한 표현이라고 할 것이다. 제주인에게 물은 횡재하여 줍는 물건으로도 보는 재미있는 용어이다.

물이 귀한 제주인들에게도 '죽은물'은 대개 식수로는 사용하지 못하고 소나 말의 급수용으로 사용하는 경우가 많았다. 식수로 사용하지 못하여 생활용수나 가축의 음용수로 이용되는 물을 흔히 '구진물(궂인물)'이라고 부른다. '궂다'는 일이나 상황이 좋지 않다는 의미를 갖는 순 우리말이다. 구진물은 이 궂은 물을 말하는 것이다. 사실 말이 궂은 물이지 쓸모없는 물은 결코 아니다. 중산간 마을의 귀한 재산이었던 가축을 기르기 위해서 이 구진물은 없어서는 안 될 귀한 자원이었다.

현장조사에서 일상적으로 아무데도 쓸모없는 아주 나쁜 물을 '똥물'이라고 하는 것을 들었다. '구진물'은 그런 똥물은 결코 아니다. 식수로 사용할 수는 없으나 그래도 가축의 음용이나 농사를 위해서는 필요한 물이다. 간혹 가뭄 때는 빨래와 같은 허드레용으로도 '구진물'은 반드시 필요했다. 이런 물을 다른 표현으로 '흐리물'이라고도 하였는데 흐리물은 물의 성질이 맑지 못하고 흐리다는 의미이다. 역시 물에 대한 다양한 관심을 보여준다.

'산물'의 또 다른 의미인 산에서 내려온 물이라는 의미와 대조적으로 하늘에서 내려온 물을 제주에서도 역시 '빗물'이라고 한다. 제주인들은 이러한 빗물도 귀하게 이용하였는데, 빗물도 이용하는 방식에 따라 다른 이름들이 붙는다. 산물이 없는 중산간 마을에서는 보릿짚을 엮어 나무에 묶어서 나뭇가지를 따라 내려오는 빗물을 항아리로 유도해서 모으기도 하는데 빗물을 모으는 보릿짚 다발을 '춤'이라고 하였고, 이렇게 해서 모은 물을 '춤물'이라고 하였다. 춤물을 모아두는 항아리를 역시 '춤항'이라고 하였다.

나무가 아니라 지붕처마에서 떨어지는 빗물 역시 귀하게 생각하였는데, 이를 '지슷물(지슨물)' 혹은 '지셋물', '지싯물'이라고 하였다. 아마도 기와집을 지세집이라고 하였고 기와 굽는 흙으로 만든 항아리를 지세항이라고 한 것으로 보아 지셋물이라고 한 것은 지세항에 떨어진 물이라는 의미로 부른 것으로 본다. 제주 전역에서 비가 올 때면 초가지붕에서 떨어진 물 역시 지셋물이라고 하여 지붕 아래에 항아리를 대어 물을 구하였다. 춤물과 지셋물은 한 방울의 물이라도 아쉬웠던 중산간 마을 사람들의 마음이 담겨있는 물 이름이라고 할 수 있다.

빗물과 관련하여 또 흥미로운 이름이 있다. 비가 오면 갑자기 물이 불어나서 하천이 터지듯이 길가나 밭에 물줄기를 이루는 경우가 있었다. 평소에는 전혀 물이 나오거나 흐르는 곳이 아닌데도 큰비가 올 때만 일시적으로 내가 터지듯이 큰물이 생기는 경우에 이를 '구명물'이라고 부른다. 비가 올 때 이러한 구명물이 생기는 지대를 구명물터라고 부르기도 하였고, 이렇게 구명물이라는 물이 고이는 곳에 농사를 짓게 되면 이러한 밭을 '구명밧'이라고도 하였다. 마을 지명의 유래를 살펴볼 때 가끔씩 나오는데 물이 지명으로 확장되어 사용되는 예를 보여준다. 필자는 '구명'이라는 단어의 의미를 정확히 알지 못한다. 다만 구명물터라는 지명은 여러 곳에서 보인다. 이를 나름대로 구명(鳩鳴, 救命)이라는 한자로 해석하고 풀이를 하는 경우가 있는데 각기 해석이 달라 오해의 소지가 있다. 이름이 갖는 의미의 중요성을 고려할 때, 다양한 해석을 불러일으키는 이런 경우에는 언어적인 규정을 명확히 해 주는 것이 바람직해 보인다.

앞에서 말했듯이 물이 고여 있는 것을 보고 제주인들은 '골른물'이라고도 한다. 죽은물이나 골른물이나 같은 성격의 물이지만 그 용어에 따라 어떤 의미로 물을 받아들이고 있는지 차이를 볼 수 있다. 산물을 용천수라 하는 것과 마찬가지로 죽은물, 즉 골른물(고인물)을 조사보고서에서는 대개 '봉천수(奉天水)'라고 하고 있다. 이 역시 우리의 고문헌에 나오는 용어가 아닌 신조어로서 그 이름의 유래를 살펴볼 필요가 있다.

가끔 조사현장에서 빗물을 '천수(天水)'라고 말하는 어른들을 만난다. 하늘에서 내려온 물이라는 의미일 터, 실은 이 역시 국어사전에서 찾을 수도 없거니와 일상에서 사용되는 말이 아니어서 그 단어의 유래 또한 살펴볼 필요가 있다. 일반적으로 우리는 빗물을 한자로 우수(雨水)라고 기록하는데, 이형상(李衡祥, 1653~1733) 목사는 『남환박물(1704)』에서 빗물을 천낙수(天落水)라고 표현하고 있다.

또한 마수다 이치치(桝田一二)는 1932년에 작성한 「제주도수자원도(濟州島水資源圖)」[3]에서 천수(天水)를 음료로 사용하는 취락으로 마을을 구분하여 쓰고 있으며, 여기서 천수는 빗물을 의미한다. 일본인 학자인 그에게는 빗물을 한자표기로 천수라고 하는 것이 자연스러웠을지 모르겠다. 한편 석주명은 1943~1945년 2년간 제주의 마을을 누비면서 자연, 인문, 민속 등 많은 업적을 남겼는데, 그가 펴낸 『제주도의 생명조사서』[4]에 보면 천수(天水)라는 용어가 사용되고 있다. 석주명은 빗물을 모아놓은 것을 지칭하는 일본인 학자의 표현과 동일하게 유수(溜水)[5], 용수(湧水,涌水) 라는 용어도 사용하고 있다.

지금은 천수, 천낙수, 유수라는 표현은 거의 사라지고 죽은물, 즉 골른물(고인물)에 대한 표현으로 봉천수라는 용어가 대개 사용되고 있다. 어떤 과정으로 이 용어가 주로 사용되게 된 것일까? 봉천수라는 용어가 기사화된 것을 살펴보면 제주도에서만 유일하게 발견된다. 처음으로 기사화된 것은 1961년 1월 31일 조선일보 기사에서 전국적인 급수사정을 소개하면서 제주에서는 봉천수라는 원시적인 우물을 만들어서 쓰는데 돌을 가장자리

---

3) 桝田一二, 2005, 홍성목 역, 『제주도의 지리학적 연구』, 우당도서관, 9쪽: 제주도의 1930년대 지리연구로 소개됨.

4) 석주명, 2008, 『제주도의 생명조사서-제주도 인구론(1949)』, 서귀포문화원 연구총서 Ⅳ.

5) 泉靖一, 1995, 홍성목 역, 『제주도』, 우당도서관, 232쪽: 원 연구는 1935년~37년의 민족지로 기록하고 있어서 용어가 사용된 시점과 상관없이 그대로 보아야 할 것이다.

에 쌓아올려 빗물을 받아쓰는 것이라고 소개하고 있다. 이는 신문기자가 전해들은 바를 기사화한 것이므로, 이미 제주의 누군가는 봉천수라는 용어를 사용하고 있음을 알려준다. 역시 1962년 4월 18일 경향신문에서 봉천수를 대접해야겠다는 말을 약수인 줄 알았다는 기사는 이 용어가 제주 이외의 지역에서는 사용하지 않은 말임을 시사하고 있다.

그러면 제주인은 육지에서도 쓰지 않고 고문에서 찾아볼 수 없는 봉천수라는 용어를 어떻게 쓰게 된 것일까? 여기에서는 필자의 연구가 부족하여 천수와 봉천수의 유래에 대한 의문만을 던지고 다음 연구자의 몫으로 남겨둘까 한다.

조사해보면 아마도 더 많은 물 이름이 있을지도 모른다. 여기서 자신있게 모두 나열하지 못하는 것은 조사의 부족함 때문이다. 하지만 이 정도의 소개만으로도 제주인이 물 이름을 다양하게 불렀음을 알 수 있다. 이렇게 물 이름이 다양하게 불리는 것은 그만큼 제주인에게 물이 귀하게 여겨졌다는 의미일 것이다. 귀한 만큼 물의 원천은 어디인지, 물의 형태나 성질은 어떠한지, 물의 쓰임새는 또 어떠한지, 그리고 어떻게 물이 드러나는지를 관찰하고 그 특징에 맞게 물 이름을 섬세하게 붙이고 소통하고 있었다.

4. 제주인의 물통 이름

산물 혹은 죽은물은 그냥 자연에서 얻는 것이 아니다. 이를 이용하기 위해 제주인들은 인위적인 시설을 만들었다. 이를 통칭하여 '물통'이라고 하는데 물통의 세부적인 이름을 붙이는 방식 역시 물에 대한 제주인의 인식을 보여준다. 지금은 물을 대개 식수로 적합한지를 판단하는 수질로 바라보는 게 물을 대하는 일반적인 관점인 듯하다. 하지만 물통의 이름들을 보면 과거 제주인에게 있어서 물의 가치는 수질이라는 유용성만으로 바라본 것이 아니었음이 금방 드러난다.

다양한 물통의 이름을 어떤 기준 혹은 근거로 붙였는지 명확히 구분하여 정리하기는 쉽지 않으나 크게는 다섯 가지의 유형으로 정리할 수 있을 것 같다.

첫째는 지명과 관련하여 물통의 이름을 붙이는 방식이다. '다끄네물', '가물개물', '산지물', '금산물' 등이 그런 예인데, 물통이 있는 지명과 연관지어 물통의 이름을 붙이는 방식은 가장 기본적인 형태라고 할 수 있다. 간혹 그 반대로 물통의 이름을 빌려 마을이름을 붙이는 경우도 없지는 않다. 감산리의 통물 동네라든가 회천동과 같은 경우이다. 아마 지명을 빌려서 물통의 이름을 붙이는 것은 아주 기본적인 방식일 것이다.

둘째는 물통의 외형적 특징으로 이름을 붙이는 방식이다. '통물'은 인위적으로 만든 물통을 의미한다. 큰 바위 밑에서 솟아나는 경우에는 '엉물'이라고 하는데, '엉'은 제주어에서 낭떠러지와 비슷하게 된 암석을 말한다. 너럭바위 아래에서 솟는 물은 '빌레물'이라고 하고 모래사장에서 솟는 물은 '모살물'이라고 한다. 또한 동굴처럼 패인 지점에서 솟는 물을 궷물이라고 한다. 모두가 물이 솟는 지점의 지형적인 특징에 따라 이름을 붙인 사례이다.

근래 들어 시멘트가 보급되기 시작하면서 물이 새어 나가지 않도록 시멘트를 발라 방수를 한 경우에는 '석회통물'이라고 부르기도 하였다. 석회와 시멘트는 다른 재료이지만 일반인들에게는 시멘트가 석회와 같은 것으로 인식되었던 모양이다. 시멘트를 바른 석회통물은 물을 모아두는 것이 중요한 죽은물 물통을 만들거나 보수하면서 많이 적용되었다. 시멘트가 귀했던 시절에 석회통물은 이전의 물통보다 앞선 시설물의 상징으로 여기기도 하였다.

셋째는 물의 특별한 쓰임새를 보고 이름을 붙인 경우인데, 부엌(정지)에서 식수 전용으로만 사용되는 물을 '정지물', 토신제나 피부병 치료, 산모를 위해 이용하는 물은 '할망물', 제사 지낼 때 전용으로 사용되는 물을 '당팟물', 우마 등 가축급수용 물은 '쉐물'(쇠물) 혹은 '쉐통물'이라고 부르는 것이 그런 사례이다.

넷째로 물의 양이나 질을 특징으로 하여 이름을 붙이는 경우가 있다. 수량이 많을 때는 통상적으로 '큰물'이라고 이름하였고 반대로 수량이 아주 적을 때는 '생이물', '고망(고냥)물', '조개물' 등의 다양한 이름으로 불린다. 물맛이 뛰어나다고 '일미수(하귀)'라고 이름을 붙인 경우도 있다. 제주에서는 하얀 쌀밥을 곱다는 의미로 곤밥이라고 하듯이 식수로 사용하는 깨끗한 물을 '곤물'이라고 한다. 이 역시 물의 질을 근거로 이름 붙인 사례라고 할 수 있다.

그 외에도 물통을 만든 인물이나 만들게 된 연유 등의 내력담을 근거로 이름을 짓는 경우가 있다. 우도의 '김진사통', '박서방통', 그리고 상귀리의 '장수물'이나 어음리에는 고응삼이 발견했다고 해서 '공새미'라 불리는 물통이 있다. 인물이나 내력담과 관련한 물통은 실제의 역사에 근거하기도 하여 그 지역의 자긍심을 느끼게 하는 배경이 되기도 한다.

이렇듯 물통의 이름에는 물을 바라보는 다양한 인식들이 담겨 있다. 때로는 지역을 대표하기도 하고, 때로는 일상에서의 쓰임새에 따르기도 하고, 또는 물통의 모양새를 관찰하기도 하면서 이름을 붙여왔다. 그러면서 매우 다양한 물통들의 이름들이 생겨났다.

5. 물 이름의 지역적 차이

땅에서 솟는 물을 통칭하여 '산물'이라고 하지만 구체적인 물과 물통의 이름은 지역마다 매우 다양하다. 제주 전역에 걸쳐 가장 많이 이용되는 방식은 '~물'이라고 부르는 것이다. 안개물, 논짓물(하예동), 가물개물(삼양), 오래물(도두), 도구리물(세화), 산지물(건입동), 거슨물(한동), 고망물(위미, 북촌, 동홍), 족지물(오조리), 하강물(화순), 새각시물(삼양), 우주물(고내), 구시물(광령), 오름물(오름 정상에 있는 물), 멋물(두모), 흑수물(청수), 미밋물(판포) 등 제주 전역에서 이러한 방식으로 불리는 경우는 너무도 많다. 아마 가장 보편적인 방식으로 이해하는 것이 맞을 듯하다.

또한 '~샘, ~새미'라고 이름 붙이는 경우도 제주 전역에서 볼 수 있다. 가막샘(외도), 지장샘(서홍), 안새미(봉개동), 공새미(어음), 거슨샘(하귀, 호근동, 토산), 개웃샘(김녕), 도고샘(안덕면) 등 '~물'에 비하면 그 수는 적지만 분포는 전역에 걸쳐서 사용된다. 이 외에도 '~통', '~천', '~못', '~수', '~담', '~소', '~정' 등과 같은 명칭은 지역의 구분이 없이 제주 전역에서 이용되는 물 이름이다.

이러한 다양한 이름들 중에는 본래는 제주인들이 사용하던 이름을 한자로 옮겨 적으면서 이름이 달라지는 경우도 있다. 장전리 마고(구)리물을 삼별초군의 군마용수였을 것으로 여겨 마고수(馬古水)라고 한다든가[6], 외도동 마이못[頭池]을 마이(馬耳)못이라고 하여 말의 귀를 닮았다는 의미로 받아들인 것은[7] 한자화하는 과정에서 의미가 달라지거나 새로운 의미가 부여되어 오해의 소지가 생기는 경우라고 할 수 있다. 때문에 물 이름을 민간에서 불리는 그 음을 최대한 그대로 기록하는 노력은 이름의 원 의미를 훼손하지 않는 기본 노력이라고 할 수 있다.

앞에서 거론한 물통 이름이 제주 전역에서 볼 수 있는 방식이라고 하면 반면에 특별한 지역에만 한정되어 주로 불리는 이름도 있다. 우도의 경우에는 산물이 거의 없고 대부분이 '죽은물'인데, 물통을 만든 사람의 이름을 붙여서 물통 이름들이 김진사통, 박서방통 등으로 불린다. 타 지역에서는 이렇게 불리는 물통이 없다 보니 이 역시 지역적 특징이라면 특징이라 할 수 있다.

보통 물을 모아두는 시설인 물통의 경우에는 '~물'이라고 하는데 가끔 예외는 있지만 '~물통'이라고 하지는 않는다. 물통에 이름의 특징을 부여하는 것이 아니라 그 물에 의미를 부여했기 때문일 것이다. 하지만 우도의 경우에는 물이 아닌 물통에 의미를 부여하고 있는 태도가 특이하다. 대개 빗물을 이용하는 우도에서는 물통을 만든 후원자에 대한 감사의 마음이 담겨 있는 이름으로 보인다.

'~섬', '~섬지'라는 이름은 주로 수산, 두모, 금악 지역에서 붙는 이름이다. 공섬지, 큰섬지, 버디섬과 같은 이름이 있다. 필자는 섬지라는 이름이 어떤 의미를 갖고 있는지 모른다. '~구룽'이라는 명칭은 봉개동, 오라동, 상가리, 용흥 등에서 볼 수 있다. 도내구룽, 성제구룽, 버드낭구룽, 웃구룽이 그러한 이름이다. 낙천, 조수, 저지에서는 '~굿(곳)'이라

---

6) 제주연구원, 2020: 454.

7) 이원진, 2007: 42 각주.

성제구룽/봉개   큰섬지/수산   아홉굿/낙천

〈그림 2〉 다양한 물 이름

는 이름으로 불리기도 한다. 아홉굿(낙천), 장안굿, 홋굿(저지), 뒷굿, 무군세굿이 그런 이름
이다.

　전역에서 불리는 '~물', '~새미' 등의 이름은 보편적인 호칭으로 이해할 수 있는데, 이와
는 달리 특정 지역에서만 불리는 이름의 경우에는 이름을 사용하는 지역의 공동체적 연
관성이 있을 것으로 볼 수 있어 주목된다. 전국적으로 볼 때 지역마다 다른 언어인 지방
어가 있듯이, 제주에서도 지역마다 다르게 불리는 용어가 있다는 것이다. 행정으로 구획
된 마을이 있고, 물 이름으로 동질감을 느낄 수 있는 마을 영역이 또 있는 것이다.

Ⅲ. 신화와 전설 속의 물

1. 정화의 기능

사람들은 물을 효용성만으로 생각하지 않았다. 제주의 신화와 전설 속에는 물을 소재로 한 이야기가 자주 등장하고 있는 데서 물에 대한 인식을 알 수 있다. 사람이 살아가는 데 필수적인 물은 신화와 전설 속에서 어떤 이미지를 가지고 있을까? 고대 종교에 바탕을 이루는 신화에서의 대표적인 물 이미지는 아마도 정화의 기능일 것이다. 이는 단지 제주인이나 한국인에 한정된 것이 아니라 모든 인류에게 주어진 물 이미지가 아닐까 생각된다. 그러한 물에 대한 이미지가 반영된 사례는 인류 역사에서 얼마든지 찾아볼 수 있다.

기본적으로 죄를 사하고 새로운 삶을 시작하려는 신앙인들은 모든 종교 활동과 거기에 의미를 부여하는 의례에서 반드시 물의 정화력에 의존한다. 물로 몸을 씻는 방식으로

〈그림 3〉 왼쪽: 세례요한에게 세례를 받는 예수, 레오나르도 다빈치 그림, 피렌체 우피치미술관 소장.
오른쪽: 인도 갠지스강에서 죄를 물에 씻는 의식을 행하는 사람들.

과거의 죄를 씻는 의례는 거의 모든 종교에서 행해지는 의례이다. 기독교에서 세례를 하는 의식이 물을 뿌려주는 형태를 취하고 있는 것은 아주 대표적인 예이다. 세례를 하는 방법은 성수로 몸을 씻는다는 상징적인 행위에서 비롯되었다. 이렇게 물을 통해 몸과 마음을 정화시키는 종교적 상징은 동서양을 막론하고 매우 광범위하게 나타나고 있다.

정화수라는 의미로 의례에서 물을 사용하는 것은 과거의 전통적인 종교에서만 이루어진 것이 아니다. 지금도 중요한 종교 활동에서 물의 정화력을 통해 종교 공간의 신성함을 유지하려고 하는 것은 유효하게 활용되고 있다. 천주교에서도 예배의 시작은 성수로 손을 씻는 것으로부터 한다. 여전히 불교에서도 이런 신성한 물을 만날 수 있다. 음력 사월초파일 석가탄신일에는 봉축의식으로 아기부처상을 모셔놓고 물을 붓는 욕불의식을 치른다. 신자들은 단순하게 부처에게 물을 붓는 행위만으로도 물이 자신의 내면을 정화하는 힘을 지니고 있다고 믿는다.

유교적 제의인 제사에서도 물은 정화의 기능으로 이용된다. 본 제사에 들어가기 전에 제관들은 반드시 물로 손을 씻는 행동을 한다. 이는 물을 통해서 몸을 깨끗하게 하여 신성함을 유지하려는 행위이다.

우리의 일상생활에서도 물은 정화의 의미로 받아들여진다. 예로 집안의 안녕을 기원할 때도 우리 어머니들은 가장 깨끗한 물을 떠 놓고 기도를 하곤 했다. 이렇게 세상을 깨끗하게 만들어주는 힘을 지니고 있다는 물에 대한 이미지는 세계 공통의 인식이라고 할 수 있다. 이는 문화전파적인 것이라기보다는 기본적으로 물이 갖는 속성에 대한 암묵적인 동의라 할 수 있다. 더러워진 몸을 씻거나, 또 더러워진 옷을 빨아서 깨끗함을 유지하던 일상의 생활 속에서 물은 더러움을 씻는 능력이 있다는 믿음으로 이미지화되었을 것이다. 신화와 전설에서 등장하는 물의 이미지는 이러한 정화의 이미지가 더욱 구체화되어 나타난다고 할 수 있다.

2. 세상을 창조한 물

제주의 신화에 세상을 만들었다는 창조의 신화가 있다는 것이 참으로 특이하다. '천지왕본풀이'에는 태초에 대한 상상에서 혼돈으로 시작하여 하늘과 땅이 갈리고 세상이 구분되어 질서가 잡혀간다는 이미지가 드러난다. 만물이 생겨나는 창조의 이미지를 구체화하는 과정에서 이때 중요한 요소인 물이 등장한다.

> 태초에 천지는 혼돈으로 있었다. 하늘과 땅이 금이 없이 서로 맞붙고, 암흑과 혼합으로 휩싸여 한 덩어리가 되어있는 상태였다… (중략)… 땅의 머리가 축방(丑方)으로 열려 하늘과 땅 사이에 금이 생겨났다. 이 금이 점점 벌어지면서 땅덩어리에서는 산이 솟아오르고 물이 흘러내리곤 해서, 하늘과 땅의 경계는 점점 분명해져 갔다. 이때, 하늘에서 청이슬이 내리고, 땅에서는 흑이슬(또는 물이슬)이 솟아나, 서로 합수(合水)되어 음양상통으로 만물이 생겨나기 시작했다. 먼저 생겨난 것은 별이었다.(현용준, 1996a: 11)

제주 무속신화인 천지왕본풀이에서는 이렇게 천지창조의 모습을 전한다. 태초에 질서가 없이 세상이 혼돈으로 이루어져 있었다는 모습은 현 세상과 대비되는 세상으로 설명하고 있다. 이런 혼돈의 세상에서 질서가 잡힌 세상으로 만들어갈 때 물이 등장한다. 하늘에서의 청이슬과 땅에서의 흑이슬은 음양의 조화를 상징한다. 물은 이렇게 만물을 만들어내는 원천적인 모습으로 그려진다.

신화에서 물이 창조의 원천으로 그려지는 것은 물에 대한 가장 원초적인 이미지라고 할 수 있다. 사람뿐 아니라 모든 살아있는 것은 물에 그 생명을 의존하면서 살아간다. 그러한 생명의 원천이라는 이미지가 '산물'이라는 제주어에 오롯이 들어있는 것이 아닐까.

3. 죽음과 연결된 이야기

　　신화에서 물과 연관하여 빠지지 않는 이야기가 있다. 그것은 죽음과 연관된 이야기이다. 바다에 둘러싸인 제주에서는 실제로 바다에서 죽음을 맞이하는 경우가 적지 않았다. 서귀포 외돌개는 고기 잡으러 간 할아버지를 기다리던 할머니가 돌이 되어 굳어졌다는 이야기가 전해지고 용수리 절부암에는 바다에 나가서 돌아오지 않는 남편을 기다리다가 부인이 목숨을 끊었다는 이야기가 전해온다. 물론 전설이라고는 하지만 그런 이야기 속에는 제주인의 삶의 모습이 담겨 있어서 더욱 애틋함이 전해진다. 그 전설에는 어느 정도 실제 있었던 제주인의 기억도 반영되었을 것이다. 바다는 생활의 터전이기도 하였지만 한편으로는 두려움의 대상이기도 하였다.

　　마을 조사를 하다 보면 가끔 식수를 해결하는 공동물통에서 불행하게도 어린아이가 익사하는 사고가 있었다는 얘기를 접하는 경우가 있다. 이런 물통은 안 좋은 사연이 있어 방치되다가 결국에는 이용하지 않아 메워지면서 자취가 없어지고 물통 이름만 기억하고 있는 경우를 본다. 또 이름만 봐도 사연을 알 수 있는 물통도 있다. 애월읍 하가리에는 '소 죽은 못'이라는 이름의 '죽은물'이 있다. 식수로는 사용하지 않았던 우마급수용 골른물(봉천수)인데, 이 역시 실제로 소가 빠져 죽은 일이 있었다고 해서 그런 이름이 붙었다. 물에 빠져 변을 당하는 일은 사람에게만 국한된 것은 아니었다.

　　이러저러한 이유로 물은 죽음을 상징하는 경우가 많다. 대표적으로 설문대할망이 물 장오리오름의 물에 빠져 죽었다는 전설이 전해온다. 설문대할망 이야기는 천지왕본풀이와 더불어 세상을 창조하는 모습을 보여주는 창조신화의 형태를 보여주고 있다. 천지왕본풀이 신화가 세상을 창조한다는 보편적인 관념을 신화로 보여주고 있다고 한다면 설문대할망 이야기는 구체적인 제주도의 오름과 지형의 형성 배경을 설명하고 있다는 점에서 달리 보인다. 제주도를 창조한 거대한 여성인 설문대할망의 죽음과 관계된 물 이야기는 이렇게 전해지고 있다.

이 할머니는 자신의 키가 큰 것을 늘 자랑하였다. 그래서 용연물이 깊다길래 들어섰더니 발등에 겨우 닿았으며, 홍릿물은 무릎까지 올라왔다. 그러나 한라산의 물장오리물은 밑이 없는 연못이라 나오려는 순간 그만 빠져 죽고 말았다 한다.(진성기, 2001: 26).

설문대할망은 육지로 다리를 놓으려다가 실패하였다는 이야기도 전해오고, 물장오리 오름 물에 빠져 죽었다는 불완전한 상황으로 끝맺는 이야기도 전해온다. 여기서는 신의 죽음을 위하여 물장오리라는 물의 공간이 필요했다는 점을 언급하고자 한다. 이렇듯 물과 죽음은 제주인들에게 일상 속에서 매우 밀접한 관계를 지니고 있었다.

한편 죽음을 직접적으로 다루는 이야기로 저승사자의 이야기인 '차사본풀이' 신화에는 버무왕의 아들 삼형제가 과양생에게 죽임을 당할 때 '주천강 연못'에 수장된다는 이야기가 나온다. 흥미롭게도 주천강 연못은 문전본풀이 남선비 신화에서 여산부인이 노일저대귀일의 딸에게 죽임을 당하는 배경으로도 사용된다.

> 그날 밤, 이 밤 저 밤 새, 개·고양이 잠잘 때쯤 되니, 과양생 부부는 시체를 처리하러 나섰다. 과양생은 양어깨에다 하나씩 둘을 둘러메고, 처는 한 어깨에 하나를 둘러메어 주천강 연못에 가 수장을 해 버렸다. 쥐도 새도 몰랐다. 하루, 이틀…. 7일이 지나갔다. 과양생의 처는 그 후의 동정이나 살펴보려고 대바구니에 빨랫감을 주섬주섬 담아 놓고 연못에 가 보았다. 물은 아무 일도 없었다는 듯 여느 때처럼 청청했다.(현용준, 1996a: 94)

> 여산부인은 적삼을 벗어 엎드려 굽혔다. 귀일의 딸은 옆에 서서 물을 한 줌 쥐어놓아 등을 밀어주는 척하다가, 물속으로 와락 밀어 넣어 버렸다. 감태 같은 머리가 물속에 흘러가 여산부인은 주천강 연못의 수중고혼이 되고 말았다.(현용준, 1996a: 187)

주천강은 어떤 곳일까? 제주에는 물이 흘러서 고여 줄기를 이루는 소위 강이 없다. 주천강을 신화에서도 강이라 하지 않고 연못이라고 붙인 이유는 이러한 제주인이 물에 대한 인식이 반영된 명칭일 것이다. 버무왕 아들 삼형제가 빠진 주천강이나 여산부인이 빠진 주천강은 흐르는 강이라기보다는 연못과 같이 물이 고인 형상으로 보인다.

이 두 신화에서 보이는 특징은 주천강 연못에서의 죽음이 죽음으로 끝나지 않는다는 것이다. 신화에서 물은 사후세계라는 새로운 세계와 연결이 되기도 하지만 환생의 가능성을 보여주기도 한다. 버무왕 아들 삼형제는 과양생의 자식으로 다시 태어난다. 또한 여산부인은 자식들에 의해서 다시 살아나 조왕신이 된다. 물은 죽음 그 자체를 상징한다기보다 삶과 죽음의 세계를 갈라놓는 경계의 의미가 강하다. 물을 통해서 죽음의 세계로 가기도 하고 물을 통해서 죽음에서 삶의 세계로 돌아오기도 한다는 것이다.

차사본풀이에 또 하나 등장하는 특이한 못으로 '행기못'이라고 하는 연못이 있다.

> 이원사자는 의외로 친절하게 자상한 설명을 해 주었다. 그리고 저승 초군문에 이르는 길 이야기로 말을 이었다. "이승 동관님아, 저승 초군문 가기 전에 행기못이 있습니다. 못가에 보면 이승에서 비명에 죽은 사람들이, 저승에도 못 가고 이승에도 못 와서 울고 있을 것입니다 …… (중략) …… 강님은 눈을 질끈 감고 행기못으로 텀벙 뛰어들었다. 정신을 차려보니 저승 연추문(延秋門)에 닿아 있었다.(현용준, 1996a: 113~115)

행기물은 고종달(호종단)의 전설에서도 등장한다. 지장샘(서홍리)이나 행기물(화북)의 전설에서 고종달이 물의 혈맥을 끊으려고 하지만 농부의 지혜로 수신을 지켰다는 전설이 있다. 고종달을 피해서 수신(水神)이 숨은 곳이 자그마한 행기못이었고, 차사본풀이 신화에서 저승사자가 되었다는 강님이가 뛰어들어 이승에서 저승으로 들어간 곳도 행기못이다. 여기서의 행기못은 살아있는 이들이 사는 세상과는 다른 죽은 자의 세상으로 연결되는 통로와 같은 것이다. 행기는 조그만 놋그릇으로 그러한 조그만 행기에 담긴 물을 저승으로 통하는 통로로 상정한 것은 매우 독특한 상상력이다.

차사본풀이에 나오는 행기못은 이승과 저승을 갈라놓은 경계와 같다고 할 수 있다. 어떻게 물속에 이승과는 다른 세계가 있을 것이라는 상상을 하였을까? 아마도 이는 물이 거울처럼 세상을 비추는 속성이 있다는 점에서 그런 상상을 불러일으켰을지도 모른다. 물에 비친 뒤집힌 세상의 모습을 보면서 물속에는 지금 이곳과는 다른 신비한 세계가 있을 것이라는 생각을 했는지도 모른다.

설문대할망 전설에서 제주를 창조한 설문대할망이 물장오리에 빠져 죽은 것 역시 어쩌면 단순히 죽음을 형상화한 것이 아니라 신이기에 세속적 죽음을 넘어 다른 세계로 갔음을 상징적으로 보여주는 것일 수 있다. 신화에서는 이렇게 물을 통해 다른 세계, 특히 저승으로 간다는 이야기가 종종 등장한다.

4. 물을 건너는 이야기

물이 죽음이라는 것을 상징하고 이승과 저승과의 통로라는 것을 상징하기도 하지만 물을 건넌다는 것은 특별한 의미로 다가오기도 한다. 사방이 바다로 둘러싸인 섬에서 살아온 제주인에게 물은 더욱 특별하다. 제주인에게 물을 건넌다는 것은 외부의 낯선 세계로 간다는 것을 의미한다. 섬이라는 지리적 특징을 갖는 제주에서는 전설과 신화 속에서 물을 건너 낯선 문명과의 만남을 이야기하는 경우들을 보게 된다.

> 하루는 자줏빛 흙으로 봉해진 목함이 동해변에 떠오르는 것을 보고 나아가 이를 열었더니, 안에는 석함이 있는데, 붉은 띠를 두르고 자줏빛 옷을 입은 사자가 따라와 있었다. 함을 여니, 속에는 푸른 옷을 입은 처녀 세 사람과 망아지·송아지와 오곡의 씨앗이 있었다.(현용준, 1996a: 23)

물을 건너는 이야기가 소재된 대표적인 신화로 삼성신화를 빠뜨릴 수 없다. 삼성신화에는 물을 건너온 여성의 이야기가 전해온다. 여기에서 물은 바다를 말하지만 포괄적인 물의 속성을 드러낸다는 점에서 맥을 같이하고 있다. 고·양·부 삼성(三姓)이 있는 탐라에 바다를 건너온 세 명이 여성은 새롭고 낯선 세계와의 만남을 상징한다. 그들이 가져온 오곡이 있었기에 탐라에서 농경을 시작할 수 있었다고 신화는 전한다. 이 세 여성이 가지고 온 망아지와 송아지 그리고 오곡의 씨앗은 이전에는 없었던 새로운 문명을 의미한다. 여기서 세 여성이 건너온 물은 다른 세계와 단절시키는 공간적 경계를 상징한다. 오곡은 농경사회의 시작을 알리며 이 신화를 한편으로는 농경문화가 전파되었음을 알려주는 것으로 보기도 한다. 물을 건너 새로운 문명이 시작되었음을 신화는 알려주고 있는 것이다.

그러한 물을 건넌다는 것은 지금의 현실과 다른 세계로 나아간다는 점을 의미한다. 지금의 일상과 다른 세계로 간다는 의미로 신화에 등장한 물은 '남선비신화'에 나타난다. 가난한 삶을 극복하기 위해 여산부인은 남선비에게 배에다 곡식을 싣고 무곡장사를 떠나보낸다.

> 남선비는 부인의 의견을 받아들이고 곧 배를 한 척 마련했다. 쌀을 살 밑천이 마련되자 남선비는 처자 권속을 이별하여 남선고을을 떠났다. 배는 바람 부는 대로 물결 이는 대로 흘러가 오동나라 오동고을에 닿았다. 오동나라 오동고을에는 노일제대귀일의 딸이라는 여인이 있었다. 간악하기로 소문난 여인이었다.(현용준, 1996a: 182)

남선비신화에서 바다(물)를 건너 도달한 세상은 지금과 다른 알 수 없는 세상이라 이야기한다. 그곳에서 노일제대귀일의 딸을 만나 남선비는 고생을 하면서 살게 되는데, 그곳에서의 삶은 제주에서 살던 생활과는 전혀 다른 모습으로 그려진다. 두 개의 세상은 물이라는 경계를 통해서 다르게 그려지는 것이다. 이렇듯 섬사람인 제주인에게 물을 건넌다는 것은 낯선 세계로 나아감을 의미한다. 그것은 때로는 새로운 세계에 대한 동경이나 기대감으로 나타나기도 하고 때로는 두려움으로 비춰지기도 한다. 섬을 둘러싼 물은 섬사람들에게는 삶을 구속하는 한계이기도 하고 극복해야 할 대상이기도 하였다.

신화에는 물속에 있는 용궁에 대해서도 자주 등장한다. 여기서도 물속의 세계는 지금의 일상과 또 다른 세상이다. 제주신화에는 용왕 셋째 딸이 자주 등장한다. 바다에 둘러싸인 환경적인 요인이 해저세계에 대한 상상을 불러일으켰을 것이다. '삼승할망본풀이'에 등장하는 구삼승할망도 용왕의 딸이다. 제주신화에서 용왕의 딸은 주역을 맡기보다는 대개 보조적인 역할을 하는 내용인 경우가 많다. 삼승할망본풀이에서 구삼승할망도 신화내용의 전반에 걸쳐 등장하지만 결국에는 저승할망으로 물러나고 인간을 잉태시켜주는 삼승할망으로는 명진국 따님아기가 차지하게 된다. 해저세계는 신비로운 대상이기는 하지만 역시 낯선 세계이기도 한 것이다.

삼승할망본풀이에서 삼승할망은 대별상의 마누라를 해산시켜주기 위해서 서천강의 명주다리를 건너서 가게 된다. 이렇게 새로운 세상에서 신이 내려오는 과정에도 강을 건너는 이미지가 등장한다.

> 대별상은 몇 번이고 빌었다. 삼승할망은 '꼭 모셔가고 싶으면 서천강에 명주로 다리를 놓으라'고 했다. 서천강에 명주로 다리가 놓여졌다. 그제야 삼승할망은 서천강의 명주다리를 건너 대별상의 집으로 행차했다.(현용준, 1996a: 35)

서천강은 어떤 강일까? 제주신화에서는 서천꽃밭이 자주 등장한다. 서천꽃밭은 옥황상제가 있는 저승세계에 있는 꽃밭인데 사람의 생로병사를 관리할 수 있는 그런 꽃들이 피어있는 곳이다. 여기서의 서천은 저승을 말하는 것으로 보아도 무방할 것이다. 서천강이란 그런 저승세계와 삶이 있는 이승을 갈라놓은 강이 있다는 의미이다.

> 한참 가다보니 무릎에 치는 물이 있어 그 물을 지나가고, 또 한참 가다보니 잔등이에 치는 물이 있어 그 물을 넘어갔다. 또 한참 가다보니 목까지 치는 물이 있어 그 물을 넘어가니 서천꽃밭이 보였다.(현용준, 1996a: 70)

'이공본풀이'에서 할락둥이가 서천꽃밭 꽃감관으로 있는 아버지를 만나러 가는 길에도 물을 건너는 이야기가 나온다. 저승과 이승 사이를 갈라놓는 물의 이미지는 이렇게 신화에 자주 등장하는 것이다. 삶과 죽음의 세계를 넘나드는 이야기에 심심찮게 이러한 묵을 건너는 이야기가 등장한다.

아이를 낳게 해달라는 불도맞이 굿을 할 때 심방은 서천강을 건너기 위한 무명다리를 무명천을 깔아서 시연하게 된다. 제주 무속에 자주 등장하는 질침놀이의 한 형태로서, 여기서의 물은 세상을 갈라놓는 강력한 경계로 서천강으로 이미지화하고 있는 것이다.

5. 인물과 관련한 물

물 이름들 중에는 전설 속의 인물과 관련해서 지어진 경우도 종종 있다. 특별히 우도의 경우에는 물통을 만든 사람을 기려 그 인물을 특정해서 물 이름이 되기도 하였다. '김서방통', '박서방통' 등이 그런 사례이다.

반면에 실재 역사이기보다는 전설에 가까운 이유로 이름이 불리는 경우도 있다. 행정구역상 상귀리에 있는 장수물은 삼별초의 장수였던 김통정과 연관되어 물이 생겨난 연유를 들려준다.

> 이때 김통정 장군은 죽어 가면서 '내 백성일랑 물이나 먹고 살아라.' 하며 홰[靴]를 신은 발로 바위를 꽝 찍었다. 바위에 홰 발자국이 움푹 패고 거기에서 금방 샘물이 솟아 흘렀다. 이 샘물이 지금도 있는데 '홰부리' 또는 '홰자국물'이라 한다. 이 샘물을 고성리 마을 사람들은 지금도 음료수로 이용한다. (현용준, 1996b, 98)

김통정 장군이 도주하면서 밟은 발자국에서 물이 솟았다는 것은 패장 장수의 한을 물로써 보여주는 것으로 이해했는지도 모른다. 마치 눈물처럼 조그맣게 솟는 이런 물을 보통은 '고망물(고냥물)' 또는 '조개물' 정도로 이름을 붙인다. 장수물이라고 부르는 것은 항파두리와 관련된 역사적 배경이 전설화된 것임은 두말할 것이 없다. 그러면 제주인들은 왜 이러한 전설을 전해주고 있을까? 인물과 관련된 전설은 잊지 않기 위함도 있을 것이다. 김통정이라는 삼별초 장수가 항파두리 주변 제주인들의 삶과 무관하지 않았음을 대변하고 있다. 은유적으로 전해지는 장수물을 통하여 제주인은 김통정에 대한 평가를 하고 있다.

인물과 관련해서 빠뜨릴 수 없는 전설이 있다. 서귀포 서홍동에 있는 '지장샘'은 고종달이라는 인물과 관련된 이야기가 전해온다. 호종단으로 불리기도 하는 고종달은 물과 관계된 제주 지형에 대한 유래를 전한다.

> 호종단은 서귀읍 서홍리로 혈을 뜨러 갔다. 그가 서홍리에 닿기 전이었다. 물귀신인 백발노인이 밭을 갈고 있는 농부에게 와 점심 그릇인 행기에 물을 가득 담고서는 소길마 속에 감추면서 이렇게 부탁하였다. "누가 와서 이 물을 찾더라도 모른다고 하시오." 얼마 후에 웬 사람이 찾아와서 이 근처 꼬부랑나무 아랫물이 어디 있느냐고 물어왔다. 농부는 모른다고 잡아떼었다. (중략) 호종단이 그때 혈을 뜨지 못하였으므로 지금도 서홍리에서는 지장샘물이 생생하게 흘러나오고 있다는 것이다.(진성기, 2001: 292)

고종달의 전설은 실재 제주 용천수의 분포와도 관련이 있다. 제주도는 해안선을 따라 용천수들이 집중적으로 분포하고 있다. 하지만 고종달이 수혈을 끊기 시작했다는 종달리 지역부터 물의 신을 잡지 못하여 혈을 끊지 못했다는 서홍동에 이르는 지역까지 해안용천수 일부를 제외하곤 산물이 드물어 물 사정이 매우 어려웠다. 고종달의 전설은 그냥 무심하게 만들어진 이야기가 아니다. 제주에 대한 지리정보가 들어있다. 물 좋은 곳은 보편적으로 사람이 살기 좋은 땅이며, 큰 인물이 태어난다는 제주인들의 물에 대한 인식이 반영된 것이다.

IV. 제주인의 물

문화적 배경이 되었던 장소가 사라진다는 것은 그곳과 관계된 기억이 같이 사라진다는 것을 의미한다. 그래서 의미 있는 장소들을 보존하려는 노력은 분명히 중요한 일이다. 시간이 흘러 생활양식이 변하고 이용하지 않게 된 시설들은 점차 사라지는데 '물통(물터)'도 상수도가 보급되면서 더 이상 찾지 않는 곳이 되었다. 지금 물통은 우리에게 기억되는 공간에서 멀어져가고 있다. 장소뿐만 아니라 이름도 마찬가지인데, 이름이 사라지면 당연히 그것과 연관된 기억도 사라진다. 반면에 이름에 대한 의미가 왜곡된다면 마찬가지로 그곳에 대한 의미도 왜곡되기 때문에 이름에 대한 의미를 정확히 이해하고 규정하는 것은 장소를 보존하는 것만큼이나 중요하다.

사물에 대한 이름을 살펴보는 것은 그 사물에 대한 사람들의 개념을 이해하는 데 매우 중요한 단서를 제공한다. 특히 특정 지역에서 사용되는 호칭은 문화적으로 개념을 공유하는 공동체의 지역적 범위를 이해하는 데 중요한 단서가 되기도 한다. 아쉽게도 이러한 중요성에도 불구하고 물과 관계된 용어와 호칭을 명료하게 정리하려는 노력은 여전히 미흡한 과제로 남아있다.

학문적인 용어를 한자로 표현하려는 태도는 우리에게 아주 오랜 관행이다. 민간에서 흔히 사용되는 샘이나 샘물이라는 것이 천(泉)으로 기록되는 것이 그러한 관행이며, 이러한 관행에서 시작되어 마을 이름까지 고착화되는 경우를 국내 전역에서 흔히 찾아 볼 수 있다.

특히 제주 물과 관련하여 새롭게 사용된 용어인 용천수와 봉천수라는 호칭 역시 한자어를 학술용어로 사용하기를 좋아하는 지식인들의 영향이라는 점에서 스스로 자정의 노력이 필요하다고 할 수 있다. 이 글에서는 그러한 태도와 용어의 비판보다는 본래 민간에서 사용되어왔던 '산물'이라는 이름의 의미를 중심으로 제주인의 물에 대한 인식을 살펴보고 그 가치를 드러내고자 하였다.

산물이라는 이름을 통하여 제주인의 물에 대한 인식을 말하자면 두 가지로 요약할 수 있다. 첫째, 살아있는 물이라는 생각이다. 여기에는 생명력에 대한 인식이 반영된 것으로 이러한 물에 대한 사고는 '죽은물'과 '고인물'들을 통해서 더욱 구체적으로 구분되어 이름이 확장된다. 둘째, 산에서 내려온 물이라는 것이다. 이는 해안에서 솟는 산물의 원천을 한라산으로 여기는 것으로 제주인은 물을 같이 먹는 물 공동체라는 인식을 암묵적으로 공유하는 것이다. 물 공동체의 개념적인 형태는 실제로 물을 공유하는 마을의 범위를 통해서 확인하게 된다. 산에서 내려온 물이라는 것은 하늘에서 내려온 빗물과 대비되는 것으로 제주인에게는 이 두 가지의 물의 원천이 해안마을과 중산간마을의 물생활문화가 다른 공동체적 차이를 만들어낸다.

본고에서는 물과 관련된 호칭 외로 예부터 민간에 전해온 전설이나 심방을 통해서 구술된 신화 속에서 물에 대한 제주인의 인식을 살펴보았다. 다양한 사례 중에서 제시한 내용을 통해서는 물의 창조성, 정화능력, 삶과 죽음의 경계적 특징, 훌륭한 인물의 배경이 되는 마을의 여건 등 여러 생각들을 확인할 수 있다.

예로부터 식수를 구하기 어려웠던 제주에서 이렇게 다양한 물의 이름과 이야기들을 확인할 수 있는 것은 물의 가치에 대해서 더욱 절실함이 있었기 때문으로도 볼 수 있다. 단지 생명을 유지하기 위한 식수로서의 가치뿐 아니라 제주인의 문화적 영역, 공동체의 가치, 삶과 죽음과 관련한 세계관 등 다양한 제주인의 정체성을 확인할 수 있는 소재로서 물은 그 중요성이 있다. 연구와 조사가 아직 부족한 상황이지만, 이러한 물에 대한 단편적이고 초보적인 고찰을 통하여 그 관심의 범위가 더욱 확장되기를 기대해본다.

참고문헌

李衡祥, 1704,『南宦博物』.

김봉옥 편역, 1994,『續耽羅錄』, 제주문화방송주식회사.

문경미, 2015,「제주지역 용천수의 이용관행 연구」, 제주대학교 대학원 한국학협동과정 석사학위논문.

석주명, 2008,『제주도의 생명조사서-제주도 인구론(1949)』, 서귀포문화원 연구총서 Ⅳ.

제주도, 1999,『제주의 물, 용천수』.

제주도교육위원회, 1976,『耽羅文獻集』.

제주연구원, 2020,『2020년 애월읍용천수구술채록(1)』.

진성기, 2001,『신화와 전설』, 제주민속연구소.

현용준, 1996a,『제주도 신화』, 서문당.

_____, 1996b,『제주도 전설』, 서문당.

靑柳綱太朗, 1998, 홍종우 역,『朝鮮의 寶庫 濟州島 案內(1905)』, 우당도서관.

泉靖一 著, 1999, 홍성목 역,『濟州島』, 濟州市愚堂圖書館.

桀田一二, 2005, 홍성목 역『濟州島의 地理學的 硏究』, 우당도서관.

善生永助, 2002, 홍성목 역,『濟州島生活狀態調査』, 우당도서관.

현길언, 1995,「물(水)에 대한 제주사람들의 인문학적 인식: 제주설화를 중심으로」,『濟州島硏究』12.

조선일보, 1961년 1월 31일 기사.

경향신문, 1962년 4월 18일 기사.

제주물의 이용 양상과 민속적 인식[1]

강수경

I. 머리말

이 글은 제주물의 이용 양상과 민속적 인식을 밝히는 데 목적을 둔다. '제주물'은 1980년대 상수도 시설이 완료되기 이전 제주 사람들이 이용하였던 물을 통칭한다. 과거 제주 사람들이 대표적으로 이용하였던 용천수, 봉천수, 빗물, 우물에 이르는 다양한 양상을 포함한다.

전통사회 마을 주민들은 열악한 물 여건을 극복하고자 적극적으로 물의 생산과 관리에 동참하였다. 물을 이용하기 위한 시설은 마을의 지형·지질적인 특성을 토대로 민속지식과 전통기술을 동원하여 조성되었다. 여기에는 그 공동 자원의 합리적이고 지속가능한 이용을 위하여 공동체의 질서와 규칙이 작동되었다. 이에 견주어 상수도 보급 이후의 물 공급 체계는 공공기관의 관리와 통제의 운영 시스템에 따라 이루어지고 있다. 이러한 환

---

1) 이 글은 「제주물의 이용 양상과 민속적 인식」(『제주도연구』 57, 71 91) 을 수정 보완하였다.

경에서 물은 단순히 소비의 대상으로 간주될 수 있다. 과거와 달리 물의 생산과 이용 측면이 이중구조로 분리되었기 때문이다.

제주는 한라산과 해안을 기준으로 고도에 따라 형성된 지형·지질의 특성상 물 여건이 다르다. 제주는 빗물이 쉽게 땅속으로 스며들어 지하수가 풍부한 반면 일상생활에서의 물 이용 환경은 열악하였다. 해안가는 용암의 말단부로 지하 대수층을 흐르던 지하수가 일정한 틈을 통해서 자연적으로 솟아오르는데, 이 물을 가리켜 '용천수'라고 한다. 용천수는 화산섬에서 비롯된 물 문화로 제주의 상징적인 물인 셈이다. 이와 견주어 해안을 기준으로 해발 200m 이상 지대의 중산간 지역은 용천수가 극히 드물어 물에 대한 고충이 말할 수 없이 컸다. 자연 지형적으로 움푹한 곳이나 주변 하천에 고인 물을 주로 이용하였다. 이후 마을공동체는 일상생활을 영위하기 위하여 물이 잘 고이는 곳에 구덩이를 만들어 빗물을 받는 등 적극적인 태도로 물 이용 환경을 조성하였다.

한편 제주시 산지천변에는 충암 김정(1520년)이 우물을 파게 하여 동네 사람들이 이용하였던 '판서정(判書井)'이 있다. 제주는 암반이 많아 인력으로 땅을 깊게 파기 어려운 탓으로 우물 문화가 보편화되지 못하였다. 그러다가 근대화 과정에서 마을 가까운 곳에 공동우물을 만들거나 일부 지역에서는 가정집에 개인 우물을 마련하였다. 이번 조사 과정에서 조천읍, 대정읍, 안덕면, 구좌읍 등 여러 지역에서 우물의 존재를 확인할 수 있었다. 이러한 우물의 조성 시기는 1960, 70년대로 추정된다. 마지막으로 빗물은 물이 귀한 환경 어디에서나 보편적으로 이용한 수자원이라고 할 수 있다. 제주도 예외가 아니다. 특히 중산간 지역에서의 빗물 이용은 여러 양상으로 나타났다.

제주물에 대한 논의는 그동안 용천수를 중심으로 전개되었다. 학문적으로 제주물을 고찰하고자 시도한 기록은 일제강점기에 일본인 학자들이 조사한 자료에서 찾을 수 있다. 마수다 이치지(桝田一二, 2005)는 1932년 제주성내음료수등가지역도(濟州城內飮料水等價地域圖)를 정리하여 당시 물 매매 상황을 구체적으로 제시하였다. 이즈미 세이치(泉靖一, 1999)는 지대에 따라 양·산촌(陽·山村)지대와 해안지대로 나누어 물 이용 양상과 용수권(用水圈)을 언급하고 있으며, 특히 제주시 조천읍 지역의 자연마을을 대상으로 당시 이용하였던 물의 명칭, 이용과 관리 등에 관하여 조사·기록하였다. 일본인에 의해 이루어진 1930년대 제주의 물 이용 양상에 대한 조사·연구는 향후 제주도 물 이용의 역사·문화를 해명하는 데 좋은 정보로 활용될 수 있다.

일제강점기 이후 제주물에 대해 인문사회 분야의 연구는 1990년대 후반부터 시작되었다. 그러나 일제강점기 이후 긴 공백을 깨고 시작된 연구는 아쉽게도 활발히 논의되지 못하였다. 인문학 분야에서도 제주 사람들의 삶과 밀접한 물에 대한 연구를 소홀히 여긴 탓도 있다. 그 가운데 발표된 제주물에 대한 연구 몇 편을 살펴본다.

현길언(1995)은 '물(水)에 대한 제주 사람들의 인문학적 인식'에 대하여 연구하였다. 물은 인간에게 효용적이지만 그 가치를 뛰어넘는 것으로 제주 사람들은 고종달형 설화를 통해서 효용론의 한계를 넘어 물을 인식했다고 평가하였다. 제주 사람들의 물에 대한 인문학적 인식과 가치를 주목한 논의로 의미 있다.

박원배는 '제주 물문화 소고(2009)', '물문화와 제주 산물의 가치 제고(2010)'를 통해서 제주의 독특한 용천수 문화를 조명하였다. 특히 제주 사람들이 용천수를 부르는 '산물'이라는 민속용어를 포착하고, 물의 명칭에 대하여도 주목하였다. 문경미(2015)는 '용천수의 이용관행에 관한 연구'를 발표하였다. 현장과 면담조사를 통해 용천수 이용 문화와 의미를 분석하였다. 비슷한 시기 정광중(2016)은 용천수의 수변 공간으로 확대하여 용천수의 가치를 밝혔다. 한편 한정효(2020)는 기존의 용천수 중심의 연구에서 벗어나 봉천수를 중심으로 형성된 우도의 물 문화를 조명하여 제주물에 대한 연구의 범위를 넓혔다고 할 수 있다.

이 글에서는 기존의 연구성과물을 바탕으로 제주물의 이용 양상과 민속적 인식에 대하여 현장 사례와 면담 자료를 통해 살펴본다. 용천수 이용 중심의 연구 성과만으로는 제주물의 가치와 의미를 온전히 밝히기 어렵다. 해안과 중산간 지역에서 두드러진 물 문화를 고루 다루어야 마땅하다. 따라서 제주의 해안마을에서 주로 이용한 용천수, 중산간 마을의 봉천수와 빗물 받기, 그리고 해안과 중산간 지역에서 확인되는 우물에 대하여 다루고자 한다.

II. 제주물의 이용 양상

제주물은 제주의 역사와 나란히 한다고 해도 과언이 아니다. 사람들은 물을 중심으로 모여 살거나, 또 다른 요소를 중심으로 공동체 집단이 형성되더라도 어떠한 방식으로든 물을 이용하기 마련이다. 물 문화는 마을의 환경 조건을 토대로 합리적이고 지속적으로 이용하기 위한 지식과 기술을 총체적으로 동원하여 구현된 것이라고 할 수 있다. 따라서 제주물은 제주의 고유한 수자원의 역사이며, 제주 사람들의 삶의 원천이었다.

앞서 언급한 바와 같이 제주는 해안마을과 중산간 마을의 물 문화가 다르게 나타난다. 해안마을의 용천수, 중산간 마을의 봉천수와 빗물 받기, 그 외 우물 문화를 차례로 살펴본다.

1. 해안마을의 물, 용천수

용천수의 역사는 제주의 역사와 맞닿아 있다. 서귀포시 서귀동 천지연 '생수케(生水케)'는 제주의 구석기 문화가 확인된 유적지이다. 생수케의 내부에는 솟아나는 물이 존재하는데, 이 물은 오래전에 발견되어 구석기 문화의 형성에 토대가 되었을 것이다. 이 생수케의 물은 이후에도 수도가 개설되기 전까지 서귀포 사람들의 식수로 이용되었다(서귀포신문, 2022).

제주도의 해안 저지대에는 탐라시대 비교적 큰 규모의 마을이 만들어지기 시작하였다. 제주시 '삼양동 음나물내' 주변과 '용담동 한천변', '외도동 외도천변'에는 당시 생활상을 보여주는 움집과 창고, 무덤 등의 시설이 남아 있다(제주대학교박물관, 2021: 27). 이러한 유적은 물과 가까운 거리를 생활터로 삼아 일찍부터 공동체가 형성되었음을 짐작하게 한다. 인류 문명은 물을 중심으로 이루어졌다고 널리 알려졌듯이 제주에서도 일찍이 이루어진 집단생활은 용천수를 가까이 두고 형성되었음을 확인할 수 있다.

용천수는 '빗물이 쉽게 스며들어 지하 대수층을 흐르다가 일정한 틈을 통해 솟아오르는 물'[2]로 대략 15°C 내외로 온도를 유지한다. 이러한 용천수의 특징 때문에 사람들은 여

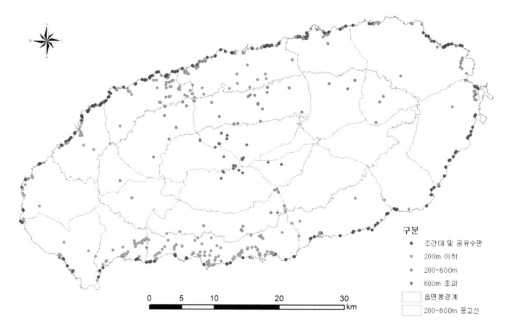

구분
- 조간대 및 공유수면
- 200m 이하
- 200-600m
- 600m 초과
- 읍면 동경계
- 200-600m 등고선

〈그림 1〉 고도별 용천수 분포 현황

름에는 물이 시원하고, 겨울에는 물이 따뜻하다고 인식하였다. 제주도에서 1999년 제주 지역의 용천수 전수조사를 실시한 결과 911개소가 확인되었다. 20여 년이 지난 현재(2021년 기준) 제주연구원의 조사 결과에 따르면 646개소가 전해지고 있다. 용천수는 한라산 백록샘에서부터 제주 해안에 이르기까지 두루 분포한다. 화산 폭발로 용암이 해안까지 흘러 굳어졌으며, 이 용암의 말단부에서 지하수가 용출하는 현상이 두드러진다. 용천수는 이러한 지질적인 특징으로 제주 해안가에 집중되었다.

위의 지도는 제주도의 '고도별 용천수 분포 현황'이다(제주특별자치도·제주연구원, 2020:

2) 용천수의 개념은 '제주특별자치도 용천수 활용 및 보전에 관한 조례'(제주특별자치도조례)(제1146호)(20140115)에서 제시하고 있다. '용천수'는 학술분야와 행정에서 통상적으로 사용하는 용어이며, 제주 사람들은 이를 '산물'이라고 하였다. 따라서 이 글에서의 일반적인 서술은 '용천수'라고 지칭하나 제주 사람들의 인식을 다루는 내용에서는 편의에 따라 '산물'을 혼용하여 쓰기로 한다.

17). 제주도는 한라산과 해안을 기준으로 일정한 고도에 따라 해안, 중산간, 산간 지역으로 나뉘었다. 해안마을은 해안선으로부터 200m 이하의 권역을 가리키며, 중산간 지역은 200~600m에 위치한 마을이다. 위의 지도에서 해안과 중산간 마을의 용천수 분포율은 확연한 차이를 드러내고 있다. 이를 통해 해안과 중산간 마을의 물 사정이 원천적으로 다름을 알 수 있다.

용천수는 제주 사람들의 가장 중요한 식수원이었다. 마을 주민들은 해안가를 중심으로 발달한 용천수 가운데 기본적으로 거주 공간에서 가장 가까운 거리에 위치한 물을 이용하였다. 물을 긷고 옮기는 일은 매일 이루어지기 때문에 물을 이용하는 데 이동 거리는 매우 중요한 요건이다. 이러한 사정으로 용천수가 풍부한 해안마을은 자연스럽게 자연마을 단위로 물을 이용하는 공간의 범위가 설정되었다.

일반적으로 용천수는 위쪽에서 물이 솟아나와 바닷가 방향으로 흐르기 때문에 수로는 자연스럽게 수직으로 조성되었다. 수로의 폭은 대략 30cm 정도에서 수 m에 이르기까지 제각각이다. 수로는 용도에 따라 두세 칸으로 구획하였는데, 일반적으로 식수의 경우 항상 깨끗한 물을 이용할 수 있도록 공간을 구분하여 보호하였다. 남자목욕탕과 같이 용천수의 용도가 단순한 경우는 공간을 나누지 않고 하나의 통으로 썼다.

용천수는 식수를 포함한 생활용수와 논농사에도 두루 쓰였다. 식수는 물이 용출되는 지점의 깨끗한 물을 이용한다. 용천수의 수량이 풍부할 경우 허벅을 직접 담가서 물을 길을 수 있었으나 수량이 적으면 바가지를 이용하여 허벅에 물을 길었다. 식수 공간에서 자연스럽게 흘러내리는 물은 채소를 씻는 물로 이용되었다. 그 아래로는 빨래를 하거나 몸을 간단히 씻는 용도로 활용하는 것이 보편적인 특징이다. 용천수 시설 내부에는 빨래를 할 수 있는 공간이 넓게 자리잡아 있다. 이불과 같은 큰 빨랫감은 솥과 땔감을 준비하여 용천수 한켠에서 삶고 세탁하여 주변 돌담에 널어 말렸다고 한다. 한편 용천수가 풍부한 지역에서는 논농사를 지으려고 애썼다. 수감을 두어 논마다 물을 골고루 댈 수 있도록 하였지만, 물은 항상 부족하였다. 물이 잘 빠지는 토양의 특성상 제주 전 농토에서 논 면적은 1%에 불과하여 쌀이 몹시 귀하였다.

물을 긷는 일은 주로 여성이 담당하였다. 물을 긷는 허벅은 연령과 신체 크기를 고려하여 여러 종류를 두었다. 이른 경우 7~8세 정도 때부터 여자 아이는 '두병들이 펭'(두병들이 병)을 지고 물긷기를 경험하였다. 15세 내외의 소녀는 허벅보다 조금 작은 크기의 '대배기'에 물을 길었고, 성인 여자는 한 말 정도의 물을 채울 수 있는 물허벅을 지고 하루에 3~5회 정도 왕복하였다. 일반적으로 부엌에는 '물항(물항아리)'을 하나씩 두었는데 매일 물을 길어 와서 항아리를 채워야 했다.[3]

용천수는 의례와 세시풍속과도 밀접하였다. 마을 내 여러 용천수 가운데 공동체는 의례에 특별히 사용하는 물을 구별하여 인지하였다. '당물' 또는 '할망물'이라고 불리는 사례가 거의 그렇다. 서귀포시 안덕면 대평리 주민들은 할망당에 갈 때나 집에서 정성을 들이는 일에는 특별히 '할망물'을 올렸다고 한다.[4]

서귀포시 대정읍 일과리 사람들은 마을의 용천수인 '할망물'을 특별한 물로 기억하고 있었다. 아이를 갖기 어려운 경우에는 할망물 속의 새우를 홀수로 취하여 먹으면 효험이 있다고 믿었다. 또 산모의 모유가 부족하면 할망물을 길어와서 빌었던 사례도 주목할 만하다. 병에 물을 담고 새[띠]를 15~20cm 길이로 잘라서 묶은 뒤 입구를 막았다. 그 병을 거꾸로 비스듬히 눕혀 물이 한 방울씩 '똑똑' 떨어지게 한 뒤 보살은 입담을 하였다.[5] 이는 일종의 유감주술 행위를 통해 모유를 넉넉히 얻고자 하는 '비념'(비손)이다. 이처럼 마을의 '할망물'이라고 불리는 용천수는 대개 아기를 관장하는 삼승할망과 밀접하게 연관되어 있다.

제주 사람들은 무더운 여름을 이겨내기 위해 물맞이를 하였다. 일반적으로 물맞이는 음력 6월 15일 유두일(流頭日)에 동쪽에 흐르는 개울에서 머리를 감고 목욕을 하는 세시풍

3) 박○○(여, 1957년생, 대정읍 무릉1리), 2021. 11. 12., 자택, 필자 면담.

4) 이○○(여, 1936년생, 안덕면 대평리), 2022. 1. 18., 안덕면 대평리 노인회관 근처 거리, 필자 면담.

5) 배○○(남, 1945년생, 대정읍 일과2리), 2021. 11. 17., 대정읍 일과2리 대수동 노인회관, 필자 면담.

속이다. 그러나 제주에서의 물맞이는 음력 7월 15일 백중에 용천수에서 몸을 씻고 물놀이를 즐기는 것을 말한다. 사람에 따라서는 특별히 폭포와 같이 물이 풍부한 용천수를 찾아서 물맞이를 즐겼다. 그러나 대개는 가까운 곳에서 가족이나 이웃끼리 미숫가루와 사탕수수 등의 간식을 먹으면서 물놀이를 즐겼다.

백중 물맞이는 여름 농사가 거의 마무리되는 시기로 노동에 지친 몸을 달래는 휴식 시간이다. 또 제주 사람들은 백중 물맞이를 하면 부스럼 등의 피부병을 앓지 않는다고 믿었다. 사실 백중 처서가 지나면 더위가 어느 정도 가라앉아 용천수에서 물맞이를 하기에는 추웠다고 한다(국립문화재연구소, 2001: 93-94).

2. 중산간 마을의 봉천수와 빗물 받기

중산간 마을 사람들은 자연적으로 솟아나는 물이 극히 드물어 빗물에 의존하여 생활하였다. 주로 하천 웅덩이 곳곳에 고인 물을 이용하거나 마을 내에서 지형상 옴팡진 곳으로 모인 물을 이용하였다. 그러나 이런 물은 항상 담보할 수 있는 게 아니다. 사람들은 가뭄으로 마을 내에서 물을 구할 수 없는 지경이 되면 해안마을로 내려가서 물을 길어와야 하므로 물 긷기의 고충이 가중되었다. 이러한 열악한 물 환경을 극복하기 위해 중산간 마을의 사람들은 삽과 곡괭이로 물이 잘 고이는 곳을 파서 구덩이를 만들고 빗물을 모아 썼다.

봉천수(奉天水)는 제주도 중산간 지대의 마을에서 식수나 생활용수를 얻기 위해 조성한 물 이용 시설이다. 마을에는 봉천수를 여럿 두었으며, 주민들은 이를 단순히 '물통'이라고 이르거나 지명과 관련된 명칭을 붙였다. 중산간에서는 거의 모든 물을 빗물에 의존하기 때문에 식수와 생활용수, 우마 급수, 재해 대비 등의 용도로 쓸 수 있도록 물통을 여럿 두었다.

봉천수의 내외부는 용도에 따라 다르게 조성되었다. 마을공동체가 주로 식수로 이용하는 봉천수의 경우 물통의 내부는 돌로 에워 쌓고 주변은 흙으로 틈새 없이 단단하게 한

뒤 '테'(잔디)를 덮었다. 잔디는 구덩이의 형태를 유지하는 데에 보탬이 되어, 큰비가 내리더라도 쉽게 무너지는 것을 방지하려는 의도이다.[6] 또 큰비가 내릴 때 흙탕물 등이 흘러내려 이물질이 물통으로 유입되는 것을 예방할 수도 있다. 안덕면 덕수리의 봉천수는 마을 주민들이 총동원되어 진흙과 돌을 바닥에 깔아 탄탄하게 다졌다. 봉천수 내의 한쪽에는 물팡 시설을 만들고, 봉천수 주위는 돌담을 쌓아 물을 보호하는 한편 사람이나 가축이 빠지는 것을 예방하였다(제주특별자치도·국립민속박물관, 2007: 21). 봉천수는 인위적으로 빗물을 가두는 방식으로 소와 말들을 물통 안에서 주기적으로 물을 먹게 하여 땅을 다지는 효과를 얻었다. 이를 통해서 물이 쉬이 빠져나가는 것을 방지할 수 있었다.

당시 봉천수의 조성은 마을공동체를 동원하여 인력에 의존한 작업이다. 중산간 마을 사람들은 물의 주요 쓰임새에 따라 제한된 노동력을 합리적으로 배분하였다. 식수와 달리 빨래나 목욕 등의 생활용도나 우마급수용은 자연스럽게 조성된 웅덩이를 이용하거나 웅덩이를 확장하는 정도였다. 또는 마을 안에서 지대가 낮은 쪽에 봉천수를 만들어 큰비가 내리면 도로나 밭으로부터 흘러내리는 흙탕물을 자연스럽게 모았다.

중산간 마을 사람들은 열악한 여건을 극복하고자 갖은 노력을 하였다. 마을공동체는 봉천수의 조성에 노동력을 제공하거나 수리나 정비 등의 관리에 능동적으로 참여하였다. 마을 출신의 재일교포나 일부 선각자는 물통 조성에 필요한 비용을 부담하기도 하였다.

중산간 마을의 여성들은 물허벅에 봉천수의 물을 길어서 옮겼다. 식수용으로 쓰였던 봉천수에는 물구덕을 지고 내릴 수 있는 '물팡' 시설이 갖추어져 있었다. 그러나 극심한 가뭄이 지속되면 마을에 두세 개 있는 봉천수가 모두 말라버렸다. 이때는 '구루마'(수레)에 드럼통을 싣고 해안가로 내려가서 물을 길어 왔다. 용천수는 가뭄이 들어도 수량이 줄어들 뿐 물이 마르는 일은 드물었다. 뿐만 아니라 중요한 의례나 정성을 들이는 일에 필요

---

6) 서귀포시 대정읍 영락리의 '물통' 조성 사례이다. 대정읍 영락리 김○○의 면담 내용을 바탕으로 정리하였다. 향후 제주도 전역에 분포한 봉천수 조사가 이루어진다면 지리적, 행정적, 문화권역에 따른 봉천수의 조성 방식과 특징, 이용·관리에 관하여 제시할 수 있을 것으로 기대된다.

한 물은 특별히 해안의 용천수를 이용하기도 하였다.

중산간 마을에서는 공동체의 물인 봉천수의 이용뿐만 아니라 개별적으로 각 가정에서 빗물을 모아 썼다. 해안마을의 사람들은 풍부한 용천수 덕으로 빗물을 받아서 허드렛일에 썼지만 극히 일부에 불과하였다. 그러나 중산간 마을의 가정에서는 빗물 받기가 일상화되어 있었으며, 그 방식 또한 여럿이었다.

중산간 마을의 빗물 받기는 다양한 방식으로 이루어졌는데, 그 가운데 빗물을 모으는 매개체에 따라 새로운 명칭을 부여한 점이 주목된다. '지신새물'은 초가 지붕 아래로 떨어지는 빗물을 받은 것이다. 츰받이줄을 통해 받은 물은 '츰물'이라 하고, 비가 내리는 대로 통에 바로 받는 물은 '하늘받이물'이라고 하였다.

〈그림 2〉 빗물 받기-성산읍 난산리(2018년)

상수도 이용이 일반화되기 이전에는 식수뿐만 아니라 일상생활에서 이용되는 물은 모두 길어온 물에 의존하였다. 그러나 매일 허벅으로 물을 길어와서 항아리를 채운다 하더라도 온 식구가 여러 용도로 이용하기 때문에 물은 늘 부족하였다.

비가 오면 항아리나 깡통은 물론이고 장테[7] 등 빗물을 받을 수 있는 도구를 꺼내 초가

---

7) '장테'는 '장탱이'라고도 한다. 양푼 모양으로 하되 그보다 크게 만든 질그릇이다. (개정증보 제주어사전, 2009: 738)

지붕에서 떨어지는 빗물을 받았다. 이 '지신새물'은 빨래나 청소 등의 생활용수로 활용되었다. 전통가옥 울타리 안에는 동백나무를 심어 '춤물'을 얻는 데 이용하였다. 새[띠]를 꼬아 엮은 춤받이줄을 동백나무에 묶어 동백잎에 맺힌 이슬 따위가 춤받이줄을 따라 내려오면 항아리에 모았다. 이 항아리를 '춤항'이라 하고, 춤항에 받은 물을 '춤물' 또는 '춤항물'이라고 하였다.[8] 이는 제주에서도 물이 귀한 중산간 마을에서 형성된 독특한 물 문화인 셈이다. 비가 오면 큰 항아리나 통을 마당에 꺼내 빗물을 그대로 받기도 하였다. 이를 제주 사람들은 '하늘받이물'이라고 하였다.

상수도 이용 시대의 사람들은 빗물을 단순히 '쓸모없는 빗물'로 인지할 뿐이다. 빗물의 효용 가치가 낮고 가옥 구조의 변화로 빗물에 대한 인식은 달라졌다. 그러나 농어촌 마을에서는 비가 오면 으레 양동이를 꺼내 지붕에서 떨어지는 빗물을 받는 일이 더러 있다. 받아둔 빗물은 마당청소 등 허드렛일을 위한 용도로 쓰인다.

3. 공동 우물과 개인 우물

제주에서는 구덩이를 파서 토양에 스며들었던 물을 고이게 한 시설을 '물통'[9]이라고 하였는데, 일반적으로 '우물'을 뜻한다.[10] 우물은 물을 얻기 위하여 땅을 파고 물이 괴게

---

8) 서귀포시 표선면 성읍리, 성산읍 난산리 등 물이 귀한 마을에서는 '춤항'의 이용 사례를 쉽게 확인할 수 있다. 그러나 현재까지 제주도내 '춤항'의 이용 분포도에 대하여 정확히 밝혀진 바 없다.

9) 제주 사람들은 '물통'과 '통물'을 혼재하여 사용하고 있다.

10) 제주 사람들은 물을 이용하였던 장소를 보편적으로 '물통'이라고 지칭하는 경향이 있다. 그러나 '물통'은 발화자에 따라 용천수, 봉천수, 우물 등을 의미하거나, 물이 있는 장소, 물을 담는 통 등의 매우 다의적인 뜻으로 쓰이고 있다. 그 때문에 제주 사람들이 가리키는 '물통'은 특정 물의 성격을 규명하는 단어로 이해하기 어렵다. 따라서 향후 제주물 관련 민속용어의 개념과 고찰을 통해 학술용어와의 대응 관계를 밝히는 등 제주물의 명칭과 관련된 논의가 이루어져야 할 것이다

만든 시설이다. 그러나 제주에서는 '우물'이라는 명칭이 널리 쓰이지 않았던 듯하다. 제주는 다른 지역과 달리 우물 중심의 물 문화가 아니었기 때문이다. 제주의 땅은 우물을 조성하기에는 토양층이 얇고 다공질 용암류로 이루어져 인력으로 암반을 굴착하기 어려웠던 탓도 있다(제주특별자치도·제주지하수연구센터, 2021: 10).

제주에서는 '우물'이라는 용어가 보편적으로 쓰이지 않았을 뿐, 마을에 따라 공동 우물 또는 개인 우물을 이용하였다. 조선시대 대정현과 고성에 우물이 있었다는 기록이 있으며, 현재 대정읍 보성리에는 '거을정'(擧乙井, 현재 안내판에는 '거수정'이라 표기됨) 또는 '두레물'이라 불리는 우물이 전해지고 있다(제주특별자치도·제주지하수연구센터, 2021: 16-17). 구좌읍 하도리는 공동수도가 들어오기 직전까지 해안가의 용천수보다 마을 내에 인위적으로 만든 '두레박물'을 생활용수로 사용해왔다. 자연마을별로 차이는 있지만 1930년대 초부터 1960년대 말까지 속칭 '두레박물통'을 1개씩 만들어 지하수를 식수로 이용하였다(제주특별자치도·국립민속박물관, 2007: 19-20). 하도리와 같은 해안마을 사람들은 종종 용천수의 물때를 맞추지 못할 경우를 대비하여 공동 우물을 조성하여 이용하였다.

가정집에 개인 우물을 두고 이용하였던 사례도 여럿 확인되었다. 지금까지 필자가 확인한 개인 우물의 이용은 한경면 용수리, 대정읍 영락리와 일과리, 안덕면 대평리이다. 개인 우물은 가족 구성원 중심으로 이용하므로 규모가 크지 않았다. 우물의 평균 크기는 가로, 세로 100cm 미만이며, 깊이는 1m 내외이다.[11]

우물은 대개 집 뒤껍에 마련되었다. 제주 전통가옥의 뒤껍은 주로 장독대를 놓는 공간이며, 부엌과 쉽게 드나들 수 있는 출입문이 있다. 두 장소는 가장 합리적인 동선으로 이

---

11) 대정읍 영락리 좌○○ 씨 댁과 강○○ 씨 댁 물통을 중심으로 서술하였다. 가정집에 물통을 두었던 지역은 한경면 용수리, 대정읍 영락리, 대정읍 일과리, 안덕면 대평리 등에서 사례를 확인할 수 있었다. 그러나 대부분의 우물은 집을 재개축하는 과정에서 매립하여 흔적조차 확인하지 못하는 사례가 많았다. 따라서 이 글에서는 현재 확인된 사례를 중심으로 서술한다.

〈그림 3〉 우물-한경면 용수리

〈그림 4〉 우물-대정읍 영락리

〈그림 5〉 우물-대정읍 영락리

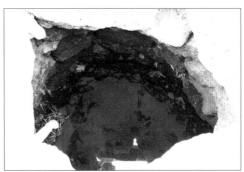

〈그림 6〉 우물-대정읍 영락리의 내부

어져 우물의 물을 이용하기 편리하였다. 또 우물의 위치는 외부인에게 개방되지 않은 공간으로 물의 오염 등으로부터 보호할 수 있었다.

위 〈그림 4〉는 대정읍 영락리의 좌○○·이○○ 씨 부부가 이용하였던 우물이다.[12] 이 우물은 좌 씨가 현재 거주하는 집에 위치해 있다. 1963년 집을 건축할 당시 좌 씨가 직접 조성한 우물로 부엌 근처 외부에 두었다. 우물의 조성은 삽으로 땅을 넓게 판 뒤 방사탑

---

12) 좌○○(남, 1938년생, 대정읍 영락리)·이○○(여, 1938년생, 대정읍 영락리), 2021.11.16.(1차 조사), 2022.1.6.(2차 조사), 이○○ 씨 댁, 필자 면담.

모양으로 돌을 쌓아올려 우선 형태를 갖추었다. 그런 뒤에 작업공간으로 쓰였던 구덩이의 공간은 흙으로 메워서 마무리하였다. 우물의 입구는 지표면보다 약간 높게 돌을 놓아 이물질이 들어가는 것을 방지하였다. 좌 씨 댁에서 사용하였던 우물의 깊이는 134cm이며, 가로 80cm, 세로 70cm의 크기이다. 이 우물은 좌 씨의 가족이 전용으로 썼던 물이며, 식수와 생활에 필요한 곳에 두루 이용되었다. 좌 씨의 배우자인 이 씨가 살림살이를 맡아서 하기 때문에 우물의 이용이 많았다. 우물이 깊지 않고 물이 항상 채워져 있어서 바가지로 편리하게 이용하였다고 한다. 뿐만 아니라 과거에는 부엌마다 물항아리를 하나씩 두었으나 이 씨는 이 우물 덕에 물항아리를 따로 두지 않았다.

개별 가정에 마련한 우물은 물의 생산과 보관 시설의 기능을 동시에 한 셈이다. 과거 제주 여성들은 허벅에 물을 긷고 항아리에 물을 채우는 일이 중요한 일과였던 모습과는 사뭇 다른 물 이용 양상이다. 과거 영락리에서는 집 건축 시 가장 먼저 우물을 만들었다고 하는 것으로 보아 여러 가옥에서 우물을 이용하였던 것으로 짐작할 수 있다. 집에 우물을 둔 경우 마을의 공동 봉천수를 이용하는 일은 자연스럽게 줄어들었다.

〈그림 5〉는 강○○ 씨 댁의 우물이다. 집을 기준으로 텃밭 오른쪽 가장자리에 위치한다. 부엌과는 직선거리로 왕래하면서 우물을 이용하였다. 본래 집 뒤꼍에 있었으나 이웃집의 '돗통시'(돼지를 기르는 변소)가 인접하게 되면서 지금의 자리로 옮겼다고 한다. 물의 오염을 방지하기 위해서다. 이 우물은 강 씨의 시부모님이 만들어 이용하던 것을 결혼하면서 자연스럽게 함께 이용하였다.[13]

한편 〈그림 3〉은 한경면 용수리의 가정에서 상수도를 사용하기 전에 생활용수로 이용하였던 물이다. 용수리의 여러 집에 우물을 두고 있었으나 위에 제시된 사례는 마을 내에서도 우물의 크기가 큰 편이며, 물이 깨끗하여 식수로도 이용하였다고 한다.[14] 이 밖에

---

13) 강○○(여, 1945년생, 대정읍 영락리), 2021.11.16., 강○○ 씨 댁, 필자 면담.

14) 실제 이 물통을 이용하였던 주인은 최근에 작고하여 이웃 최○○가 간단히 설명해주었다.

대정읍 일과리, 안덕면 대평리의 경우에도 면담 결과 집에 우물을 두었던 사실을 확인하였다. 대정읍 일과리는 서림수원의 물이 풍부하였지만 매일 물을 긷는 일이 힘들었기 때문에 우물을 이용한 사례가 있다. 두레박을 이용하여 우물의 물을 썼던 기억이 선명하였다.[15] 안덕면 대평리는 물이 귀하여 주변 소하천의 물을 이용하였으나 후에 일부 가정에서는 우물을 만들어 물 긷기의 고통을 덜었다고 한다.[16]

---

15) 백○○(남, 1945년생, 대정읍 일과2리), 2021. 11. 17., 대정읍 일과2리 대수동 노인회관, 필자 면담.
16) 이○○(여, 1936년생, 안덕면 대평리), 2022. 1. 18., 안덕면 대평리 노인회관 근처 거리, 필자 면담.

III. 제주물의 민속적 인식

제주 사람들은 열악한 물 환경에 적응하고 적극적으로 대응하면서 삶을 이어왔다. 마을 주민들이 물을 생산하고 관리하며 이용하는 양상은 민속문화이기도 하다.

제주물과 관련한 민속적 인식에 대해 명칭 형성, 용도 구분, 형태와 구조로 나누어 살펴보겠다. 물의 명칭과 쓰임새 구분, 제주물의 형태와 구조는 제주물을 이해하는 기본 요소이다. 제주물의 기본 요소를 토대로 제주물의 민속적 인식을 살펴본다.

1. 명칭 형성

제주 사람들은 실생활에서 사용하는 물에 대하여 정황에 따라 구체적으로 인식하였으며, 그에 따라 물의 명칭도 세분화되었다. 용천수나 봉천수와 같은 학술적 구분을 위한 명칭 이전에 민속문화를 생산하는 주체들이 스스로 만들어 낸 제주물의 명칭에서 제주물에 대한 인식을 확인할 수 있다.

용천수는 지속적으로 흐르기 때문에 물의 상태가 맑고 깨끗한 편이었다. 제주 사람들은 이를 일반적으로 '산물'이라 하며, 물의 흐르는 형상을 빗대어 '나는물' 또는 '솟는물'이라고도 하였다. 산물에 견준 '죽은물'은 빗물을 받아 쓰는 봉천수를 가리킨다. 봉천수는 빗물을 구덩이에 고이게 한 물이기 때문에 정적이며, 물이 혼탁해 보인다. 빗물 등을 모아 쓰는 정체된 물이므로 '고인물' 또는 '굴른물'이라고도 지칭하였다.

'산물'은 중의적인 의미로 쓰였다. '산에서 내려오는 물'인 용천수의 의미 외에도, 지속적으로 샘솟으며 흐르기 때문에 '살아있다'는 인식도 내포한다. 이러한 산물과 견주면 빗물 등을 모은 물은 당연히 '죽은물'이라고 인식하였다. 물의 흐름과 청정 상태를 기준으로 삶과 죽음에 빗대어 인지한 것이다. 용천수가 갑자기 오염되거나 수량이 감소하는 현상을 두고서도 '물이 죽어불엇어.'(물이 죽어버렸어.)라고 하였다. 이처럼 물을 의인화하는 현상은 다른 사례에서도 찾을 수 있다. 제주시 애월읍 유수암리에서는 물이 잘 나오다가 갑자기 나오지 않거나 물줄기가 바뀌는 것을 '물이 시집갔다.'고 표현하였다(제주특별자치도·제주연구원, 2020: 430-431). 그런가 하면 서귀포시 동홍동의 산지물은 제주시 산지천의 큰딸이라고 알려졌는데, 겨울철에는 큰딸이 친정에 가기 때문에 여름철에만 물이 솟아난다고 전해진다(제주환경일보, 2021). 여름철에는 하천의 물이 터져 크게 흐르는 현상을 비유하는 표현이다.

'산물'은 해안을 중심으로 발달하여 조석(潮汐)과도 밀접한 관련이 있다. 조간대의 산물은 물때에 대한 이해를 전제로 이용하였다. 해안가에 위치한 산물은 바닷물이 섞여서 짠맛을 느끼기 쉽다. 따라서 조간대의 산물을 이용하는 사람들은 산물을 달리 '든물'이라고 하였다. '든물'은 단물을 가리키는 제주어로 담수를 의미한다. 보통 짠맛을 내는 바닷물인 '촌물'(짠물)과 견주어 인식한 용어이다.

한편 물에 관한 명칭은 빗물의 이용에서 더 잘 드러났다. 제주 사람들은 빗물을 받는 매개 수단에 따라 2차 명칭을 새롭게 부여하였다. 앞에서 언급하였듯이 매개체에 따라 '촘물' 또는 '촘항물', '지신새물', '하늘받이물' 등을 사례로 들 수 있다. 빗물의 2차 분류는 단순히 명칭 구분뿐만 아니라 물의 성격을 나누는 기준이 되기도 하였다. 촘항과 초가 지붕에서 받은 물은 주로 허드렛일에 썼다. 이와 견주어 '하늘받이물'은 빨래나 설거지 등 생활에 필요한 물로 쓰기도 하였지만, 물이 매우 부족할 때는 음용도 하였다.[17]

2. 용도 구분

마을 주민들이 함께 이용하는 물은 용천수와 봉천수, 공동 우물이 있었다. 마을의 물

---

17) 2018년 서귀포시 서홍동 변○○의 면담과정에서 '하늘받이물'을 확인하였다. 2021년 대정읍 신도2리 고○○ 씨의 면담과정에서 '하늘받이'에 대하여 재확인되었다. 고○○ 씨는 제주시 한경면 고산리 출신으로 친정에서 비가 오면 어머니가 "하늘받이 받으라."는 말을 하였다고 제보하였다. 이 두 사례에서 '하늘받이'라는 민속용어는 제주도에서 보편적으로 사용되었을 것으로 짐작할 수 있다.

은 공동체의 규칙과 질서에 의해 유지되었다. 반면, 사적 소유의 대상은 가정에 둔 개인 우물과 빗물을 활용한 물이다. 우물과 빗물의 활용은 사적 영역에 해당하여 공동의 규칙이나 규제가 적용되지 않는다. 그러나 일정한 범위 내에서 우물의 조성과 빗물의 활용방식은 유사하여 지역의 문화로 이해할 수 있다.

해안 대부분의 용천수는 물때의 영향을 받는다. 마을 주민들은 생활에 필요한 물을 긷는 데 물때에 대한 인지가 반드시 필요하였다. 해안 용천수의 대부분은 밀물에 용천수도 함께 올라온다. 그러나 썰물 때 이용할 수 있는 용천수도 더러 있다. 조간대에 위치한 용천수 가운데 밀물에는 물통 자체가 바닷물에 완전히 잠겨버리는 경우도 있다. 이러한 물은 짠물이 거의 섞여 있기 때문에 식수보다는 주로 빨래 용도로 쓰였다. 즉 용천수의 위치에 따라 물의 특징과 용도가 다르다.

용천수의 이용 방식을 살펴보면, 한정된 물을 합리적이고 경제적인 관점에서 이용하도록 시설을 갖추었다. 그리고 용천수 이용에는 일정한 규칙이 따랐다. 식수로 쓰이는 용천수의 시설물은 보통 두세 칸으로 나누었다. 이는 식수를 항상 확보하기 위한 1차적인 목적이 있다. 또, 물이 흘러가는 방향으로 칸을 나누어 쓰임새를 구분하는 것은 흐르는 물을 자연스럽게 재이용하는 방식이다. 이는 마을 주민들의 물 이용 만족도를 높일 수 있는 시스템으로 작용하였을 것이다. 이와 견주어 남자들이 주로 몸을 씻는 공간으로 이용된 용천수는 하나의 통으로 이루어졌다. 즉, 효용적인 측면에서 형태와 구조가 단순하게 된 셈이다.

한편 마을공동체가 함께 쓰는 물은 점차 이용 시설을 체계화하였다. 용천수는 애초에 흙바닥이거나 흙바닥 위로 자갈을 간 상태에서 흐르는 물을 이용하였다고 한다. 물이 솟아나오는 부분이 조금 높으면 물허벅의 입구를 갖다 대어 길었다. 대신 물을 받을 수 있는 정도의 높이가 아니라면 수량에 따라 달라졌다. 수량이 풍부한 용천수는 허벅을 담가서 물을 길을 수 있었지만 물의 양이 적으면 바가지를 이용하여 허벅에 물을 채웠다. 그러다가 나무나 돌로 물통을 만들어 일정하게 물이 고인 뒤 흐르는 물을 이용하는 방식으로 바뀌었다.

서귀포시 안덕면 화순리 박○○ 씨의 제보에 따르면 화순리 용천수 가운데 '퍼물'은 나무통을 두 개의 공간으로 구분하여 이용하였다. 물이 솟아나는 곳에는 허벅 하나를 담글 정도로 공간을 작게 하였다. 아래는 채소를 씻고 간단히 빨래하고 몸을 씻을 수 있도록 통을 길게 두었다. 쓰임에 따라 공간의 크기를 다르게 설계한 셈이다. 또 박 씨는 통나무의 속을 파내어 만든 물통을 '함지'라고 하였다. 함지에 물이 받아지는 대로 '쿡박세기'(쪽박)로 긁어내면서 꾸준히 이용하였기 때문에 나무통이 낡고 닳아서 흙바닥이 드러날 정도였다고 한다.[18] 이후 돌이나 시멘트로 물길을 정비하였다.

식수로 이용되는 봉천수는 독립적으로 조성하였다. 물통의 내부는 돌로 쌓아서 식수를 보호하기 위한 노력을 벌였다. 한편 빨래나 목욕하는 공간은 체계적인 관리가 이루어지지 않았다. 생활용수는 지형적으로 빗물이 잘 고이는 곳으로 빗물뿐만 아니라 거리에서 쓸려 내려오는 물까지 섞인 물을 이용하였다. 또는 우마급수용으로 쓰이는 봉천수의 한쪽에 빨래를 하는 공간을 두었다.

한편 마을의 용천수 가운데 특별히 의례에 쓰는 물을 구분한 점이 주목된다. 용천수가 풍부한 마을은 10여 개소 내외까지 있다. 일상 용도의 물은 특별한 제약을 받지 않고 집에서 가까운 거리에 있는 용천수를 주로 이용하였다. 물때가 맞지 않을 경우에는 마을 내 다른 용천수를 이용하는 것이 일반적이다. 하지만 여러 용천수 가운데 의례에 이용하는 물은 엄격하게 구분하였다.

마을공동체는 특정한 용천수에 대해 의례에 쓰는 물로 인지하고 공유하였다. 의례에 이용하는 용천수의 물은 깨끗하거나 특별히 효험이 있다고 믿는 경우였다. 일상에서 쓰는 물과 달리 의례에 필요한 물은 이른 아침에 길어 두었다. 새벽 시간은 인적이 드물어서 부정 탈 염려가 덜하고, 깨끗한 물을 길을 수 있다고 믿었기 때문이다. 의례는 정성을 들이는 일이므로 시간과 특정 용천수의 물 사용을 한정함으로써 신성성을 확보하였음을

---

18) 박 씨가 제보한 함지는 일반적으로 제주에서는 '낭구시'(나무구유)라고 하였다. 박○○(여, 1931년생, 안덕면 화순리), 2022.1.17., 한백이물 근처, 필기 면담.

짐작할 수 있다.

한경면 고산리 바닷가 근처에 있는 '대물'의 사례를 살펴본다. 여성들이 해안가 경사로 아래 위치한 대물의 물을 매일 긷고 오르내리는 일은 물 긷기의 어려움을 가중시켰다. 이러한 고통을 덜고자 고산리 한장동 윗동네와 아랫동네에 차례대로 물통을 마련하였다. 이때부터 일상에서 필요한 물은 마을 내에서 해결되었다. 그러나 큰 빨래는 대물 주변에 있는 일제강점기 진지동굴 안팎에서 행해졌다. 특히 동굴 안에는 매끈하고 편평한 '누룩돌'이 있어서 큰 이불 빨래 장소로 널리 활용되었다. 빨래 외에 평소에는 대물의 물을 이용하는 일이 거의 없었다. 그러나 의례에 쓰는 물은 반드시 대물의 물을 썼다.[19] 고산리 주민들은 일상에서 필요한 물을 편리하게 이용하기 위해 물통을 여럿 마련한 셈이다. 그러나 의례에 이용하는 물은 깨끗하고 신성해야 하므로 함부로 물통을 대체하여 이용하지 않았다.

마을에서 특정한 용천수는 효험이 있다고 믿거나 특별히 당에 갈 때 쓴다는 사례는 이 밖에도 여럿 있다. 과거에는 마을마다 공동의례뿐만 아니라 가정의례도 많았으므로 마을공동체는 의례에 쓰는 물을 엄격히 구분하여 신성시하였다. 이러한 사실은 마을공동체가 공통으로 인지하고 있었으며, 세대 간의 전승이나 공동체의 공유로 물의 신성성을 보장받을 수 있었을 것이다.

3. 형태와 구조

제주물의 생산과 이용 문화는 마을의 지형·지질의 특성에 대한 이해를 전제로 민속지식과 기술을 동원한 총체적인 산물이다. 마을공동체는 제한된 환경에서 물을 얻을 수 있는 방법을 고안하였다. 특히 봉천수는 중산간 마을의 주민들이 자발적으로 구덩이를 파

---

19) 김○○(여, 1939년생, 한경면 고산2리), 2021. 11. 12., 한장동 노인회관, 필자 면담. 대물 주변에는 여러 곳에서 물이 나와 그 일대를 '대물'이라고 통칭한다. 따라서 의례에 쓰이는 대물은 빨래하는 장소와는 구분된 물이라고 추정할 수 있다.

는 것에서부터 시작된다. 물의 생산과 관리, 이용의 전 과정은 마을 주민의 참여로 이루어진다. 앞에서 언급하였던 봉천수에 잔디를 덮어서 물통을 보호하는 것은 마을의 소중한 민속지식과 전통기술의 발현이라고 하겠다.

한편 용천수는 물이 나는 곳을 중심으로 주변의 시설을 점차 갖추었다. 한경면 고산리 출신의 강○○ 씨는 어린 시절 '대물'의 물을 간단히 먹을 때는 주변에 있는 삼백초잎을 흐르는 물에 대어 물을 받아먹었다고 기억하였다.[20] 광령리 무수천 상류에 있는 '개웃도'물은 대나무로 수로를 만들어 광령리 사람들이 백중 물맞이를 즐기던 곳이다.[21] 주민들의 용천수 이용이 빈번하고 지속적으로 이용할 경우 용천수의 형태와 구조를 명확히 하고, 편리하게 이용할 수 있도록 정비되었다. 그러나 제주도내 분포하는 용천수의 형태와 구조는 지역에 따라 조금씩 차이가 있다. 다만 일정한 지리적 범위 내에 분포한 용천수는 유사한 특징을 보이기도 한다. 즉, 용천수의 형태와 구조는 용천수의 수량과 수질, 물 이용자의 수, 용천수의 주변 환경, 마을공동체의 문화 등 여러 요인이 작용하여 형성되었다고 할 수 있다.

다음의 그림은 모두 용천수이나 형태와 구조의 차이를 드러낸다. 〈그림 7〉 한경면 용수리의 '줍진물'은 사각 형태의 통을 깊게 만들어 두레박으로 이용하였던 물이다. 물통은 먼지 등의 오염물을 방지하기 위해 지면보다 높이 올렸다. 대정읍 동일리의 주민들은 수량이 풍부한 '홍물'을 거의 이용하였다. 〈그림 8〉의 홍물은 식수통에서 물이 흘러나오는 곳에 뾰족한 '갈랫돌'이 있었다고 한다. 물이 흘러나올 때 갈랫돌로 인해 물살을 가르면서 물통을 깨끗하게 하는 효과가 컸다.[22] 식수통과 채소를 씻는 통이 나란히 있으며, 그 아래로는 빨래터가 이중 구조로 되어 있다. 물이 흐르는 방향대로 나뉘어진 칸은 최근 정비

20) 강○○(여, 1942년생, 대정읍 신도2리), 2021.11.16., 신도2리 노인회관, 필자 면담.

21) 제주특별자치도·제주지하수연구센터(2021: 30), 『2021년 애월읍 용천수 구술채록Ⅰ』내용 가운데 강○○(여, 1937년생) 씨의 백중 물맞이 장소에 대한 구술 내용의 일부이다.

22) 인○○(여, 1948년생, 대정읍 동일1리), 2021.11.19., 동일1리 노인회관, 필자 면담.

〈그림 7〉 한경면 용수리 '줍진물'

〈그림 8〉 대정읍 동일리 '홍물'

〈그림 9〉 애월읍 광령리 '구시물'

〈그림 10〉 한경면 고산리 '대물'

사업으로 이루어졌다고 한다. 〈그림 9〉의 애월읍 광령리 '구시물'은 수로의 방향이 세로로 내려가다가 아래로 가서는 가로의 방향으로 된 복잡한 구조를 띤다. 이는 물 이용 공간을 확보하기 위한 것으로 보인다. 〈그림 10〉은 특별한 시설이 없는 자연 상태 그대로 이용된 사례이다. 이와 같이 용천수의 형태와 구조는 물의 생산과 이용 조건을 반영한 시설물로 여러 양상으로 드러났다.[23]

---

23) 현재까지 용천수의 형태와 구조에 관한 심도 있는 연구 결과가 없다. 용천수뿐만 아니라 봉천수의 형태와 구조에 관한 조사·연구도 필요하다. 시설물의 형태와 구조의 특징은 물의 생산과 이용의 전반적인 요건을 고려한 결과물로 이해할 수 있다.

Ⅳ. 맺음말

이 글은 제주물의 이용 양상과 민속적 인식에 대해서 다루었다. 제주물은 마을의 지형과 지질 특성을 기반으로 주민들의 민속지식과 전통기술을 반영한 마을의 고유 자원이다. 즉, 전통사회 제주 사람들이 이용하였던 용천수, 봉천수와 빗물 활용, 우물 등을 통틀어 이른다. 제주물은 오랫동안 과학적이고 실용적인 연구 대상으로 다루어졌다가 20여 년 전부터 사람들의 삶과 물의 관계에 대하여 논의되기 시작하였다. 특히 인문적 관점의 연구는 용천수를 중심으로 다소 이루어진 바 있으나 폭넓게 논의를 끌어가지 못하였다.

제주물은 제주의 역사와 삶의 원천이었다. 제주 사람들이 물을 생산하고 관리하며 이용하는 양상은 제주의 민속문화 형성 과정이기도 하다. 따라서 이 글에서 제주물의 이용 양상과 그 과정에서 드러나는 민속적 인식을 살펴봄으로써 제주물에 대한 논의를 확대하고자 하였다.

제2장에서는 제주물의 이용 양상에 대해서 살펴보았다. 전통사회 제주에서 식수와 생활용수 등으로 주로 이용되었던 용천수, 봉천수와 빗물 받기, 우물을 중심으로 파악하였다. 용천수는 해안 마을에 두루 분포하고 있으며, 해안 사람들의 주요 물 이용은 용천수를 중심으로 이루어졌다. 용천수는 솟아나는 물이므로 깨끗하였으나 해안가에 위치하고 있어 물때가 맞지 않을 경우 바닷물이 섞여 짠맛이 났다. 이때를 대비해서 해안 사람들은 공동 우물을 두기도 하였다.

중산간의 마을공동체는 자발적이고 적극적으로 봉천수를 조성하여 이용하였다. 뿐만 아니라 어려운 물 사정을 극복하기 위한 빗물 받기가 주목되었다. 빗물의 다양한 활용은 과거의 열악한 물 환경을 방증한다. 제주 사람들은 여러 도구를 활용해서 빗물을 받고, 이러한 과정을 거친 빗물은 새로운 명칭이 부여되었다. 물이 귀한 중산간 마을에서는 나뭇잎에 맺힌 이슬을 촘받이줄로 받아 항아리에 받았다. 이를 '촘물' 또는 '촘항물'이라고 하였다. 초가지붕에서 떨어지는 빗물을 받은 '지신새물'의 이용은 중산간 지역에서는 어느 마을이나 예삿일이었다. 비가 내리면 집에 있는 항아리와 통들을 마당에 꺼내어 빗물을 직접 받는 경우도 더러 있었다. 이를 '하늘받이물'이라고 하였다. 이처럼 빗물의 활용은 제2의 명칭뿐만 아니라 물의 성격을 재분류하는 계기도 되었다. 촘항에 받은 물과 초가에서 받은 지신새물은 대개 빨래나 설거지, 청소 등의 허드렛일에 쓰였다. 그러나 하늘받이물은 깨끗하다고 믿어 식수로 이용한 사례도 더러 있었다. 이외에도 서귀포시 대정읍 영락리, 일과리, 안덕면 대평리 등 토양의 특성상 습기를 잘 머금고 있는 지역은 가정에서 우물을 이용하였다. 우물의 깊이는 1m 내외이다. 제주시 한경면 용수리에도 오래전부터 이용하였던 우물이 부엌 옆에 고스란히 남아 있었다. 가정집에 우물이 있는 경우 부엌의 물항아리를 별도로 두지 않는 등 제주 물 문화의 다양성을 확인할 수 있었다.

제3장에서는 제주물의 민속적 인식에 대하여 살펴보았다. 제주물의 생산과 관리의 과정, 그리고 마을 주민들이 물을 이용하는 방식에서 드러나는 민속적 인식을 파악하고자 하였다. 민속적 인식은 제주물 이해의 기본 요소인 명칭과 용도, 형태와 구조를 중심으로 살폈다.

첫째, 명칭의 형성이다. 제주 사람들이 불렀던 물 명칭이 여럿 있었다. 이러한 물 명칭은 민속용어로 지역의 환경을 기반으로 형성된 문화와 그 지역 주민들의 인식이 깃든 말이다. 즉, 물과 관련된 민속용어들은 상수도 이용 시대 이전 제주 사람들이 스스로 만들어낸 명칭으로 당시 제주 사람들의 물에 대한 인식이 잘 나타난다. 용천수는 일반적으로 '산물'이라고 하였다. 산물은 '산에서 내려오는 물' 외에도 '살아있는 물'이라는 중의적인 의미를 갖고 있다. 이와 견주어 봉천수는 빗물을 받거나 고인 물로 '죽은물'이라고 인식하였다. 해안가의 용천수는 물때의 영향을 받으므로 바닷물과 대비하여 인식하였다. 짠물인 '촌물'에 대비하여 담수는 맛이 짜지 않아 달다라고 인식하여 '둔물'이라고 표현하였다. 이외에도 용천수는 '나는물', '솟는물'이라고도 하며, 정적인 상태의 물인 봉천수는 '고인물', '골른물'이라고 구분하였다.

둘째, 용도의 구분이다. 마을 주민 여럿이 함께 이용하는 용천수와 봉천수는 쓰임새에 따라 공간을 나누어 이용하였다. 특히 용천수는 애초에는 흙바닥이나 자갈을 깐 상태에서 물을 이용하였다. 그러다가 나무로 만든 함지로 물통을 만들기도 하였다. 나무 함지나

'돌구시'(돌구유)의 이용 방식은 대개 용도에 따라 공간을 나누었다. 물 흐름의 방향에 따라 용도별로 공간을 나누는 것은 가장 기본적인 식수를 확보하는 일이었다. 또 제한된 물 이용의 효율성을 극대화하고, 공동의 물을 이용하는 데 질서를 유지하는 장치라고 이해할 수 있다. 마을공동체는 용천수 가운데 특별히 의례에 쓰는 물을 구분하였다. 일상에서는 대개 집과 가까운 거리에 위치한 용천수를 이용한다. 간혹 물이 마르거나 물때가 맞지 않으면 다른 용천수를 이용하기도 하였다. 그러나 의례에 쓰는 물은 엄격히 구분하고, 마을 공동체는 이 사실을 인지하였다. 즉 의례에 쓰는 물은 이른 새벽에 긷고, 물을 긷는 장소도 일정하였다. 일상에서 사용하는 물과 달리 다른 물통의 물로 대체하지도 않았다. 또 '할망물'은 삼승할망과 같은 직능의 효험이 있는 물로 믿고 있었다. 이러한 이유로 아이와 관련된 의례에는 '할망물'의 물을 이용하는 사례가 대부분이었다.

셋째, 형태와 구조이다. 마을에 따라 용천수의 형태와 구조는 조금씩 차이를 드러내었다. 한경면 용수리의 '줍진물', 대정읍 동일리의 '홍물', 애월읍 광령리의 '구시물', 한경면 고산리의 '대물' 등 각각 다른 형태와 구조를 지니고 있다. 용천수의 수량과 수질, 물을 이용하는 사람들 등 마을의 환경 조건과 문화의 복합적인 요인이 작용하여 제각기 마을의 고유자원으로 자리잡았다.

이 글은 상수도 이전 시대 제주 사람들이 두루 이용하였던 용천수, 봉천수, 빗물 받기, 우물 등을 연구 대상으로 삼고 논의를 전개하였다. 그동안 용천수를 중심으로 연구되었던 제주물의 대상과 범위를 확장하고자 하였다. 또한 제주물의 소비적인 측면뿐만 아니라 생산과 이용의 양상을 함께 다루어 그 주체들의 물과 관련된 민속적 인식도 파악하고자 하였다. 특히, 제주물에 대한 자료가 매우 부족한 실정으로, 이 글에서는 현장 및 면담 조사를 통하여 새로운 자료를 구축하고, 이 자료를 중심으로 논의하고자 하였다.

이 글은 제주 사람들의 삶 속에서 형성된 제주의 물 문화를 정립하는 장기적인 목표의 시작단계에 불과하다. 일부 사례를 중심으로 제주물의 이용 양상과 민속적 인식을 다루었다는 한계점이 있다. 향후 제주물의 생산과 관리, 이용 전반과 관련된 체계적인 조사·연구를 통해 제주물의 역사와 문화를 해명할 수 있기를 기대한다.

참고문헌

국립문화재연구소, 2001, 『제주도·세시풍속』.

문경미, 2015, 「제주지역 용천수의 이용관행 연구」, 제주대학교대학원 한국학협동과정 석사학위 논문.

박원배, 2009, 「제주도 물문화의 소고」, 『제주발전연구』13, 227-244.

박원배·정영태, 2010, 「물문화와 제주 산물의 가치 제고」, 『제주발전연구』14, 253-268.

서귀포신문, 「제주도 첫 번째 '발굴' 구석기 유적, 생수궤」, 2022년 1월 17일자.

桝田一二 著, 洪性穆 譯, 2005, 『濟州島의 地理學的 硏究』, 濟州市愚堂圖書館.

정광중, 2016, 「제주도 생활문화의 특성과 용천수 수변공간의 가치 탐색」, 『국토지리학회지』50(3), 253-270.

제주대학교박물관, 2020, 제주대학교박물관 전시도록 XII 『제주의 물』.

제주특별자치도, 2009, 『개정증보 제주어사전』, 제주특별자치도.

제주특별자치도·국립민속박물관, 2007, 『덕수리 민속지』.

————————————————, 2007, 『하도리 민속지』.

제주특별자치도·제주연구원, 2020, 『용천수 전수조사 및 가치 보전활용 방안 마련 최종보고서』.

————————————————, 2020, 『2020년 애월읍 용천수 구술채록(II)-상귀리·수산리·유수암리-』.

제주특별자치도·제주연구원·제주지하수연구센터, 2021, 『2021년 애월읍 용천수 구술채록 I』.

제주특별자치도·제주지하수연구센터, 2021, 『제주물 기행 I』.

제주환경일보, 「향토문화-제주시 산지천의 큰딸…동홍동 산지물(용천수)」, 2021년 10월 2일자.

泉靖一 著, 洪性穆 譯, 1999, 『濟州島』, 濟州市愚堂圖書館.

한정효, 2019, 「제주 우도 주민의 물이용에 관한 연구」, 제주대학교 대학원 사회학과 석사학위 논문.

현길언, 1995, 「물(水)에 대한 제주 사람들의 인문학적 인식: 제주 설화를 중심으로」, 『濟州島硏究』12, 33-50.

제주도의 수문지질과 지하수 부존 특성

고기원

I. 머리말

지하수는 암석과 더불어 지각(地殼)을 이루는 구성요소이다. 지표의 암석에 발달한 여러 종류의 틈은 지하수의 원천인 강수가 땅속으로 침투하는 기능을 하고, 때로는 오염물질이 침투하는 통로가 되기도 한다. 또 지하를 이루는 암석이나 지층의 틈은 지하수의 유동을 지배할 뿐 아니라, 물리적 여과 기능과 함께 물-암석 반응을 통해 지하수의 수질 특성을 결정짓는 역할을 한다. 게다가, 대수층을 이루는 매질은 관정을 통해 끌어올릴 수 있는 지하수량 즉, 지하수 산출량을 좌우하고, 지하수 취수에 따른 수위 변화(저류량 변화)에도 영향을 미친다.

일반적으로 지하수의 생성과 유동, 부존 특성과 산출 능력, 수질 특성은 어떤 종류의 암석과 지층으로 이루어졌느냐에 따라 좌우되며, 이 같은 사항을 연구하는 학문 분야를 '수문지질학' 또는 '수리지질학(hydrogeology)'이라 한다. 수문지질학적 특성을 정립하기 위해서는 우선적으로 지질학의 여러 분야에 대한 기초적인 정보가 잘 정리되어 있어야 하고, 다음으로는 다양한 수문학적 현상에 대한 정보도 체계적으로 파악되어 있어야 한다.

제주도의 경우, 지하수가 최초 개발된 1961년 이래 지질과 수문에 대한 기초적인 정보를 취득하기 위한 여러 조사·연구가 진행되었으며, 그 결과 제주도의 수문지질에 대한 개괄적인 특성을 정리할 수 있게 되었다. 이 글에서는 그동안 축적된 자료를 기초로 제주도의 수문지질학적 특징과 지하수 부존 및 산출 특성을 정리하였다.

II. 제주도의 지형 및 지질

1. 제주도의 지형

1) 위치 및 면적

제주도는 북쪽으로는 한반도, 서쪽으로는 중국대륙, 동쪽으로는 일본열도로 이어지는 중간지점의 대륙붕 위에 위치한 화산섬이다. 동-서의 길이가 73㎞, 남-북 41㎞로 장축이 단축보다 2.4배나 긴 타원에 가까운 형상을 하며, 이 같은 섬의 형상은 구성 암석의 화학적 조성 및 용암류의 유동 거리와 관련성이 있다(고기원 외 5인, 2021). 해안선의 길이는 253㎞이고, 총면적은 1,850.21㎢로 우리나라 전체면적의 1.8%이다. 섬의 중앙에는 우리나라에서 가장 높은 1,950m의 한라산이 위치하고, 한라산을 정점으로 동-서 사면은 매우 완만한 경사(3~5°)를 이루지만, 남-북 사면은 동서보다 급한 경사(5~10°)를 나타낸다. 또한 주변의 부속도서로는 동쪽에 우도, 북쪽에 추자도와 비양도, 남서쪽에 가파도와 마라도 등 8개의 유인도와 71개의 무인도가 있는데, 이 중 상·하추자도를 비롯한 횡간도·추포도는 제주도 본섬보다 훨씬 이전에 만들어진 유문암질 내지 데사이트질응회암(원종관·이문원, 1988)으로 이루어져 있다.

최근 연구에 따르면, 현재 제주도의 면적(1,850.21㎢)은 평균 해수면을 기준으로 측량된 값이지만, 해수면 아래 잠겨 있는 부분까지 고려하면, 2,646.2㎢에 이를 것으로 추정된다

(고창성 외 5인, 2021). 이 같은 연구 결과는 2007년 국립해양조사원에 의해 발견된 탐라해저 분화구와 제주도 동-서부 연안 해상풍력발전기 설치를 위한 시추조사 결과 등에 의해 뒷받침되고 있으나, 향후 해수면 하부에 잠겨 있는 제주화산체의 분포 범위를 밝히기 위한 연구가 필요하다.

2) 지형

제주도 지형은 구성지질과 밀접하게 관련되어 있다. 즉 용암류의 물리적 성질 및 화학적 조성에 따라 지형경사는 물론 지형적 특색이 다르다. 한라산 백록담을 중심으로 동-서 사면이 완만한 지형경사를 이루는 것은 점성이 낮은 현무암질 용암류가 지배적으로 분포하는 데서 비롯된 것이며, 지형경사가 비교적 급한 남-북 사면에는 점성이 비교적 높은 용암류가 분포하고 있기 때문이다. 특히 동-서 사면은 지형경사가 3° 이하의 평탄한 지형을 이루어 하천의 발달이 매우 빈약한 편이다.

제주도 전체적으로 볼 때, 조면암류가 분포하는 지역은 현무암류 분포지보다 지형기복이 큰 편이다. 즉, 남부지역의 각수바위, 입석, 원만사, 월라봉, 영실 일대 지역과 북부의 구구곡, 유수암에서 하귀리에 이르는 지역 등에는 조면암류가 분포하여 주변 지역에 비해 가파르고 험준하며, 침식이 발달하여 계곡을 이루기도 한다. 특히 백록담 북쪽의 왕관릉, 삼각봉, 장구목, Y계곡 등의 지역은 조면암류가 분포하고 있으며, 침식이 상당히 진행되어 협곡을 이루고 있다.

제주는 오름의 왕국이라 할 정도로 도처에 오름이 분포하고 있다. 오름은 제주어로서 「제주어 사전(2009)」에는 '오름(오롬)'은 "한 번의 분화(噴火) 활동으로 봉긋봉긋 솟아오른 화산"으로 정의하고 있고, 「제주의 오름(1997, 제주도)」에서는 '오름'이란 "제주화산도상에 산재해 있는 기생화산구(寄生火山丘)를 말한다."로 정의하고 있다. 예로부터 오름은 ○○산(山), ○○봉(峰), ○○악(岳) 등으로 불러오고 있으나, '산, 봉, 악'을 붙인 그 어떤 기준이나 원칙에 대해서는 알려진 바 없다. 오름을 기생화산 또는 측화산(인종관, 1976; 박승필, 1985),

단성화산체(황상구, 2000), 소화산(原口九萬, 1931; 김상호, 1963) 등으로 규정하고 있다. 오름은 지질학적 관점에서 보면 '분석구, 응회구, 응회환, 용암돔, 용암구, 함몰구'를 포함하고 있으므로 '오름'을 "제주도의 화산활동 과정에서 형성된 백록담 정상부를 제외한 주변보다 높은 봉우리 또는 언덕지형으로서 성인적으로 분석구(또는 스코리아구), 응회구, 응회환, 용암돔(lava dome), 용암구(lava cone), 함몰구(pit crater) 등의 지형"으로 정의할 수 있다.

오름의 전체적인 숫자는 연구자마다 차이를 나타낸다. 김상호(1963)는 1/5만 지형도 분석을 통해 제주도의 오름 수를 327개로 보고하였고, 박승필(1985)은 357개로, 제주도 (1997)는 368개, 이정현과 윤성효(2012)는 455개로 보고하였다. 오름을 형태별로 보면 말굽형 174개, 원추형 102개, 원형 53개, 복합형 39개로 분류되고, 고도별로는 해발 200m 이하 해안지대에 143개, 중산간지대에 149개, 고산지대에 76개가 분포하고 있다(제주도, 1997). 오름 중에서 말발굽형 오름들은 분출한 용암이 화산의 일부를 파괴하면서 만들어진 것들이다. 예를 들어, 구좌읍 한동리에 위치한 둔지봉(해발 282.2m)에서 분출된 용암은 한동리 해안 근처까지 약 4km를 흘렀으며, 안덕면의 대병악(해발 491.9m)에서 분출된 용암은 산방산 동쪽 화순리 해안까지 약 8.5km를 이동하였다.

제주도에는 총 60개의 지방하천이 분포하며, 이 중 제주시에 26개, 서귀포시에 34개의 하천이 분포하고 있다. 유로연장이 가장 긴 하천은 천미천으로서 25.7km이며, 창고천 23.35km, 병문천 22.69km, 서중천 22.43km 순이다. 유역별로는 중서귀 유역에 12개의 지방하천이 분포하여 최다를 나타내고, 조천, 구좌, 성산, 한경, 대정유역에는 지방하천이 없다. 하천밀도를 보면, 북부유역(서제주, 중제주, 동제주유역)과 남부유역(서서귀, 중서귀, 동서귀 유역)이 0.19~0.27의 범위로 가장 높다. 하천밀도가 0.1 이하의 유역으로는 한림, 한경, 대정, 구좌, 성산, 조천유역 등이다.

2. 제주도의 지질 개요

제주도는 약 180만 년 전부터 최근(1002년, 1007년)까지 이어진 화산활동에 의해 형성되었다. 섬의 면적은 1,850㎢로서 하와이섬(면적 10,430㎢, 해발 4,207m)보다는 작고, 마우이섬(면적 1,884㎢, 해발 3,055m)과는 비슷한 크기이다. 화산체의 두께는 한라산 정상부를 기준으로 대략 2,100m(해수면 하부 150m, 해수면 상부 1,950m)이지만, 중심부에서 멀어질수록 그 두께는 현저히 얇아져 해안지대에서는 50~150m를 나타낸다.

제주도의 구성암석은 화산암류와 퇴적암류로 나눌 수 있다. 화산암류는 약 45~67 wt%의 SiO_2 함량 범위를 가지며, 알칼리 계열의 암류(알칼리현무암-조면현무암-현무암질 조면안산암-조면안산암-조면암)와 전이질 현무암(transitional basalt), 비알칼리암류(톨레이아이트질 현무암, 톨레이아이트질 안산암)로 구성된다. 그러나 섬 전체 면적의 약 92%가 용암류로 덮여 있으며, 그중 현무암질 용암류가 약 97%이고, 조면암질 용암류는 약 3% 정도에 불과하다(그림 1; 고기원 외 2인, 2017).

현무암질암과 비알칼리암은 동·서 중산간 및 해안지역에 넓게 분포하며, 이 지역이 완

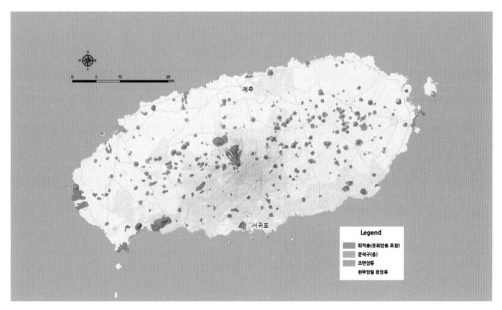

〈그림 1〉 제주도 지표지질 대분류도(고기원 외 2인, 2017)

만한 지형경사를 이루는 것은 이들 용암류가 분포하기 때문이다. 용암류 단위의 평균 두께는 파호이호이(Pahoehoe) 용암류가 7m이고 아아(Aa) 용암류가 14m를 나타내지만, 복합 용암류의 경우에는 1m 내외의 두께를 보이기도 한다. 이들 용암류 분포지역에는 빌레못 동굴(9,020m)을 비롯해 만장굴(7,416m) 등 다수의 용암튜브가 발달한다. 특히 한경·안덕·애월·조천(교래)·구좌(비자림)에는 아아 용암류가 대(帶)를 이루어 분포한다. 이들 지대는 중산간지역에 위치한 분석구에서 분출된 파호이호이 용암류가 해안지역으로 흘러내려가면서 아아 용암류로 전이된 곳이며, '곶자왈지대'라 한다. 한경·교래·구좌(비자림) 곶자왈지대는 전이질 현무암 조성을 나타내고, 안덕은 현무암질 조면안산암, 애월과 조천(교래) 일부 곶자왈은 조면현무암 조성을 띤다. 비알칼리암류인 톨레이아이트질 현무암과 톨레이아이트질 안산암은 동-서 해안 저지대에 분포하는데, 이들 대부분은 1960년대부터 '표선리현무암' 또는 '침상장석감람석현무암'으로 기재되어 왔다.

조면암질암은 산방산, 대평리 월라봉, 원만사, 시오름에서 강정해안에 이르는 지역, 서귀포시 외돌괴에서 소정방폭포에 이르는 해안과 범섬, 문섬, 숲섬, 엉또폭포, 각수바위, 입석동(선돌), 어승생악 동쪽 99곡, 백록담·왕관릉·영실을 포함한 한라산 정상지역, 유수암에서 하귀리 해안에 이르는 지역, 신효동 월라봉, 제기기오름, 영주교 등 일부 지역에만 국지적으로 분포한다. 그러나 이들 조면암질암은 암상, 주 및 부성분 원소의 변화, 동위원소비에서 뚜렷한 차이를 나타내며, 산방산군과 백록담군[1]으로 구분된다(장광화 외, 2006).

퇴적암류는 대부분 해안을 따라 분포하며, 그 면적은 7% 정도에 불과하다. 서귀포층, 응회구 및 응회환을 이루는 응회암층, 재동퇴적층(하모리층, 신양리층), 사구층이 주를 이루며, 분석구 및 분석층은 도 전역에 산재한다. 또한 화산활동 휴지기 동안에 쌓인 퇴적층(물)도 용암류 사이에 협재되어 있으며, 주로 침식이 많이 진전된 하천에 노출되어 있으나

---

1) 산방산군 조면암류: 산방산, 각수바위, 월라봉, 제지기오름, 문섬, 숲섬, 범섬.

백록담군 조면암류: 백록담, 만세동산 일부 및 윗세오름 휴게소 주변, 천왕사-99곡, 영실, 선돌, 항파두리, 원만사.

연장성이나 분포 면적은 매우 제한적이다. 최근 이들 퇴적층을 대상으로 방사성탄소연대 및 석영입자의 광여기 루미네선스 연대측정 연구가 진행되어 화산활동 말기의 시대설정에 관한 사항들이 활발하게 논의되고 있다.

3. 제주도의 지하 지질구조

1920년대부터 최근까지 진행된 조사·연구로부터 제주도의 지하는 하위에서 상위로 「기반암-U층-서귀포층-용암류 및 화산성 및 비화산성 퇴적층」으로 이루어져 있음이 밝혀졌다(고기원, 1997; 그림 2). 기반암과 U층은 제주도를 형성한 화산활동이 일어나기 이전에 존재했던 지층이고, 서귀포층-용암류 및 화산성 및 비화산성 퇴적층은 제주도 화산활동으로부터 형성된 지층이다.

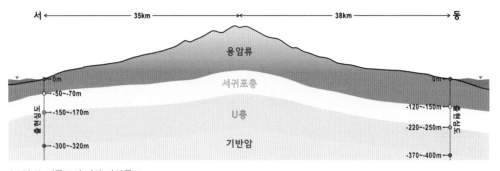

〈그림 2〉 제주도의 지하 지질구조

1) 기반암

제주도의 기반을 이루는 암석은 육상에 노출되어 있지 않아 별도봉응회암층에 포획된 회·장암편(그림 3)과 우도·소머리오름 및 수월봉 등의 화산쇄설층에 포함된 규암·편마암·

〈그림 3〉 별도봉응회암층에 포획된 화강암 각력

화강암·유문암질 응회암류 등으로부터 기반암의 종류를 유추하였다(고기원 외 3인, 2017). 그러나 1980년대 말부터 제주도의 여러 곳(종달, 세화, 함덕, 하덕천, 연동, 중문, 금악 등)에서 최대 지하 2km까지에 이르는 온천탐사 심부시추가 진행되고, 기반암이 시추코어로 회수되어 화강암과 응회암류가 제주도의 기반을 이루고 있음이 확인되었다. 별도봉응회암층에 포함된 흑운모 화강암편의 흑운모 절대연대(K-Ar법)는 172.4±5.2Ma이고, 저어콘 절대연대(CHIME법)는 173±31Ma로서 약 1억 7천만 년 전으로 보고(Kim et al., 2002)되어 지질시대적으로 쥬라기에 해당한다. 이들 기반암은 해수면 하 (-)350~500m 사이에 분포한다.

2) U층

이 층 역시 육상에 노출된 곳이 없어 온천탐사 심부시추가 진행되기 이전까지는 그 존재가 알려지지 않았었다. U층의 존재가 처음 확인된 곳은 구좌읍 종달리 및 세화리 온천공이며, 시추지점의 지명과 층의 상태를 고려해 '세화리층'(원종관 외 3명, 1993) 혹은 '미교결층'(고기원, 1991)으로 기재해 오다 고기원(1997)에 의해 Unconsolidated(미고결)의 첫 자를 따서 'U층(Unconsolidated Formation)'으로 명명된 후 통용되고 있다.

U층의 평균 분포심도는 지역적 차이는 있으나, 전체적으로는 해수면 하(-) 평균 119m

에 분포하며, 그 두께는 평균 150m이다. 회수된 U층은 대부분 점토와 세립질 모래로 이루어져 있고, 굳어있지 않은 상태로 오늘날 뻘과 같은 상태이다(그림 4 A).

3) 서귀포층

이 층은 제주도 화산활동이 시작되면서부터 쌓이기 시작한 해성층으로 육상에는 서귀포 새섬 북쪽 해안을 따라 30m 두께로 약 1.5km에 걸쳐 노출되어 있다(그림 4 B). 서귀포층 노두의 지질시대는 이 층에서 산출되는 패류화석, 유공충, 석회질 초미화석에 대한 고생물학적 연구, 서귀포층을 덮고 있는 용암류의 절대연대, 서귀포층 노두 및 상위 용암류에 대한 고지자기 연구 등을 종합하면, 1.8~0.4Ma이다. 그러나 이 층은 제주도 전역의 지하에 광범위하게 분포하고 있고, 또 이 층을 피복한 용암류의 조성과 분출시기도 다른 것으로 보고되고 있어 전체적인 퇴적 기간은 1.8~0.14Ma에 달한다(고기원 외 5인, 2021).

〈그림 4〉 U층(A)과 서귀포층(B)의 모습

이 층은 해양환경에서 퇴적된 층, 수성화산 폭발로부터 생겨난 물질이 쌓인 층, 육상환경에서 쌓인 층이 번갈아 쌓여 있다. 또 퇴적이 진행되는 기간 동안 일어났던 기후변화 기록은 물론 다양한 해양생물 화석을 포함하고 있어 고기후 및 고환경 연구에 더할 나위 없이 중요한 대상이다. 아울러, 서귀포층은 제주도 지하수 부존 및 산출 특성을 결정하는 매우 중요한 역할을 하고 있다.

4) 용암류

현무암질 용암류는 외견상 및 화산지형적 특징에 의해 파호이호이 용암류와 아아 용암류로 구분되며, 용암류가 흘러가는 동안 변화되는 점성과 용암 내부의 혼란(결정화도 등) 그리고 지형 경사도의 변화 등에 의해 파호이호이 용암류에서 아아 용암류로 혹은 아아 용암류에서 파호이호이 용암류로 전이(transition)하기도 한다. 한편, 조면암질 용암류는 현무암질 용암류에 비해 점성이 상대적으로 높기 때문에 분화구나 화도에서 멀리 흘러가지 못하고 분출지 혹은 그 주변부에 두꺼운 용암돔 구조를 이룬다.

지금까지 보고된 연대 측정자료를 종합하면, 제주도 초기 화산활동에서 분출된 용암류는 알칼리 계열의 현무암질암이며, 남서부(월라봉-산방산-가파도) 및 남부지역(원만사-회수1호공-문섬-각수바위-법호촌-신례시추공)을 중심으로 분포하고, 그 시기는 1.0~0.7Ma 범위로 요약된다(고기원 외 5인, 2021). 뒤이은 70~50만 년 전까지 이어진 화산활동은 한라산 중앙부를 중심으로 좀 더 확대되었고, 40~10만 년 사이에 광역적으로 매우 활발한 화산활동이 진행되면서 현재 제주도의 골격이 대부분 완성되었다. 또한 알칼리 및 비알칼리 계열의 용암류와 수성화산 분화가 홀로세까지 이어지면서 제주도의 화산활동은 종료되었다(그림 5).

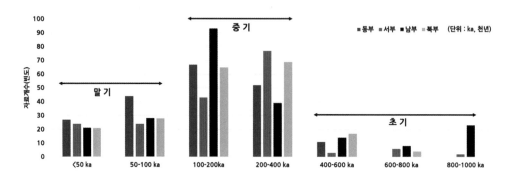

〈그림 5〉 제주도 지표 및 지하 용암류의 Ar/Ar 연대 빈도(811개 시료)

한편, 제주도 동-서부 해안 저지대 시추공에서는 육상에서 분출한 용암이 바다로 흘러 들어가 증기분화에 의해 파쇄된 유리쇄설성 각력암층이 확인된다(고창성, 2000). 이는 과거 제주화산체가 육상 용암류의 바다 유입과 용암 삼각주의 형성을 통해 수평적 성장을 하였음을 뒷받침해주는 좋은 증거이다.

5) 화산성 및 비화산성 퇴적층

마그마가 해수, 지하수, 지표수 따위의 물과 접촉하면서 생겨나는 폭발적인 분출활동을 '증기마그마분화'라 하며, 폭발로부터 생성된 분출물들이 쌓여 만들어진 화산체는 그 형성기작 및 형태에 따라 응회환, 응회구 그리고 마르(maar)로 구분한다. 이들 화산을 일반적으로 수성화산이라 부르며, 이때 형성된 층(재동층을 포함)을 '화산성퇴적층'이라 한다. 수월봉·송악산·하모리층·단산·용머리·일출봉·신양리층·소머리오름 등에 분포하는 퇴적층이 이에 해당하며, 화산암괴 및 화산탄·화산자갈·화산모래·화산재 등으로 이루어져 있다(그림 6 A).

반면, 화구로부터 뿜어져 나온 화성쇄설물 혹은 용암류가 그 주변에 쌓인 후, 침식이나 풍화작용으로 떨어져 나오고, 물이나 바람 등에 의해 운반되어 쌓여 고화된 층을 퇴적층(deposits)이라 한다. 또한 상기와 같은 물질들이 굳어지지 않은 상태로 존재하는 것을 퇴적물(sediments)이라 한다. 용암류 사이에는 화산활동 휴지기 동안에 쌓인 비화산성 퇴

(그림 6) 화산성퇴적층(A: 당산봉)과 용암류 사이의 비화산성 퇴적층(D: 옹수1호공)

적층 혹은 퇴적물이나 원암의 토양화 작용에 의해 만들어진 고토양층이 존재한다. 용암류 사이에 존재하는 퇴적층 혹은 퇴적물의 두께는 대체로 1m 내외 정도이나, 3~5m에 달하는 경우도 있다(그림 6 B).

Ⅲ. 제주도의 수문지질

1. 용암류

1) 용암류 분포 깊이

제주도는 수심 200m 이내의 대륙붕 위에 형성된 화산섬이기 때문에 지하수가 저류될 수 있는 틈이 발달한 용암류의 해수면 하부 분포 깊이는 (-)200m를 넘지 못한다. 지금까지 보고된 최대 깊이는 (-)150m이며(고기원, 1997), 이를 기준으로 할 때, 제주화산체의 전체 두께는 2,100m(해수면 하부 150m, 육상 1,950m)이다.

지역별 용암류가 끝나는 평균 심도는 동부지역(구좌-성산-표선)이 해수면 하(-) 70~110m로 가장 낮은 위치에 분포하는 반면, 남부지역(남원-서귀-안덕)은 해수면 위 55m에서 해수면 하 (-)24m로 가장 높은 위치에 분포한다. 북부지역(애월-제주-조천)은 해수면 하 (-)1~38m에, 서부지역(한림-한경-대정)은 해수면 하 (-)49~64m에 위치한다. 결국, 해수면 하부 용암누층의 평균 두께는 동부지역이 가장 두껍고(90m) 남부지역이 10m 내외로 가장 얇으며, 서부지역 64m, 북부지역 51m 내외로 지역별 편차가 크다.

2) 용암류의 단위 두께

일반적으로 분화구에서 뿜어져 나온 용암은 경사가 낮은 곳을 따라 흘러가기 시작하고, 용암 공급이 중지되면 흐름을 멈추고 굳어지게 되는데, 한 번의 분화(분출)로부터 흘러나와 굳어진 것을 '용암류 단위(lava flow unit)'라 한다. 제주도 전체적으로 볼 때, 서귀포층 상부에 분포하는 용암류 단위는 최소 5매, 최대 61매, 평균 16매이다. 그러나 지역과 고도에 따라 차이가 크다(표 1).

〈표 1〉 제주도 지역별 및 고도별 평균 용암류 단위 수(고기원 외 2인, 2017)

지역	해발 50m 이하	해발 51~100m	해발 101~200m	해발 201~300m	해발 301~650m
동부	14(9)	18(7)	19(7)	-	23(1)
서부	11(15)	18(5)	15(3)	27(1)	61(1)
남부	8(3)	6(3)	9(8)	10(8)	17(5)
북부	12(5)	12(4)	18(1)	17(8)	31(5)

※ ( ) 숫자는 분석대상 시추공 수이며, 서귀포층이 확인된 시추공만을 대상으로 분석한 것임.

지역별 용암류 단위 수를 보면, 남부지역이 평균 8~17매로 가장 적고, 서부지역이 11~61매로 가장 많다. 또 북부지역은 12~31매로 서부지역 다음으로 많고, 동부지역은 14~23매이다. 남부지역이 용암류 단위 수가 가장 적은 것은 이 지역의 지형경사에 비해 용암류 전체 두께가 얇다는 것을 의미하며, 이러한 현상은 서귀포층의 고도가 다른 지역보다 높은 것과 밀접한 연관성을 갖는다.

용암류 단위 수는 전반적으로 저지대에서 고지대로 갈수록 증가하는 현상이 뚜렷하다. 동부지역의 경우, 해발 50m 이하 해안 저지대에서 용암류 단위는 14매이나 해발 301~650m 사이에서는 23매로 증가한다. 서부지역도 11매에서 61매로 증가하고, 남부지역은 8매에서 17매로, 북부지역은 12매에서 31매로 증가한다. 이러한 현상은 중산간 및 고지대의 많은 분석구로부터 분출된 용암류가 해안까지 멀리 이동하지 못하고 그 주변지역에 주로 분포하였기 때문에 용암류 단위 수를 증가시킨 것으로 보인다.

지하수가 주로 함양되는 중산간지대로 갈수록 용암누층이 두께가 두꺼워지는 현상은 지하수의 수질형성에 긍정적으로 작용한다. 투수성이 높은 용암류로 이루어진 비포화대를 통한 지하수 함양과 물리적 여과기능이 함양지역에서부터 진행됨으로써 지하수의 수질이 깨끗한 상태를 유지할 수 있는 것이다. 또한 해안지역(지하수 배출지역)으로 내려갈수록 용암누층의 두께가 얇아짐으로써 중산간 및 고지대에서 함양된 지하수가 해안지대에서 용천 형태로 배출되어 제주도의 해안가를 따라 많은 용천이 발달한다.

3) 용암누층의 두께

서귀포층 상부의 용암누층 두께 역시 지역별 차이가 크다. 동부지역은 시추심도의 63~70%가 용암류로 이루어져 있고, 서부지역은 54~82%, 남부지역 47~59%, 북부지역 56~74%를 나타낸다(그림 7; 표 2). 제주도 전체적으로 볼 때, 해발 50m 이하 해안 저지대의

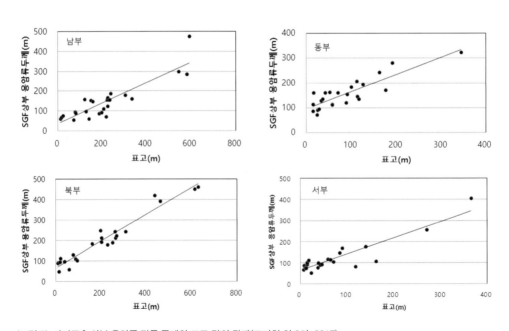

〈그림 7〉 서귀포층 상부 용암류 평균 두께와 고도 간의 관계(고기원 외 2인, 2017)

〈표 2〉 지역별·고도별 서귀포층 상부 용암류 평균 두께(고기원 외 2인, 2017; 단위: 두께)

지역	해발 50m 이하	해발 51~100m	해발 101~200m	해발 201~300m	해발 301~650m
동부	114(70%)	141(70%)	185(64%)		307(63%)
서부	82(54%)	129(76%)	120(51%)	246(82%)	400(60%)
남부	67(50%)	73(47%)	105(59%)	134(58%)	285(59%)
북부	88(63%)	98(56%)	175(57%)	200(68%)	363(74%)
평균	88(59%)	110(62%)	146(58%)	193(69%)	339(64%)

※ ( ) 내 숫자는 굴착심도에 대한 서귀포층 상부 용암류 두께의 비율임.

용암누층 두께는 평균 88m(시추심도의 59%)로 얇지만, 한라산 쪽으로 향함에 따라 두꺼워져 해발 300~650m 지역에서는 평균 339m(시추심도의 64%)를 나타낸다.

이처럼 남부지역이 다른 지역에 비해 용암누층 두께가 가장 얇은 것은 서귀포층이 해수면 상부에 위치하고 있기 때문이다. 따라서 수문지질학적 측면에서 볼 때, 남부지역이 지하수를 저류할 수 있는 용암누층의 두께가 얇아 지하수 개발·이용 여건이 불량하다고 할 수 있다. 아울러, 서귀포층이 저투수층(피압층) 역할을 하므로 피압에 의해 지하수위는 높게 형성되지만, 취수에 의한 수위 강하가 크게 발생한다. 이에 반해, 동부지역은 용암류가 해수면 하 (-)90m 깊이까지 깊숙이 분포하고 있어 지하수가 저류할 수 있는 공극이 풍부하여 자유면 대수층이 발달하고, 지하수위도 해수면 근처에 형성된다. 특히, 지하수를 저류할 수 있는 공극의 체적에 비해 지하수 함양량이 적은 관계로 해수가 유입되어 담-염수 경계면을 갖는 기저지하수체가 발달한다.

서부와 북부지역은 해수면 하 (-)50~60m 깊이까지 용암류가 분포하므로 지하수는 남부와 동부지역의 중간적 특징을 나타낸다. 특히, 용암류 사이에 고토양층이나 퇴적층(화산쇄설층 포함)이 얇게 존재하는 경우가 많으며, 이들 층과 서귀포층 사이 용암류에 발달한 대수층은 피압을 받아 동부지역보다 높은 위치에 지하수위가 형성된다.

4) 파호이호이 용암류

파호이호이 용암류는 지형경사가 완만한 동-서부 해안지역에 지배적으로 분포한다. 파호이호이 용암류는 표면이 밋밋하고 밧줄구조가 발달하며, 다공질의 특징을 나타낸다. 또한 용암튜브, 투물러스, 용암동굴 함몰지, 용암류 로브와 토우, 용암 팽창지형, 냉각 절리와 균열 등이 발달한다. 파호이호이 용암류에 발달하는 투수성 요소로는 (1) 용암류와 용암류 사이의 접촉면 공간, (2) 냉각 절리 및 균열, (3) 용암튜브 또는 용암터널, (4) 고결되지 않은 분석이나 스코리아, 대형 암괴, 스패터 등과 같은 물질의 공극, (5) 기공, (6) 용암튜브(용암터널) 천장 붕괴로부터 생겨난 공동 등이다. 이 같은 구조들은 빗물의 침투는 물론 지하수의 수직·수평적 유동을 용이하게 해주는 '투수성지질구조'의 역할을 한다.

제주도 전체적으로 볼 때, 1개 시추공 당 파호이호이 용암류의 전체 두께는 평균 74m이고, 용암류 단위는 9매, 용암류 단위의 평균 두께는 7m이다(표 3). 지역별로 보면, 남부와 북부보다는 동부와 서부지역에서 파호이호이 용암류 전체 두께와 단위 수가 많은 특징을 나타낸다. 특히, 남부지역이 파호이호이 용암류 단위 수가 가장 적다.

〈표 3〉 제주도 파호이호이 및 아아 용암류 특징(고기원 외 2인, 2017)

지역별	파호이호이 용암류			아아 용암류		
	평균두께(m)	단위 수(평균)	평균 단위두께(m)	평균두께(m)	단위 수(평균)	평균 단위두께(m)
동부지역						
〉해발 50m	98	13	8	35	1	11
해발 51~100m	85	14	6	55	5	13
해발 101~200m	101	13	7	84	6	15
해발 201~300m						
해발 301~650m	64	8	8	243	15	17
서부지역						
〉해발 50m	79	11	8	14	1	14

지역별	파호이호이 용암류			아아 용암류		
	평균두께(m)	단위 수(평균)	평균 단위두께(m)	평균두께(m)	단위 수(평균)	평균 단위두께(m)
해발 51~100m	89	14	7	50	4	18
해발 101~200m	74	13	6	47	3	24
해발 201~300m	37	10	4	210	17	12
해발 301~650m	179	40	5	221	21	12
남부지역						
＞해발 50m	59	5	8	41	3	10
해발 51~100m	12	3	4	69	5	16
해발 101~200m	58	2	7	98	8	13
해발 201~300m	12	2	4	131	9	15
해발 301~650m				285	17	17
북부지역						
＞해발 50m	66	10	6	36	2	12
해발 51~100m	36	5	6	94	10	10
해발 101~200m	14	4	4	161	14	12
해발 201~300m	27	4	6	187	15	14
해발 301~650m	41	4	7	339	27	15
제주도 평균	74	9	7	123	7	14

파호이호이 용암지대의 지표에 물이 빠지지 않고 고이는 특이한 경우도 있다. 파호이호이 용암류가 경사가 거의 없는 평탄한 지면 위를 흐르는 경우, 그 흐름은 판상류 형태를 취하며, 냉각과정에서 다각형의 균열구조와 더불어 가운데 부분이 부풀어 올라 약간 볼록한 지형들이 만들어진다(그림 8 A).

〈그림 8〉 제주도 빌레지형(A)과 파호이호이 용암류 단위(B)

　제주도에서는 이런 지형을 '빌레'라 부른다. '빌레'는 표준어로 '너럭바위'와 비슷한 말이나, 제주어사전(2009)에는 "지면 또는 땅에 넓적하고 평평하게 묻혀진 돌"로 정의하고 있다. 빌레는 물이 잘 스며들지 않는 저투수층 역할을 하므로 빌레 사이의 낮은 곳에 빗물이 고이는데, 상수도가 보급되기 이전 주로 중산간지대에 거주하던 주민들은 빌레에 고인 물(봉천수, 奉天水)을 식수와 가축 급수용으로 이용하였다. 생태학적 측면에서 빌레는 습지를 이루는 경우가 많다.

　한편, 파호이호이 용암류 단위는 3가지 일반적 특징 즉, '상부 다공질 및 절리발달-중앙부 치밀질-하부 다공질 및 절리발달'의 수직구조가 발달한다(그림 8 B). 두께가 얇은 복합용암류(compound flows)에는 이 같은 특징이 발달하지 않지만, 수 m 두께의 단일용암류(single flow)에는 공통적으로 관찰된다. 용암류의 상부와 하부(바다)는 아주 빠르게 냉각되므로 균열과 절리가 발달할 뿐 아니라, 크고 작은 기공으로 이루어진다. 그러나 가운데 부분은 천천히 냉각되기 때문에 매우 단단하고 치밀한 상태를 이룬다. 치밀질 용암은 물이 쉽게 침투하거나 통과하지 못하는 저투수층 또는 난투수층 역할을 한다. 특히, 지하에 치밀질 용암이 두껍게 분포하는 경우에는 지하수의 흐름을 방해하거나 차단하는 방벽(barrier)과 같은 역할을 한다. 따라서 치밀질 용암이 두껍게 발달해 있는 곳에 설치된 관정은 지하수 산출능력이 대체로 낮다.

5) 아아 용암류

파호이호이 용암류가 이동하는 과정에서 점성이 높아지게 되면, 클링커(clinker)라 불리는 암괴(rubbly)로 쪼개져 용암의 상부와 하부에 쌓이고, 가운데 부분은 치밀질 용암으로 남게 되는데, 이를 아아 용암류(Aa lava flow)라 한다. 아아 용암류 상·하부에 분포하는 클링커층은 고결되어 있지 않아 자갈처럼 투수성이 높지만, 중앙부를 이루는 치밀질 용암은 투수성이 아주 낮아 지하수의 흐름을 방해할 수 있다(그림 9).

〈그림 9〉 아아 용암류 단면(A)과 클링커층(B) 모습

제주도에서 아아 용암류가 분포하는 대표적인 곳은 한경·안덕·애월·조천(교래)·구좌(비자림)로서, 중산간에서 해안지역으로 대(帶)를 이루어 분포한다. 제주도에서는 이들 지대를 '곶자왈'이라 부르고 있다. 곶자왈지대를 이루는 아아 용암류지대는 모두 현무암질 용암의 범주에 속하는 암석으로 이루어져 있으나, 전이질현무암 조성을 가진 용암류가 넓은 편이다(박준범 외 3인, 2013). 한경·교래·구좌(비자림) 지대는 전이질 현무암으로 이루어져 있고, 안덕은 현무암질 조면안산암, 애월과 조천(교래)의 일부는 조면현무암으로 이루어져 있다. 제주도 아아 용암류의 암상은 대체로 반상장석현무암, 반상휘석현무암, 반상휘석장석현무암, 반상장석휘석현무암, 휘석감람석현무암, 비현정질현무암(비반상현무암)이다.

아아 용암류는 해안에서도 관찰할 수 있다. 제주시 용두암 일대를 비롯하여 이호동 현사교~외도동 몽돌해안 사이 지역, 서귀포시 대포동 및 법환동 해안, 보목동 하효항에 이르는 해안, 망장포 해안 일대, 위미리 넙빌레~태웃개에 이르는 해안, 종달리 지미봉 앞 해안 등의 지역에 아아 용암류가 분포한다. 이들 중에서도 위미리 넙빌레~태웃개에 이르는 약 4km 해안에는 바다로 길게 뻗어나간 용암채널이 곳곳에 발달해 있으며, 상부 클링커층이 파도에 씻겨나가고, 치밀질을 이루는 가운데 용암이 요철지형을 이룬다(그림 10).

〈그림 10〉 위미리 해안의 아아 용암류 수로(A)와 클링커가 제거된 해안지형(B)

제주도의 지하는 파호이호이 용암류, 아아 용암류, 치밀질 용암류, 퇴적층 및 고토양층 등으로 이루어져 있다. 99개 시추공에 대한 지질검층 자료에 의하면, 제주도 지하에 분포하는 아아 용암류는 1개 공당 평균 두께는 123m이고, 용암류 단위는 7매이며, 용암류 단위의 평균 두께는 14m를 나타낸다(표 3 참조). 파호이호이 용암류보다 용암단위 수는 조금 적지만 단위 평균 두께는 2배 두껍다. 지역적으로 보면, 아아 용암류는 동부·서부·북부의 중산간지역 시추공에서 15~27매의 용암류 단위가 확인되며, 상대적으로 남부지역은 용암류 단위 수가 적은 편이다.

6) 용암동굴 및 함몰지

용암동굴(lava tunnel, lava tub)은 고화된 용암류 표면(roof crust) 아래를 통해 유체 용암류가 빠져나간 '빈 도관(conduit)'을 말하고, 용암채널(lava channel)은 지붕이 없는 용암 강(river of lava)을 말한다. 일반적으로 용암동굴은 용암채널에서 지붕이 만들어지면서부터 만들어지기 시작한다(Greeley T., 1987). 용암튜브는 파호이호이 용암류에 발달하며, 가장 흔하게 관찰되는 형성 모드는 용암채널의 지붕형성(roofing)이다.

2020년 4월 기준 제주도에는 160개의 천연동굴이 있으며, 이 중 용암동굴은 130개이다(고기원 외 5인, 2021). 용암동굴의 지역별 분포를 보면, 구좌읍 27개(천연기념물 7, 문화재 비지정 20), 한림읍 24개(천연기념물 4, 문화재 비지정 20), 성산읍 17개(천연기념물 1, 문화재 비지정 16), 조천읍 11개(천연기념물 1, 지방기념물 1, 문화재 비지정 9), 표선면 8개, 한경면 6개, 애월읍 3개(천연기념물 1)이다.

제주도 용암동굴 대부분은 파호이호이 용암류 분포지역에 집중적으로 위치하고 있다. 특히 구좌읍, 성산읍, 한림읍 지역에 전체의 52%에 달하는 용암동굴이 분포하고 있다. 이와 같은 용암동굴의 분포는 지표 구성암석과 밀접하게 관련되어 있다. 즉, 지표에 조면현무암과 현무암질 조면안산암 조성의 용암류가 지배적으로 분포하는 남·북 사면에는 용암동굴이 적은 반면, 알칼리 현무암이나 톨레이아이트질 안산암 또는 톨레이아이트질 현무암 조성의 용암류가 주로 분포하는 동·서부 해안지역에 다수의 용암동굴이 분포한다.

수문지질학적으로 용암동굴은 지표수의 집수와 지하수의 유동에 관여하는 중요한 수문지질 요소이다. 특히, 용암동굴은 형성과정 또는 형성된 이후 안정화 과정에서 천장(지붕)이 붕괴되는 경우가 많은데, 이곳은 지표수가 막힘이 없이 유입되는 통로의 역할을 하며, 지하수위 하부에 용암튜브가 위치할 때에는 지하수 유동 통로 역할을 할 수 있다. 지표와 연결된 용암동굴이 비포화대 내에 존재할 때에는 지상의 공기가 용암동굴을 통해 비포화대로 유입되어 주변에 설치된 지하수 관정에서 지하 공기가 배출되기도 하는데, 제주시 애월읍 어음리 소재 D-64 관정이 대표적인 사례이다.

제주도에서는 예로부터 빗물이 막힘 없이 유입되는 곳을 '숨굴 또는 숭굴'이라 불렀다(증보개정 제주어사전, 2009). '숨'은 호흡을 뜻하고, '굴'은 동굴을 의미한다. 또한 수산리·가시리·김녕리 지역에서는 '숭굴'이라고도 불렀는데, '숭'은 "숨기다, 곱지다"를 뜻하는 제주어이다. 이 같은 제주어의 뜻으로 볼 때, 숨굴(숭굴)은 '땅 아래 숨겨진 숨 쉬는 동굴'이라 할 수 있다. 그러나 제주어에 '숨골'이란 옛말이 없음에도 그동안 사용되어 왔다. 따라서 향후 '숨골'이란 말을 사용하지 말고, '숨굴(숭굴)'로 표기할 것을 제안한다.

숨굴의 대부분은 용암동굴 천장이 무너져 내린 곳으로 파악되고 있다. 한국농어촌공사(2000)가 해발 200m 이하 지역 75개를 조사한 결과, 동굴함몰지가 53%(40개소)로 가장 많았고, 절리형(2개소), 기타 유형(33개소)으로 분류되었다(그림 11).

〈그림 11〉 제주도의 숨굴 사례(A: 한동리, B: 남원리)

그러나 아직까지 숨굴의 지질학적 정의가 정립되어 있지 않은 상태이므로 향후 체계적 조사를 통해 숨굴의 정의·유형·형성과정 등이 밝혀져야 할 것이다. 숨굴은 여과되지 않은 엄청난 양의 지표수가 순식간에 지하로 유입될 수 있기 때문에 지하수를 오염시킬 수 있는 매우 취약한 투수성 지질구조 중의 하나이다. 특히, 농경지에 위치한 숨굴에는 빗물에 침식된 토사가 유입되어 퇴적되고, 빗물과 함께 비포화대로 유입됨으로써 공극을 메워 지하수 함양율을 떨어뜨리는 역기능을 하기도 한다. 용암동굴 붕괴지의 부적절한 관리 사례는 하와이섬에서도 보고되었다. 하와이섬 Kaumana Cave 붕괴지에는 자동차 부품, 농약병, 의료 폐기물, 배터리, 각종 플라스틱 등 쓰레기가 우수와 함께 유입되어 퇴적되었다(Kambesis, 2000; Halliday, 2001).

7) 암맥 및 암상

지층이나 암석의 균열을 따라 마그마가 관입하여 굳어진 것을 암맥(dike, dyke)이라 하고, 퇴적암의 층리에 평행하게 관입된 판상의 화성암체를 암상(sill)이라 한다. 제주도에서 암맥은 도두봉, 서건도, 섭지코지, 서귀포 황우지 해안, 서귀포층, 한라산 용진각 계곡 등

지에 소규모로 확인될 뿐 대규모로 노출된 노두는 찾아보기 어렵다(그림 12).

하와이주(Stearns and Vaksvik, 1935; Macdonald and Abbott, 1970 등)와 테네리페(Ecker, 1976)에서 보고된 바에 의하면, 암맥은 지하수 흐름을 방해하는 장벽 역할을 한다. 암맥들은 대체로 치밀한 조직을 이루기 때문에 투수성이 낮아 지하 댐과 같은 역할을 한다. 암맥의 한쪽 면은 완전히 건조한 상태(물이 없지만)를 이루지만, 다른 쪽 면에는 상당량의 물이 저류되는 경우가 많다. 암맥이 많이 발달하는 화산의 중심부 지역에는 암맥과 암맥 사이에 지하수가 채워져 상위지하수가 발달하는데, 하와이주에서는 이를 '암맥지하수(dyke water)'라 부른다. 그러나 동결융해작용과 같은 풍화작용 등에 의해 암맥에 파쇄대가 발달

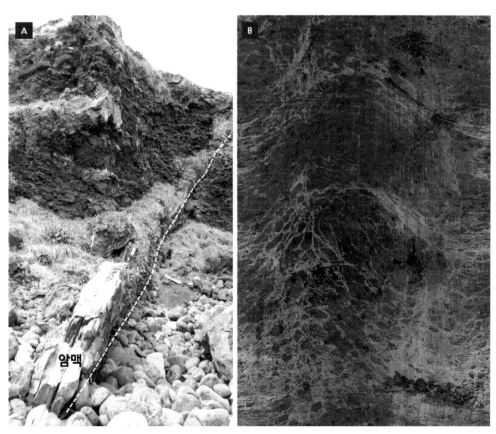

〈그림 12〉 지표에 노출된 암맥(A; 섭지코지)과 지하의 암맥(B; 교래리 시추공)

한 경우에는 어느 정도의 투수 능력을 나타낼 수 있어 지하에 존재하는 암맥에 대한 연구는 중요하다.

제주도의 경우, 화산의 중심부인 한라산 고지대 지역과 분석구 주변의 지하에 암맥들이 존재할 가능성이 많지만 지금까지 암맥과 지하수 흐름과의 관계에 대한 조사·연구는 이루어진 바 없다. 최근 제주시 조천읍 교래리 시추공 지하 462.5m 지점에 응회암층을 관입한 암상이 보고됐을 뿐이다(고기원 외 6인, 2021).

8) 치밀질 용암류

일반적으로 현무암질 용암류의 가운데 부분은 치밀한 특징을 나타낸다. 기공이 거의 존재하지 않으며, 냉각과정에서 만들어진 소수의 균열을 제외하면 물이 통할 수 있는 틈이 발달하지 않기 때문에 저투수층 또는 난투수층에 해당한다. 치밀질 용암류는 용암 분출량이 많거나, 용암류가 오목한 지형 또는 계곡을 채우는 경우, 용암류의 점성이 비교적 높을 경우에 발달할 수 있다. 치밀질 용암류는 용암류 누층 사이에 존재하는 고토양층이나 퇴적층과 같이 지하수의 흐름에 영향을 미칠 수 있다(그림 13). 치밀질 용암류가 비포화대 내에 두껍게 존재하는 경우에는 주수(perched water)가 발달하지만, 포화대에 치밀질 용암류가 지하수 흐름방향을 가로질러 존재하는 경우에는 지하수의 흐름을 가로막는 장벽역할을 한다.

〈그림 13〉 치밀질 용암류(A; 조천읍 교래리, B; 남원읍 신례리)

제주도 시추코어 지질검층 결과(미발표 자료), 치밀질 용암류의 두께는 교래공 28m(알칼리현무암), 제주시 거문공 27m(조면안산암), 삼달3호공 26m(조면현무암), 수산4호공 28m(현무암), 한동4호공 38m(현무암질 조면안산암)를 나타냈다. 이들 시추공들은 해발 200m 이상의 중산간지역에 위치해 있다. 그러나 해발 100m 이하의 해안 저지대지역의 경우, 치밀질 용암류의 두께는 대체로 5~7m 범위를 나타낸다. 중산간지역에 치밀질 용암류가 두껍게 존재하는 경우에는 지하수의 흐름에 영향을 미쳐 지하수위가 좁은 지역 내에서도 큰 차이를 나타낼 수 있으며, 취수량과 강수에 따른 수위 변동도 차이를 나타낼 수 있다. 그렇지만, 중산간지역을 통과한 지하수가 해안 저지대에 도달해서는 저투수층 또는 난투수층의 영향을 거의 받지 않기 때문에 지하수위의 편차가 작고, 취수량도 비교적 일정하며, 풍수기와 갈수기 간의 수위 변화도 유사한 경향을 나타낸다.

한편, 제주도의 남부 지역이나 중산간지역에서 한라산 중심으로 갈수록 지하에는 조면암류(조면암 및 조면안산암)가 두껍게 존재하는 경우가 많다. 이들 용암류 역시 절리 또는 파쇄대가 발달하지 않는 경우에는 매우 단단하고 견고한 치밀질 특성을 나타내 지하수의 광역적인 흐름과 산출특성에 영향을 미칠 수 있다.

2. 화산성 및 비화산성 퇴적층

제주도의 지표 대부분은 용암류로 이루어져 있으며, 퇴적층(퇴적암류)은 소규모로 산재되어 있어 지하수 함양에 그다지 영향을 미치지 못한다. 그러나 지하 용암류 사이에는 두께를 달리하는 퇴적층이 불규칙하게 협재되어 있다. 특히, 평균 100m 두께의 서귀포층이 제주도 전역의 지하에 광범위하게 분포하고 있어 지하수의 유동은 물론 부존 및 산출 특성에 지대한 영향을 미치고 있다. 용암류 사이에 분포하는 퇴적층은 측방으로의 연속성이 떨어지기 때문에 국지적인 지하수 부존 및 산출에 영향을 미친다.

1) 서귀포층(비화산성 퇴적층)

제주도 화산활동이 시작되면서부터 쌓이기 시작한 서귀포층은 U층 상부를 덮고 있는 비화산성 퇴적층으로서 제주도 전역의 지하에 분포하고 있다. 서귀포층의 분도 심도는 지역에 따라 큰 차이를 나타낸다. 동부지역(구좌-성산-표선)은 해수면 하 (-)70~110m로 가장 낮은 위치에 분포하는 반면, 남부지역(남원-서귀-안덕)은 해수면 위 (+)55m~(-)24m에서 포착되어 층의 고도가 가장 높다. 또, 북부지역(애월-제주-조천)은 해수면 하 (-)1~38m에, 서부지역(한림-한경-대정)은 해수면 하 (-)49~64m에 위치한다. 동-서부지역 간 서귀포층의 분포 심도는 대략 50m 차이를 나타낸다(그림 14).

지하에 분포하는 서귀포층의 분포 심도는 해안에서 한라산 중심을 향해 완만하게 상승하는 경향을 나타낸다. 남부지역을 제외하고 서귀포층이 해수면에 위치하는 고도는 동부지역 해발 400m, 서부 및 북부지역 해발 200m이다. 남부지역의 서귀포층 고도는 시추

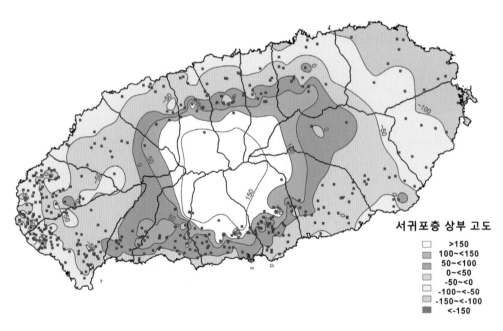

서귀포층 상부 고도

- □ >150
- ▨ 100~<150
- ▨ 50~<100
- ▨ 0~<50
- □ -50~<0
- □ -100~<-50
- ▨ -150~<-100
- ▪ <-150

〈그림 14〉 서귀포층 지하 분포도(지하에서 포착되는 서귀포층의 고도분포임)

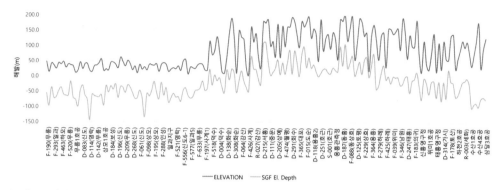

〈그림 15〉 대정-성산에 이르는 남부지역 시추공에서 서귀포층 포착심도

공별 다소의 차이는 있지만, 다른 지역보다 훨씬 높고, 경사도 또한 가파른 편이다. 즉, 토평 D-263공(해발 200m) +107m, 동홍관측공(해발 187.8m) +98.8m, 신례관측공(해발 595m) +120m, 회수1관측공(해발 582m) +217m, 중문관측공(해발 546m) +166m로서 서귀포층의 고도가 전반적으로 높다(그림 15).

이상에서 살펴본 바와 같이, 투수성이 낮은 서귀포층은 화산암류 하부에 광역적으로 분포하고 있고, 또 분포 심도도 지역별·고도별로 차이를 나타내고 있는 것은 지하수의 부존 및 산출특성에 큰 영향을 미치고 있다(고기원, 1997). 서귀포층이 G-H 비(1:40)보다 낮은 위치에 분포하는 동부지역은 '기저지하수'가 발달하고, G-H 비보다 높거나 비슷한 위치에 분포하는 서부 및 북부지역은 '준기저지하수'가 부존한다. 또, 서귀포층이 해수면 상부 높은 위치에 분포하는 남부지역은 '상위지하수'가 분포한다. 이처럼 서귀포층은 제주도 지하수의 부존 형태를 결정짓는 가장 중요한 수문지질 인자이다.

2) 용암류 사이의 수성응회암층

제주도의 지표에는 마그마가 지하수 또는 지표수(혹은 해수)와 접하는 환경에서 폭발적인 반응으로 분출활동이 일어나 만들어진 수성응회암(hyalotuff)이 여러 곳에 분포하고 있

133

다. 이들 수성응회암은 주로 해안가를 따라 분포하고 있으며, 형성기작은 응회구, 응회환, 마르(maar)로 구분할 수 있다. 대표적인 수성응회암 분포지로서는 도두봉, 입산봉, 두산봉, 매오름, 일출봉, 용머리, 송악산, 수월봉, 당산봉, 고내봉, 하논, 소머리오름 등을 들 수 있다. 이들 수성응회암은 화산재, 화산모래 및 자갈, 화산암괴, 유리질, 광물결정 등으로 이루어져 있으며, 고화도는 대체로 준고결이 우세한 편이다. 또한, 이들 수성응회암은 분화구로부터의 거리 및 퇴적기작에 따라 구성물질의 종류와 크기의 변화를 나타낸다. 대체로 분화구 주변에는 화산모래 및 자갈을 비롯하여 화산암괴, 화산탄 등 비교적 굵은 입자의 물질들이 쌓인 반면, 분화구로부터 거리가 멀어짐에 따라 조립질보다는 세립질 성분이 우세한 양상을 나타낸다.

지하에도 수성응회암은 존재한다. 지하수 개발 및 조사공의 시추코어에서 수성응회암이 용암류 사이에 존재하는 경우가 여러 군데에서 확인되었다. 대체로 제주도 서부의 고산, 신도, 청수, 저지, 산양, 상모 등의 지역 지하에서 많이 발견되고 있다. 용암류 사이에 존재하는 수성응회암 역시 고토양층 또는 치밀질 용암류처럼 저투수성 또는 난투수성이기 때문에 지하수의 유동 및 산출에 영향을 미치는 수문지질학적 요소 중의 하나이다.

3) 용암류 사이의 비화산성 퇴적층

비화산성 퇴적층은 화산활동 휴지기 동안에 쌓인 이암층, 재동응회암층, 이질역암층 등의 퇴적층(물)을 말한다. 이들 퇴적층은 용암류 사이에 협재되어 있고, 측방으로의 연속성이 매우 떨어질 뿐 아니라, 분포 위치나 깊이 또한 매우 불규칙하다. 얇은 것은 두께가 0.5m 내외이나 10m 이상에 달하는 경우도 있다. 대체로 두께가 2~3m이며, 점토 함량이 비교적 많은 편이다.

불규칙적으로 용암류 사이에 여러 매의 퇴적층이 분포하는 경우도 있다. 조천읍 교래리 제주삼다수 주변 11개 시추공에서 최대 12매, 최소 2매, 평균 7매의 퇴적층이 용암류 사이에 존재하고 있음이 확인되었다(그림 16). 이같이 용암류 사이에 여러 매의 퇴적층이 존재하는 경우, 퇴적층은 압층(confined bed) 역할을 하여 좁은 거리 내에서도 지하수위에 수 m 이상의 차이를 유발할 수 있다. 즉, 퇴적층 사이의 내수층(용암류)은 상하부의 퇴적층 사이에 갇혀 대기압보다 높은 압력을 받는 상태에 놓이고, 착정이 될 경우 지하수는 피압 현상에 의해 대수층보다 훨씬 높은 위치에 형성된다. 제주도에서 기저지하수 부존지역을 제외한 나머지 지역은 용암류 사이에 협재된 퇴적층과 서귀포층의 영향으로 피압대수층 을 이루기 때문에 지하수위가 높게 형성된다. 다시 말해서, 기저지하수 부존 지역은 자유 면 대수층이 발달하고, 그 외 지역은 피압대수층이 발달하고 있음에 유의해야 한다. 따라 서 지하수위 일제조사를 통해 측정된 지하수위 값으로 작성된 등수위선도를 이용한 지하 수 흐름방향이나 유동속도 추정은 많은 오류를 초래할 수 있다.

한편, 용암류 사이에 협재된 퇴적층은 점토질 함량이 많다. 점토광물은 비표면적이 크

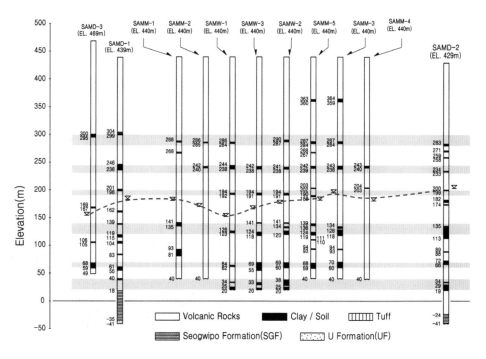

〈그림 16〉 지하 용암류 사이에 분포하는 퇴적층과 지하수위와의 관계

고 화학적으로 양이온 교환능력이 뛰어나서 중금속을 포함한 유해 원소를 효과적으로 제거하는 능력을 지니고 있어 용암류 사이에 존재하는 여러 매의 퇴적층은 지하수의 수질을 보호하는 역할을 하기도 한다.

4) 유리쇄설성 각력암층

뜨거운 용암이 차가운 물(바다, 호수 등)과 접촉하게 되면, 증기폭발(vapor explosion)을 일으키고, 용암은 유리질 암괴(glassy block), 모래(black sand) 크기의 파편으로 쪼개지는데 이를 '유리쇄설성 각력(hyaloclastite breccia)'이라 한다. 제주도의 지하에도 유리쇄설성 각력층이 존재하고 있음이 시추코아를 통해 확인되고 있다. 시추코아로 회수되는 유리쇄설성 각력층은 각력의 형태로 회수되거나, 코아튜브 안에서 마모되어 모래 크기의 슬라임으로 회수되기도 한다.

지금까지 유리쇄설성 각력암층이 확인된 시추공은 70여 공이며, 대부분 동부와 서부 지역에 편중되어 있고, 남부지역에서는 확인되지 않는다(그림 17). 동부지역의 경우, 해수면 하 평균 (-)74~97m와 (-)53~65m에 각각 23m, 12m 두께로 산출된다. 서부지역은 해수면 하 평균 (-)43~59m와 (-)31~43m에 각각 16m, 12m 두께로 산출된다. 이처럼 동-서부 지역 지하에 2개 층준의 유리쇄설성 각력암층이 존재하고 있다는 것은 시기를 달리하는

〈그림 17〉 유리쇄설성 각력암이 확인된 시추공 위치(A)와 시추코어로 회수된 모습(B)

육상분출 용암류가 적어도 2회 이상 바다로 유입되면서 섬이 확장되었음을 의미한다.

최근 구좌읍 월리정 및 행원리 지역 7개 시추공에서 광학영상(optical televiewer; OTV) 검층을 실시한 결과, 유리쇄설성 각력암층은 유리질의 각력뿐만 아니라 미세한 유리질 파편들이 포함된 팔라고나이트의 기질도 관찰되었다(그림 18). 또 유리질 각력들이 우세하게 발달된 구간 상부에는 부분적으로 각력화가 진행된 용암류도 공통적으로 확인되었다. 전반적으로 교란되지 않고 지층의 특성을 온전하게 유지하고 있어 각력(암편)과 기질 구성물의 크기, 형태, 색상, 각력과 기질의 비율 및 이들의 배열양상 등을 관찰할 수 있었다(고창성, 2020). 이 같은 특징으로 미루어 볼 때, 유리쇄설성 각력암층은 고결 정도와 기질의 비율에 따라 투수층 또는 저투수층으로 작용할 것으로 보인다.

3. 용암류 및 퇴적층의 공극률

1) 용암류의 공극률

용암류의 수리적 특성을 결정하는 주요 요인으로서는 △용암류의 화학적 조성, △마그마의 휘발성 가스 함량, △분출온도, △용암류 단위 두께, △속성작용의 정도, △광역적인 지구조 환경 등을 들 수 있다.

용암류 중 치밀질 부분을 제외하면 대부분의 용암류 상부는 놀라울 만큼 투수성이 좋다. 용암류의 상부는 각력, 클링커, 수축균열, 기공들로 이루어져 있으며, 이것들은 공극률과 수리전도도에 기여한다. 유문암과 조면암과 같은 산성 화산암의 경우, 대체로 현무암보다 치밀하기 때문에 낮은 공극률과 투수성을 갖는다.

제주도 화산암류의 공극률에 대한 연구는 주로 토목공학과 지구물리학 분야에서 수행되었다. 토목공학 분야에서는 현무암을 포함한 화산암류의 공학적 및 역학적 특성을 밝히기 위한 목적으로 수행되었고, 지구물리학 분야에서는 제주화산체를 구성하고 있는 화산암류의 물리적 특성을 파악하기 위해 수행되었다.

〈그림 18〉 월정리 시추공 유리쇄설성 각력암층 OTV 검층 영상(66~79m 구간)

제주도 지표에 노출된 9종류의 화산암류 73개 시료를 대상으로 측정한 공극률은 0.02~0.36의 범위를 나타냈다(권병두 외 2인, 1993). 큰 기공이 많이 존재하는 표선리현무암의 경우 평균 공극률이 0.23으로 가장 높았고, 그 외의 용암류들은 0.1 내외의 값을 나타내 기공의 발달 정도에 따라 공극률의 편차가 크게 나타났다(표 4). 제주시 조천읍 북촌리 일대에 분포하는 선흘리 현무암질 안산암 분포지역에 위치한 채석장에서 육안으로 기공이 거의 보이지 않는 시료(A), 기공이 다소 보이는 시료(B), 기공이 크고 많이 보이는 시료(C)를 채취하여 공극률을 부력이용법으로 측정한 값은 4.47~7.35%의 범위를 보였고 캘리퍼법의 경우는 4.47~6.96%를 나타내었다(문경태 외 3인, 2014).

〈표 4〉 제주도 지표 분포 9종 용암류의 공극률(권병두 외 2인, 1993)

구분	PSB	JTA	JIB	SBM	HHB	BTA	SHB	SPB	HLB
시료 수	20	2	7	6	9	2	10	8	9
범위	0.12~0.36	0.02~0.07	0.07~0.15	0.05~0.20	0.04~0.14	0.03~0.06	0.02~0.23	0.06~0.23	0.05~0.20
평균	0.23	0.04	0.10	0.11	0.09	0.05	0.09	0.10	0.08

※ PSB: 표선리 알카리 현무암, JTA: 중문 하와이아이트, SBM: 수망리 하와이아이트, HHB: 하효리 하와이아이트, BTA: 법정리 뮤져라이트, SHB: 시흥리 하와이아이트, SPB: 성판악 하와이아이트, HLB: 한라산 하와이아이트

제주도 서부 용수-1(YS-1) 시추공을 대상으로 실시한 중성자검층을 통해 산정된 공극률은 조면현무암 평균 30~32%, 유리쇄설설성 각력암층 평균 49%를 나타내었다(황세호 외 4인, 2006). 또한, 제주도 32개 시추공을 대상으로 지하수위 하부의 암석을 대상으로 실시한 중성자검층을 통해 산정된 공극률은 27.2~44.2 LPU(Limestone Porosity Unit; 총공극률) 범위이나 전반적으로 30~35 LPU 사이 값이 많았다(박기화 외 16인, 2008). 이 연구에서 현무암에서의 중성자검층은 실제 공극률보다 다소 높게 평가되기도 하고, 특히 염지하수의 영향을 받는 경우에도 높게 나타나는 점을 감안하여 보수적인 관점에서 25 LPU가 타당하다고 제시하였다.

2) 퇴적층의 공극률

시추공을 대상으로 실시한 중성자검층 자료에 의해 자연수위 하부에 분포하는 퇴적층(퇴적물)의 총공극률을 산정한 것을 제외하면, 제주도에 분포하는 퇴적층의 공극률에 대한 연구는 거의 수행되지 않았다. 제주권 국토교통기술 지역거점센터에서「제주권 국토교통기술 지역특성화 기술개발」연구개발사업의 일환으로 2016년 시추코어 퇴적층 5종 시료를 한국지구물리탐사학회에 의뢰하여 공극률을 측정한 것이 처음이라 할 수 있다.

우선, 중성자검층으로부터 얻어진 자연수위 하부 퇴적층(퇴적물)의 평균 총공극률 값은 미고결 모래층의 경우 39.51~52.07%의 범위를 나타냈고, 이암은 41.55~53.19%, 응회암 40.12~50.82%, 사암 36.68~55.64%, 고토양층 27.67~54.00%의 범위로 산정됐다.

제주권 국토교통기술 지역거점센터에서 측정한 퇴적층 시료의 겉보기 밀도는 2.26~2.58 g/cm3의 범위를 보였으며, 공극률은 사암 41.08%, 역질사암 37.57%, 이암 46.87%, 세립질 응회암 33.39%, 조립질 응회암 34.75%로 나타났다. 중성자검층으로부터 산정된 총공극률 값과 직접적인 비교는 곤란하지만, 사암과 이암은 대체로 비슷한 범위이나 응회암의 경우는 중성자검층 총공극률이 더 높았다.

4. 투수층과 저투수층

수문지질학적 관점에서 볼 때, 제주도의 구성 암석은 투수층과 저투수층으로 나눌 수 있다(표 5). 화산암류에는 저투수성 요소들보다 투수성 요소들이 지배적으로 발달한다. 수직적으로 볼 때, 제주화산체를 구성하는 매질의 70% 정도가 투수성 요소들이 발달한 화산암류로 이루어져 있어 제주도의 땅속은 거대한 지하수 저류지인 셈이다. 따라서 제주도는 결정질암으로 이루어진 우리나라 내륙지역과 비교할 때, 공당 지하수 산출량도 많을 뿐 아니라, 지하수 관정 개발에 있어서 실패 공이 발생할 가능성도 매우 적다.

그러나 지하에는 화산암류만 분포하는 것은 아니다. 지하 용암류 사이에 불규칙하게

〈표 5〉 제주도 구성암석의 수문지질학적 분류

구분	층단위	수문지질학적 분류		비고
		투수층	저투수층	
	분석층	- 분석(스코리아)		
화산암류	파호이호이 용암류	- 기공 - 수축절리, 균열 - 용암류 접촉면 - 용암동굴 - 용암동굴 붕괴지 - 스패터 - 투물러스 - 용암팽창 지형 및 함몰지	- 치밀질 용암 - 용결 집괴암	
	아아	- 클링커층 - slabby Aa - rubbly Aa	- 치밀질 용암	
	유리쇄설성 각력층	- 각력 - 절리, 파쇄대	- 치밀질 용암 - 기질이 50% 이상	
	주상절리대	- 절리, 파쇄대(엔테블러춰) - 자파각력층	- 치밀질 용암	
	용암돔	- 각력(Talus)	- 치밀질 용암	
	암맥	- 절리, 파쇄대	- 치밀질 용암	
	화산성 퇴적층	- 준고결 또는 미고결	- 용결응회암 - 고결 사암·이암·역암	
퇴적암류 (퇴적물)	비화산성 퇴적층	- 미고결 사력층 - 미고결 패사층 - 자갈층	- 고결 사암·이암·역암 - 열변질 퇴적층	
	서귀포층	- 미고결 사력층 - 미고결 패사층	- 고결 사암·이암·역암	

분포하는 퇴적층은 주수(perched water)를 발달시키기도 하고, 지하수의 순환을 지연시키거나 가압층(confining bed)으로 작용하기도 한다. 이처럼 제주도의 땅속은 화산암류와 퇴적층에 발달된 투수 및 지투수 요소들이 복잡하고 불규칙하게 뒤섞여 있기 때문에 투수층과 저투수층의 분포범위와 경계를 명확하게 구분하는 것이 거의 불가능하다. 따라서 전반적인 제주도의 수문지질은 이질성(heterogeneity)과 이방성(anisotropy)으로 특징지을 수 있다. 이 같은 이유로 인하여 대수층 위치, 지하수위 분포와 변동, 지하수 체류시간, 수질조성 및 진화, 지하수의 유동 등을 포함하는 전반적인 제주도 지하수 시스템은 독특할 뿐 아니라, 정량적 평가가 매우 어렵다.

Ⅳ. 제주도의 지하수 부존 형태

1. 지하수 부존 형태 정립 과정

1) 1930년대

제주도의 지하수 부존 형태에 관한 연구는 1930년대부터 진행되었다. 1937년 9월~10월까지 일본중앙공업시험소(室井渡, 塚本正夫, 配野松雄)는 제주도의 공업용수를 확보하기 위한 조사를 실시하고, 1938년에 『공업용수 조사(제4보) -제주도 수자원조사 개보』를 발간하였다.

이 조사에서 용천 유형을 △마제형(馬蹄型) 요철지를 이룬 지역의 湧水, △용암수로에 의한 湧水, △용암류의 말단지형으로 급구배를 형성한 곳의 湧水, △해안의 湧水로 구분하고, 그 각각에 대해 특징을 설명하였다. 또한, 해안지역 용천수의 부존에 대해 담-염수 간의 역학적 관계로 설명하였다(그림 19).

즉, 기벤-헤르쯔버그 원리를 적용하여 일정한 지질구조를 나타내는 해안지역에서 육

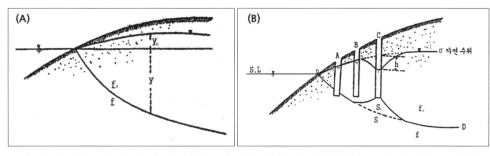

〈그림 19〉 해안에 있어서의 염수와 담수의 평형(A)과 해안 부근 우물의 해수에 의한 염분 영향(B). 공업용수 조사(제4보) - 제주도 수자원조사 개보(1938)

지 쪽 해수면 위 담수의 높이(h)는 일정하고, 조석의 간만으로 인해 해수면이 상하운동을 하는 경우, 육지의 담수 또한 이 영향을 받아 고저상하 운동을 한다고 서술하였다. 아울러, 만조 후 비교적 다량의 지하수가 용출하고 최간조시의 용출량은 최소값을 나타내며, 평형을 유지하는 담수를 다량 양수하게 되면, 상부 담수면의 강하에 의한 압력 감소로 하부 해수와 담수와의 경계면은 상부에서 손실된 수두와 같은 압력만큼 하부로부터 밀려올라옴으로써 처음의 평형면은 금세 파괴되어 담수정 안으로 해수가 혼입하는 경우도 엿볼수 있다고 서술하였다. 또 해안 부근에서 같은 심도로 굴착된 우물도 해안으로부터의 거리 차이에 의해 현저하게 수질을 달리하는 경우도 있다고 하였다.

2) 1960년대

1960년대에 들어오면서 제주도의 지질과 지하수에 대한 조사·연구가 본격적으로 이루어지기 시작했다. 1963년부터 시작된 제주도의 지질과 지하수 조사에 참여했던 남기영(1966)은 "제주도에 있어서 지하수 발달에 영향을 주고 있는 중요한 지질적 조건은 암석 내에 발달하는 절리나 균열과 같은 투수성구조, 상하 용암 사이에 발달하는 접촉면 및 용암터널 등이다."라고 강조하면서, 제주도에는 상층부 지하수(High-Level Groundwater)와 기

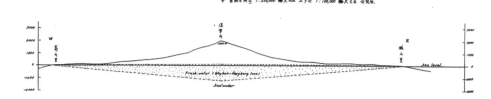

第 4 圖. 濟州島의 基底地下水 (Ghyben-Herzberg lens)의 想像斷面圖

〈그림 20〉 김옥준(1969)에 의해 제시된 제주도 기저지하수 부존 단면도

저지하수(Basal Groundwater)의 두 종류의 지하수가 발달하는 것으로 제시하였다. 즉, 상층부 지하수는 기저지하수 상부에 존재하는 지하수로서 불투수층암이나 반투수층암에 의하여 기저지하수와 분리되는 지하수이고, 기저지하수는 상층부 지하수와 구별되어 더 깊은 곳에 발달하는 일명 「Ghyben-Herzberg 렌즈」라 하였다. 기저지하수는 양적으로는 비교적 풍부하지만 전도에 걸쳐 어느 곳에나 존재하는 것이 아니고 수리지질학적 조건에 따라 지역적으로 있는 곳도 있고 없는 곳도 있기 때문에 제주도의 지하수조사에 있어서는 Ghyben-Herzberg 렌즈를 지배하는 수리지질학적 조건에 대하여 특히 중점을 두어야 한다고 강조하였다.

김옥준(1969)은 제주도의 지하수를 상부유동 지하수(High Level Groundwater)와 기저지하수(Basal Groundwater)로 구분하고, 기저지하수를 얻을 수 있는 최소의 심도를 계산하여 제시하였다(그림 20). 그러나 김옥준은 제주도는 화산암류와 화산쇄설층 중의 대수층의 분포가 불규칙하여 추측하기 어려울 뿐만 아니라, 대수층을 상호 연결하여 주고 또 지하수의 유동 통로의 역할을 하는 지질구조가 복잡하여 예측하기 어렵기 때문에 Ghyben-Herzberg Lens의 물을 찾기 위해서는 우선적으로 전기비저항탐사를 실시한 이후 시추조사를 실시하는 것이 바람직하며, 아울러 정호 및 시추공의 위치, 표고, 해안으로부터의 수평거리, 수질 및 수위측정과 조수의 영향 등 과학적 조사가 이루어져야 한다고 강조하였다.

3) 1970년대

농업진흥공사(1971)는 1970~1971년에 제주도 전역에 대한 광역지질조사와 더불어 전기탐사, 시추(120공) 및 착정조사(30공), 양수시험, 용천수조사 등을 실시하였을 뿐만 아니라, 축척 1/10만의 제주도 지질도를 발간하였다. 이 조사의 결과는 1971년에 『제주도 지하수 보고서』로 발간되었는데, 보고서에서는 제주도의 지하수 부존 형태를 상위지하수와 기저지하수로 구분하고, 기저지하수는 담수와 해수와의 비중 차이로 렌즈상을 이루며 사

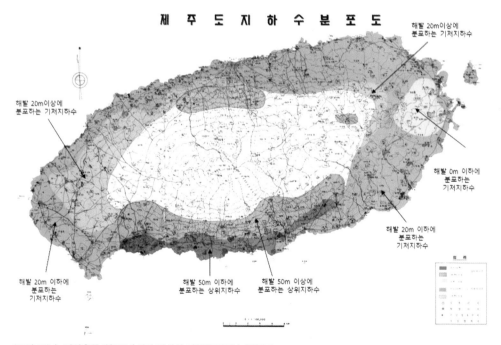

〈그림 21〉 농업진흥공사(1971)에서 제시한 제주도 지하수 분포도

실상 도 전역에 분포하고, 상위지하수는 서귀·남원·제주지역 중산간 일부에 부존하는 것으로 결론을 내렸다.

농업진흥공사가 제시한 제주도 지하수 분포도(그림 21)를 보면, 기저지하수를 △해발 0m 이하에 부존하는 지역, △해발 0~20m 이하에 부존하는 지역, △해발 20m 이상에 부존하는 지역으로 구분하였다. 또한, 상위지하수도 △해발 50m 이하에 부존하는 지역과 △해발 50m 이상에 부존하는 지역을 도면으로 작성하였다. 이 도면은 당시 제반 기초자료가 부족한 상태에도 불구하고 제주도 최초로 지하수 분포를 공간적으로 표현했다는 데 중요한 의미를 갖는다.

한편, 이 보고서에서는 제주도의 기저지하수 포장량을 Ghyben-Herzburg 원리를 적용하여 산출한 결과, 약 340억 9900만㎥에 달하는 것으로 제시하였으며, 경제적 실효를 거둘 수 있는 개발 가능한 지하수는 표고 100m 이하(657㎢ 지역)에 부존하는 약 123억 1,400만㎥인 것으로 추정하였다. 특히, 제주도의 지하수 개발 방향에 대한 제언을 통해 "제주도 전역 특히 표고 약 300m 이하 지역에 기저지하수가 풍부하게 부존하고 있으나 서귀지역에는 난투수층이 발달되어 수량이 적기 때문에 서귀지역을 제외한 전 지역을 기저지하수(공당 평균 1,360㎥/d)로 개발이 가능하나 경제적으로 타당한 개발대상 지역은 표고 150m이하 지역"이라고 제시하였다. 아울러, "서귀지역과 남원 서부지역(표고 50~400m)은 기저지하수량이 부족하므로 상위지하수를 개발함이 효과적이며, 본 도의 용수 부족량은 약 78,000㎥/d이지만, 5년 후(1976년도)의 용수 수요량 증가를 감안한 소요량 416,000㎥/d을 충족시키려면 약 320공(공당평균 1,300㎥/d)의 관정 개발이 연차적으로 계획 시행되어야 할 것"으로 제시하였다.

4) 1980년대

산업기지개발공사(1981)는 제주도의 지하수 부존 형태를 상위지하수(high level ground water), 기저지하수(basal groundwater), 준기저지하수(parabasal groundwater)의 3가지 형태

로 구분하고, 이들 지하수의 공간적 분포도를 제시하였다(그림 22). 특히, 이전까지 없었던 '준기저지하수'라는 개념이 새롭게 도입되었으며, 지하수 부존 유형별 특성은 아래와 같다.

상위지하수는 강수가 기저지하수에 도달하기 전에 불투수층을 만나 하방 이동에 장해를 받게 되어 불투수층을 따라 흐르는 지하수로서, 해수면 상에서 상당한 높이에 위치하고 있어 상위지하수 대수층은 해수와 직접 접촉하지 않는다. 상위지하수는 기저지하수나 준기저지하수에 비해 양적으로는 적지만, 한라산 고지대 및 남제주 전역에 넓게 분포한다.

기저지하수는 상위지하수와는 달리 담수렌즈 상하부가 항상 유동상태에 있으며, 담수렌즈 수축에 따라 해수의 수평 및 수직운동을 동반하게 된다. 기저지하수를 정적 평형

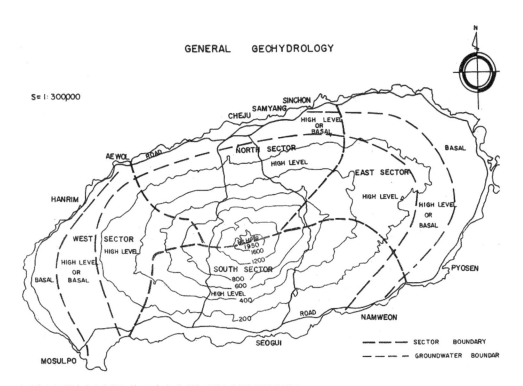

〈그림 22〉 삼업기지개반공사(1981)가 제시한 지하수 부존 유형별 분포도

상태에 있는 것으로 가정할 때, 담수는 해수와의 비중 차에 의해 부력으로 해수면 상에 렌즈상으로 뜨게 된다. 그러나 자연상태에서 엄밀한 정적 평형상태는 기대할 수 없으므로 실제로는 담수와 해수의 접촉면이 정확히 구분되지 않고, 대신 담수와 해수가 혼합된 점이대를 갖게 된다. 기저지하수는 동부지역에 주로 분포하며 담수 Lens의 규모 즉, 기저지하수 포장량은 약 438억㎥로 추정하였다. 기저지하수는 가장 풍부한 수자원이나 해수와의 연관관계로 그 개발에는 많은 조사와 기술이 필요하다.

준기저지하수는 도서지역에서 일반적인 지하수 부존 형태의 하나로 양적으로는 기저지하수에 미치지 못하나 염수를 포함하지 않음으로써 중요성이 크다. 제주도에서 준기저지하수의 부존 여부는 현 단계에서 확신을 가질 수 없으나, 여러 가지로 검토한 결과, 북부지역의 삼양수원, 제주시의 금산수원 그리고 서부지역 모슬포 등이 준기저지하수로 추정된다. 수리적으로 준기저지하수는 지하수 부존의 경계조건을 달리함으로써 기저지하수와 동일하게 취급할 수 있다.

5) 1990년대

제주도 수자원 종합개발계획수립 과업을 수행한 한국수자원공사(1993)는 제주도의 지하수 부존 형태를 상위지하수, 기저지하수, 준기저지하수의 3가지 형태로 구분하고, 1981년 제시한 지하수 부존 형태별 특성과 공간 분포도를 보완하였다(그림 23).

상위지하수는 강수가 중력에 의해 투수성 균열을 통해 하방침투를 하다가 불투수성 암층 또는 점토층을 만나 더 이상의 수직하강을 하지 못하고 불투수층을 따라 흐르는 지하수로서 해수의 영향을 받지 않는 지하수로 정의하였다. 상위지하수는 중산간지대 및 고지대와 남북부 해안지역 전역에 걸쳐 넓은 지역에 분포하고 있다. 상위지하수는 부존 형태에 따라 △비포화대 내에 단속적으로 부존하여 타 대수층과 수리적으로 연결되지 않은 부유지하수(perched aquifer)와 △하부퇴적층이 해수면 상부에 위치한 경우, △하부퇴적층이 해수면 하에 위치하나 지하수위가 높게 형성되어 조석의 영향을 받지 않는 지하수로 나눌 수 있다.

　기저지하수는 수리적 정적상태에서 담수는 해수와의 비중 차에 의해 부력으로 해수면 상부에 렌즈상으로 뜨게 된다. 담수의 비율을 1.00g/㎤, 해수의 비중을 1.025g/㎤라 가정할 때, 해수면 위 지하수위 매 1m마다 담수체의 깊이는 해수면 아래 40m의 비율로 증가하게 되며, 이 비율을 Ghyben-Herezberg 비라고 한다. Ghyben-Herezberg원리는 정적상태를 가정한 것으로 실제로는 담수 렌즈의 두께가 크고 지하수 흐름이 완만한 상태에서는 만족한 결과를 나타내나 해안선에서와 같이 지하수면 구배가 크거나 수직 하방 흐름이 클 경우에는 큰 오차를 나타내게 된다. 담수렌즈에서 해수와 담수와의 접촉면은 명확히 구분되기보다는 담수체의 수축과 팽창 그리고 조수의 영향에 의해 해수와 담수가 혼합된 점이대를 갖게 되며, 제주도와 같이 투수성이 큰 현무암으로 된 대수층에서는 점이대가 두껍게 나타나게 된다. 또한, 점이대 두께는 담수체의 크기가 큰 상류지역에서는

〈그림 23〉 한국수자원공사(1993)가 제시한 지하수 부존 유형별 분포도

얇게 나타나고 해안으로 가까워질수록 두꺼워지며, 해안유출지점에서는 담수체의 전층이 점이대로 형성된다. 이러한 현상은 동부지역 특히 구좌, 성산수역 해안 용천수의 염분함량이 높게 나타나는 이유로 설명될 수 있다. 기저지하수는 조천수역 신촌에서 남원수역 간의 해안으로부터 내륙 깊숙이까지 분포되어 있다. 또한, 서부지역 한림, 고산 및 한경수역에서 해안선을 따라 일부 지역에 분포하고 있다.

준기저지하수는 하부가 불투수층 또는 난투수층에 의해 해수와의 직접적인 접촉이 차단되는 지하수체로서 이의 부존 여부는 난투수층인 하부 퇴적층의 분포 표고에 의해 결정되며, 분포범위는 퇴적층의 분포 및 경사에 따라 영향을 받는다. 준기저지하수의 분포는 제주도 하부에 광범위하게 분포되어 있는 투수성이 낮은 퇴적층의 연결성에 따라 의외로 광범위할 것으로 예상된다. 현존자료로 검토할 때, 준기저지하수는 서부 해안지역과 북부 삼양과 신촌지점 그리고 남부수역 서귀포 자굴이 지점 등에 부존된 것으로 추정된다.

한편, 고기원 외(6인)는 지하지질구조와 지하수의 산출상태에 따라 상위지하수, 기저지하수, 준기저지하수(상부준기저, 하부준기저), 기반암지하수의 5가지 형태로 구분하고 그 각각의 특성에 대하여 다음과 같이 설명하였다.

○ 상위지하수: 비포화대 내의 지투수성 화산암류 및 퇴적층의 상부를 따라 비교적 빠른 선형유속으로 유동하는 지하수체로서 단속적으로 분포하고 있다. 상위지하수는 도 전역에 걸쳐 고루 분포하고 있으나 강우에 의한 유량변동이 매우 크다. EL. 400m 이상의 고지대에 위치한 입석, 돈내코, Y계곡, 99곡 및 영실 일원의 상위지하수는 고기 조면암층이나 저투수성 지층 상부를 따라 하류하다가 이들이 지표에 노출된 지점에서는 용천수로 대량 용출한다.

○ 준기저지하수: 지하에 저투수성 퇴적암층인 서귀포층의 분포로 인하여 해안변지역에서조차도 통상적인 G-H비가 적용되지 아니하는 즉, 담수와 염수가 직접 접촉하지 않는 지하수체이다. 서귀포층의 지하분포심도에 따라 준기저지하수는 상부준기

저와 하부준기저지하수 형태로 나눌 수 있다.

- 상부준기저: 해수면 위에 분포하고 있는 서귀포층의 상부면을 따라 빠른 선형유속으로 유동하는 지하수체로서 지하수위는 강우의 영향을 지배적으로 받아 풍수기와 갈수기 간의 수위변동 폭이 크게 나타나며, 채수에 의한 수위 강하량이 최대인 데 반해 공당 평균 채수량은 저조하다.

- 하부준기저: 서귀포층이 해수면 하에 분포하고 있는 제주도 서부 및 북부지역에 부존하고 있으며 일반적으로 선형유속이 상부준기저보다 느리고, TDS 및 EC가 G-H비 이상의 심도까지도 수직적으로 큰 변화가 없다. 자연수위 변동은 강우에 의해 지배되고 있으나 서귀포층이 해수면 하 약 60m 이하에 분포하는 일부 지역에서는 조석 영향이 미약하게 나타난다.

○ 기저지하수: 투수성이 양호한 현무암류 및 스코리아층이 지배적으로 분포하고 서귀포층의 결층으로 저투수층 발달이 빈약한 제주도 동부지역에 담수와 염수가 직접 접하고 있는 즉, G-H원리의 적용이 가능한 지하수체이다. 해수면의 주기적인 승강 운동 영향을 현저히 받고 있으며 자연수위의 연중 변동 폭이 매우 안정적일 뿐만 아니라 채수에 의한 수위강하 폭이 가장 작다. 해안변 1㎞ 이내의 지역에서 조석에 의한 1일 동안의 수위변동 폭은 최대 1m 이상까지 관측되나 해안변의 수리지질 상태에 따라 가변적이며, 조석의 영향 정도는 내륙 쪽으로 향함에 따라 뚜렷이 감소하여 내륙 9㎞에서는 수㎝ 정도로 미약하게 나타난다. 또한 TDS 및 Cl- 농도는 심도가 깊어짐에 따라 현저하게 증가하나 조석주기에 따라서도 큰 폭의 농도변화를 나타낸다.

○ 기반암 지하수: 대략 해수면 하 200m 이하의 기반암 내에 발달된 파쇄대나 절리 등과 같은 1, 2차 유효 공극 내에 부존하고 있는 강우기원의 심부지하수로서 상부의 지질구조와 지하수 부존 형태에 따라 수질과 채수 가능량이 가변적이다.

6) 2000년대

2000년대에 들어와서 2회에 걸쳐 지하수 부존도에 대한 보완이 이루어졌다. 한국수
자원공사(2003)는 『제주도 수문지질 및 지하수자원 종합조사(Ⅲ)』 보고서에서 1993년 이
후에 추가된 지하수위 및 수질 등 지하수조사를 반영하여 1993년 작성된 지하수 부존도
를 다음과 같이 보완하였다(그림 24).

○ 기저지하수 부존지역 보완: 조천과 동서귀 유역 부존경계 보완, 구좌~표선유역의 내
　륙 쪽 경계 조정, 한림과 대정유역 기저지하수 부존 범위 조정
○ 준기저 및 상위지하수 부존지역 보완: 중서귀 유역을 제외한 15개 유역의 준기저 및 상
　위지하수 부존지역을 준기저지하수 부존지역으로 대폭 조정
○ 기저 또는 준기저지하수 부존지역 보완: 한경과 대정 유역의 기저 또는 준기저지하수
　부존지역을 한림~대정유역의 해안가를 따라 부존하는 것으로 조정
○ 상위지하수 부존지역 보완: 도 전역에 부존하는 것으로 되어 있던 상위지하수 부존지
　역을 서귀포 일대 남부지역과 한라산 고지대지역에 부존하는 것으로 분포 범위 대
　폭 축소

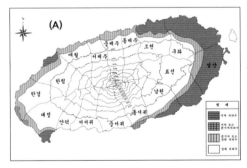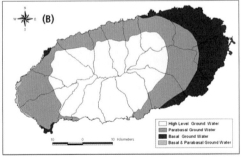

〈그림 24〉 한국수자원공사(2003)에 의해 보완된 지하수 부존도. (A): 1993년 부존도, (B): 2003년 부존도

또한, 한국수자원공사(2013년)는 『제주도 수자원관리종합계획수립』보고서에서 2003
년에 보완된 지하수 부존도를 재차 보완하였다(그림 25). 2003년 서부지역 해안가를 따라
기저 및 준기저지하수가 부존하는 것으로 구획되어 있었던 것을 기저지하수 부존지역으
로 수정하였으며, 한림~조천에 이르는 지역의 준기저지하수와 상위지하수와의 경계를
일부 보완하였다.

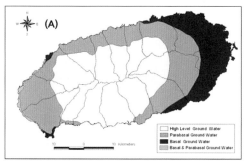 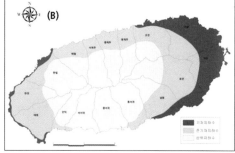

〈그림 25〉 한국수자원공사(2013)에 의해 보완된 지하수 부존도. (A): 2003년 부존도, (B): 2013년 부존도

이상에서 살펴본 바와 같이, 1971년 농업진흥공사를 시작으로 작성되기 시작한 제주도
지하수 부존도는 1981년 산업기지개발공사를 거처 1993, 2003년, 2013년 한국수자원공사
에 의해 수정 보완되면서 현재에 이르고 있으며, 그 과정을 아래와 같이 요약할 수 있다.

○ 도입기(1970~1990): 농업진흥공사(1971)와 산업기지개발공사(1981)에 의해 상위지하
  수, 기저지하수, 준기저지하수 개념 도입 및 개략적 공간적 분포 제시
○ 발달기(1991~2010): 고기원 외(1993)와 한국수자원공사(1993, 2003)에 의해 상위지하
  수, 기저지하수, 준기저지하수, 기반암지하수의 개념이 정립되고 비교적 정확한 공
  간적 분포도 작성
○ 성숙기(2011년 이후): 한국수자원공사(2013)에 의해 이전에 작성된 부존도가 보완되
  어 보다 정교한 지하수 부존 유형별 공간적 분포도 작성

2. 지하수 부존 형태 및 산출 특성

1980년대까지 제주도 지하수 부존 형태를 기벤-헤르쯔버그 원리로 설명하여 왔다. 즉, 담수와 해수의 밀도 차이에 의해 담수 지하수가 해수 위에 떠 있는 상태로 부존하는 것으로 인식되었다. 그러나 지하지질 및 지하수위, 수질 등 지하수 기초자료들이 축적되고, 이를 활용한 다양한 연구들이 진행되면서 제주도의 지하수 부존 형태는 기벤-헤르쯔버그 원리만으로는 설명할 수 없음을 알게 되었다. 서귀포층의 지하분포 상태를 포함한 지하지질구조, 지하수위 형성 및 변동, 물리검층에 의한 수직적인 지하수의 수질분포, 수리경사 등에 대한 자료 해석을 통해 제주도 지하수의 부존 형태를 △상위지하수, △기저지하수, △준기저지하수, △기반암지하수로 세분하였다. 이 같은 부존 형태의 명칭은 학술적 용어가 아니라, 대수층의 위치, 담-염수와의 관계, 저투수층의 분포, 기반암 등을 고려해서 만들어낸 용어이다.

1) 상위지하수

상위지하수(high level groundwater)는 대수층이 해수면 상부에 위치하는 지하수체로 정의된다. 상위지하수는 △비포화대에 존재하는 부유지하수(주수, perched water), △암맥저류 지하수(dike-compounded water), △포화대에 발달한 상위 대수층의 3가지 유형으로 세분할 수 있다(그림 26).

중산간 및 고지대 지역에서 함양된 빗물은 비포화대를 거쳐 하방으로 침투해 지하수로 생성된 후, 해안지역으로 이동하게 되는데, 상위지하수는 땅속으로 침투한 빗물이 지하수로 생성된 후 용천수 형태로 가장 먼저 지상으로 유출되는 지하수이다. 비포화대는 투수성이 양호한 용암류로 이루어져 있으나, 용암류 사이에는 투수성이 낮은 치밀질 용암류, 열변질 점토층, 퇴적층, 암맥 등이 불규칙하게 분포하고 있으며, 이들 저투수층은 지하수의 하방침투를 지연시키거나 방해하는 역할을 하므로 국지적으로 포화대가 형성될 수 있다. 또한, 제주도 지하에 광역적으로 분포하는 저투수성의 서귀포층은 해안에서 한라산 쪽으로 고도가 상승하는 경향을 나타낸다. 즉 동부지역에서는 해발 400m 부근, 서부와 북부지역은 해발 200m 부근, 남부지역은 해안가 근처에서부터 해수면 상부에 위치한다. 비포화대를 통과한 빗물은 투수성이 낮은 서귀포층에 이르러 하부(U층)로의 침투가 지연되므로 포화대가 형성되고, 서귀포층의 경사를 따라 빠르게 해안 쪽으로 이동한다. 특히, 서귀포층이 해수면 상부에 위치하는 안덕-남원에 이르는 남부 대부분의 지역은 서귀포층과 용암류 사이 구간 또는 서귀포층 내 미고결 모래층에 주대수층이 발달한다. 상위지하수의 유형별 특성은 아래와 같다.

가. 부유지하수(주수)

비포화대 내의 치밀질 용암이나 점토층 또는 퇴적층 상부를 따라 일시적으로 형성되는 지하수를 말한다. 저류량이 매우 적을 뿐만 아니라, 강수의 영향을 크게 받기 때문에

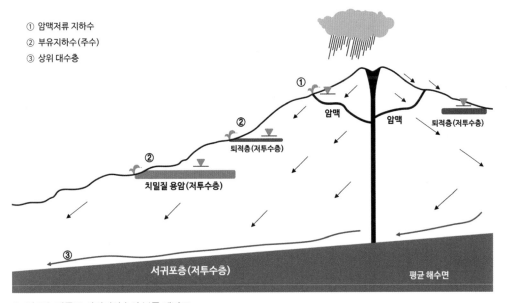

〈그림 26〉 제주도 상위지하수의 부존 개념도

용수공급원으로서의 중요성은 낮지만 국지적인 소규모의 용수공급원으로 이용할 수 있다. 부유지하수는 한라산 고지대 지역을 비롯하여 제주도 전역에 발달한다. 시추를 진행하다 보면, 비포화대에서 지하수위가 형성된 후 일정 깊이까지 이어지다가 갑자기 사라졌다가 계속 굴착해 내려가면 지하수위가 다시 형성되는 현상이 반복되는 경우가 많다. 또한 비가 많이 내린 후, 지하수 관정 내에서 물이 쏟아져 내리는 소리 혹은 물이 세차게 흘러가는 소리를 들을 수 있다. 이러한 현상들은 비포화대의 저투수성 지층 위에 일시적으로 형성되는 부유지하수 때문이다.

한라산 고지대 지역에 분포하는 용천의 대부분은 이 유형의 지하수이다. 수질은 대체로 빗물에서 조금 진화된 조성을 나타내며, 얕은 층을 따라 흐르는 경우에는 야생동물의 분변 등이 혼입될 수 있다. 부유지하수에 기원을 둔 용천은 강수량에 따라 용출량의 변화가 크고, 강수 후 탁도가 증가할 뿐 아니라, 전기전도도도 높아지는 현상을 보인다. 부유지하수의 저류량은 강수량, 함양지역 면적, 저투수층의 분포 규모 등에 영향을 받으며, 대체로 부유지하수에 기원을 둔 용천은 지형이 급작스럽게 변하는 지점에 주로 발달한다.

나. 암맥-저류지하수

지금까지 제주도의 암맥-저류지하수에 대해서는 잘 알려지지 않았다. 하와이주 오아후섬을 비롯한 여러 섬과 테네리페섬의 암맥이 조밀하게 발달한 화산 중앙부에는 이 유형의 지하수가 발달한다(Takasaki, et al., 1969; Ecker, 1976). 암맥-저류지하수는 암맥 사이에 저류되어 있는 지하수를 일컫는데, 지하수의 측방 흐름이 암맥에 의해 차단되거나 방해를 받는 모든 지하수체를 암맥-저류지하수라 한다. 암맥은 지하수의 측방 흐름을 방해하는 역할을 하므로 암맥에 의해 절단되거나 칸칸이 구획된 투수성이 높은 용암 내에는 막대한 양의 지하수가 저류하게 된다.

한라산 백록담 북측 용진교 부근에 암맥-저류지하수가 부존하고 있다(고기원 외 2인, 2017). 용진교에서 백록담 방향 우측 약 25m 지점 하천 변에는 높이 10여 미터, 연장 약 15m의 관입암체가 적토색의 스코리아층을 관입해 있는데, 이를 '용진교관입암'이라 명명

〈그림 27〉 지하수가 누출되는 용진교 관입암(A, B)과 용진각물(C)

하였다(그림 27). 이 관입암은 두께가 약 50cm 정도이고, 표면에는 다각형의 균열이 발달하나 매우 치밀하고 견고한 특징을 나타낸다. 반정광물로는 사장석 반정이 약 10% 포함되어 있으며, 반정의 크기는 2~3cm이고, 형태는 길쭉한 막대형이다. 장구목 부근에서 지하로 스며든 빗물은 경사가 낮은 용진교 쪽으로 이동하다가 용진교 관입암에 막혀 관입암에 발달한 절리 틈을 통해 조금씩 새어 나온다. 이렇게 밖으로 유출된 지하수가 모여 용진각물 용천을 이룬다.

다. 상위 대수층 지하수

이 유형의 상위지하수는 안덕-남원에 이르는 남부와 중산간 지역에 분포한다. 이들 지역은 투수성이 낮은 서귀포층이 해수면 상부에 분포하며, 서귀포층 상부에 포화대가 형성된다. 비포화대를 통과한 빗물은 서귀포층에 이르러 하부(U층)로의 침투가 방해를 받게 되므로 서귀포층과 상위 용암류 사이에 주대수층이 발달한다.

특히, 서귀포 일대의 남부지역은 동-서 및 남-북 방향으로 서귀포층 포착심도(분포 위치) 변화가 크고, 치밀질 용암이 두껍게 발달하는 조면질안산암, 현무암질 조면안산암, 조면암, 조면현무암 조성의 용암류가 서귀포층을 덮고 있어 대수층에 가해지는 압력 차이에 의한 지하수위 변화가 클 뿐만 아니라, 수위가 높은 위치에 형성된다. 그러나 공당 평균 산출량이 900㎥/일 정도로 작은 편임에도 양수에 의한 수위 강하량이 평균 20여 미터로 크게 생겨나며(표 6), 강수량 차이에 의한 연간 수위변동 폭도 크게 발생한다.

〈표 6〉 제주도 지역별 및 표고별 공공용 관정 양수 시 수위 강하량(고기원 외 2인, 2017)

구분	양수 시 지하수위 강하량(m)					비고
	동부	서부	남부	북부	평균	
평균 양수량(㎥/D/공)	1,045(235공)	1,157(407공)	904(213공)	975(245공)	1,044	
해발 200m 이하	5.4	16.4	20.2	11.8	13.8	
해발 200~400m	13.3	20.0	29.8	16.0	19.9	
해발 400~600m	4.9	12.0	17.8	48.1	21.1	
해발 600m 이상	17.1	-	20.6	-	19.4	

2) 기저지하수

기저지하수(basal groundwater)는 해수면 하부 지층(대부분 용암류)의 틈을 따라 유입된 해수 상부에 내륙에서 함양된 담수 지하수가 부존하는 형태의 지하수체를 말한다. 담수지하수가 해수 상부에 부존할 수 있는 것은 담수와 해수의 밀도 차이에 의해 설명되며, 담수와 해수 사이에는 혼합대 또는 점이대가 형성된다.

'기저지하수'란 용어는 하와이주에서 처음 사용되었다. 기저지하수는 오아후섬에 부존하는 지하수 중 가장 광범위하게 분포하는 지하수체로서, 하와이주의 지하수에 대한

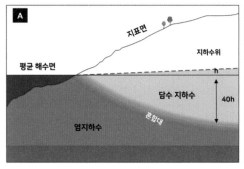

〈그림 28〉 G-H원리 개념도(A)와 제주도의 기저지하수 부존 지역(B)

초기 조사과정에서 Meinzer(1930)에 의해 기저지하수에 대한 용어의 정의가 정립되었다. 즉, Meinzer는 기저지하수를 "통상적인 지하수위 혹은 주된 지하수위 하부의 투수성 암석을 완전히 포화하고 있는 지하수체로서 일시적으로 존재하는 부유지하수와 구분되는 지하수체"로 정의하였다. 그 후부터 하와이주의 지하수 연구에 기저지하수라는 용어가 널리 사용되기 시작하였으나, 이 용어는 수문지질학에서 일반적으로 사용하는 학술용어는 아니다. 기저지하수와 같은 의미의 동의어로 '담수렌즈(freshwater lens)', '기저렌즈(basal lens)', '기벤-헤르쯔 렌즈(Ghyben-Herzberg lens)' 등이 사용되고 있다(고기원, 2001).

바다를 떠다니는 유빙의 대부분이 해수면 아래에 잠겨 있는 것처럼, 대량의 담수지하수체는 해수면 아래 위치하는데, 이는 담수와 염수의 밀도차에 의해 담수지하수가 염수 상부에 떠 있는 상태로 부존하기 때문이다. 담수와 염수 간의 정역학적인 원리를 '기벤-헤르쯔 원리(Ghyben-Herzberg principle)'라 부르는데(그림 28), 이 원리는 Du Commun(1828), Badon Ghyben(1888), Herzberg(1901)로부터 유래되었으며, 다음과 같이 나타낼 수 있다.

$$Zs = \rho f/(\rho s - \rho f) \times Zw$$

이 식에서 Zs; 해수면 하부 담수지하수의 두께

Zw: 해수면 상부 지하수위의 높이

ρs: 염수의 밀도

ρf: 담수의 밀도를 의미한다.

일반적으로 담수의 밀도는 1.000g/㎤이고 해수의 밀도는 1.025g/㎤이므로 위 식에 의하면, Zs = 40Zw(1 : 40; G-H비)가 되어 담수 지하수는 해수면 상부 지하수위 높이의 40배만큼의 깊이까지 부존할 수 있다(그림 28 참조). 그러나 오아후섬 주변의 해수와 담수의 밀도에 대한 연구에서 Wentworth(1938)는 오아후섬의 경우, 1 : 40이 아니라 1 : 38의 비율이 적절하다고 제시하였다.

제주도에서 기저지하수는 조천읍 북촌리에서 남원읍 위미리에 이르는 동부 해안지역과 한림읍 귀덕리에서 대정읍 하모리에 이르는 해안지역을 따라 부존하고 있다. 동부지역에서 기저지하수체는 해안으로부터 내륙 8km에 이르는 지역에 부존하고 있으며, 담수

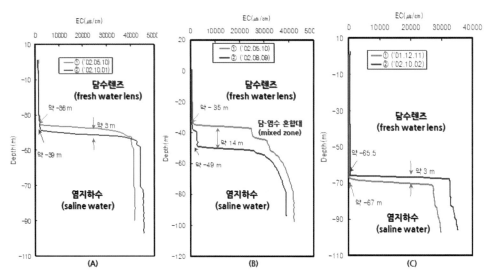

〈그림 29〉 한동리 지역에 설치된 3개 관측정의 전기전도도 수직분포(A: 한동1호공, 해발 15.12m, B: 한동2호공, 해발 42.37m, C: 한동3호공, 해발 112.47m)(고기원 외 3인, 2003)

렌즈의 두께는 내륙 쪽으로 갈수록 점차 두꺼워지는 경향을 보인다. 구좌읍 한동리 지역에 설치된 3개 관측공에서 2회에 걸쳐 측정된 전기전도도의 수직변화(그림 29)는 담-염수 경계면의 변화와 담수 렌즈의 두께를 잘 보여 주고 있다. 해발 15m 지점에서 설치된 한동1호공의 담수 렌즈는 해수면 하 36~39m까지만 발달하고, 해발 112m 지점에 설치된 한동3호공에서는 해수면 하 65~68m 깊이까지 분포하여 해안에서 내륙 쪽으로 가면서 담수 렌즈의 두께가 두꺼워지는 모습을 잘 보여준다. 그러나, 담-염수 경계면에 발달하는 혼합대의 두께는 해안에서의 거리보다는 관측공의 수리지질 특성에 따라 차이를 보인다.

제주도 동부지역의 경우 일반적인 G-H비가 적용되지 않고 있다(고기원 외 3인, 2003). 한동1호공의 경우 지하수위는 해수면 상부 1.8m이기 때문에 평균 해수면 하 72m까지 담수 지하수체가 형성되어야 하지만, 관측된 값은 평균 해수면 하 36~39m 깊이까지만 담수렌즈가 분포한다. 이처럼 동부지역의 담수렌즈 두께는 최소 1 : 13, 최대 1 : 31, 평균 1 : 19의 값을 나타내어 일반적인 G-H비에 의한 담수렌즈 두께보다 훨씬 얇다(표 7). 이같이, 동부지역은 이론적인 G-H 비보다 훨씬 얇은 담수렌즈체가 형성되고 있다. 실제에 있어서 담수와 염수의 경계면은 예리하지 않고 담수와 염수가 혼합된 전이대(transition zone) 하

〈표 7〉 제주도 동부지역 관측정의 담수렌즈 두께와 G-H비(고기원 외 3인, 2003)

관측공명	표고 (m)	자연수위 (m)	담수렌즈체 두께		G-H비
			이론적 두께	실측 두께	
한동1호공	14.79	1.80	72m	33.18m	1 : 18
한동2호공	42.22	2.00	80m	35.15m	1 : 18
한동3호공	112.25	2.43	97.2m	67.69m	1 : 28
수산1호공	33.33	0.90	36m	27.56m	1 : 31
수산2호공	70.47	2.30	92m	29.21m	1 : 13
수산3호공	115.06	2.40	96m	48.33m	1 : 20
신촌영구정	17.90	0.80	32m	22.73m	1 : 28

부에 염수가 존재하는데, 이 같은 현상은 주로 주기적인 조석운동과 함양량의 변화로부터 비롯되는 것이다. 모든 다른 요인은 일정하다고 가정했을 때, 담수렌즈의 두께는 지하수 함양량이 증가할수록 두꺼워지는 반면, 취수량이 많으면 많을수록 얇아지게 된다. 대수층의 수리전도도 또한 담수렌즈의 두께에 영향을 미치는데, 다른 요인은 일정하다고 가정했을 때, 담수렌즈의 두께는 수리전도도가 낮은 대수층에서가 두껍게 형성된다.

자연수위 하부에 분포하는 저투수성의 서귀포층 분포심도는 동부지역 담수 지하수체의 부존에 영향을 미친다. 한동 1·2·3호공에서 서귀포층은 각각 해수면 하 (-)135.2m, 해수면 하 (-)118.8m, 해수면 하 (-)105.3m에 분포하고 있으며, 수산 1·2·3호공에서는 각각 해수면 하 (-)101.7m, 해수면 하 (-)90m, 해수면 하 (-)86m에 분포하고 있어서 이론적인 G-H 비에 의해 담수렌즈가 형성될 수 있는 깊이보다 더 깊은 위치에 서귀포층이 분포하고 있다.

또한 대수층의 수리적 특성도 동부지역의 담수렌즈 두께에 영향을 미치는 요인이 될 수 있다. 현재의 지하수위가 정상 상태의 지하수 유동계를 반영한다면, 동부지역의 지하수위가 서부지역에 비해 낮게 나타나는 것은 대수층의 수리성이 서부지역보다 크다는 것을 의미한다. 투수량계수(m^2/day)를 보면 동부지역은 93~552m^2/day이며, 서부지역은 60~202m^2/day의 범위를 보여 평균적으로 동부지역이 서부지역에 비해 2배 정도 수리성이 양호하다. 동부지역은 수리경사가 낮고, 지하수 유출량이 적으며, 수리전도도는 매우 높아 다른 지역에 비해 상대적으로 해수가 내륙 깊이 유입할 수 있는 여건이 형성되어 있다고 할 수 있다. 결론적으로 동부지역 담수렌즈의 수직적 분포 두께를 결정하는 요인은 지하 지질적인 요인과 대수층의 수리적 특성이라 할 수 있다.

3) 준기저지하수

준기저지하수(parabasal groundwater)는 Mink(1976)가 괌 지하수 조사에서 제안한 이래 하와이주에서 사용되었고, 제주도는 1993년 제주도 수자원 종합개발계획수립 보고서에서부터 사용되기 시작하였다.

　퇴적암(퇴적층)에 부존하는 기저지하수체 두께는 대체로 30m를 넘지 않으며, 지하수위 또한 해수면 위 수 미터를 초과하지 않는다. 퇴적암층에 부존하는 대부분의 기저지하수는 자유면 상태를 이루고, 연안 평원 최상부 대수층에 존재한다. 점토층 혹은 토양층과 같은 압층(confining bed)은 대수층 하부에 존재하며, 담수지하수는 대수층 전체에 두껍게 부존하는데, 이 같은 유형의 지하수체를 Mink(1976)는 '준기저지하수'로 명명하였다.

　제주도의 경우, 준기저지하수는 서귀포층의 지하 분포상태와 밀접하게 관련되어 있다. 서부와 북부 해안지역은 서귀포층이 해수면 하 (-)40~60m 깊이에 분포하며, 지하수위는 해수면 위 1.5~2m에 형성된다. 만약 기벤-헤르쯔버그 원리가 적용된다면, 담수지하수체는 해수면 하 (-)60~80m 깊이까지 부존할 수 있으나, 이보다 얕은 위치에 서귀포층이 분포하고 있어 내륙 쪽에 담-염수 경계면을 갖는 기저지하수는 발달하지 않으며, 해안선 부근에만 형성된다.

　준기저지하수는 평상시 해수와 직접적으로 접촉하지 않기 때문에 염분이 거의 함유되지 않지만, 가뭄이 심해 지하수 함양량이 크게 감소하거나, 지하수를 지나치게 많이 취

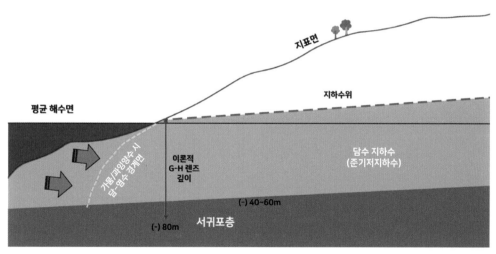

〈그림 30〉 준기저지하수 부존 모식도

수할 때에는 해안선 부근에 형성되어 있던 담-염수 경계면이 내륙 쪽으로 확장되면서 염분이 혼합되는 경우가 발생한다. 그러나 가뭄이 해갈되고 지하수 취수량이 감소하게 되면, 평상시 상태로 다시 돌아간다(그림 30).

준기저지하수의 지하수위 형성 위치 및 계절변화, 수질 등은 상위지하수와 기저지하수의 중간적 특징을 나타낸다. 즉, 지하수위는 기저지하수보다는 높지만, 상위지하수보다는 낮은 위치에 형성되며, 계절적 변동량과 양수에 의한 수위강하량 또한 같은 경향을 나타낸다. 수질은 상위지하수보다 좀 더 진화된 특징을 나타내며, 해수의 영향을 받지 않기 때문에 대체로 양호하다.

4) 염지하수

일반적으로 자연에 존재하는 물은 물속에 포함된 총용존고형물(TDS; Total Dissolved Solid)의 함량에 따라 담수(fresh water), 저염수(brackish water), 염수(saline water), 고염수(brine)로 구분한다.[2] 우리나라 「먹는물관리법」에서는 염지하수를 "염분 등 총용존고형물(總溶存固形物)의 함량이 2,000mg/L 이상"으로 정의하고 있고, 「제주특별자치도 지하수 관리 조례」에서는 "총용존고형물의 함량이 1,000mg/L 이상"으로 정의하고 있다. 총용존고형물의 함량이 1,000mg/L 이상 함유된 경우에는 먹는물로 적합하지 않으므로 이를 염지하수(saline groundwater)라 할 수 있다.

염지하수는 기저지하수체 하부에 존재하며, 저염지하수와 염지하수로 구분할 수 있다. 저염지하수체는 총용존고용물을 1,000~10,000mg/L 함유한 지하수체를 말하며, 전기전도도 값으로는 1,700~17,350㎲/㎝ 범위이다. 이 지하수체는 담수지하수와 염수지하수의 혼합에 의해 형성되는 '점이대' 또는 '혼합대'에 부존하는 지하수로서, 지하수 함양량이

---

2) 담수 1,000mg/L 미만, 저염수 1,000~10,000mg/L, 염수 10,000~100,000mg/L, 고염수 100,000mg/L 이상.

많은 여름철 동안은 두꺼운 반면, 강우량이 적은 겨울철 동안에는 얇아지는 특성을 보인다. 또한 해수 압력의 전달 정도와 해안으로의 담수지하수 유출량에 따라서도 혼합대의 두께는 차이를 나타낼 수 있다(그림 28 참조).

염지하수체는 총용존고용물을 10,000mg/L 이상 함유한 지하수체를 말하며, 전기전도도 값으로는 17,350μs/㎝ 이상이다. 이 지하수체는 해수와 거의 동일한 염분함량을 나타내는 지하수로서, 제주도에서는 1980년대 초반부터 육상수조식 양식장이나 수족관 및 해수사우나 등에 이용하고 있다. 염지하수는 기저지하수체 아래에 부존하고 있어 염분농도의 계절적 변화가 적고, 수온도 16~17℃로 일정하며, 담수지하수와는 달리 수량이 막대하기 때문에 미래의 수자원으로 활용할 수 있는 가치를 지니고 있다. 특히, 염지하수의 수열(水熱)은 열교환기를 통해 회수할 경우 대규모의 냉난방 에너지원으로 활용이 가능하고, 저염지하수는 염분함량이 바닷물의 50% 수준으로 낮기 때문에 담수화에 소요되는 비용이 해수를 담수화하는 것보다 훨씬 저렴하므로 대체수자원으로 활용가치가 매우 높다.

구좌읍 한동리에 조성된 '용암해수산업단지'는 2005~2008년까지 진행된 염지하수 산업소재 활용 연구사업에 기반을 두고 있다. 즉, 염지하수를 생수, 음료, 향장품, 식품 등의 소재로 활용하기 위한 연구단의 명칭을 '용암해수사업단'으로 붙였고, 산업소재로 활용하는 염지하수를 '용암해수'로 부르기 시작하면서 '용암해수'란 용어가 만들어졌다. 동부지역 지하에 용암해수라는 특이한 지하수체가 따로 존재하지는 않는다.

5) 기반암지하수

기반암지하수(basement groundwater, deep groundwater)는 기반암에 부존하는 심부지하수를 말한다. 이 지하수는 강수 기원이며, 1980년대 말부터 온천으로 개발하기 위한 심부 시추가 여러 곳에서 진행되었다.

21개의 온천 조사공을 분석한 결과(표 8), 굴착심도는 지하 534~2,100m(평균 818m)이고, 지온증온율은 2.65℃/100m로서 우리나라 내륙지역 평균(2.67℃/100m)과 별 차이가 없

<표 8> 제주도 기반암지하수의 산출특성(고기원 외 2인, 2017)

지역	굴착심도(m)	토출온도(℃)	공저온도(℃)	양수량(㎥/day)	수위강하량(m)	TDS(mg/ℓ)
평균	817.8	29.2	34.6	583.2	59.6	3,526.8
동부	765.0	27.4	30.9	578.3	43.8	5,679
서부	919.8	33.3	39.5	711.8	80.8	2,403
남부	845.4	29.7	38.0	540.8	67.9	447
북부	800.0	26.1	34.1	324.0	75.6	1,900

다. 공저의 온도는 27.9~54.7℃(평균 34.6℃)이고, 토출온도는 25.4~37.2℃(평균 29.2℃)를 나타낸다. 양수량과 비양수량은 지역별로 차이를 나타내는데, 동부지역의 경우 평균 양수량이 578㎥/일이고 비양수량은 21.8㎥/일이며 수위 강하량은 44m이다. 남부지역은 평균 양수량이 541㎥/일, 비양수량 9.4㎥/일, 수위강하량 68m이다. 또한 서부지역은 평균 채수량 712㎥/일, 비양수량 9㎥/일, 수위강하량 68m이다. 심부지하수의 수질유형은 동부지역의 경우 Na-Cl형이고 남부와 서부는 Na-HCO₃형이며, TDS는 447~5,697mg/L이다.

3. 수직적 대수층 발달 구조

1961년 제주도에서 관정방식에 의한 지하수 개발이 성공을 거둔 이래, 2021년 현재 4,566개의 관정이 먹는물(상수도), 농업용, 공업용 등으로 이용되고 있다. 2021년 기준 전체 지하수 취수 허가량은 1일 1,650천㎥이나 일 평균 이용량은 657천㎥ 수준이다. 이처럼 지하수 이용이 매우 활발하게 이루어지고 있음에도 불구하고, 대수층의 구성지질을 비롯하여 발달구조, 대수층의 유형 등에 관한 정보는 매우 부족한 상태이다. 또 제주지하수는 모두 화산암 대수층으로부터 산출되는 것으로 보편화되어 있다. 공공용 관정(812공) 개발 현황 및 지질주상도 자료 분석을 통해 지역별 지하수 개발 특성 및 수직적 대수층 발달 구조를 파악하였다.

평균 굴착심도는 제주도 서부의 대정(El. -56m) 및 한경(El. -70m) 유역을 제외하면, 대체로 해수면 하 (-)20~40m 범위를 나타내며, 관정 당 평균 양수능력은 983㎥/d이다. 그러나 동부수역(구좌·성산·표선)을 제외한 나머지 수역의 관정들은 서귀포층(퇴적암)을 최소 10m에서 최대 80m까지 관통해 설치되었는데, 이는 서귀포층 상부 화산암 구간에 대수층의 산출능력이 저조하기 때문이다. 서귀포층은 전반적으로 응회질 성분이 우세한 해성층으로서, 저투수성 지층이지만 미고결 사력층이 발달하는 경우에는 퇴적암 대수층으로서의 기능도 하고 있다.

공공용 관정의 굴착심도와 지하지질구조, 스크린 설치심도, 굴착심도별 양수시험 자료, 공내 TV검층 자료 등을 종합할 때, 제주도의 대수층은 크게 화산암 대수층과 퇴적암 대수층으로 나눌 수 있다. 화산암 대수층은 화산암류에 발달하는 냉각 및 수축절리, 클링커층, 용암류 접촉면, 유리쇄설성 각력암층이며, 퇴적암 대수층은 용암류 사이에 협재된 사력층, 응회암 파쇄대, 서귀포층 내의 미고결 사력층에 발달한다. 현재 개발·이용 중인 관정들은 (1) 화산암 대수층으로부터 지하수를 취수하는 유형(동부수역) (2) 퇴적암 대수층

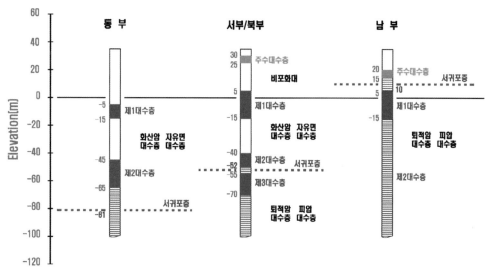

〈그림 31〉 제주도 지역별 대수층 발달구조(고기원 외 1인, 2016)

으로부터 지하수를 취수하는 유형(남부수역) (3) 화산암 및 퇴적암 대수층으로부터 지하수를 취수하는 유형(서부 및 북부수역) 으로 나눌 수 있다(고기원 외 4인, 2015). 주수대수층(perched aquifer)을 제외한 주 대수층의 수직적 발달구조를 보면, 대체로 평균 해수면 부근(±+10~-20m)에 제1대수층(화산암 대수층)이 위치하고, 서귀포층 상부에 제2대수층(화산암 대수층)이, 서귀포층 중춘 내에 제3대수층(퇴적암 대수층)이 발달한다(그림 31). 결론적으로 제주지하수는 화산암 대수층에 부존하는 것이 아니라, 화산암 및 퇴적암 대수층으로부터 산출되며, 수직적으로 대체로 3개의 주 대수층이 발달한다.

제주도 서부지역은 극심한 가뭄 때, 지하수의 과다 취수로 인해 해수가 일시적으로 침투하는 현상이 발생하고, 질산성질소에 의한 지하수 오염이 광범위하게 확산되어 있다. 특히 이 지역의 지하수 오염 경로를 추적하고, 오염 지하수의 수질개선 계획 수립 및 시행에 있어 대수층의 수직적 발달 구조를 파악하는 것은 절대적으로 중요한 선행 과제이다. 서부지역의 수문지질 구조와 관정 내 우물자재 설치 자료, 지구물리검층 자료 등을 통해 파악된 대수층 발달구조와 주요 특징은 아래와 같다.

○ 제1대수층: 해수면 상부 (+)5m~해수면 하 (-)15m 사이 약 20m 구간의 용암류에 발달하는 대수층이다. 한라산 고지대의 함양지역에 내린 강수가 지하 깊숙이 침투하여 수리경사를 따라 해안저지대로 이동하고, 해안저지대에 이르러 지하수의 흐름이 상향 흐름으로 바뀌면서 해수면 상하부에 형성된 대수층이다. 광역적 지하수 유동시스템과 국지적 유동 시스템이 혼합되므로 지하수 오염에 매우 취약하며, 수질이 양호하지 못한 특징을 보인다. 해안 저지대로 유동하는 지하수의 수량이 많지 않은 경우, 제1대수층은 형성되지 않으며, 해안 용천도 거의 발달하지 않는데, 대정읍 신도리~영락리에 이르는 해안지역이 그 대표적인 사례이다.

○ 제2대수층: 해수면 상부 하 (-)40m~50m 사이 약 10m 구간의 용암류에 발달하는 대수층이다. 이 대수층은 광역적 지하수 유동시스템이 지배하므로 수질은 대체로 양

호하지만, 수량은 고토양층 또는 치밀질 용암류의 두께와 분포범위에 영향을 받으며, 저투수성 지층의 영향에 의한 피압작용으로 지하수위가 대수층 위치보다 높게 상승해 해수면 위에 형성되지만, 양수 시 수위 강하가 크게 발생한다.

○ 제3대수층: 해수면 상부 하 (-)60m~70m 사이에 포착되는 서귀포층에 발달하는 퇴적암 대수층으로 정의할 수 있다. 이 대수층은 광역적 지하수 유동시스템의 심층 흐름으로서, 지표의 영향을 거의 받지 않고, 체류시간도 40~60년을 나타낸다. 그러나 서귀포층 내 미고결 모래 및 사력층으로부터 산출되기 때문에 토출수에 세사(fine sand)나 점토가 섞이는 경우가 많다.

○ 주수(perched water) 및 중간수: 주수 또는 부유지하수는 강수나 관개수가 토양층 직하부의 용암류를 피복하는 점토층 혹은 퇴적층의 상단을 따라 이동하거나, 비포화대 공극을 따라 지하수면으로 이동하는 물을 말한다. 엄격한 의미에서 주수지하수는 중간수(intermediate water)라 할 수 있다. 강수 직후에 비포화대를 통해 하방으로 이동하는 중간수는 무수히 많은 투수성 구조가 발달하는 용암류의 특성을 고려하면, 어느 곳에나 발달하는 것이 아니라 선택적 흐름(preferential flow)의 특성을 나타내기 때문에 물리검층을 통해 찾아낸다는 것은 매우 어렵다. 아울러, 용암류로 이루어진 비포화대에서 중간수의 흐름은 수평적 성분이 우세하고, 하부로의 이동속도 또한 빨라서 지하수면 근처로 내려갈수록 수량이 증가하는 경향을 나타낸다.

참고문헌

고기원, 1991, 「제주도 서귀포층의 지하분포상태」, 『제주대 해양연보』 Vol.15, 81-92.

_____, 2001, 『하와이주의 수문지질과 지하수 관리』, 제주도광역수자원관리본부, 대영인쇄사, 313.

_____, 1997, 「제주도의 지하수 부존특성과 서귀포층의 수문지질학적 관련성」, 부산대학교 박사학위
논문, 325.

고기원·윤선·윤정수·박원배·한정상·김남종·정구원, 1993, 「제주도의 지하수산출 특성(요약문)」, 『지질
학회지』 제29권 제1호, 48.

고기원·박윤석·박원배·문덕철, 2003, 「제주도 동부지역의 수문지질과 지하수 부존특성(1)」, 제주도·제
주지역환경기술개발센터 공동주최 제11회 세계 물의 날 기념 학술세미나 자료집, 7-88.

고기원·문덕철·윤우석·박원배·강봉래, 2015, 「제주도 지하수의 대수층 유형 분류와 발달 구조(요약문)」,
2015 지하수토양환경학회 추계 학술발표회 자료집, 29.

고기원·박준범·문덕철, 2017, 『화산섬 제주도의 지질과 지하수』, 제주특별자치도개발공사·제주권국토
교통기술지역거점센터, 하나출판, 262.

고기원·김범훈·박준범·손영관·윤석훈·문덕철, 2021, 『한라산의 지형과 지질(한라산총서 개정증보판)』,
제주특별자치도·한라산생태문화연구소, 333.

고기원·박준범·김태형·고혁준·문덕철·문수형·한희주, 2021, 「제주삼다수 유역의 지질특성(II): 지하지
질과 화산활동」, 『지질학회지』 제57권 제3호, 307-328.

고창성, 2020, 「제주도 동북부 월정-행원지역의 화산층서와 용암류 각력화작용을 동반한 해안지역의
성장」, 제주대학교 박사학위논문, 229.

고창성·박원배·고기원·박준범·문덕철·한희주, 2021, 「해수에 잠겨 있는 제주화산체의 범위 추정(요약
문)」, 대한지질학회 추계학술대회, 183-184.

권병두·정호준·이희순, 1993, 「제주도에 분포하는 화산암류의 물리적 특성」, 『한국지구과학회지』

Vol.14 No.3, 348-357.

김상호, 1963, 「제주도의 자연지리」, 『대한지리학회지』 제1권, 1-14.

김옥준, 1969, 「제주도 수자원의 특수성과 개발방안」, 『광산지질학회지』 제2권 제1호, 71-80.

남기영, 1966, 「제주도의 지질과 지하수」, 『국립지질조사소 지하수원조사 보고서』 제3호, 109-137.

농업진흥공사, 1971, 『제주도 지하수 보고서』, 381.

문경태·박상렬·김영찬·양순보, 2014, 「공극률에 따른 제주도 현무암의 역학적 특성」, 『한국토목학회지』 제34권 제4호, 1215-1225.

박기화 외 19인, 2008, 「제주도 지하수 부존특성에 대한 지구과학적 해석」, 『한국지질자원연구원 연구 보고서』 GP2007-009-04-2008(2), 365.

박승필, 1985, 「제주도 측화산에 관한 연구」, 『전남대학교 논문집』 자연과학편, 159-166.

박준범·강봉래·고기원·김기표, 2014, 「제주도 곶자왈지대의 지질 특성」, 『지질학회지』 제50권 3호, 431-440.

산업기지개발공사, 1981, 『제주도 수자원개발 종합보고서』, 388.

원종관, 1976, 「제주도에 분포하는 火山丘의 구조해석에 관한 연구」, 『건국대학교 이학논집』 제2집, 33-43.

원종관·이문원, 1988, 「추자군도 유문암질 응회암의 연대측정」, 『지질학회지』 제24권 1호, 82-83.

원종관·이문원·이동영·손영관, 1993, 『제주도 성산도폭 지질도 설명서』, 104.

이정현·윤성효, 2011, 「제주시 봉개동 고냉이술 오름의 화산형태학적 특성」, 『암석학회지』 Vol.20 No.3, 151-159.

장광화·박준범·권성택, 2006, 「제주도 조면암류의 지화학적 특징」, 『지질학회지』 제42권 2호, 235-252.

제주특별자치도, 1997, 『제주의 오름』, 483.

_____, 2009, 『개정증보 제주어사전』, 914.

한국농어촌공사, 2000, 『제주도 지하수 보전·관리계획 보고서』, 588.

한국수자원공사, 1993, 『제주도 수자원종합개발계획수립 보고서』.

, 2003, 『제주도 수문지질 및 지하수자원종합조사(Ⅲ)』

_____, 2013,『제주특별자치도 수자원관리종합계획(2013~2022)』.

황상구, 2000,「제주도 송악산 응회환·분석구 복합체의 화산형태」,『지질학회지』제36권 4호, 473-486.

황세호·신제현·박기화·박인화·고기원, 2006,「제주현무암지역에서 물리검층 자료 해석」,『물리탐사학회지』제9권 제3호, 231-240.

原口九萬, 1931,「濟州島ノ地質」,『朝鮮地質調査要報』第10卷 第1号, 34.

室井渡, 塚本正夫, 配野松雄, 1938,「工業用水 調査(第四報)-濟州島」,『水資源調査慨報』, 日本中央工業試驗所, 38.

Badon-Ghyben, W. 1888. Nota in verband met de vooregenoment putboering Nabij Amsterdam(Note on the probable results of well drilling near Amsterdam). Tijdschr. Kon. Inst. Ing., The Hague.

Du Commun, J. 1828. On the cause of fresh water springs, fountains, etc. Amer. J. Sci. Arts 14: pp.174-175

Ecker A., 1976, Groundwater Behavior in Tenerife, Volcanic Island(Canary Island, Spain). Journal of Hydrology, v.28, 73-86

Greeley, R., 1987, The role of lava tubes in Hawaiian volcanoes, chap. 59 of Decker, R.W., Wright, T.L., and Stauffer, P.H., eds., Volcanism in Hawaii: U.S. Geological Survey Professional Paper 1350, v. 2, 1589–1602

Halliday W. R., 2001. Living with pseudokarst. In: Rea T (ed) Proc 1999 National Cave and Karst Management Symp. Southeastern Cave Conservancy, Chattanooga, 91-95

Herzberg, A. 1901. Die Wasserversorgung einiger Nordseebaden(The water supply on parts of the North Sea coast in Germany). Z. Gasbeleuch. Wasserversorg. 44:815-819, 824-844

Kambesis P., 2000. Stream flow in Kaumana Cave. In: Program Abstr Vol Conf Lava Tubes and Groundwater Contamination, Hilo, 2 August 2000. Hawaii Chap Natl Speleol Soc, 6-7

Kyu Han Kim, Tsuyoshi Tanaka, Kazuhiro Suzuki, Keisuke Nagao, Eun Jin Park, 2002. Evidences of the presence of old continental basement in Cheju volcanic Island, South Korea, revealed by radiometric ages and Nd-Sr isotopes of granitic rocks. Geochemicla Journal. Vol.36, 421-441

Macdonald, G. A., and Abbott, A. T., 1970, Volcanoes in the sea: Honolulu, Hawaii, University of Hawaii Press, 441

Meinzer, O. E., 1930, Groundwater in the Hawaiian Islands: U.S. Geol. Survey Water-Supply Paper 616, 1-28

Mink, J.F., 1976. Ground-water resources of Guam-occurrence and development: University of Guam, Water Resources Technical Report 1, 276

Stearns, H.T., and Vaksvik, K.N., 1935, Geology and ground-water resources of the island of Oahu, Hawaii: Hawaii Division of Hydrography Bulletin 1, 479

Takasaki, K.J. and Valenciano, S., 1969. Water in the Kahuku area, Oahu, Hawaii. U.S. Geological Survey Water-Supply Paper 1874, 59

Wentworth, C.K., 1938, Geology and ground water resources of the Palolo-Waialae District: Honolulu, Hawaii, Honolulu Board of Water Supply, 274

제주도 지하수의 수질과
순환시스템

고은희

I. 머리말

지하수의 주요 함양원은 강우로서, 지표에 내린 강우가 토양층과 불포화대 지층을 통과하며 지하수면에 도달하게 됨으로써 지하수 함양이 이루어진다. 지하수의 함양 과정에서 일어나는 물-암석 반응으로 인해 토양과 암석의 미네랄 성분들이 지하수에 녹아들게 된다. 이러한 자연적인 지하수 수질 성분의 공급과 함께, 각종 토지개발이 이루어진 지역에서는 화학비료, 가축분뇨, 오폐수, 쓰레기 매립장 침출수 등과 같은 인위적인 오염물질이 강우와 함께 지하수 대수층으로 유입되어 지하수 오염을 유발하기도 한다.

천혜의 자연환경을 지닌 제주도는 수십 차례에 걸친 용암 분출로 인해서 형성된 화산섬으로 청정한 지하수 수질을 자랑하고 있지만, 반면에 토지개발 등 증가하는 인간 활동으로 인해 지하수 수질 오염도 동반되어 나타나고 있다. 본 장에서는 제주도 지하수 수질에 영향을 주는 다양한 수리지구화학적 반응들과 함께 배경수질, 수질현황 및 도내 분포하고 있는 잠재오염원에 대해서 살펴보고자 하며, 지하수 유동 특성을 결정하는 지하수 순환체계에 대해서도 다루고자 한다.

II. 지하수의 배경수질

배경수질이란 인위적 오염에 의해 영향을 받지 않은 자연 상태의 지하수 수질을 의미하며, 주로 물-암석 반응에 의해 배경수질 농도가 결정된다. 제주도의 대수층을 구성하고 있는 암석은 알칼리계열 현무암류 암석으로 감람석, 휘석, 장석 등으로 이루어진 광물들로 구성이 되어 있다. 현무암을 구성하는 광물들은 상대적으로 풍화에 약하기 때문에 제주도 지하수 배경수질에 지질이 미치는 영향이 크다.

제주도 지하수의 배경수질은 『제주도 수문지질 및 지하수자원종합조사(I)』(제주도, 2001), 『제주도 수문지질 및 지하수자원 종합조사(III)』(제주도·한국수자원공사, 2003) 및 Koh 외(2009)에 의해서 제시된 바 있다.

〈표 1〉 배경수질을 보여주는 시료들의 수질 특성(제주도, 2001)

항목	Ca^{2+}	Mg^{2+}	Na^+	K^+	HCO_3^-	Cl^-	SO_4^{2-}	NO_3^-	SiO_2
	(mg/L)								
평균값	4.2	3.3	10.3	2.6	45.0	8.8	1.9	1.4	13.2
중간값	3.9	3.0	6.1	2.1	29.9	5.8	1.9	0.9	14.0
최대	9.8	7.1	68.7	11.8	238.1	46.8	4.8	4.0	18.6
최소	2.2	0.9	3.1	0.5	9.2	3.2	0.0	0.0	5.7

제주도(2001)에서는 제주도 중산간지역에 위치한 14개 지하수 관정에서의 수질 평균 값을 배경수질로 제시하였다(표 1). 주요 양이온인 Ca^{2+}, Mg^{2+}, Na^+, K^+ 배경수질값은 각각 4.2mg/L, 3.3mg/L, 10.3mg/L, 2.6mg/L로 Na 배경수질 농도가 가장 높은 수치를 보이는데 이는 알칼리계 현무암의 풍화과정 동안에 높은 이동성을 보이기 때문으로 보인다(Koh 외, 2016). 주요 음이온 성분인 HCO_3^-, Cl^-, SO_4^{2-}, NO_3^-의 배경수질값은 각각 45.0mg/L, 8.8mg/L, 1.9mg/L 및 1.4mg/L(NO_3-N: 0.32mg/L)로 물-암석 반응에 의해 주로 생성되는 HCO_3^-가 가장 높은 배경농도값을 보인다.

제주도·한국수자원공사(2003)에서는 Sinclair(1974)가 제안한 누적확률분포곡선 변곡점법을 이용하여 지하수 오염의 지표로 사용되는 Cl⁻(1206공, 1370건)과 NO₃⁻(1273공, 1444건)에 대하여 배경수질값을 제시하였다(그림 1~2). Cl⁻의 배경농도값은 12.3mg/L, NO₃⁻의 배경농도값은 12.8mg/L(NO3⁻N: 2.89mg/L)로 결정되었다. 이는, 앞선 제주도(2001)보다 높은 수치로 특히 NO₃⁻의 경우 차이가 크게 나타남을 알 수 있다.

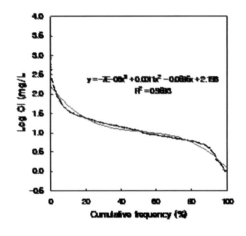

〈그림 1〉 Cl⁻의 누적퍼센트 그래프
(제주도·한국수자원공사, 2003)

〈그림 2〉 NO₃⁻의 누적퍼센트 그래프
(제주도·한국수자원공사, 2003)

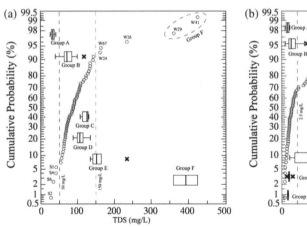
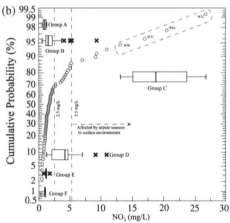

〈그림 3〉 배경수질 결정을 위한 (a)TDS 및 (b)NO₃⁻ 누적확률분포 그래프(Koh 외, 2009)

Koh 외(2009)에서는 제주도 중산간 지역에 위치한 63개 지하수 및 용천수 수질 자료를 활용하여 앞선 제주도·한국수자원공사(2003)와 동일하게 누적확률분포곡선에서 변곡점법을 이용하여 TDS와 NO_3^-의 배경값을 제시하였다(그림 3 및 표 2). 물의 총용존고형물질 함량을 나타내는 TDS의 경우 150mg/L의 배경값이, NO_3^-은 5.5mg/L(NO_3-N: 1.24mg/L)의 배경값이 결정되었다.

〈표 2〉 배경수질 결정법에 의한 TDS 및 NO_3^- 임계값(Koh 외, 2009)

항목	TDS		NO_3^-	
	배경 범위	임계 상한값	배경 범위	임계 상한값
배경수질값 (mg/L)	50-150	150	-	2.5 또는 5.5

Ⅲ. 지하수 수질현황

1993년부터 2020년까지 제주도 전역을 대상으로 한 지하수 관정 430공의 수질분석 결과(자료 출처: 제주보건연구원 내부자료)는 〈표 3〉에 요약하였다. 제주도 지하수의 평균 pH는 7.7로 중성~약알칼리성을 띠며, 평균 EC는 152µS/cm이나 2~1,981µS/cm의 EC 범위가 나타나 제주도 지하수 내 용존성분의 함량의 차이가 다소 큰 것을 알 수 있다. 주요 양이온의 평균농도는 Ca^{2+}: 6.61mg/L, Mg^{2+}: 5.28mg/L, Na^+: 11.37mg/L, K^+: 3.27mg/L이며, 주요 음이온의 평균농도는 HCO_3^-,: 47.56mg/L, NO_3-N: 3.17mg/L, Cl^-: 16.97mg/L, SO_4^{2-}: 3.89mg/L로 나타났다. 주요 음·양이온의 평균농도는 제주도(2001)에서 제시된 배경수질 농도를 모두 초과하고 있어, 자연적인 물-암석 반응으로 인한 미네랄 성분의 공급 이외에 인위적인 오염 및 해수 혼합에 의한 지하수 수질 영향을 받는 것을 알 수 있다.

pH, NO_3-N, Cl^-, SO_4^{2-} 성분에 대해 먹는물 수질 기준을 초과하는 자료수를 산정한 결과(표 3), NO_3-N의 초과수가 633개료 다른 항목에 비해 가장 많은 수질 기준 초과가 있어

<표 3> 제주도 지하수 수질 성분

항목	pH	EC	Ca^{2+}	Mg^{2+}	Na$^+$	K$^+$	HCO$_3^-$	NO$_3$-N	Cl$^-$	SO$_4^{2-}$
		(μS/cm)					(mg/L)			
평균	7.71	152	6.61	5.28	11.37	3.27	47.56	3.17	16.97	3.89
표준 편차	0.42	104	3.88	3.57	8.18	1.75	27.46	3.96	27.33	4.48
최대	10.00	1981	54.65	53.35	147.60	37.00	698.80	40.14	380.00	77.80
최소	0.00	2	0.40	0.20	0.90	0.50	18.83	0.00	0.00	0.00
먹는물 기준 초과수*	0	-	-	-	-	-	-	633	25	0
자료수	7142	8889	4288	4288	4289	4288	1281	10870	10870	9054

＊먹는물 수질기준(환경부, 2021), pH: 5.8~8.5, NO$_3$-N: 10mg/L, Cl$^-$: 250mg/L, SO$_4^{2-}$: 200mg/L

나고 있음을 알 수 있다. NO$_3$-N 다음으로는 Cl$^-$이 25개의 먹는물 기준 초과수가 나타났으며, pH와 SO$_4^{2-}$는 먹는물 수질 기준을 초과하는 경우는 없었다.

고도구간(《100m, 100~200m, 200~400m, 400~600m)에 따른 제주도 지하수 수질 성분의 변화를 살펴본 결과(표 4), 용존성분의 함량을 지시하는 EC는 고도가 증가함에 따라 점차 평균값이 감소하다가 고도 400~600m 구간에서 EC가 다소 증가하는 양상이 나타난다 (201μS/cm→131μS/cm→105μS/cm→132μS/cm). 이는, 지하수의 용존성분 함량 증가를 야기하는 농업활동 및 해수에 의한 영향이 제주도에서 주로 고도 100m 이하의 저지대 지역에서 일어나기 때문이며, 400m 이상의 고도구간에서의 EC 증가는 제주 남서부 지역 내 국지적으로 분포하는 고미네랄수의 영향으로 판단된다(Koh 외, 2017).

주요 양이온 및 음이온 성분의 평균농도 또한 고도가 증가함에 따라서 농도가 감소하는 경향이 관찰되나, Na$^+$ 및 HCO$_3^-$는 앞서 언급한 고미네랄수 부존에 영향을 받는 수질 성분(Koh 외, 2017)으로 고도 400~600m 구간에서 평균 농도값이 증가하는 양상이 나타난다. 제주도 지하수 수질 성분 중에서 먹는물 수질기준 초과수가 가장 많았던 NO$_3$-N은 200m 이하의 고도 구간에서 Koh 외(2009)의 배경수질 기준(1.24mg/L)을 모두 초과하여

〈표 4〉 고도구간에 따른 제주도 지하수 수질 성분의 평균 농도값

항목	pH	EC	Ca^{2+}	Mg^{2+}	Na^+	K^+	HCO_3^-	NO_3-N	Cl^-	SO_4^{2-}
		(μS/cm)					(mg/L)			
〈100m	7.69	201	8.63	6.75	16.67	3.48	49.20	4.80	24.38	6.83
100~200m	7.70	131	6.56	5.09	10.07	3.10	45.54	2.62	11.83	3.20
200~400m	7.70	105	4.90	3.88	8.85	3.31	45.58	0.80	7.16	2.15
400~600m	7.81	132	4.73	4.95	12.56	4.32	68.00	0.45	6.69	1.91

(〈100m: 4.80mg/L, 100~200m: 2.62mg/L) 질산염 오염원에 의한 영향이 고도 200m 이하의 저지대 지역에서 우세함을 알 수 있다.

제주도 지하수의 NO_3-N과 Cl^-의 분포 지도는 〈그림 4~5〉와 같다. 고농도의 NO_3-N은 주로 제주 서부에 해당하는 한림읍, 한경면 및 대정읍 고도 100m 이하 지역에 분포하고 있으며, 조천읍, 남원읍, 서귀포시 동지역 및 안덕면에서도 높은 농도의 NO_3-N이 위치하고 있다(그림 4). 해당 지역들은 대게 농업지역으로 화학비료에 의한 질산염 오염이 나타나고 있음을 할 수 있다(Koh 외, 2006; Koh 외, 2012). 제주 동부인 구좌읍, 성산읍, 표선면과 서부 애월읍에서는 낮은 NO_3-N 농도가 분포하여 질산염 오염은 발생하지 않고 있다.

지역적인 Cl^- 농도 분포 지도(그림 5)에서 고농도의 Cl^-은 주로 제주도 동부인 구좌읍과 성산읍의 고도 100m 이하 해안지역 및 서부 대정읍 최남단 해안지역에 분포하고 있다. 이는, 해수 혼합에 의한 영향을 받고 있는 기저지하수체의 분포 지역과 동일한 위치로 제주 지하수의 Cl^-은 해수에 의한 영향을 우세하게 받고 있음이 판단된다. 다소 높은 Cl^- 농도 또한 고농도의 NO_3-N가 분포하는 서부 한경면, 한림읍에서 관찰되고 있는데 이는 화학비료 내 포함된 Cl^- 성분(KCl)의 영향이 나타나는 것으로 보인다.

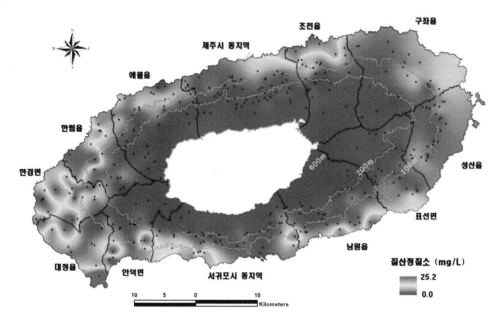

〈그림 4〉 제주도 지하수의 NO3-N 농도 분포도

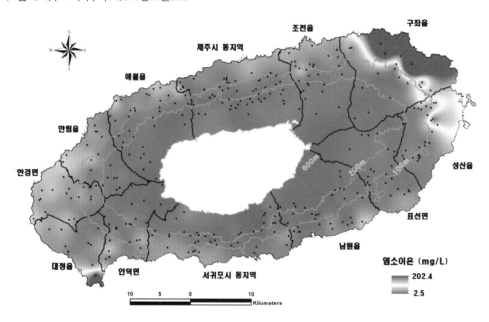

〈그림 5〉 제주도 지하수의 Cl⁻ 농도 분포도

Ⅳ. 수리지구화학적 특성

고경석 외(2005)의 제주도 지하수의 수리지화학 특성 연구 결과에 따르면, 제주도 지하수 내 양이온 성분의 증가는 물-암석 반응, 해수의 영향 및 경작활동이 복합적 요인으로 작용하며, 음이온은 주로 농경활동에 의한 질산염 오염과 해수와의 혼합에 의해 지하수 내 농도가 증가한다고 보고하였다.

1. 제주도 지하수의 지화학적 수질 유형

Koh 외(2009)는 제주도의 고도 200m 이상 고지대에 위치한 지하수와 용천수의 수질 자료의 통계적인 분류 방법을 적용하여 제주도 지하수의 지화학적 수질 유형을 아래와 같이 6개의 그룹으로 분류하였다(그림 6).

1) 그룹A: 고지대 용천수

- 수질 유형: $Na(Ca)-HCO_3$형
- 해발고도 600m 이상의 산간 지역에 위치함
- 매우 낮은 TDS 수치를 보이며 강우에 가까운 수질 상태를 의미함

2) 그룹B: 저미네랄수(low mineralized water)

- 수질 유형: $Na(Mg,Ca)-HCO_3$형
- 현무암 대수층에서의 물-암석 반응에 의해 공급된 낮은 미네랄 함량을 보임
- 제주도 지하수 수질 유형에서 가장 높은 비율을 차지함

3) 그룹C: 높은 질산염 오염

- 수질 유형: (Mg,Na)-HCO₃형
- 제주도 서부 고도 200m 지역에 위치한 지하수로 농업 활동에 의해 높은 질산염 농도가 분포함
- 화학비료의 사용으로 인한 질산화로 토양의 산성화가 일어나며, 이로 인해 미네랄 풍화 반응을 촉진시켜 그룹 B와 D에 비해서 높은 TDS 수치를 보임

4) 그룹D: 중간 수준의 미네랄 함량 및 질산염 농도

- 수질 유형: (Mg,Na)-HCO₃형
- 그룹 E와 F 인근에 위치하여 유사한 지화학적 과정을 겪음

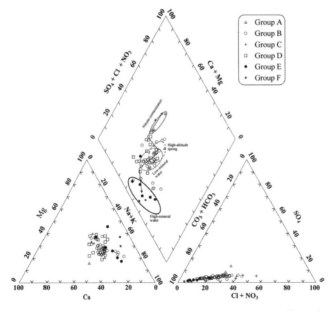

〈그림 6〉 제주도 지하수의 수질유형 분류 그룹에 따른 파이퍼 다이어그램(Koh 외, 2009)

- 자연적 또는 질산화에 의한 인위적 미네랄 작용에 의해 낮은 Ca 비율을 가짐

5) 그룹E/F: 고미네랄수

- 수질 유형: Na(Mg)-HCO₃ 또는 Na-HCO₃형
- 제주도 남서부 지역에 위치한 지하수로 높은 TDS 함량을 보임
- 마그마 기원의 이산화탄소(CO_2)가 지하수체 내로 지속적으로 공급됨에 따라 물-암석 반응이 활발하게 일어나고 있음
- 이차 광물 생성 또는 이온-교환 반응에 의해 높은 Na 함량비와 낮은 Ca 함량비를 보임
- 그룹F는 높은 미네랄 함량을 나타내어 그룹 E와 유사한 수질 조성을 보이지만 질산염 농도가 가장 낮게 검출되는 특징이 있음

2. 물-암석 반응

제주도 지질을 구성하고 있는 용암류 암석 중 대부분은 알칼리 계열의 현무암과 조면현무암이다(고기원 외, 2013). 고기원 외(2013)에 따르면, 제주도를 구성하는 용암류의 실리카(SiO_2) 함량은 45-65%이며 알칼리(Na_2O+K_2O)는 10% 내외의 함량 범위를 갖고 있다. 알칼리계열 용암류는 Ca⁻사장석, 휘석, 감람석과 같은 조암광물이 주로 분포하고 있다.

Koh 외(2016)는 현무암 암석 내 일차 규산염광물의 용해 반응을 〈식 1~4〉와 같이 제시하였다. 지하수에서의 암석 내 광물들의 용해 정도는 포화 정도에 의해 결정되며, 제주도 지하수는 현무암질 암석 내에 있는 일차 규산염광물에 대해 매우 높은 불포화 상태를 보이고 있다(Koh 외, 2016). 따라서, 제주도 대수층을 구성하고 있는 현무암질 암석 내 광물들이 계속하여 물-암석 반응을 통해 용해되어 Mg^{2+}, Ca^{2+}, Na^+, Fe^{2+}, Al^{3+}과 같은 화학성분들을 지하수에 공급하고 있다.

□ 감람석 반정(Fo0.74; Fa0.27)

$$(Mg_{0.74}Fe_{0.27})_2SiO_4 + 4H^+ \leftrightarrow 1.47Mg^{2+} + 0.53Fe^{2+} + SiO_2(aq) + 2H_2O \qquad \text{(식 1)}$$

□ 감람석 석기(Fo0.66; Fa0.34)

$$(Mg_{0.66}Fe_{0.34})_2SiO_4 + 4H^+ \leftrightarrow 1.32Mg^{2+} + 0.68Fe^{2+} + SiO_2(aq) + 2H_2O \qquad \text{(식 2)}$$

□ 사장석(An0.59; Ab0.41)

$$(Ca, Al)_{0.59}(Na, Si)_{0.41}AlSi_2O_8 + 6.36H^+ \qquad \text{(식 3)}$$
$$\leftrightarrow 0.59Ca^{2+} + 1.59Al^{3+} + 0.41Na^+ + 2.41SiO_2(aq) + 3.18H_2O$$

□ 휘석(En0.45; Fs0.15; Wo0.40)

$$(Ca_{0.40}Mg_{0.45}Fe_{0.15})SiO_3 + 2H^+ \qquad \text{(식 4)}$$
$$\leftrightarrow 0.40Ca^{2+} + 0.45Mg^{2+} + 0.15Fe^{2+} + SiO_2(aq) + H_2O$$

한국지질자원연구원(2011)에 따르면, 물을 구성하고 있는 성분 중 Ca^{2+} 및 Mg^{2+}는 Na^+ 및 K^+에 비해서 풍화에 약하기 때문에 제주도 지하수는 육지부에 비해 Ca^{2+} 특히 Mg^{2+} 성분의 농도가 Na^+ 및 K^+에 비해서 높은 편이다. 제주도 지하수의 물-암석 반응의 진행 정도를 지시하는 HCO_3^-와 주요 양이온의 농도를 비교하면, 대체로 HCO_3^- 농도가 증가함에 따라 $Mg^{2+} > Na^+ > Ca^{2+} > SiO_2$ 순서로 양이온 농도가 증가하는 경향을 보인다. Mg^{2+}는 제주도 현무암질 암석을 구성하는 mafic 반정 광물로부터 유래하며 Mg^{2+} 농도를 규제하는 이차광물은 뚜렷하지 않아 양이온 중 가장 높은 증가율을 보인다. Ca^{2+}는 풍화에 약한 휘석이나 Ca-장석류에 포함되어 Na+에 비해 지하수에 상대적으로 많이 공급될 수 있지만, 방해석 등 탄산염 광물의 침전이 일어나 Ca^{2+} 이온이 지하수 내에서 제거될 수 있으므로 주요 양이온 중 가낭 낮은 증가율을 보인다. Na^+는 대개 현무암질 암석의 풍화과정에서 가장 이동성이 좋으나, 제주도 현무암질 암석에서 대부분의 Na^+는 풍화에 상대적으로 강한 Na-장석류에 포함되어 있어 다소 낮은 증가율을 보인다. 알칼리 계열 현무암이 대부분 SiO_2로 구성됐음에도 SiO_2의 낮은 농도 증가율은 이차적인 규제로서 유리질 또는 SiO_2 광물과의 용해평형이 이에 해당한다.

점토광물인 깁사이트, 카올리나이트 및 스멕타이트에 대한 제주도 지하수의 포화정도는 과포화상태로 해당 점토광물들은 현무암질 암석의 풍화 과정 동안 형성되고 있음을 의미한다(Koh 외, 2016). 이는, 사장석에서 용해된 Al^{3+}이 2차 광물인 점토광물을 형성하는 데 기여하고 있기 때문에 Al^{3+}의 농도는 지하수 내에 낮게 검출되는 특징을 보인다. K^+ 또한 일라이트 점토광물 형성에 관여하고 있어서 지하수 내 검출 농도에 점토광물 침전 반응에 의해 영향을 받는다. 이와는 달리, Na^+은 점토광물 형성과 무관한 성분이다.

3. 농경활동 및 가축분뇨에 의한 질산염 오염

제주도 지하수 조성에 가장 영향을 많이 미치는 성분 중 하나는 질산염(NO_3^-)으로, 기존의 연구 결과 주요 질산염 오염원은 농경활동에 의한 화학비료 및 축산단지에서 배출되는 가축분뇨로 나타났다(오윤근과 현익현, 1997; 정성욱 외, 2004; Koh 외, 2012b; Kim 외, 2021). 오윤근과 현익현(1997)은 제주도 지역 중, 지하수 내 질산염 농도가 먹는물 기준치인 10mg/L를 초과하는 7개 지점을 대상으로 $\delta^{15}N$ 안정동위원소 조성에 따른 질산염 오염원별 기여도를 추정한 결과, 화학비료 55.6%, 하수 및 가축분뇨 39.5%, 자연토양 내 질소 4.8%로 나타나 화학비료 및 하수/가축분뇨가 제주도 질산염의 주요 오염원임이 규명되었다.

제주 서부 고산지역은 1970년 이후의 경지정리 사업으로 대단위 농경활동이 이루어지고 있으며, 이로 인해 지하수 내에 고농도의 질산염 농도 분포가 보고되었다(Koh 외, 2012b). 특히, 고산지역 토양층 하부에 특이적으로 분포하는 점토층이 불투수층 역할을 하여 화산암 대수층 상부 분포하대에 부유지하수가 부존함이 확인되었다. 지표 근처에 위치하는 부유 지하수는 농업활동에 의한 오염 영향을 직접적으로 받기 때문에 최대 385mg/L의 NO3- 농도(No3-N: 87mg/L)가 검출되며 하부의 지하수에서 또한 96mg/L(No3-N: 21.7mg/L)의 높은 NO3- 농도가 관찰되었다(Koh 외, 2012b). $\delta^{15}N$과 $\delta^{18}O$ 안정동위원소 분석 결과, 부유 및 심부지하수의 질산염 오염 기원은 화학비료 및 토양 내 질소가 복합적으로 나타나며 특히 일부 혐기성 조건을 갖는 부유지하수에서는 NO3-이 질소 가스(N2)로 제거되는 탈질 현상이 나타나는 것을 확인할 수 있었다.

제주도의 2~3모작 작부체계 및 척박한 화산회토양으로 인해 표준 시비량에 비해 2~3배까지 많은 비료를 사용하고 있는 것으로 보고되었다(제주연구원, 2019). 제주도에서 살포되는 화학비료는 주로 복합 비료(주요 성분, NH4(2)SO4, KCl, Ca3(PO4)2, CaSO4, K2SO4)와 요소((NH2)2CO)로 비료 내에 암모늄(NH4)과 함께, K, Cl, Ca, P, SO4 등과 같은 화학 성분들이 포함되어 있다(정성욱 외, 2004). 화학비료 내 NH4는 〈식 5〉와 같이 질산화 과정에 의해서 수소이온(H+)이 방출되면서 토양의 산성화를 야기한다(Koh 외, 2007).

$$2NH_4^+ + 2O_2 \rightarrow 2NO_3^- + 4H^+ + 2H_2O \qquad (식\ 5)$$

토양의 산성화는 점토광물의 분해나 광물의 양이온교환 능력을 감소시키며, 토양층이 얇은 제주도에서 토양의 산성 성분은 쉽게 하부의 현무암 대수층으로 전달이 된다. 질소 비료 사용과 제주도 현무암의 화학적 풍화는 지화학적인 작용들과 연관되어 있다. 화학비료에 의한 지하수의 질산염 오염 발생 시, 일반적으로 지하수 내 질산염 농도와 함께 양이온의 농도도 증가하는 양상을 보인다(정성욱 외, 2004; Koh 외, 2007).

제주 서부의 한림지역은 축산시설이 과밀하게 위치하고 있으며, 고도 200m를 기점으로 200m 이하에는 농경지가, 200m 이상 고도에는 목장 지역으로 양돈과 우사가 위치하고 있다. 현근탁 외(2010)에 의해 한림 지역 지하수 내 질소 오염 부하량을 추정한 연구 결과, 총 2,895ton/yr의 질소부하량 중에 축산계가 차지하고 있는 비중은 89.3%(2584ton/yr)

로 나타나 축산에 의한 질소 오염 부하가 상당하게 발생하고 있는 것을 알 수 있다. 한림지역 지하수의 $\delta^{15}N$ 안정동위원소 분석에 의한 오염기원은 화학비료 52.6%〉생활하수 26.3%〉가축분뇨 21.1%로 나타나 축산에 의한 질소 오염부하는 많으나 화학비료에 의한 질산염 오염이 주로 발생함이 추정되었다. 그러나 2017년 한림 상명리에 불법 투기한 가축분뇨에 의한 지하수의 질산염 오염에 대한 연구 결과(Kim 외, 2021)에 따르면, 지난 10여 년간에 걸쳐 증가한 축산업에 의한 영향으로 질산염의 주요 오염기원은 가축분뇨로서 과거 연구 결과와 비교하여 볼 때 오염원의 변화양상이 나타나고 있음을 밝혀냈다.

4. 해수혼합 특성

기저지하수가 부존하는 제주 동부지역에서의 해수 혼합에 의한 지하수 수질 특성 연구(Kim 외, 2003)에 따르면, 지하수의 TDS 함량은 77~21,782 mg/L로 매우 큰 범위로 나타나며 특히 해수에 의한 영향을 받는 관정에서는 254~21,782mg/L의 높은 TDS 값을 보이고 있다. 지하수 내 Cl과 Br 성분 분포에 따른 담수와 해수의 혼합 특성을 살펴본 결과, 지하수의 Cl⁻ 농도가 증가함에 따라 평균 0.0036의 Br/Cl 농도비를 보이는데 이는 일반적인 해수의 Br/Cl비(0.0033~0.0037)에 포함되어 동부 지하수의 높은 TDS 함량은 해수에 의한 혼합 기원임을 알 수 있다. 또한, Cl과 Br을 이용하여 계산된 해수혼합비는 1~67%로 나타났다.

담수 지하수에 해수가 침투하는 경우, Na⁺와 Ca²⁺ 성분의 이온교환 반응이 〈식 6~7〉과 같이 일어난다(Appelo와 Postma, 1994).

$$2Na^{+}(K^{+})+Ca-X_{2}\leftrightarrow2Na(K^{+})\_X+Ca^{2+} \qquad \text{(식 6)}$$

$$2Na^{+}(K^{+})+Mg-X_{2}\leftrightarrow2Na(K^{+})\_X+Mg^{2+} \qquad \text{(식 7)}$$

위 식에서, X는 대수층 매질의 이온교환 지점을 의미한다.

〈그림 7〉의 동부지역 지하수에서의 해수 혼합율에 따른 (Na+K)/(Ca+Mg) 농도비 분포에서, 대개 조사대상 지하수는 해수혼합선상에 도시되고 있으나 해수혼합율이 높은 지점(H1,H12, H17)에서 해수혼합선보다 낮은 (Na+K)/(Ca+Mg) 농도비를 나타내어 이온교환 반응에 따른 Ca^{2+}, Mg^{2+}이 증가함을 의미한다.

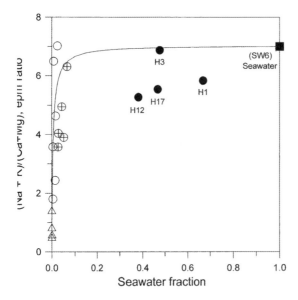

〈그림 7〉 지하수의 해수 혼합비에 따른 Na+K와 Ca+Mg 이온비 분포 그래프(Kim 외, 2003)

조사대상 관정의 심도에 따른 수직적인 Cl^- 농도 분포(Kim 외, 2003)에서 심도가 증가하면서 점진적인 Cl^- 농도의 증가가 나타나기보다는, 해수면 하 60m 부근에서만 고농도의 Cl^-이 위치하는 특징이 관찰되었다. 이는, 제주도 지역의 해수-담수 경계면의 위치가 심도에 따라 균일하게 분포하지 않는 것으로 해석되며, 화산암 대수층에서의 고수투층의 분포가 매우 불균질하기 때문으로 추정된다.

V. 지하수 주요 오염원 현황

1. 농업지역

제주도 지하수의 질산염 주요 오염원인 농업지역의 면적은 1997년도에 389.2㎢였다가 2019년도에는 658.6㎢로 12년간 농업지역 면적은 169% 증가하였다(표 5). 지난 12년간 산림지역 면적이 큰 폭으로 감소하였으며(1997년: 1040.2㎢, 2019년: 631.6㎢), 산림지역에 시가화 및 농업지역이 신규 위치한 것을 알 수 있다.

〈표 5〉 1997년과 2019년 제주도 토지이용 변화

연도	구분	시가화지역	농업지역	산림지역	초지	나지	수역	습지
1997	㎢	86.5	389.2	1040.2	320.0	14.2	0.7	0.0
	백분율	4.7%	21.0%	56.2%	17.3%	0.8%	0.0%	0.0%
2019	㎢	150.0	658.6	631.6	343.1	60.2	4.7	7.2
	백분율	8.1%	35.6%	34.1%	18.5%	3.3%	0.3%	0.4%

1997년도과 2019년도의 농업지역 분포 지도(그림 8)를 보면, 과거 고도 200m 이하 지역에 위치하던 농업지역이 최근 들어 고도 200~600m의 중산간 일대까지 확장된 것을 확인할 수 있다. 또한 제주 동부지역에서의 농업지역 증가도 눈에 띄게 나타나고 있다.

1997년도와 2019년도의 지역별, 고도별 농경지 면적 변화를 〈그림 9~10〉과 〈표 6~7〉에 정리하였다. 1997년에 비해 농경지 면적 증가가 두드러지게 나타나는 지역은 주로 제주 동부지역(구좌읍, 성산읍, 표선면)으로, 동부지역 전체 42.2㎢(131%)의 농경지 면적 증가가 나타났다. 고도구간에 따라서는, 고도 100m 이하 지역에서는 2019년도에 농경지 면적의 감소(398.5㎢→342.0㎢)가 나타나 기존 농업지역이 시가지역으로 대체됨을 알 수 있다. 고도 200m 이상의 고지대 지역에서 농경지 면적이 증가가 우세하며, 특히 고도 400m 이상

의 지역에서는 455~4,585%의 매우 높은 면적 증가율을 나타내어 고지대 지역으로의 농경지 확장이 우려되는 수준이다.

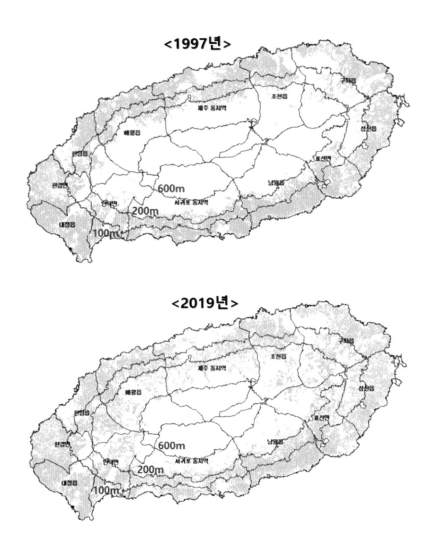

〈그림 8〉 1997년과 2019년의 제주도 농업지역 분포 지도

제주도의 중산간 지역(고도 200~600m)은 곶자왈, 숨골 등과 같은 투수성 지질구조가 주로 위치하며 많은 강우가 내리고 있어 제주 지하수의 주요 함양지역으로 보고되었다(Koh 외, 2005). 그러나 앞선 농업지역의 중산간 일대 면적 확장은 화학비료와 같은 오염물질이 지하수체에 유입될 가능성이 높기 때문에 중산간 일대부터 시작되는 질산염 오염이 지하

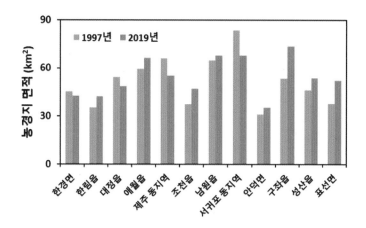

〈그림 9〉 1997년과 2019년의 제주도 지역별 농경지 면적 변화

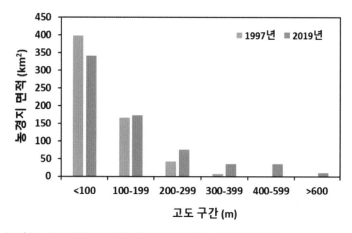

〈그림 10〉 1997년과 2019년의 제주도 고도구간별 농경지 면적 변화

수 유동의 하류지역인 저지대로 축적될 수 있다. Koh 외(2017)의 제주도 지하수 NO₃-N과 Cl⁻의 장기적인 수질 변화 추세 연구 결과에 따르면, 중산간 일대의 농도 증가 추세가 나타나고 있어 향후 제주도 지하수 수질 악화가 우려된다.

〈표 6〉 1997년과 2019년 제주도 지역별 농경지 면적 변화(단위: ㎢)

지역 구분	시군읍	1997년	2019년
서부	한경면	45.4	42.8
	한림읍	35.6	42.4
	대정읍	54.4	48.8
북부	애월읍	59.6	66.6
	제주 동지역	66.2	55.3
	조천읍	37.7	47.3
남부	남원읍	65.1	67.9
	서귀포 동지역	83.6	67.9
	안덕면	31.3	35.5
동부	구좌읍	53.6	73.7
	성산읍	46.3	53.9
	표선면	37.8	52.3

〈표 7〉 1997년과 2019년 제주도 고도구간에 따른 농경지 면적 변화(단위: ㎢)

고도 구간(m.a.s.l.)	1997년	2019년
〈100	398.5	342.0
100-199	166.0	172.9
200-299	43.2	76.1
300-399	7.8	35.3
400-599	0.8	35.3
〉600	0.5	10.2

2. 잠재오염원

2019년도 기준, 제주도 지역에 위치하고 있는 잠재오염원은 총 14,874개소이다(표 8). 잠재오염원에는 개인하수처리시설, 지정폐기물배출시설, 가축분뇨배출시설, 지열이용시설, 폐수배출시설, 특정토양오염배출시설, 저류지, 폐기물배출시설, 인공함양정, 골재채취시설, 하수처리장, 쓰레기매립장, 위생처리장이 있다.

여러 잠재오염원 중에서, 개인하수처리시설은 총 9,669개소로 전체 잠재오염원의 65%인 가장 높은 비율을 보이고 있다. 도내 개인하수처리시설은 〈그림 12〉와 같이, 제주시 동지역을 제외한 모든 읍면동 지역에 위치하며, 특히 한림읍, 애월읍과 조천읍에 밀집

〈표 8〉 제주도 지역 잠재오염원 현황(2019.12.31. 기준)

잠재오염원 종류	개소 수	백분율
개인하수처리시설	9669	65.0%
지정폐기물배출시설	1420	9.5%
가축분뇨배출시설	1324	8.9%
지열이용시설	873	5.9%
폐수배출시설	565	3.8%
특정토양오염배출시설	358	2.4%
저류지	289	1.9%
폐기물배출시설	157	1.1%
인공함양정	105	0.7%
골재채취시설	59	0.4%
하수처리장	39	0.3%
쓰레기매립장	10	0.1%
위생처리장	6	0.0%
총 개소 수	14,874	100%

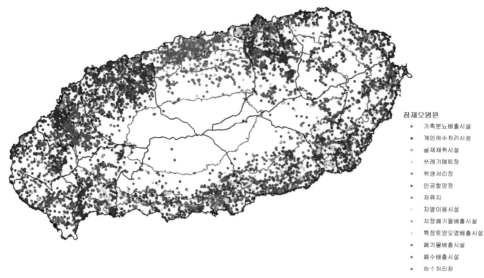

<그림 11> 제주도 잠재오염원 분포지도

잠재오염원
- 가축분뇨배출시설
- 개인하수처리시설
- 골재채취시설
- 쓰레기매립장
- 위생처리장
- 인공함양정
- 저류지
- 지열이용시설
- 지정폐기물배출시설
- 특정토양오염배출시설
- 폐기물배출시설
- 폐수배출시설
- 하수처리장

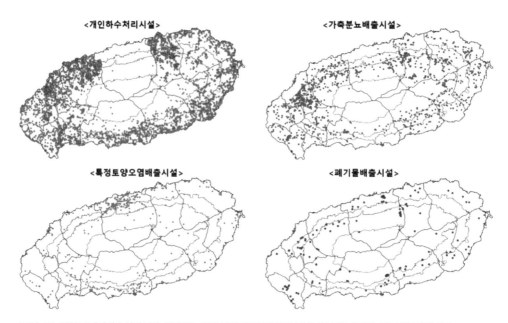

<개인하수처리시설>

<가축분뇨배출시설>

<특정토양오염배출시설>

<폐기물배출시설>

<그림 12> 제주도 개인하수처리시설, 가축분뇨배출시설, 특정토양오염배출시설 및 폐기물배출시설 분포지도

194

하고 있는 것을 알 수 있다. 또한 중산간 지역에도 개인하수처리시설이 분포하고 있어 개인하수처리시설 방류수에 의한 지하수 오염이 우려되고 있다(제주연구원, 2019). 개인하수처리시설 다음으로 많은 잠재오염원 종류는 지정폐기물배출시설(1,420개소, 9.5%)이며 가축분뇨배출시설 또한 1,324개소(8.9%)로 높은 개소 수를 보이고 있다. 가축분뇨배출시설은 악취로 인하여 주로 거주지를 벗어난 고지대에 위치하고 있으며, 특히 제주 서부 한림읍에 밀집한 분포를 보이고 있다. 도내에 위치하고 있는 특정토양오염배출시설은 총 358개소(2.4%)이며, 주로 제주시와 서귀포시 동지역에 분포하고 있다(그림 12). 폐기물배출시설은 157개소(1.1%)가 위치하며, 제주 전역에 걸쳐서 산발적인 분포를 〈그림 12〉에서 볼 수 있다.

3. 질소 부하량

제주연구원(2019)은 제주도 시군읍면 지역을 대상으로 주요 질소 오염원별 부하량을 산정하였다(그림 13, 표 9). 도 전역적으로 일일 총 70,084kg의 질소 부하량이 발생하며, 농경지에서 살포되는 질소질비료(38,332kg/일)가 전체의 55%를 차지해 제주도에서 주요한

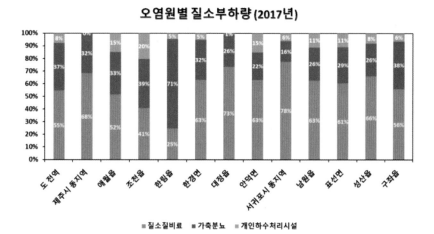

〈그림 13〉 제주도 지역별 주요 오염원별 질수부하량

〈표 9〉 제주도 지역별 질소 오염원 부하량(단위: kg/일; 2017년도 기준)

지역	질소질비료	가축분뇨	개인하수처리시설
도 전역	38,332	26,268	5,484
제주시 동지역	1,778	821	-
애월읍	4,332	2,804	1,244
조천읍	1,515	1,435	756
한림읍	3,476	9,913	653
한경면	2,775	1,401	225
대정읍	6,563	2,281	90
안덕면	2,002	689	474
서귀포시 동지역	3,786	798	300
남원읍	2,984	1,245	530
표선면	2,178	1,026	394
성산읍	2,968	1,166	364
구좌읍	3,975	2,689	455

질소 오염원임을 알 수 있다. 질소질비료 다음으로는 가축분뇨배출시설에서 배출되는 질소 부하량이 26,268kg/일로 전체의 37%를 차지하며, 개인하수처리시설 방류수에 의한 부하량은 5,484kg/일로 8%의 비율을 나타내고 있다.

질소부하량은 지역별로 뚜렷한 차이를 보이는데, 가축분뇨배출시설이 밀집하고 있는 한림읍에서는 화학비료보다는 가축분뇨에 의한 질소부하량이 우세한 것을 알 수 있다(질소질비료: 25%, 가축분뇨: 71%). 농업지역이 주로 위치하고 있는 제주 서부지역(한경면, 대정읍)에서는 질소질비료에 의한 질소부하가 높은 비율로 산정되었다(한경면: 63%, 대정읍: 73%). 개인하수처리시설의 경우, 시설 분포가 밀집한 애월읍, 조천읍 및 안덕면 지역에서 다른 지역에 비해 높은 비율의 질소부하량(15~20%)을 보이고 있다.

VI. 지하수 순환시스템

지표에 내린 강우가 지하수면에 도달하면서부터 함양-유동-배출로 구성된 순환시스템에 의해 지하수의 유동 특성이 결정된다. 지하수의 순환시스템과 체류시간을 규명하기 위해서 주로 안정동위원소($\delta^{18}O$와 δD)와 연령추적자(^3H, $^3H-^3He$, CFC, SF6 등)와 같은 환경추적자가 널리 쓰이고 있다. 제주도에서도 또한, 지하수와 용천수의 함양특성, 체류시간 및 순환시스템을 해석하기 위한 연구들이 활발히 수행되었다(Davis 외, 1970; Lee et al., 1999a, 1999b; Koh 외, 2005, 2006, 2012, 2018, 2022; Kim 외, 2021; 제주도, 1999).

최초의 제주도 지하수 순환시스템에 대한 연구는 Davis 외(1970)에 의해 이뤄졌으며, 1966년에 24개소의 용천수 및 지하수의 ^3H, $\delta^{18}O$와 δD 분석이 수행되었다. 1966년에 분

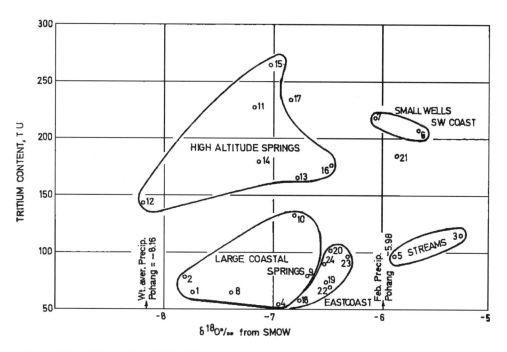

〈그림 14〉 1966년 용천수, 지하수 시료의 3H와 δ18O 조성비(Davis 외, 1970)

석된 시료의 ^{3}H 농도는 50~265TU로 나타나 1954년 이후 핵폭발에 의한 강우 내 고농도 삼중수소 영향이 반영되어 제주도 지하수는 빠른 순환시스템을 갖는 것으로 추정되었다. 또한 ^{3}H와 물의 안정동위원소(δ^{18}O-δD) 분포 특성에 따라서 용천수 및 지하수 관정은 크게 5개의 그룹(중간~높은 고도 용천수, 하천, 용출량이 많은 해안 용천수, 용출량이 적은 해안 용천수 및 동부 해안지역 지하수 관정, 남서 해안지역 지하수 관정)으로 구분되며 그룹에 따라서 다른 함양고도 및 체류시간 분포 특성을 나타낸다(그림 14). ^{3}H 붕괴 곡선에 의해 Davis 외(1970)는 제주도 지하수의 체류시간을 2~8.5년으로 제시하였다.

물의 δ^{18}O 및 δD 안정동위원소의 분별작용에 의해서 나타나는 고유의 특성은 지하수의 함양특성을 밝히는 데 활용되고 있다. Lee 외(1999a)는 제주도 강우 및 지하수의 δ^{18}O와 δD 분석을 수행하였다(그림 15). d-excess(d= δD-8×δ^{18}O; Dansgaard, 1964)를 활용하여 건기 및 우기에 따른 지하수 함양비를 추정한 결과 각각 33%와 67%로 나타나 제주도 지하수는 주로 우기 강우에 의해서 함양됨을 밝혔다.

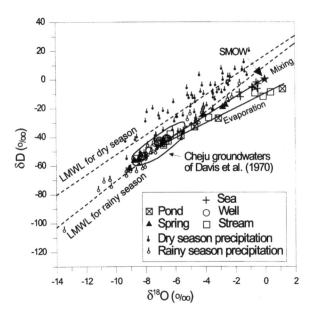

〈그림 15〉 물 시료의 δ^{18}O와 δD 관계 그래프(Lee 외, 1999a)

강우의 안정동위원소가 갖는 고도효과(altitude effect)에 의해 고도와 강우의 안정동위원소가 갖는 선형식을 이용하여 지하수의 함양고도를 추정할 수 있다(Clark과 Fritz, 1997). Lee 외(1999b)는 제주도 한라산을 포함하는 남부, 동부, 북부 지역의 강우의 고도에 따른 $\delta^{18}O$와 δD의 변화 특성을 규명하였다. Koh 외(2005)는 제주도 지하수의 $\delta^{18}O$ 분석을 통해 제주 서부 및 동부지역은 국지적인 지하수 함양이 주로 나타나며, 가파른 지형 경사를 갖는 제주 북부지역은 고지대에서의 지하수 함양이 우세함을 밝혀냈다. 신영승 외(2021) 또한 고도와 $\delta^{18}O$와의 관계를 이용하여 제주 삼다수 유역의 지하수 함양 고도는 약 1,200~1,500m임을 추정하였다. Koh 외(2022)는 표선 산간지역의 다년간 측정된 강우 및 지하수의 $\delta^{18}O$와 δD 자료를 활용, 베이지안 혼합모델을 통해 지하수 관정에서 나타나는 고도구간별 지하수 함양 기여도 확률분포를 제시하였으며, 지하수 관정 고도에 따른 지하수 함양 특성에 대한 개념모델을 〈그림 16〉과 같이 제안하였다.

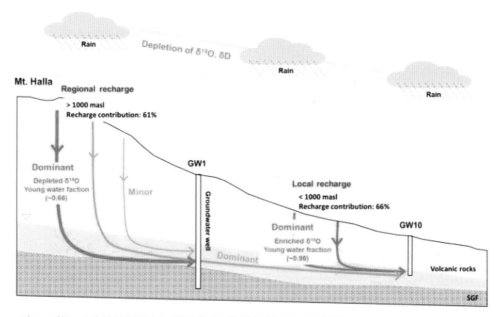

〈그림 16〉 제주도 표선 산간지역에서의 지하수 함양 특성 개념모식도(Koh 외, 2022)

1960년대 이후, 1999년도의 제주도 지하수 순환시스템 조사 연구(제주도, 1999)를 기점으로 하여 제주도 지하수의 체류시간 및 순환시스템 규명에 대한 연구가 집중적으로 이루어졌다. 1999년도에 측정된 제주도 전역에 위치한 지하수와 용천수의 ^{3}H 농도는 〈0.5~6.1TU의 범위를 가지며(제주도, 1999), Koh 외(2005)에 의해 2000~2002년에 측정된 3H는 〈0.5~5.0TU의 농도 범위를 나타낸다. 1966년에 비해 급격히 감소된 지하수의 ^{3}H 농도는 12.32년의 반감기를 갖고 붕괴하는 ^{3}H의 방사성 동위원소가 갖는 특성에 의한 것으로 해석된다. Koh 외(2005)는 제주도 강우의 ^{3}H 농도와 붕괴 특성을 기반으로 하여, 지하수의 ^{3}H 농도가 0.3TU 이하는 60년 이상의 연령을 갖는 오래된 지하수, 2.0TU 이상은 25년 이하의 연령을 갖는 젊은 지하수, 0.3~2TU는 혼합형 지하수로 구분하였다.

제주도 수문지질 및 지하수자원종합조사(Ⅰ)에서 CFC와 ^{3}H/3He 연령 측정 방법을 적용하여 제주도 전역 지하수의 겉보기 연령을 산정하였다(제주도, 2001). 제주도 지하수는

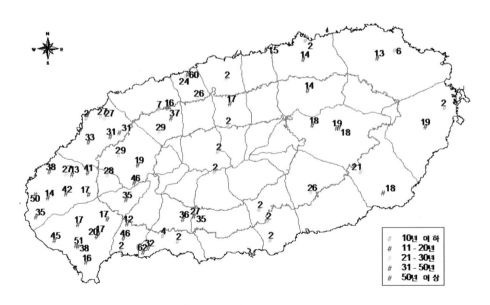

〈그림 17〉 지하수 겉보기 연령의 지역적 분포(제주도, 2001)

<表 10> 관정 지하수의 지역별 연령 분포(단위: 년, 출처: 제주도, 2001)

지역	남부	동부	북부	서부
최소	2	6	16	11
최대	27	35	26	53
평균	10	18	20	27
자료 수	4	11	4	7

평균 19년의 겉보기 연령을 보이며, 2~53년의 연령 범위를 갖는다. 용천수는 관정 지하수에 비해서 1~25년의 낮은 연령 범위를 가지며 평균 7년의 겉보기 연령을 나타낸다. 제주도(2001)에 의해 산정된 지하수 겉보기 연령의 지역적 분포는 <그림 17>과 <표 10>과 같다. 표고에 따라 지하수 연령은 고지대지역에서 해안지역으로 갈수록 대체로 연령이 증가하여 함양 이후에 지하수가 유동함에 따라 체류시간이 증가하는 경향을 잘 반영하고 있다. 또한 지역적으로는 남부지역이 평균 10년의 가장 낮은 지하수 연령이 분포하고 있으며, 동부지역(평균 18년), 북부지역(평균 20년), 서부지역(평균 27년) 순으로 연령이 증가하고 있다.

앞선 연령추적자에 의해 산정된 겉보기 연령은 대수층이 단일 경로를 갖는 지하수로만 구성됨을 가정하고 있다. 그러나 일반적으로 대수층에서 지하수는 단일 경로를 갖는 지하수로 이루어지기보다는 다양한 경로를 갖는 지하수가 혼합되어 나타난다. Koh 외(2006)는 ^{3}H 및 CFC 다중 연령추적자와 지하수연령 혼합모델 분석을 통해서, 제주도 지하수는 서귀포 대수층 기원의 60년 이상의 연령을 갖는 오래된 지하수와 10~20년의 낮은 연령을 갖는 화산암 대수층 기원의 젊은 지하수가 혼합되는 이원혼합모델에 의해 해석됨을 밝혔다. Koh 외(2012)는 또한 연령추적자 해석을 통해 제주 남서부 지역에 위치한 용천수와 지하수 관정에서 지하수 유동 경로 및 혼합 특성 연구를 수행하였다. 이원혼합모델을 이용하여 얻은 젊은 지하수의 혼합비를 통해, 오래된 지하수와 혼합되기 이전의 젊은 지하수의 함양 고도(247~750m)를 추정하였으며 연구지역 용천수의 지하수 순환모델은 지하지질구조 분포와 함께 <그림 18>과 같이 제시하였다.

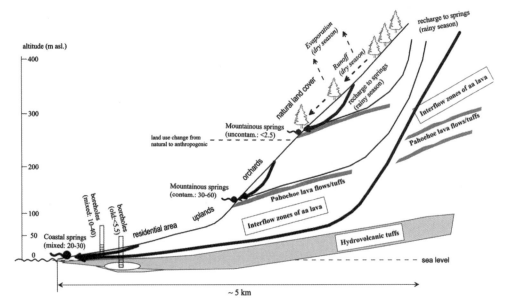

〈그림 18〉 제주도 남서부 지역 용천수에 대한 지하수 순환모델(Koh 외, 2012)

제주도 지하수의 연령 및 순환시스템 해석을 병행하여 질산염 오염의 시기 및 오염 강도 등을 규명하는 심도 있는 연구들도 수행되었다(Koh 외, 2005; Koh 외, 2006; Koh 외, 2018; Kim 외, 2021). Koh 외(2005)의 연령추적자를 활용하여 제주도 지하수의 질산염 오염을 해석한 결과, 고농도의 NO_3^- 농도를 갖는 지하수는 농업지역에서 주로 나타나며, 산림 및 초지지역은 주로 고지대에 의한 지하수 함양이 우세하여 낮은 농도의 NO_3^-이 분포하는 것으로 밝혀졌다. 또한 농업지역에 위치한 일부 관정에서 배경수질 기준보다 낮은 NO_3^- 농도가 나타나는데, 이는 화산암 하부에 위치한 저투수층인 서귀포층에서 낮은 ^3H 농도와 가벼운 $\delta^{18}O$ 조성을 갖는 오래된 지하수에 의한 영향으로 해석되었다. Koh 외(2006)가 1960년부터 이루어진 제주도 화학비료에 의한 지하수의 질산염 농도 이력곡선을 구축한 결과, 2002년도 분석 당시 나타난 서부지역 지하수의 질산염 오염은 주로 10~20년의 낮은 연령을 갖는 지하수에서 나타나며 1980년 이후의 화학비료 사용에 의한 질산염 오염이 발생되고 있음이 추정되었다. Koh 외(2018)는 제주 서부 고산지역에서 특이적으로 나타나는 층상대수층 시스템(상부: 부유지하수, 하부: 심부지하수) 및 노후된 관정으로 인한 관정 내 부유지하수의 유입과 같은 복잡한 지하수 연령혼합 특성 및 질산염 오염 기여도를 정량적으로 평가하기 위해서 지하수 연령 수치모델 기법을 적용하였으며, 이를 통해 노후된 관정을 통한 부유지하수의 유입이 연구지역의 질산염 오염을 야기하는 주된 오염 경로임을 밝혀냈다.

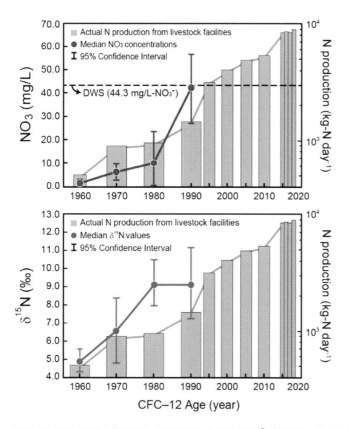

〈그림 19〉 CFC-12 겉보기 연령에 따른 (상)NO_3^- 농도와 (하)$\delta^{15}N$ 분포(Kim 외, 2021)

또한 Kim 외(2021)는 2017년 한림지역 가축분뇨 무단투기에 의한 지하수의 질산염 오염 특성 연구를 통해, 한림지역의 지하수는 23.5~54년의 CFC-12 겉보기 연령을 가지며 연령이 낮은 지하수에서 NO_3^- 내 $\delta^{15}N$ 조성이 증가하는 양상(그림 19)이 나타나 질산염 오염원이 화학비료에서 가축분뇨로 전환되는 현상이 발생하고 있음을 보고하였다. 이는, 1970년 말부터 1990년 초 가축사육 두수의 급격한 증가에 의한 영향으로 20여 년에 걸쳐 이루어진 한림지역 지하수의 질산염 오염을 저감하기 위해서는 장기적인 지하수 관리 방안이 필요함을 제안하였다.

참고문헌

고경석·김용제·고동찬·이광식·이승구·강철희·성현정·박원배, 2005, 「주성분분석과 지구통계법을 이용한 제주도 지하수의 수리지화학 특성 연구」, 『한국자원환경지질학회지』 38(4), 435-450.

고기원·박준범·강봉래·김기표·문덕철, 2013, 「제주도의 화산활동」, 『대한지질학회지』 49(2), 209-230.

신영승·김태형·문수형·윤성택·문덕철·한희주·강경구, 2021, 「안정동위원소를 이용한 제주삼다수 유역의 지하수 함양 특성 연구」, 『한국지하수토양환경학회지』 26(3), 25-36.

오윤근·현익현, 1997, 「$\delta15N$ 값을 이용한 제주도 지하수중의 질산성질소 오염원추정에 관한 연구」, 『한국지하수토양환경학회지』 4(1), 1-4.

정성욱·우남칠·이광식, 「제주도 한림 지역 지하수의 시·공간적 수질 특성」, 『지질학회지』 40(4), 537-558.

제주도, 2001, 『제주도 수문지질 및 지하수자원종합조사(Ⅰ)』.

제주도·한국수자원공사, 2003, 『제주도 수문지질 및 지하수자원 종합조사(Ⅲ)』.

제주연구원, 201, 『지하수 수질개선 및 오염방지 방안 연구』.

한국지질자원연구원, 2011, 『제주워터 지속이용 가능량 평가 및 기능성 지하수 발굴』.

현근탁·송상택·좌달희·고영환, 2010, 「제주도 한림지역 지하수와 토양의 오염특성」, 『한국지하수토양환경학회지』 15(3), 44-51.

Appelo, C.A.J., Postma, D. 1994. Geochemistry, Groundwater and Pollution, Balkema, Rotterdam.

Clark, I., Fritz, P. 1997. Environmental Isotopes in Hydrogeology. CRC Press, New York.

Dansgaard, W. 1964. Stable isotopes in precipitation, Tellus, 16, 436-468.

Davis, G.H., Lee, C.K., Bradley, E., Payne, B.R. 1970. Geohydrologic interpretations of a volcanic island from environment isotopes. Water Resources Research, 6(1), 99-109.

Kim, S.H., Kim, H.R., Yu, S., Kang, H.J., Hyun, I.H., Song, Y.C., Kim, H., Yun, S.T. 2021. Shift of nitrate sources in groundwater due to intensive livestock farming on Jeju Island, South Korea: With emphasis on legacy effects on water management. Water Research, 191, 116814.

Kim, Y., Lee, K.S., Koh, D.C., Lee, D.H., Lee, S.G., Park, W.B., Koh, G.W., Woo, N.C. 2003. Hydrogeochemical and isotopic evidence of groundwater salinization in a coastal aquifer: a case study in Jeju volcanic island, Korea. Journal of Hydrology, 270(3-4), 282-294.

Koh, D.C., Chae, G.T., Yoon, Y.Y., Kang, B.R., Koh, G.W., Park, K.H. 2009. Baseline geochemical characteristics of groundwater in the mountainous area of Jeju Island, South Korea: Implications for degree of mineralization and nitrate contamination. Journal of Hydrology, 376, 81-93.

Koh, D.C., Chae, G.T., Ryu, J.S., Lee, S.G., Ko, K.S. 2016. Occurrence and mobility of major and trace elements in groundwater from pristine volcanic aquifers in Jeju Island, Korea. Applied Geochemistry, 65, 87-102.

Koh, D.C., Chang, H.W., Lee, K.S., Ko, K.S., Kim, Y.J., Park, W.B. 2005. Hydrogeochemistry and environmental isotopes of groundwater in Jeju volcanic island, Korea: implications for nitrate contamination. Hydrological Processes, 19, 2225-2245.

Koh, D.C., Genereux, D.P., Koh, G.W., Ko, K.S. 2017. Relationship of groundwater geochemistry and flow to volcanic stratigraphy in basaltic aquifers affected by magmatic CO_2, Jeju Island, Korea. Chemical Geology, 467, 143-158.

Koh, D.C., Ha, K., Lee, K.S., Yoon, Y.Y., Ko, K.S. 2012a. Flow paths and mixing properties of groundwater using hydrogeochemistry and environmental tracers in the southwestern area of Jeju volcanic island. Journal of Hydrology, 432-433, 61-74.

Koh, E.H., Kaown, D., Mayer, B., Kang, B.R., Moon, H.S., Lee, K.K. 2012b. Hydrogeochemistry and Isotopic Tracing of Nitrate Contamination of Two Aquifer Systems on Jeju Island, Korea. Journal of Environmental Quality, 41, 1835-1845.

Koh, D.C., Ko, K.S., Kim, Y., Lee, S.G., Chang, H.W. 2007. Effect of agricultural land use on the chemistry of groundwater from basaltic aquifers, Jeju Island, South Korea. Hydrogeology Journal, 15, 727-743.

Koh, E.H., Lee, S.H., Kaown, D., Moon, H.S., Lee, E., Lee, K.K., Kang, B.R. 2017. Impacts of land use change and groundwater management on long-term nitrate-nitrogen and chloride trends in groundwater of Jeju Island, Korea. Environmental Earth Sciences, 76,176.

Koh, E.H., Lee, E., Kaown, D., Green, C.T., Koh, D.C., Lee, K.K., Lee, S.H. 2018. Comparison of groundwater age models for assessing nitrate loading, transport pathways, and management options in a complex aquifer system. Hydrological Processes, 32, 923–938.

Koh, E.H., Lee, E., Lee, K.K., Moon, D.C. Integrated application of a Bayesian mixing model, numerical model, and environmental tracers to characterize groundwater recharge sources in a mountainous area. Science of the Total Environment 853, 158619.

Koh, D.C., Plummer, L.N., Solomon, D.K., Busenberg, E., Kim, Y.J., Chang, H.W. 2006. Application of environmental tracers to mixing, evolution, and nitrate contamination of ground water in Jeju Island, Korea. Journal of Hydrology, 327, 258-275.

Lee, K.S., Wenner, D.B., Lee, I. 1999a. Using H- and O-isotopic data for estimating the relative contributions of rainy and dry season precipitation to groundwater: example from Cheju Island, Korea. Journal of Hydrology, 222, 65-74.

Lee, S., Shimada, J., I. Kayane. 1999b. Stable isotopes in precipitation in the volcanic island of Cheju, Korea. Hydrological Processes, 13, 113–121.

Sinclair, A.J. 1974. Selection of threshold values in geochemical data using probability graphs. Journal of Geochemical Exploration, 3(2), 129-149.

물수지와
지하수 함양

하규철

I. 머리말

물수지 평가는 수자원의 개발과 이용 그리고 관리를 위해 가장 기본적이면서도 필수적인 과정이다. 강수가 땅에 떨어지면 지표 유출, 증발산이 발생하고, 땅속으로 침투한 물은 더욱더 깊이 지하로 스며들어 지하수로 함양된다. 이러한 일련의 과정들은 끊임없이 반복되어 물의 순환(수문순환)이 이루어진다. 과도한 지하수위 저하와 고갈을 막고, 합리적이고 체계적인 지하수 개발과 이용, 관리를 위해서는 지하수 지속이용 가능량을 평가하여야 한다. 특히 제주도는 투수성이 큰 지질학적 특징으로 많은 양의 강수가 지하수로 함양되고, 수자원의 대부분을 이러한 지하수에 의존하고 있다. 지하수 함양량은 지속이용 가능량에 대한 기반 자료이고, 물수지 분석법은 지하수 함양량을 평가하기 위해 대표적으로 사용되고 있는 방법이다. 그러나 수문순환을 이루는 각각의 요소들, 강수량, 증발산량, 직접유출량, 지하수 함양량 등은 불확실성이 존재하여 여전히 개선하고 발전시켜야 하는 부분이기도 하다.

본 장에서는 제주도 지하수 물수지를 평가하는 방법들을 살펴보고, 그간에 이루어진 물수지 분석 결과를 제시하였으며, 이에 근거한 향후 발전 방안을 모색해 보고자 하였다. 또한 물수지 분석법 이외의 지하수 함양량을 평가하기 위한 지하수위 변동법, 염소이온 농도법 등도 소개하고 그 결과를 비교하였다. 후반부에서는 제주도 지하수 지속이용 가능량 개념과 적용, 지하수위 변동과 경향성 분석 결과도 제시하였다.

Ⅱ. 물수지와 지하수 함양

1. 수문순환과 물수지 분석

지구상의 물은 어느 한곳에 머무르지 않고 끊임없이 순환한다. 땅 위에 내린 강수의 일부는 지표면을 따라 흐르고, 일부는 지하로 침투하여 지층의 틈을 따라 중력과 수압에 의해 지하수면까지 도달되는 지하수 함양이 이루어진다. 지표면에서 흐른 물은 직접 바다로 또는 하천 유로를 따라서 유출되고, 함양된 지하수도 지표로 다시 나왔다가 들어가는 과정을 반복되다가 최종적으로는 바다로 유출되게 된다. 이렇게 지표에서 유출되는 물과 지하에서 유출되는 지하수는 바다에서 합쳐져 증발 작용을 통해 다시 대기 중으로 올라간다. 즉 강수, 유출, 지하침투(또는 지하수 함양), 증발산 등의 과정이 연속적으로 이루어지고 있어 물을 순환자원이라 한다. 지하수도 이러한 물 순환 과정에 있는 물이다.

물수지(water budget, 또는 water balance) 분석은 어느 한 유역 또는 지역에서 물의 유입량과 유출량이 균형을 이룬다고 할 때, 수문순환 과정의 각각의 성분들, 즉 물수지를 구성하는 기본요소(수문성분)인 강수량, 증발산량, 지하수 함양량, 지표수 및 지하수 유출량과 저류량의 변화, 적설량 또는 빙하, 인위적인 물 취수량, 유역 간의 물 유·출입량 등을 평가하는 과정이다. 이와 같은 수문성분들의 유·출입량과 변화량을 추정하는 것을 수문학적 물수지 분석이라 한다. 물수지 분석 결과는 유역이나 지역의 지하수를 포함한 수자원 개발·이용은 물론 환경 및 생태계 관리와 홍수 예방과 관련된 계획을 수립하거나, 대책을 마련하는 데 중요한 기본정보로 활용된다. 물수지 분석을 위한 식은 비교적 간단하며, 어느 한 유역의 물수지는 다음과 같은 식으로 표현할 수 있다(Healy et al., 2007).

$$P + Q_{in} = ET + \triangle S + Q_{out}$$

> P: 강수량
> Q_{in}: 유역 내로의 유입량
> ET: 증발산량
> $\triangle S$: 저류량의 변화
> Q_{out}: 유역 밖으로의 유출량

즉, 어느 기간 동안 한 유역에서의 총유입량은 유역에 내린 강수량과 다른 유역으로부터 유입된 물의 양을 합한 것이며, 이 양은 증발산량, 지하침투량 또는 지하수 함양량, 유역 밖으로 빠져나간 유출량의 합과 같다. 제주도는 내륙과 격리된 독립된 지역(섬)이기 때문에 다른 유역으로부터 유입량과 다른 유역으로의 유출량은 없다. 따라서 Q_{in}와 Q_{out}은 무시할 수 있으므로 제주도의 물수지는 다음과 같이 표현할 수 있다.

$$P = D_{runoff} + ET + I_{recharge} + Q_{baseflow}$$

> P: 강수량
> D_{runoff}: 직접유출량
> ET: 증발산량
> $I_{recharge}$: 지하수 함양량
> $Q_{baseflow}$: 기저유출량

즉, 주어진 기간 동안 내린 강수량은 직접유출량, 증발산량, 지하수함양량, 기저유출량을 합한 양과 같다(〈그림 1〉). 그러나 기저유출량은 지하수로 함양된 양 중에서 유출되는 것이기 때문에 무시할 수 있다. 또한 강수량에 농업용수로 사용한 물 중 다시 지하로 침투하는 회귀수량과 상하수도 누수량을 포함하는 경우도 있으나, 전체 강수량과 비교할 때 양적으로 미미하기 때문에 무시할 수 있다.

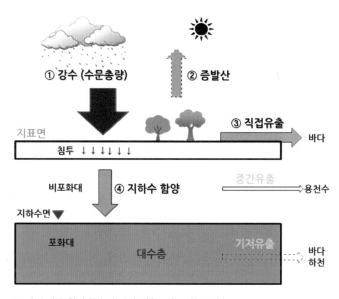

〈그림 1〉 수문학적 물수지 개념도(① = ② + ③ + ④)

유역 또는 지역의 물수지는 고정된 값이 아니다. 강수량을 비롯해 물수지에 영향을 미치는 여러 인자들이 지속적으로 변화하고 있기 때문이다. 강수량의 경우, 지구 온난화에 의한 기후변화로 과거보다 증가하는 지역이 있는 반면, 감소하는 곳도 있다. 기온도 마찬가지로 지역별로 변화양상이 다르다. 또한 토지이용은 직접유출량뿐 아니라, 증발산량과 지하수 함양량에 직접적인 영향을 미치는 중요한 인자이다. 도시 지역은 확대되는 반면, 산림과 초지면적은 감소하고 있다. 새로운 도로가 개설되고, 배수개선을 위한 인공수로

가 개설되는 곳도 늘어나고 있다. 이러한 모든 것들은 물수지에 영향을 미치기 때문에 물수지 분석은 일정한 주기(최소 10년)의 재평가를 통해 수문성분의 변화상을 파악할 필요가 있다. 특히, 최근에 들어오면서 물수지 분석에 필요한 관측자료의 종류, 기간, 지점 수 등이 크게 확대되거나 개선되고 있고, 분석기법도 향상되고 있음을 고려할 때, 주기적인 재평가의 필요성은 더 크다고 할 수 있다.

2. 지하수 함양

제주도와 같이 먹는물을 비롯한 모든 용수를 지하수에 의존하는 지역에서는 지하수 함양량을 보다 정확히 산정하는 일이 매우 중요하다. 지하수 함양량은 지하수 개발·이용 및 보전·관리계획을 수립하는 데 절대적으로 필요한 정보가 되기 때문이다. 지하수 함양 (Groundwater recharge)이란 지표면을 통해 땅속으로 침투한 물(대부분 강수)이 비포화대를 거쳐 포화대로 유입되어 지하수체에 합류되는 현상을 말한다(Heath, 1983). 강수가 포화대로 합류되는 양이 지하수 함양량이며, 간단하게는 어떤 지역 내에 내린 강수량 중 지하수로 생성되는 양이 지하수 함양량이라고 보면 된다.

땅속으로 침투한 물은 표토층의 공극을 채울 뿐 아니라, 비포화대 내에서 일부 손실되기 때문에 엄격한 의미에서 지하침투량(Infiltration)이 곧 지하수 함양량을 의미하지는 않는다. 더욱이 땅속으로 침투한 물 중 일부는 비포화대 내에 발달한 주수 대수층(Perched aquifer)을 통해 지상으로 다시 빠져나오는 경우(중간유출)도 많으므로 지하로 침투한 물 전부가 지하수체로 이동하지는 못한다. 그러나 비포화대의 두께가 얇은 지역의 경우에는 지하침투량과 지하수 함양량을 같은 것으로 간주할 수 있다.

포화대로 유입되는 물의 양 즉, 지하수 함양량은 유역의 면적, 유역 강수량, 강우강도, 강우 지속시간, 유역의 토양 및 지표면의 투수성, 식생, 지형경사, 토지이용, 수계망, 비포화대의 두께, 지하지질 등 많은 요인들에 의하여 복합적으로 영향을 받는다. 그리고 지하수 함양에 관여하는 많은 인자들과 물리적 특성을 모두 정량화하거나 규명하는 것은 거의 불가능에 가깝기 때문에 지하수 함양량을 산정하는 데에는 한계가 존재할 수밖에 없다. 지하수 함양량을 산정하는 방법으로는 수문학적 물수지법, 라이시미터(Lysimeter)법, 토양수분 평형법, 지하수위 변동법, 비포화대 수치모델링, 제로플럭스 평면(Zero flux plane)법, 다르시(Darcy)법칙을 이용한 방법, 환경동위원소를 이용한 방법, 염소이온 농도법 등 여러 가지가 있으나, 이들 방법들은 나름대로의 한계를 지니고 있어 어느 방법이 가장 좋다고는 말할 수 없다. 이 절에서는 몇 가지 방법을 소개한다.

1) 수문학적 물수지법

수문학적 물수지법은 유역에 내린 강수량에서 직접유출과 증발산 작용을 통해 손실되는 양을 뺀 나머지를 지하수 함양량으로 간주하는 방법이다. 그러나 이 방법에서는 지하로 침투한 강수가 모두 포화대로 유입된다는 가정이 필요하다. 이 방법은 유입량과 유출량은 항상 균형을 유지한다는 것을 전제로 하며, 다음과 같이 계산된다.

$$R = P - (ET + RO + \triangle S)$$

> R: 지하수 함양량
> P: 강수량
> ET: 증발산량
> RO: 직접유출량
> $\triangle$S: 저류량 변화

2) 지하수위 변동법

지하수 함양량은 관측정에서 관측된 지하수위 변동 자료를 이용해서도 산정할 수 있는데, 이를 지하수위 변동법(Water Table Fluctuation Method)이라 한다. 지하수 함양량(R)은 단위시간(△t)당 지하수위 상승량(△H)과 대수층의 비산출률(S$_y$)을 곱해 산정한다(최현미 외, 2011). 그리고 지하수 함양량은 해당 지역의 지하수 함양률과 강수량, 면적의 곱으로 계산한다.

$$R = S_y \frac{\Delta H}{\Delta t}$$

R: 지하수 함양량
S$_y$: 비산출률
△H: 지하수위 상승량
△t: 시간

지하수위 변동법은 다른 지하수 함양률 산정방법에 비해 매우 간단하지만, 지하수위 관측정마다 각기 지하 지질구조와 대수층 특성이 다르고, 비산출율도 지역별, 관측정별로 차이가 있기 때문에, 분석결과를 전 지역의 지하수 함양량으로 적용하기 어렵다는 단점이 있다.

3) 염소이온 농도법

염소이온 농도법은 강수와 지하수의 염소이온을 추적자(tracer)로 활용하여 지하수 함양률을 평가하는 방법이다. 강수의 염소이온 농도는 증발산에 의하여 농축된다는 사실에 기초하여 강수와 토양수의 염소이온 농도의 비율을 지하수 함양률로 추정하는 방법이다. 강수 이외에 염소 이온의 다른 기원이 없다고 가정하면, 지하수 함양량은 다음과 같이 계산할 수 있다.

$$R = \frac{C_P}{C_R}(P-S)$$

R: 지하수 함양량

C_P: 강수의 Cl^- 농도(dry deposition 포함)

C_R: 토양수 내의 Cl^- 농도

P: 강수량

S: 지표 유출량

한편, 지표 유출량이 무시할 정도로 작다고 하면, 위 식은 다음과 같이 간단히 표현할 수 있으므로, 강수와 토양수의 염소이온 농도를 알면 아래의 식으로부터 지하수 함양률을 산정할 수 있다.

$$R = P\frac{C_P}{C_R}$$

그러나 강수의 염소이온 농도가 계절별로 다르고, 강수가 내려 토양으로 침투하기 전에 전혀 증발이 발생하지 않는다는 가정이 실제 자연 상태에서는 불가능하기 때문에 분석 결과를 전 지역의 지하수 함양량으로 확대·적용하는 것은 어렵다는 단점이 있다.

Ⅲ. 제주도의 물수지

1. 유역 구분

유역(流域, drainage basin)이란 강수가 하나의 수계로 모아지는 영역을 말하며, 그 경계를 분수계라 한다. 물이 모여서 강이나 하천으로 흘러드는 지역을 의미하므로 집수구역 (catchment area)이라고도 한다. 제주도의 지하수자원 관리 측면에서의 유역구분은 1993년『제주도 수자원종합개발계획수립 보고서』에서 최초로 제시되었다. 지하수의 효율적 개발·이용과 보전·관리를 위해 행정구역, 지하수 부존상태, 지형·지질, 하천, 지하수위 등고선 등을 고려해 4개의 유역과 16개 소유역으로 구분하였다. 이후, 2003년『제주도 수문지질 및 지하수자원종합조사』에서 축척 1/5,000 수치지형도를 이용하여 유역경계를 조정하여 현재에 이르고 있다(〈그림 2〉, 〈표 1〉). 유역의 전체면적은 1993년 1,810㎢로 설정되었

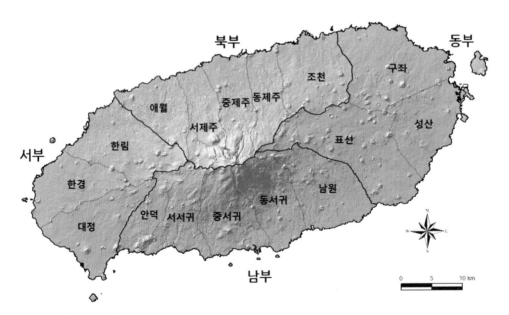

〈그림 2〉 제주도 유역 구분

〈표 1〉 제주도의 유역 및 소유역 면적(출처: 제주도, 한국수자원공사, 2003)

유역	소유역	면적(㎢)		유역	소유역	면적(㎢)	
		1993년	2003년			1993년	2003년
합계		1,810.0	1,828.3				
북부 유역	소계	464.1	466.1	남부 유역	소계	485.3	492.2
	애월	84.1	85.3		남원	127.6	133.5
	동제주	80.2	75.3		동서귀	108.1	107.1
	중제주	88.9	89.8		중서귀	106.5	106.3
	서제주	86.5	89.5		서서귀	84.1	82.8
	조천	124.4	126.2		안덕	59.0	62.5
동부 유역	소계	488.9	494.7	서부 유역	소계	371.0	375.3
	구좌	169.8	172.5		대정	123.0	130.8
	성산	115.8	114.9		한경	110.0	102.8
	표선	203.3	207.3		한림	138.0	141.7

※ 면적은 1:5,000 제주도 수치지형도에 의한 면적임

으나, 2003년에 1,828.3㎢로 조정되어 18.3㎢가 증가되었다. 1993년 유역구분에서 동부 유역에 속해 있던 남원과 조천유역이 2003년도에 각각 남부 및 북부 유역으로 조정됨으로써 남부와 북부 유역의 면적은 다소 늘어난 반면, 동부 유역 면적은 감소하였다.

그러나 제주도 유역 구분은 개선할 필요가 있다. 제주도는 유년기의 지형적 특징을 나타내기 때문에, 분수계(분수령)의 구분이 뚜렷하지 않으며, 특히 현재 설정된 동부와 서부 유역의 경계는 일부 행정구역의 경계를 따라 설정되어 있다. 또한 현재의 유역은 지표수가 집수되는 집수구역 개념이며 지하에서의 지하수 흐름 또는 유동 시스템과는 일치하지 않는다. 따라서 지하수자원 관리측면에서 향후 제주도의 유역을 지하수 유동 시스템에 적합하도록 개선하기 위한 연구가 필요하다. 즉, 지하 지질구조에 대한 상세한 연구를 통해 지하수의 흐름을 제어하거나 규제하는 광역 수문지진 단위를 우선적으로 파악하고, 지

하수위 및 대수층 수리특성과 연결성을 분석하는 과정을 통해 대수층 분류체계를 정립해야 할 것이다.

미국 하와이주의 경우, 1980년대부터 미국 지질조사소와 하와이대학교 수자원연구센터를 중심으로 대수층 분류체계를 정립하기 위한 연구(Hunt, 1996; Mink and Lau, 1987)에 착수하여 1990년 하와이주 수자원보호계획(State of Hawaii Department of Land and Natural Resources, Commission on Water Resource Management, 1990)에 반영하였다. 대수층 분류는 수문지질학적으로 유사성이 있는 지역을 우선 섹터(sector)로 구분하고, 수문지질학적 연속성을 갖는 지역을 시스템(system)으로 세분한 후, 동일한 수리적 및 지질학적 특성을 갖는 것을 유형(type)으로 분류하는 3단계 분류체계를 도입하였다. 이와 같은 대수층 분류체계에 따라 오아후(Oahu) 섬을 6개의 대단위, 26개 소단위로 구획하고, 그 각각에 대한 지하수 지속 이용 가능량을 산정하여 지하수를 관리하고 있다. 결론적으로 수문지질학적 특성을 기초로 대수층을 대·중·소의 3가지로 세분하고 있다(〈그림 3〉). 하와이주의 대수층 분류체계를 요약하면 다음과 같다.

○ 섬(island) - 전체적인 위치

○ 영역(sector) - 수리지질학적으로 유사성이 있는 넓은 지역

○ 체계(system) - 수리지질학적 연속성을 갖는 동일 영역 내의 지역

○ 유형(type) - 시스템 내에서 동일한 수리적 및 지질학적 특성을 갖는 일부 지역

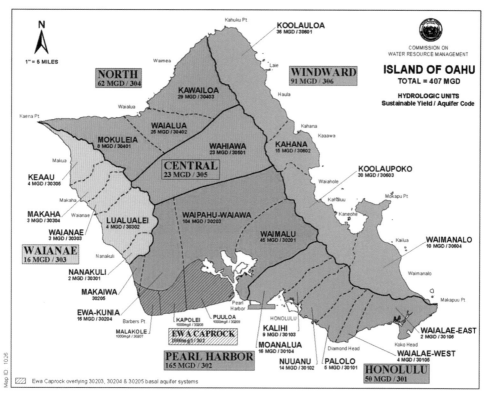

〈그림 3〉 하와이주 오아후 섬의 대수층 분류와 대수층별 지속 이용 가능량(출처: State of Hawai'i, Commission on Water Resource Management, 2019)

2. 제주도 수문학적 물수지 분석

제주도의 지하수 함양량 평가는 주로 수문학적 물수지 분석에 근거하여 이루어지고, 이는 물수지를 구성하는 각 성분을 분석하여 지하수 함양량을 산정하는 방법이다. 강수량은 제주도의 면적을 곱하여 수문총량으로 환산하고, 이 양은 증발산량, 직접유출량, 지하수함양량의 합이다. 이 중에서 강수량, 증발산량, 직접유출량은 관측값 또는 이론식에 의해 산정 가능하므로, 지하수 함양량은 아래와 같은 식으로 산정이 가능하다.

$$R = P - (D + ET)$$

R: 지하수함양량
P: 강수량
D: 직접유출량
ET: 증발산량

이와 같은 단순한 식에 의해 물수지를 분석하지만, 연구자별·기관별로 사용된 자료와 적용에 다소 차이가 있으며, 따라서 물수지를 분석할 시기에 따라서 그 결과는 차이가 있다. 그러나 전체적인 물수지 적용과정은 비슷하므로 본 절에서는 제주도의 물수지 분석 방법과 과정을 2011년 한국지질자원연구원에서 수행된 결과를 중심으로 기술한다.

1) 수문총량(강수량) 산정

제주특별자치도에는 기상청, 재난안전대책본부 등 다양한 기관에서 강수량 관측소를 운영하고 있다. 2009년 기준으로 재난안전대책본부 운영관측소 47개소와 기상청운영 관측소 12개소, (구)환경자원연구원에서 운영하는 한라산 정상부의 한라산 관측소 강수자료 1개소(2004~2009년까지 6개년도)를 합하여 총 60개소가 있다. 제주도 전역의 수문총량 산정을 위한 강수량 분포도 작성과정은 아래와 같다.

○ 관측소별 연강수량 자료 확보 및 정리
○ 각 해당연도별 관측소 연강수량과 관측소 고도자료를 이용한 공동크리깅 분석
○ GIS 분석기법을 이용하여 100×100m 그리드 자료를 구축하고 이를 바탕으로 면적 강수량 산정
○ 구축된 그리드 자료를 근거로 수문총량 산정

위와 같은 순서에 따라, 〈그림 4〉와 같이 강수량 관측소 자료를 기준으로 1992~2009년까지 18개년에 대한 연도별 등우선도를 작성하고, 이를 바탕으로 제주도 전역의 수문총량을 산정하였다. 2009년 이전에는 한라산 정상부 인근 실측 자료가 없어 한라산 고지대의 면적 강수량이 저평가되었던 부분이 어느 정도 보완이 되었다(〈그림 5〉).

1992~2009년까지 18개년도를 대상으로 연도별 수문총량을 산정한 결과, 최대치를 나타낸 해는 1999년으로 총 5,557백만㎥/년이며, 최소치를 나타낸 해는 1996년으로 2,703백만㎥/년이었고, 분석 대상기간 중의 평균치는 3,716백만㎥/년으로 분석되었다(〈표 2〉).

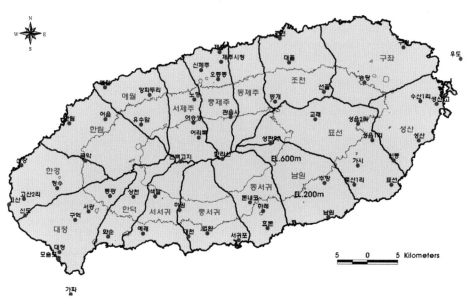

〈그림 4〉 제주도 유역 구분 및 분석 대상 관측소 위치(출처: 지식경제부, 제주광역경제권선도산업지원단, 한국지질자원연구원, 2011)

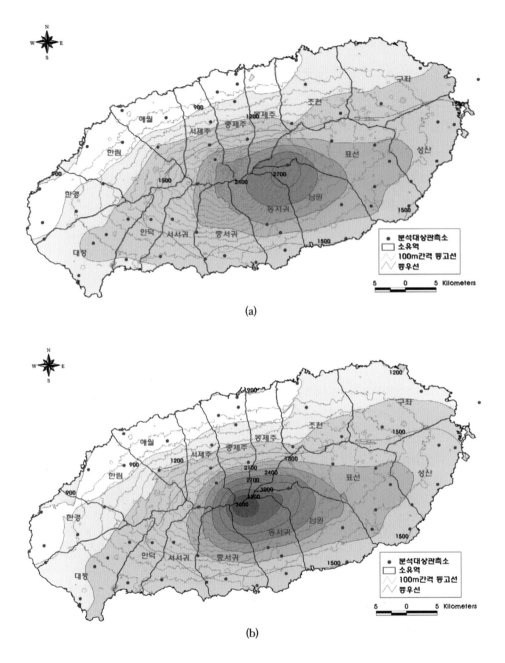

(a)

(b)

〈그림 5〉 2005년 기준으로 (a) 한라산 관측소 자료 미반영 시와 (b) 한라산관측소 자료 반영한 경우 연간 강수량 분포 비교
(출처: 지식경제부, 제주광역경제권선도산업지원단, 한국지질자원연구원, 2011)

〈표 2〉 유역별 및 표고별 수문총량 산정 결과(1992~2009)(단위: 백만㎥/년)

유역		고도	평균	최소	최대	유역		고도	평균	최소	최대
전체			3,716	2,703	5,557						
북부	소계		909	571	1,380	남부	소계		1,180	807	1,762
	애월		130	79	190		남원		353	240	535
		200m 이하	63	37	97			200m 이하	149	99	228
		200~600m	55	32	78			200~600m	154	106	232
		600m 이상	12	8	20			600m 이상	51	32	75
	동제주		161	101	251		동서귀		296	202	448
		200m 이하	45	25	71			200m 이하	80	56	129
		200~600m	61	34	97			200~600m	84	58	131
		600m 이상	56	36	83			600m 이상	132	88	188
	중제주		190	121	291		중서귀		246	166	367
		200m 이하	60	34	99			200m 이하	68	46	105
		200~600m	63	38	99			200~600m	82	55	124
		600m 이상	67	42	95			600m 이상	97	65	138
	서제주		192	118	287		서서귀		170	119	248
		200m 이하	35	19	58			200m 이하	60	42	88
		200~600m	49	29	75			200~600m	58	41	85
		600m 이상	108	66	175			600m 이상	52	35	81
	조천		235	140	368		안덕		114	80	164
		200m 이하	107	68	165			200m 이하	35	25	53
		200~600m	128	72	203			200~600m	53	37	74
		600m 이상	-	-	-			600m 이상	26	17	42
동부	소계		1,086	795	1582	서부	소계		541	393	833
	구좌		319	217	469		대정		190	138	302
		200m 이하	248	171	362			200m 이하	150	111	241
		200~600m	71	46	107			200~600m	40	27	61
		600m 이상	-					600m 이상			

유역		고도	평균	최소	최대	유역		고도	평균	최소	최대
동부	성산		236	168	321	서부	한경		135	96	218
		200m 이하	224	159	303			200m 이하	117	83	190
		200~600m	12	8	18			200~600m	18	12	28
		600m 이상	-	-	-			600m 이상	-	-	-
	표선		531	385	792		한림		216	141	313
		200m 이하	189	130	282			200m 이하	81	51	124
		200~600m	274	194	407			200~600m	103	68	145
		600m 이상	68	42	103			600m 이상	32	21	53

(출처: 지식경제부, 제주광역경제권선도산업지원단, 한국지질자원연구원, 2011)

2) 증발산량의 산정

증발산량은 국제연합식량농업기구(FAO)에서 추천하는 Penman-Monteith 방법에 의하여 산정한다. Penman-Monteith 방식을 통한 증발산량 산정을 위해서는 일최대기온, 일최저기온, 일평균기온, 상대습도, 이슬점온도, 평균풍속, 일조시간 등의 기상자료가 필요하며, 제주도 지역에서는 기상청에서 운영하는 4개 기상관측소에서 자료를 이용할 수 있다. Penman-Monteith 방법을 통한 증발산량은 다음과 같은 과정으로 산정한다(〈그림 6〉). 먼저, 기상자료 및 기준 초지면(grass reference surface)을 바탕으로 관측소별로 기준증발산량(ET_0)를 산정한다. 그리고 토양 수분에 의한 제한이 없다는 가정하에 토지이용별 작물계수를 반영하여 작물증발산량(ET_c)을 산정하고, 마지막으로, 토양수분평형법을 통해서 실제 토양 수분조건, 강수조건, 작물별 뿌리심도 등을 고려해 최종 실제 증발산량($ET_{c\,adj}$)을 산정하게 된다.

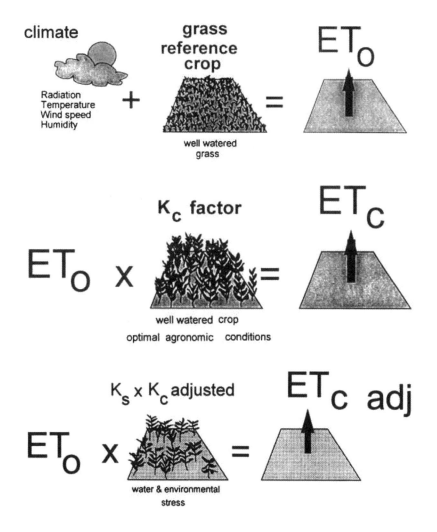

〈그림 6〉 Penman-Monteith 방식을 통한 증발산량 산정과정(출처: Allen et al., 1008)

① 기준 증발산량(ET$_0$, Reference Evapotranspiration)

기준 증발산량(ET$_0$)은 가상의 잔디로 덮인 기준 표면을 설정하고 이로부터 해당 기후 자료를 대입하여 산정되는 증발산량으로 〈그림 7〉에 의하여 산정한다. 제주도에는 기준 증발산량을 산정하기 위한 신뢰성 있는 자료가 존재하는 곳으로 기상청 관측소 4곳이 있다. 따라서 이들 관측소에서 분석 대상기간(1992~2009년) 동안 기준증발산량을 산정하였으며, 분석 기간 동안의 평균 기준증발산량은 제주관측소에서 1,040.0㎜, 서귀포관측소 1,087.4㎜, 성산포관측소 1,009.3㎜, 고산관측소는 1,091.1㎜이었다(〈표 3〉).

〈표 3〉 기준증발산량(ET$_0$) 산정결과(출처: 지식경제부, 제주광역경제권선도산업지원단, 한국지질자원연구원, 2011)

관측소	제주	서귀포	성산	고산
평균	1,040.0	1,087.4	1,009.3	1,091.1
1992년	959.1	1,101.1	1,094.2	868.5
1993년	901.5	1,000.9	958.0	862.0
1994년	1,047.9	1,137.8	990.5	1,082.1
1995년	959.5	1,071.0	990.4	1,063.9
1996년	959.9	1,041.4	1,044.4	987.7
1997년	1,072.5	1,055.6	1,047.5	1,152.4
1998년	959.8	1,064.8	998.7	1,038.0
1999년	954.7	1,044.8	888.7	1,010.3
2000년	1,065.6	1,100.7	933.5	1,149.9
2001년	1,074.2	1,157.2	1,119.9	1,218.6
2002년	999.2	1,128.1	1,025.2	1,120.8
2003년	994.0	1,086.6	959.9	1,041.3
2004년	1,106.9	1,183.3	1,053.1	1,188.8
2005년	1,161.1	1,095.1	1,019.3	1,169.9
2006년	1,099.7	1,092.9	957.3	1,110.4
2007년	1,144.6	1,106.8	1,015.5	1,164.6
2008년	1,109.9	1,013.7	992.2	1,195.2
2009년	1,150.6	1,092.0	1,078.9	1,216.2

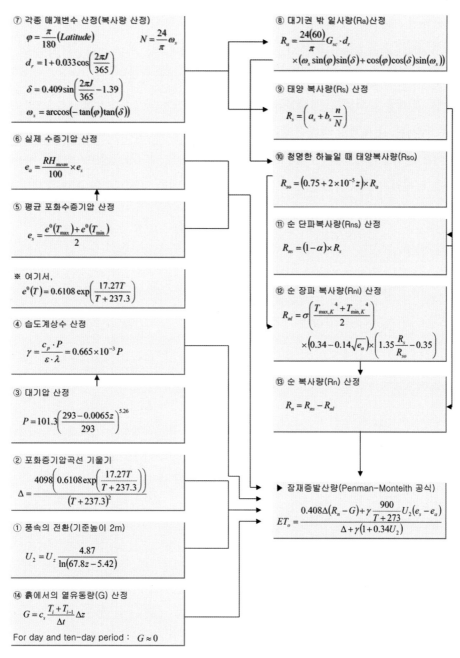

⑦ 각종 매개변수 산정(복사량 산정)

$$\varphi = \frac{\pi}{180}(Latitude) \qquad N = \frac{24}{\pi}\omega_s$$

$$d_r = 1 + 0.033\cos\left(\frac{2\pi J}{365}\right)$$

$$\delta = 0.409\sin\left(\frac{2\pi J}{365} - 1.39\right)$$

$$\omega_s = \arccos(-\tan(\varphi)\tan(\delta))$$

⑥ 실제 수증기압 산정

$$e_a = \frac{RH_{mean}}{100}\times e_s$$

⑤ 평균 포화수증기압 산정

$$e_s = \frac{e^0(T_{max}) + e^0(T_{min})}{2}$$

※ 여기서,
$$e^0(T) = 0.6108\exp\left(\frac{17.27T}{T+237.3}\right)$$

④ 습도계상수 산정

$$\gamma = \frac{c_p \cdot P}{\varepsilon \cdot \lambda} = 0.665\times10^{-3}P$$

③ 대기압 산정

$$P = 101.3\left(\frac{293 - 0.0065z}{293}\right)^{5.26}$$

② 포화증기압곡선 기울기

$$\Delta = \frac{4098\left(0.6108\exp\left(\frac{17.27T}{T+237.3}\right)\right)}{(T+237.3)^2}$$

① 풍속의 전환(기준높이 2m)

$$U_2 = U_z\frac{4.87}{\ln(67.8z - 5.42)}$$

⑭ 흙에서의 열유동량(G) 산정

$$G = c_s\frac{T_i + T_{i-1}}{\Delta t}\Delta z$$

For day and ten-day period : $G \approx 0$

⑧ 대기권 밖 일사량(Ra)산정

$$R_a = \frac{24(60)}{\pi}G_{sc}\cdot d_r$$
$$\times(\omega_s\sin(\varphi)\sin(\delta) + \cos(\varphi)\cos(\delta)\sin(\omega_s))$$

⑨ 태양 복사량(Rs) 산정

$$R_s = \left(a_s + b_s\frac{n}{N}\right)$$

⑩ 청명한 하늘일 때 태양복사량(Rso)

$$R_{so} = \left(0.75 + 2\times10^{-5}z\right)\times R_a$$

⑪ 순 단파복사량(Rns) 산정

$$R_{ns} = (1-\alpha)\times R_s$$

⑫ 순 장파 복사량(Rnl) 산정

$$R_{nl} = \sigma\left(\frac{T_{max,K}^4 + T_{min,K}^4}{2}\right)$$
$$\times\left(0.34 - 0.14\sqrt{e_a}\right)\times\left(1.35\frac{R_s}{R_{so}} - 0.35\right)$$

⑬ 순 복사량(Rn) 산정

$$R_n = R_{ns} - R_{nl}$$

▶ 잠재증발산량(Penman-Monteith 공식)

$$ET_o = \frac{0.408\Delta(R_n - G) + \gamma\frac{900}{T+273}U_2(e_s - e_a)}{\Delta + \gamma(1 + 0.34U_2)}$$

〈그림 7〉 기준 증발산량(ET_o) 산정 과정(출처: 제주도 수문지질 및 지하수 자원 종합조사, 2003)

② 작물 계수(Kc, crop coefficient)

기상청 4개 관측소별로 산정된 기준증발산량(ET_O)에 작물계수를 적용하기 위해 토지이용에 대한 정보가 필요한데, 여기에서는 환경부 토지피복도(2007년)를 사용하였으며, 작물계수의 적용을 위해 23개 중분류 기준을 적용하였다.

FAO에서는 전 세계의 대표적인 작물에 대한 성장 시작시기 및 작물의 성장단계별 기간과 대표적 작물에 대한 작물계수(crop coefficient, K_c)를 제시하고 있다(〈표 4〉). 국내에서는 제주도 지역의 주요 작물인 감귤, 마늘, 감자 등에 대한 작물계수와 논벼에 대한 작물계수가 제시되어 있다(〈표 5~8〉).

〈표 4〉 FAO 대표적인 작물에 대한 작물계수

작물(Crop)	$K_{C\ ini}$	$K_{C\ mid}$	$K_{C\ end}$	최대 작물높이(m)
a. Small Vegetables	0.7	1.05	0.95	
e. Legumes (Leguminosae)				
Beans, green	0.5	1.05	0.90	0.4
j. Forages				
Turf grass				
- cool season	0.90	0.95	0.95	0.10
- warm season	0.80	0.85	0.85	0.10
n. Fruit Trees				
Citrus, no ground cover 21				
- 70% canopy	0.70	0.65	0.70	4
- 50% canopy	0.65	0.60	0.65	3
- 20% canopy	0.50	0.45	0.55	2
Citrus, with active ground cover or weeds 22				
- 70% canopy	0.75	0.70	0.75	4
- 50% canopy	0.80	0.80	0.80	3
- 20% canopy	0.85	0.85	0.85	2
p. Special				
Open Water, < 2 m depth		1.05	1.05	
Open Water, > 5 m depth		0.6525	1.2525	

※ 국제연합식량농업기구(FAO 홈페이지, http://www.fao.org/)

〈표 5〉 봄작물의 작물계수(출처: 농촌진흥청 난지농업연구소, 2006)

생육 시기	잠재증발산량 (mm)	물소비량		작물계수	
		마늘	감자	마늘	감자
2월상	19.7	20.7		1.05	
2월중	19.8	10.2		0.51	
2월하	18.6	5.9		0.32	
3월상	22.9	17.9		0.78	
3월중	22.0	8.0		0.36	
3월하	24.6	13.6		0.55	
4월상	26.4	17.8	8.8	0.67	0.33
4월중	25.0	9.9	11.8	0.40	0.47
4월하	28.4	22.9	12.6	0.81	0.44
5월상	27.6	18.1	12.4	0.66	0.45
5월중	27.8	24.0	20.8	0.86	0.75
5월하	32.2	23.1	33.5	0.72	1.04
6월상	32.1	27.8	27.2	0.87	0.85

〈표 6〉 가을작물의 작물계수(출처: 농촌진흥청 난지농업연구소, 2006)

생육 시기	잠재증발산량 (mm)	물소비량			작물계수		
		마늘	감자	당근	마늘	감자	당근
8월상	54.5	25.1	23.7	24.8	0.46	0.43	0.46
8월중	46.7	21.0	24.1	16.4	0.46	0.52	0.35
8월하	51.9	15.4	33.6	21.8	0.37	0.80	0.52
9월상	37.3	18.8	23.1	21.5	0.50	0.62	0.57
9월중	42.2	20.0	31.9	28.3	0.47	0.76	0.67
9월하	34.2	16.4	32.2	34.2	0.48	0.94	1.00
10월상	28.7	9.5	19.0	20.7	0.33	0.66	0.72
10월중	32.0	12.7	18.7	19.1	0.40	0.58	0.60
10월하	31.3	11.4	18.5	29.7	0.36	0.59	0.95
11월상	22.3	12.8	16.7	21.0	0.58	0.75	0.94

〈표 7〉 감귤의 작물계수(출처: 농촌진흥청 난지농업연구소, 2006)

생육시기	잠재 증발산량(mm)	증발산량(mm)	작물계수	생육시기	잠재 증발산량(mm)	증발산량(mm)	작물계수
1월상	18.6	6.9	0.4	7월상	35.7	30.9	0.9
1월중	15.4	8.9	0.6	7월중	31.3	27.8	0.9
1월하	14.8	7.7	0.5	7월하	64.1	55.9	0.9
2월상	20.6	8.8	0.4	8월상	50.8	29.4	0.6
2월중	25.6	8.5	0.3	8월중	61.9	53.7	1.3
2월하	22.3	18.3	0.8	8월하	43.5	47.5	1.1
3월상	24.4	13.3	0.5	9월상	34.2	34.0	1.0
3월중	30.2	24.3	0.8	9월중	39.1	50.7	1.3
3월하	36.3	23.8	0.7	9월하	37.8	32.5	0.9
4월상	35.2	22.1	0.6	10월상	30.8	13.9	0.5
4월중	32.7	21.8	0.7	10월중	27.5	25.8	0.9
4월하	37.9	29.6	0.8	10월하	21.9	21.5	1.0
5월상	31.0	21.4	0.7	11월상	21.5	23.7	1.1
5월중	35.3	15.9	0.5	11월중	18.4	17.9	1.0
5월하	40.4	24.9	0.6	11월하	12.7	15.1	1.2
6월상	54.3	30.6	0.6	12월상	14.2	16.1	1.1
6월중	42.6	30.9	0.7	12월중	16.3	6.7	0.4
6월하	33.4	31.9	1.0	12월하	15.8	14.7	0.9

〈표 8〉 논벼의 생육시기별 작물계수(출처: 유승환 등, 2006)

Method / Days	10	20	30	40	50	60	70	80	90	100	110	120	평균
Penman-Monteith	0.78	0.97	1.07	1.16	1.28	1.45	1.60	1.68	1.16	1.45	1.25	1.01	1.27

2009년 기준으로 산정된 작물별 경작면적을 살펴보면, 통계연보에서 집계하고 있는 작물의 총 면적은 55,930ha(559.30㎢)에 해당하며, 이 중 식량작물이 16,349ha(163.49㎢)로 29.2%를 차지하고, 채소류가 15,341ha(153.41㎢)로 27.2%, 특용작물이 2,952ha(29.52㎢)로 5.3%를 차지하며, 과실류가 21,288ha(212.88㎢)로 38.1%를 차지한다(2010 제주통계연보). 과실류의 대부분은 감귤에 해당하며(98.2%), 감귤의 경작지는 토지이용 구분에서 과수원으로 분류하여 감귤의 작물계수를 반영하였다. 농업지역의 작물계수는 제주도의 농업특성을 반영하여, 작물별 파종시기 및 성장시작 시기에 따른 작물계수를 각각 적용 후, 작물별 경지 면적을 고려하여 월별 상순/중순/하순으로 나누어 적용하였으며, 실측치가 있는 작물의 경우 실측치를 반영하였다. 과수원은 감귤의 작물계수를 반영하였고, 초지의 경우는 FAO에서 제시하는 Turf grass 값을 적용하였다.

산림 및 관목에 대한 작물계수는 식물 잎의 출현과 낙엽의 시기보다는 우선적으로 땅의 상태가 우선적으로 반영되어야 하며, 또한 $K_{c\,ini}$의 경우는 땅을 덮는 잔디 및 잡초의 양, 물주기 빈도(일반적 산림의 경우는 강수), 산림 밀도에도 영향을 받는다. 결빙이 없는 기후

〈표 9〉 토지이용별 작물계수의 월별 평균

구분		1월	2월	3월	4월	5월	6월	7월	8월	9월	10월	11월	12월
시가화 건조지역		0.00	0.00	0.00	0.00	0.00	0.00	0.00	0.00	0.00	0.00	0.00	0.00
농업지역	논	0.25	0.25	0.25	0.52	0.83	0.89	1.24	1.43	1.16	1.07	0.52	0.25
	밭/하우스	0.40	0.47	0.50	0.34	0.42	0.54	0.57	0.57	0.67	0.62	0.56	0.39
	과수원	0.50	0.49	0.67	0.70	0.60	0.77	0.90	1.00	1.07	0.81	1.10	0.80
산림지역		1.00	1.00	1.00	1.00	1.00	1.00	1.00	1.00	1.00	1.00	1.00	1.00
초지		0.80	0.80	0.80	0.85	0.85	0.85	0.85	0.85	0.85	0.85	0.85	0.80
나지		0.25	0.25	0.25	0.25	0.25	0.25	0.25	0.25	0.25	0.25	0.25	0.25
습지		1.05	1.05	1.05	1.05	1.05	1.05	1.05	1.05	1.05	1.05	1.05	1.05
수역		1.05	1.05	1.05	1.05	1.05	1.05	1.05	1.05	1.05	1.05	1.05	1.05

기준의 낙엽성 과수목의 경우 $K_{c\,ini}$는 잔디가 땅을 덮고 있는 경우는 0.8~0.9 정도까지 나타나며, 토양이 노출되어 있거나 물주기(또는 강수)가 드문 경우는 0.3~0.4까지 낮게 적용하기도 한다. 금회에서는 FAO에서 제시하는 침엽수의 작물계수인 1.0을 활엽수 및 혼효림까지 적용하였다. 하천 및 저수지의 수역에 해당하는 부분은 2m 이하의 심도 기준을 적용하여 1.05를 적용하였다. 이상과 같이 작물계수를 산정하여 토지이용별 작물계수 산정결과는 〈표 9〉와 같다.

③ Soil Water Stress 조건을 고려한 실제 증발산량($ET_{c\,adj}$)

앞서 산정된 작물계수를 적용하여 산정된 작물 증발산량(ET_c)은 토양으로부터의 충분한 수분이 계속 공급된다는 가정하에 산정된 증발산량이며, 실제 강수사상과 이에 따른 토양수분 조건은 이러한 가정을 항상 만족하지는 않는다. 따라서 토양 내 수분조건에 따른 제한으로 인한 증발산량의 감소를 평가하여야 하며, 이는 다음 식과 같이 K_s계수를 통해서 조정되어 평가된다.

$$ET_{c\,adj} = K_s \; K_c \; ET_0$$

여기에서, K_s는 작물의 발산작용(transpiration)에 있어 수분조건에 의한 제한을 조정하며, 토양수분의 제한이 없으면(충분한 수분이 공급될 경우) $K_s = 1$, 토양수분의 제한조건이 발생하면 $K_s < 1$이 된다. 토양수분이 충분한 경우는 식물의 뿌리지역에서 비교적 자유롭게 증발산에 이용된다.

반면, 토양이 건조한 경우는 토양 내 수분은 매질 내의 흡착력 및 모세관 현상에 의해 강하게 결속되어 작물에 의해서 쉽게 증발산에 이용되지 못한다. 토양수분의 잠재 에너지가 분계점(threshold value) 이하로 떨어질 경우 토양수분이 제한을 받게 되며, 이러한 토양수분의 제한에 대한 영향은 작물계수에 K_c값을 통해서 고려된다.

3) 직접유출량 산정

① 분석 방법

직접유출량 산정은 유역 내 하천이나 용천수 등 유출량을 관측할 수 있는 경우에는 이들을 분석하는 것이 타당하나, 제주도에는 대부분의 유출이 지표하에서 이루어지고 유역의 경계를 특정화하기도 어렵다. 또한 지속적인 하천이나 용천수 유출에 대한 관측자료도 부족하여 미국자연자원보호청(Natural Resources Conservation Service)에서 개발한 NRCS-CN 방법을 사용한다. 이 방법은 유출량 자료가 없는 경우, 토질특성과 식생 피복상태 등의 자료를 사용하여 지표 유출량을 신뢰도 있게 산정할 수 있는 방법으로 전 세계에서 이용되고 있다.

NRCS-CN 방법에서 총우량과 유효우량 간의 관계는 다음의 식으로 나타낸다.

$$Q = \frac{(P - I_a)^2}{(P - I_a) + S}$$

P: 호우별 총우량(㎜)
I_a: 강수 초기의 손실우량(㎜)
S: 유역의 최대잠재보유수량(㎜)
Q: 직접유출량에 해당하는 유효우량(㎜)

여기서, 초기손실 I_a는 유출이 시작되기 전에 생기는 차단이라든지, 침투, 지면 저류 등을 포함하며 최대잠재보유수량, S와는 다음과 같은 관계를 가진다고 가정한다.

$$I_a = \beta S$$

여기서 β는 초기흡수계수로서 β=0.2를 채택한다. 그러면 아래와 같이 직접유출량을 계산할 수 있다.

$$Q = \frac{(P-0.2S)^2}{P+0.8S}$$

여기서, Q는 0보다 크고, P는 0.2S보다 커야 하고, S는 선행토양함수조건(Antecedent soil moisture condition, AMC)에 따라 서로 다른 값을 가진다. 유역의 잠재보유수량의 크기를 나타내는 S는 유역의 토양이나 토지이용 등 수문학적 토양형(Hydrologic soil group)으로 나타낸다. 또한 유역의 유출 능력을 나타내는 유출곡선지수(runoff curve number, CN)는 S에 관한 함수로 정의해 유출에 미치는 S의 효과를 간접적으로 고려한다.

$$CN = \frac{25,400}{S+254} \quad \text{또는} \quad S = \frac{25,400}{CN} - 254 \ (\text{mm})$$

유출곡선지수(CN) 산정 시에는 흙의 종류, 유역의 선행토양함수조건, 토지이용 등 세 가지 항목이 고려된다. 선행토양함수조건을 고려한 AMC 조건에 따라 각기 다른 CN값이 산정되며, 여기서 선행토양함수조건이란 특정 호우사상의 5~30일 전에 내린 강수에 의해 토양 중의 수분함량을 표시한 것으로 토양의 습윤도를 나타내는 지표이다(〈표 10〉).

〈표 10〉 선행토양함수 조건(AMC)

AMC(선행토양함수조건)	특성	5일 선행강수량(mm)	
		비성수기 (1,2,3,4,5,10,11,12월)	성수기 (6,7,8,9월)
I	유역의 토양이 대체로 건조상태에 있어 유출률이 대단히 낮은 상태	< 13	< 36
II	유출률이 보통인 상태	13 - 28	36 - 53
III	유역의 토양이 수분으로 거의 포화되어 있어서 유출률이 대단히 높은 상태	> 28	> 53

※ AMC(Antecedent Soii Moisture Condition: 선행토양함수조건) - II 조건에서의 CN값을 나타냄

선행토양함수조건(AMC) 조건이 변화될 때에는 아래의 식에 의한 AMC의 관계에 의해 환산된 값을 이용하여 CN을 산정하여야 한다.

$$\text{AMC} - \text{I} \ : \ CN_I = \frac{4.2CN_{II}}{10 - 0.058CN_{II}}$$

$$\text{AMC} - \text{III} \ : \ CN_{III} = \frac{23CN_{II}}{10 + 0.13CN_{II}}$$

② 입력 자료 구성

NRCS-CN 방법을 적용하기 위해서는 토지이용과 수문학적 토양군을 분류하여야 한다. 토지이용은 증발산량 산정 시에 사용된 환경부의 토지피복도 분류의 23개 항목을 적용하였고, 제주도 전역의 비닐하우스 전산화 도면을 토지피복도와 함께 반영하였다.

국내 수문학적 토양군 분류를 위한 최초의 연구는 정정화 등(1995)에 의해 수행되었으며, 여기에서는 토양의 침투 투수특성에 대한 실측자료가 부족한 우리나라의 실정을 감

안하여 토양의 정성적인 특성을 가지고 수문학적 토양유형 분류를 하였다. 여기에서는 토성속(textural family), 배수등급(drainge class), 불투수층(impermeable layer), 투수성(permeability)의 네 가지로 각각의 분류특성에 점수를 부여하여 합산한 점수를 기준으로 수문학적 토양유형을 분류하였다. 이후 농업과학기술원(2006)에서는 우리나라 토양에 대한 객관적이고 실질적인 수문학적 토양유형 분류를 위해서 토양의 침투 및 투수속도 측정자료에 기반하여 현재의 투수성을 보완하였다. 또한 수문학적 토양군 분류에 제주도의 투수성 지질구조를 반영한다. 투수성 지질구조에 해당하는 곶자왈, 용암동굴, 숨골에 대해서는 A, 지질도 상의 스코리아, 오름은 B, 응회암지역은 D로 반영하였다.

○ 투수성 지질구조의 반영: 곶자왈, 용암동굴, 숨골
○ 지질도의 반영: 스코리아 오름, 응회암

금회 분석에서는 수문학적 토양군의 적용을 위해 농업과학기술원 (2006) 분류기준과 투수성 지질구조를 반영하였다(〈그림 8〉과 〈그림 9〉).

수문학적 토양군
A
B
C
D

〈그림 8〉 농업과학기술원 (2006)에 의한 NRCS 토양분류

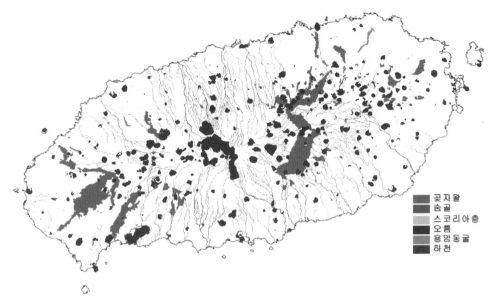

곶자왈
숨골
스코리아층
오름
용암동굴
하천

〈그림 9〉 제주도 투수성 지질구조

③ 유출곡선지수(CN) 산정

토지피복 분류 및 수문학적 토양군에 따른 유출곡선지수(CN)는 〈표 11〉에 나타나 있다. 이 표에서 제시된 유출곡선 지수는 『제주도 수문지질 및 지하수자원 종합조사(III), 2003』에서 적용한 것에 비해 더 세분된 항목으로 최근 국내에서 연구된 결과를 반영한 것이다.

〈표 11〉 토지피복 분류항목에 대한 CN값

토지피복코드	토지피복	A	B	C	D
110	주거지역	58	73	82	86
120	공업지역	81	88	91	93
130	상업지역	95	96	97	97
140	위락시설지역	95	96	97	97
150	교통지역	87	91	93	94
160	공공시설지역	81	88	91	93
210	논	78	78	78	78
220	밭	64	75	82	86
230	하우스재배지	98	98	98	98
240	과수원	44	66	77	83
250	기타재배지	59	74	82	86
310	활엽수림	47	67	78	85
320	침엽수림	46	68	79	86
330	혼효림	47	68	79	86
510	내륙습지	98	98	98	98
520	연안습지	98	98	98	98
410	자연초지	30	58	71	78
420	골프장	52	70	80	85
430	기타초지	52	70	80	85
610	채광지역	77	86	91	94
620	기타나지	77	86	91	94
710	내륙수	100	100	100	100
720	해양수	100	100	100	100

④ 지형경사도에 따른 CN 보정

미국자연자원보호청(Natural Resources Conservation Service)에서 개발한 유출곡선지수 (CN)값은 미국의 중서부 지역과 같이 경사도 5% 미만인 지역에서의 유출량 산정에 적합한 방법이므로, 이보다 경사가 큰 지역에서는 지형경사도에 대한 보정이 필요하다. 지형경사도를 고려한 CN값 보정에 대해서는 국내외 여러 연구자들에 의해서 연구되었으며, 대표적으로 Sharpley and Williams(1990)에 의해서 개발된 식과 Huang et al.(2006)에 의한 식이 있다.

Sharpley and Williams (1990)에 의한 식

$$CN_{II}s = \frac{(CN_{III} - CN_{II})}{3} [1 - 2\exp(-13.86 slp)] + CN_{II}, \quad slp: \text{지형경사(m/m)}$$

Huang et al.(2006)에 의한 식

$$CN_{II}a = CN_{II} \frac{322.79 + 15.63(a)}{a + 323.52}, \quad a: \text{지형경사 (m/m)}$$

국내의 지형경사를 고려한 CN값 보정을 적용한 연구 사례(김종건 외, 2007; 조홍제 외 2004)는 모두 Sharpely and Williams(1990)에 의한 식을 적용하고 있다. 유출량 산정은 유역별-고도별 분석을 수행하였으며, 총 16개 소유역별로 각각 저지대(EL. 200m 이하), 중산간지대(EL. 200~600m), 고지대(EL. 600m 이상)로 나누고 이에 대해서 각각 대표 CN값과 대표 강우관측소를 선정하여 유출량을 산정하였다.

유역별-고도별 분류지역에 대한 대표 지형경사의 선정은 해당 polygon 내의 Weighted Slope으로 선정하였으며, 지형경사도가 5×5m grid 기반으로 구축되어 있으므로, 이는 해

당 분류지역 polygon 내 지형경사 grid의 평균값에 해당한다.

$$\text{Weighted Slope} = \frac{\sum_{i=1}^{24} a_i \times s_i}{A}$$

Huang et al.(2006)에 의한 보정식은 Sharpley and Williams(1990)에 의한 식에 비해 지형경사에 따른 CN값의 차이가 크지 않으며, 금회 분석에서는 Sharpley and Williams(1990)에 의한 식을 적용하였다(〈그림 10〉).

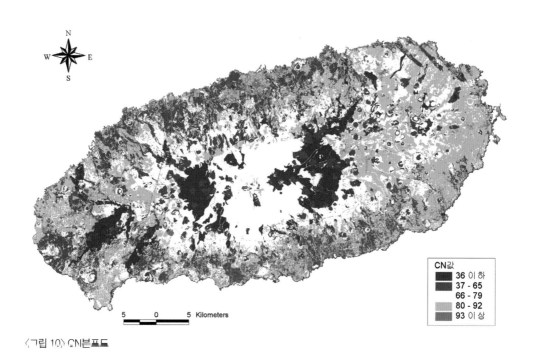

CN값	
	36 이하
	37 - 65
	66 - 79
	80 - 92
	93 이상

〈그림 10〉 CN분포도

4) 지하수 함양량

수문학적 물수지 분석에 의한 지하수 함양량은 수문총량에서 증발산량과 직접유출량을 빼줌으로써 산정될 수 있다. 1992~2009년까지 18개년 전체를 대상으로 평균 수문총량은 3,716백만㎥/년이고, 평균 증발산량은 1,382백만㎥/년(37.2%), 평균 직접유출량은

〈표 12〉 연도별 지하수 함양량 산정 결과.

연도	수문총량(백만㎥/년)	증발산량(백만㎥/년)	직접유출량(백만㎥/년)	지하수함양량(백만㎥/년)	함양률(%)
평균	3,716	1,382	894	1,439	38.7
1992	3,483	1,378	656	1,449	41.6
1993	3,864	1,261	824	1,779	46.0
1994	3,328	1,390	947	991	29.8
1995	3,769	1,355	955	1,459	38.7
1996	2,703	1,320	443	940	34.8
1997	3,264	1,300	743	1,221	37.4
1998	4,033	1,345	884	1,804	44.7
1999	5,557	1,303	1,951	2,303	41.4
2000	2,711	1,316	476	919	33.9
2001	3,431	1,496	565	1,370	39.9
2002	4,334	1,432	1,165	1,737	40.1
2003	4,756	1,369	1,274	2,113	44.4
2004	4,124	1,452	1,211	1,461	35.4
2005	2,736	1,385	405	946	34.6
2006	3,861	1,415	894	1,552	40.2
2007	4,558	1,460	1,575	1,523	33.4
2008	2,894	1,412	495	987	34.1
2009	3,483	1,495	634	1,354	38.9

894백만㎥/년(24.1%)으로 평균 지하수 함양량은 수문총량의 38.7%에 해당하는 1,439백만 ㎥(3,944천㎥/일)로 분석되었다. 1992~2009년까지 지하수 함양량은 919~2,303백만㎥/년으로 분포하였으며, 최소값과 최대값의 차이는 2.5배에 달한다.

    연도별 수문총량, 증발산량, 유출량, 지하수 함양량의 변화를 살펴보면, 수문총량 및 유출량에 비해 증발산량은 연간 변동폭이 크지 않은 것으로 나타났으며, 따라서 지하수 함양량은 수문총량 및 유출량에 따라 그 값의 변동 경향이 영향을 받는 것으로 파악되었다. 〈표 12〉와 〈그림 11〉은 수문학적 물수지 분석에 의한 연도별 지하수 함양량 산정 결과를 나타낸 것이다.

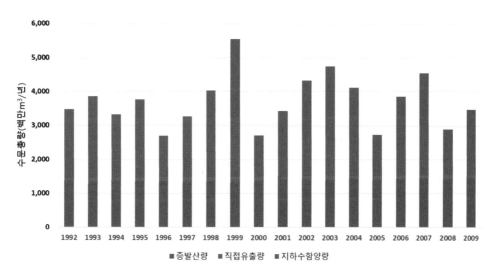

〈그림 11〉 연도별 지하수 함양량 산정 결과

3. 제주도 물수지 분석 결과 비교

제주도의 물수지 분석은 1970년대부터 수행되기 시작하였으나, 그 중요성에 대한 인식은 1980년대 말 지하수위 하강, 지하수 고갈, 해수침투, 수질오염 등의 문제가 집중적으로 제기되면서부터라고 할 수 있다. 1992년 11월 (구)제주도개발특별법 시행령이 공포되고, 기존 지하수 관정에 대한 양성화 신고를 받기 이전까지는 지하수 관정 개발을 규제할 수 있는 법적 장치가 없어 지하수 개발이 무분별하게 진행되었다. 더욱이 지하수에 대한 기초조사가 거의 이루어지지 않아 지하수 함양량이나 지속 이용 가능량에 대한 정보도 매우 부족하였고, 지하수 관정 통계도 부정확한 상태였다. 이러한 상황에서 지하수 고갈과 오염을 우려하는 목소리가 제주지역 사회의 큰 이슈로 부각되면서 물수지 분석과 지하수 함양량에 대한 관심이 높아지는 계기가 되었다. 다음은 1970년대부터 2020년까지 진행된 제주도의 물수지 분석결과를 요약한 것이다.

■ UNDP/FAO(United Nations Development Programme/Food and Agriculture Organization of The United Nations, 1972)

UNDP/FAO는 1968년~1971년까지 제주도의 신촌, 고산, 사계, 외도, 난산지역을 관정에 의한 관개사업 대상지역으로 선정하고, 이 지역에 대한 지하수와 지질조사를 실시하였다. 이 조사에서 최초로 제주도의 물수지 분석이 실시되었는데, 연평균 강수량은 1,500mm, 제주도의 면적은 1,800㎢를 기준하였고, 따라서 연간 총수문총량은 27억㎥이고, 직접유출량은 7억㎥/년(26%), 증발산량 9억㎥/년(34%), 지하수 함양량은 11억㎥/년(40%)으로 추정하였다.

■ 산업기지개발공사(산업기지개발공사(현 수자원공사), 1981)

제주도의 연간 총강수량은 3,385백만㎥(연평균 강수량 1,870mm)이며, 이 중 703백만㎥(21%)는 직접유출을 통해 손실되고, 1,104백만㎥는 증발산 작용을 통해 대기 중으로 손실되어 나머지 45%(1,542백만㎥, 4.22백만㎥/일)는 지하수로 함양되는 것으로 추정하였다. 지역별 지하수 함양량은 동부 지역이 538백만㎥/년(1일 1.47백만㎥)으로 가장 풍부하며, 서부 지역이 254백만㎥/년(1일 0.70백만㎥)으로 가장 적은 것으로 분석되었다.

■ 한국농어촌공사(농림수산부, 제주도, 농업진흥공사, 1989)

제주도의 수자원 총량은 3,560백만㎥/년(연평균 강수량 1,918mm)이며, 이 중 증발산량은 1,183백만㎥/년(34%)이고, 직접유출량은 703백만㎥/년(20%), 지하수 함양량은 1,603백만㎥/년(46%)으로 분석되었다.

■ 한국수자원공사(건설부, 제주도, 한국수자원공사, 1993)

제주도의 수자원 총량은 3,388백만㎥/년(연평균 강수량 1,872mm)이고, 이 중 증발산량은 1,256백만㎥/년(37%)이고, 직접유출량은 638백만㎥/년(19%)이며, 나머지 1,494백만㎥/년(44.1%)이 지하수로 함양되는 것으로 분석되었다.

■ 한국농어촌공사(제주도, 한국농어촌공사, 2000)

제주도의 수자원 총량은 3,303백만㎥/년(연평균 강수량 1,807mm)이며, 이 중 증발산량은 1,241백만㎥/년(37.6%)이고, 직접유출량은 646백만㎥/년(20%), 지하수 함양량은 1,416백만㎥/년(42.8%)으로 분석되었다. 물수지 계산에 사용한 기상자료는 총 48개 관측지점, 30년간(1969~1998년)의 자료이며, 단기간 관측자료는 30년간 자료를 보유한 기준 관측소(제주 및 서귀포 기상관측소)의 자료를 이용하여 보정하였다. 수역별 평균강수량은 등우선법으로 구하였고, 직접유출량은 미국 토양보전국(Soil Conservation Service, SCS)에서 유출곡선지수법, 실제증발산량은 FAO Penman-Monteith 방법에 의해 잠재증발산량을 계산한 후 토양수분평형법으로 구하였다.

■ 한국수자원공사(제주도, 한국수자원공사, 2003)

제주도 최초로 토지이용 형태를 감안한 유효 지하수 함양량 개념을 도입하였다. 해안으로부터 500m 이내의 지역을 제외한 수자원 총량은 3,427백만㎥/년(연평균 강수량 1,975mm)이며, 이 중 증발산량은 1,138백만㎥/년(33.2%)이고, 직접유출량은 708백만㎥/년(20.7%), 지하수 함양량은 1,581백만㎥/년(46.1%)으로 분석되었다. 강수량은 29개 관측소 자료을 이용하고, 코크리깅(cokring)에 의한 500m 간격의 등우선도를 작성하여 수문총량을 산정하였으며, 증발산량은 Penman-Monteith 방법, 토지이용과 작물계수를 참조하여 실제 증발산량을 산출하였다. 직접유출량은 SCS-CN법과 6개 하천(외도천, 강정천, 중문천, 한천, 효례천, 천미천)의 홍수유출량과 비교하였다.

■ 한국지질자원연구원(지식경제부, 제주광역경제권선도산업지원단, 한국지질자원연구원, 2011)

제주도의 수자원 총량은 3,716백만㎥/년(연평균 강수량 2,033mm)이며, 이 중 증발산량은 1,382백만㎥/년(37.2%)이고, 직접유출량은 894백만㎥/년(24.1%), 지하수 함양량은 1,439백만㎥/년(38.7%)으로 분석되었다. 앞절에서 기술한 방식으로 물수지를 분석하였으며, 강수량은 60개 관측소, 특히 한라산 정상부 관측자료를 추가하여 비교·분석하였다. 코크리깅(cokring)에 의한 100m 간격의 그리드로 강수량 자료를 구축하고, 그리드별 합산으로 수문총량을 산정하였다. 증발산량은 Penman-Monteith 공식과 작물계수 자료를 적용하여 실제증발산량을 산정하였다. 직접유출량은 미국 자연자원보호청(Natural Resources Conservation Service)에서 개발한 NRCS-CN법(과거 SCS-CN법)을 적용하였는데, 여기에 지형경사도, 비닐하우스 면적 등을 추가하여 분석하였다. 그리고 12개 하천유출량 관측자료를 통해 분석된 유출량도 같이 비교·검토하였다.

■ 한국수자원공사(제주도, 한국수자원공사, 2013)

제주도의 수자원 총량은 3,769백만㎥/년(연평균 강수량 2,061mm)이며, 이 중 증발산량은 1,260백만㎥/년(33.4%)이고, 직접유출량은 833백만㎥/년(22.1%), 지하수 함양량은 1,676백만㎥/년(44.5%)으로 분석되었다. 수문총량은 1992년부터 2011년까지 총 20년간 60개 강우관측소 자료를 기준으로 등우선도를 작성하여 산정하였으며, 증발산량은 Penman-Monteith 공식에 의해 산정된 결과를 'MODIS Global Evapotranspiration Project(MOD16)' 결과와 비교·검토하였다. 직접유출량은 2011년 한국지질자원연구원에서 적용한 방식에 추가된 강수량 자료를 적용하여 산정하였다.

■ 한국수자원공사(환경부, 수자원공사, 2018)

제주도의 수자원 총량은 3,952백만㎥/년(연평균 강수량 2,062mm)이며, 이 중 증발산량은 1,379백만㎥/년(34.9%)이고, 직접유출량은 970백만㎥/년(24.5%), 지하수 함양량은 1,604백만㎥/년(40.6%)으로 분석되었다. 여기에서 수문총량은 최대 86개소의 강우량 관측소 자료를 이용하여 산정하였으며, 증발산량과 직접유출량은 기존과 비슷한 방식으로 산정하였는데, 다만 직접유출량 산정 시 수문학적 토양분류와 지형경사를 적용하는 방식을 현장조건에 맞추어 일부 조정하였다.

■ 기타 연구결과

2011년 한국지질자원연구원은 제주도의 물수지와 지하수 지속 이용 가능량에 대하여 하와이 대학에 위탁연구를 수행한 바 있다. 여기에서는 미국 지질조사소(USGS)에서 개발한 SWB 모델(A modified Thornthwaithe-Mather Soil-Water-Balance code for estimating ground water recharge; Westenbroek et al., 2010)을 적용하였다. 1992년부터 2009년까지 18년간의 강수량 및 기후자료, 토지이용, 식생 등 자료를 이용하여 제주도의 기준 물수지를 산정하였다. 그리고 과거 가뭄이 가장 빈번하게 발생했던 10년간의 시기인 1962~1971년의 기후자료를 이용하여 가뭄 시 물수지가 기준 물수지로부터 얼마나 차이가 발생하는지를 비교하였다. 추가적으로 기후변화로 인해 평균기온의 변화가 발생하고 도시화로 인한 토지이용 변화가 물수지에 미치는 변화도 평가하였다(지식경제부 등, 2011). 강수량 변화는 2000년대 들어서 이미 증가된 상태이므로 그대로 적용하였고, 다만 평균 온도의 변화가 물수지에 영향을 미치는 것으로 가정하였다. 국내에서 이루어진 물수지에 비하여 특이한 것은 직접유출량은 적고 증발산량이 매우 크게 산정되었다는 점이다. 국내에서 이루어진 물수지 분석에 비하여 가용 자료가 부족하였던 점과 SWB에서 사용되는 방법들이 기존의 수문학적 물수지 방법과 차이가 있었기 때문이다. 그러나 과거의 관측자료를 통해 가뭄 시와 토지이용-기후변화의 영향이 물수지에서 그대로 잘 반영되는 연구결과를 보여주고 있다. 가뭄 시에는 직접유출량이 크게 줄어들고, 증발산량은 크게 차이가 나타나지 않는다. 토지이용-기후변화에 의해서는 직접유출량에서는 거의 차이가 나타나지 않았으나 증발산량은 약 9.6% 증가되었다. 결과적으로 기준 물수지 대비 가뭄 시에는 지하수 함양량이 33.1% 정도 감소되었으며, 토지이용-기후변화에 의해서는 10.7% 정도 감소되었다(〈표 13〉).

〈표 13〉 제주도 물수지 분석결과(1972~2018)(하와이대학교)(단위: mm, 백만㎥/년)

구분	기준 물수지(1992~2009년)	가뭄 시	토지이용-기후변화 반영
수문총량(평균강수량)	3,823(2,104)	2,957(1,627)	3,823(2,104)
직접유출량	333(8.7%)	118(4.0%)	331(8.7%)
증발산량	1,881(49.2%)	1,763(59.6%)	2,062(53.9%)
지하수 함양량	1,603(41.9%)	1,073(36.3%)	1,432(37.5%)

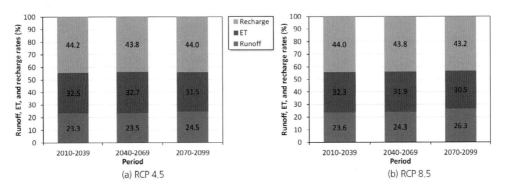

〈그림 12〉 미래 기후변화에 따른 제주도의 물수지 변화 예측(김철겸 외, 2018)

한편, 한국형 유역수문모형인 SWAT-K(Soil and Water Assessment Tool-Korea)(김남원 외, 2010) 모형에 의한 1993~2013년 기간의 제주도 물수지는 제주도 연평균 강수량 2,046mm에 대해 직접유출량은 21.8%, 증발산량 34.1%, 지하수 함양량 44.1%로 제시되었는데, 이같은 결과는 2013년 한국수자원공사가 수행한 결과와 크게 다르지 않다(김철겸 외, 2018). 또한 이 연구에서는 2010~2099년을 대상으로 미래 기후변화에 따른 제주도 물수지의 변화를 예측한 결과, 강수량, 유출량, 증발산량, 지하수 함양량 모두 증가추세를 나타내었으며, RCP(온실가스 대표농도경로; Representative Concentration Pathway) 8.5 시나리오에서 증가현상이 더 크게 나타나는 것으로 분석되었다. 과거기간(1992~2013)에 비해 강수량의 증가에 따른 유출량의 변화가 가장 크게 나타난 반면, 증발산량은 상대적으로 작게 나타났다. 월별로는 8월과 9월이 강수량 증가에 따라 유출량과 지하수 함양량이 증가하지만, 증발산량은 감소하는 것으로 분석되었다(〈그림 12〉).

4. 제주도 물수지 분석 개선 방향

과거로부터 현재에 이르면서 강수량관측소, 지형, 토지이용 등 자료의 양과 질이 좋아지면서, 그리고 GIS 기법 등이 개발되고 적용되면서 점점 정교화되고 있는 것은 확실하다. 1970~2018년까지 한국수자원공사 등 4개 연구기관에서 8회에 걸쳐 수문학적 물수지 분석법을 이용하여 제주도 물수지 분석이 수행되었으며, 그 결과는 〈표 14〉와 같이 요약할 수 있다.

지금까지 수행된 물수지 분석결과에서 가장 두드러진 특징은 강수량 증가 현상이다. 이는 기후변화에 의한 강수량 증가와 더불어 1990대에 들어와서 제주특별자치도와 기상청에 의해 중산간 및 한라산 고지대지역에 강수관측소가 설치·운영되면서 이들 지역의 강수 자료가 추가됨으로써 제주지역의 강수량 특성이 반영된 결과라 할 수 있다. 특히, 기후변화에 의해 제주지역의 연강수량은 21세기 후반에 2,710mm로 증가할 것이라는 전망이 있다(기상청, 2013).

〈표 14〉 제주도의 물수지 분석결과(1972~2018)

(a) 한국수자원공사 수행

(단위: mm, 백만㎥/년)

구분	한국수자원공사				
	1981년	1993년	2003년	2013년	2018년
수문총량(평균강수량)	3,385(1,870)	3,388(1,872)	3,427(1,975)	3,769(2,061)	3,952(2,162)
직접유출량	703(21%)	638(19%)	708(20.7%)	833(22.1%)	970(24.5%)
증발산량	1,104(33%)	1,256(37%)	1,138(33.2%)	1,260(33.4%)	1,379(34.9%)
지하수 함양량	1,542(46%)	1,494(44%)	1,581(46.1%)	1,676(44.5%)	1,604(40.6%)

(b) 한국수자원공사 외의 기관 수행

(단위: mm, 백만㎥/년)

구분	UNDP/FAO (1972년)	한국농어촌공사		한국지질자원연구원 (2011년)	하와이대학교 (2011년)
		1989년	2000년		
수문총량(평균강수량)	2,700(1,500)	3,560(1,918)	3,303(1,807)	3,716(2,033)	3,823(2,104)
직접유출량	700(26%)	703(20%)	646(19.6%)	894(24.1%)	333(8.7%)
증발산량	900(33%)	1,183(34%)	1,241(37.6%)	1,382(37.2%)	1,881(49.2%)
지하수 함양량	1,100(41%)	1,603(46%)	1,416(42.8%)	1,439(38.7%)	1,605(42.0%)

1) 수문총량(총강수량) 산정

이전에 수행된 물수지 분석은 연평균 강수량(최소 10년 이상 관측자료)을 기준으로 하고 있다. 제주도는 우리나라에서 비가 가장 많이 내리는 다우지(多雨地)이지만, 연강수량 변화가 매우 크게 발생한다. 1961~2020년까지 60년간 관측된 제주시의 연평균 강수량은 1,463mm이지만, 변동범위는 773~2,526mm(변동폭 1,753mm)로서 연평균 강수량을 초과하는 변동을 나타내었다. 서귀포시의 경우에는 연평균 강수량이 1,880mm, 변동범위는 1,087~3,244mm(변동폭 2,158mm)이었다. 〈그림 13〉은 1961~2020년까지 제주시와 서귀포시에서 관측된 강수량을 30년씩 10년 단위로 박스도(Box plot)로 나타낸 그림이다. 강수량

추이를 보면 강수량은 증가하고, 변동폭도 증가하는 경향이 잘 나타나고 있다. 또한 성산과 고산에서는 1,070~3,194mm(변동폭 2,124mm), 697~1,875mm(변동폭 1,177mm)를 각각 나타내어 강수량의 양극화 현상을 잘 보여주고 있다. 여기에서 성산은 1988~2020년까지의 자료이고, 고산은 1973~2020년까지의 자료이다.

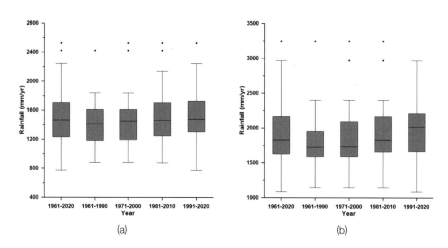

〈그림 13〉 연강수량 변화(1961~2020), (a) 제주관측소, (b)서귀포관측소

이와 같은 강수 특성을 감안할 때, 향후 연평균 강수량을 기준으로 물수지를 분석하는 것은 재고되어야 할 것 같다. 연평균 강수량으로 물수지를 분석할 경우, 연평균에 훨씬 미치지 못하는 강수량을 기록하는 가뭄 해에는 지하수 함양량 부족 현상이 발생하고, 결국 지하수 지속 이용 가능량보다 많은 양의 지하수 취수로 인한 지하수위 하강과 해안지역 대수층에서는 해수침투 현상이 발생할 수 있기 때문이다. 따라서 가뭄을 고려한 보수적인 관점에서 물수지를 분석함으로써 가뭄에 대응할 수 있는 안전율을 확보하는 것이 필요하다. 예를 들어 제주시 지역의 60년간 강수기록을 보면, 연평균 강수량(1,463mm)보다 적은 강수량을 기록한 해가 30년이나 된다. 연평균 강수량의 80%인 1,173mm보다 적은 강수량을 기록한 해도 12년이나 되고, 연평균 강수량의 70%인 1,024mm보다 적은 강수

량을 기록한 해는 8년이나 된다(〈그림 14〉). 따라서 연평균 강수량의 변동성을 감안하여 강수량이 적은 경우를 고려하여 수문총량을 산정해야 할 것이다.

지하수 관리정책은 '보전과 이용'의 균형 유지라는 원칙에서 수립되어 시행되어야 한다. 지나치게 보전 측면을 강화할 경우, 지하수 이용에 많은 제약으로 인한 위축이 발생하며, 반대로 이용적 측면에 무게를 둘 경우에는 지하수 고갈이라는 문제를 초래할 수 있기 때문이다. 따라서 가뭄에도 지속이용 가능한 지하수 관리를 위해서는 다소 보수적 기준에서 수문총량을 산정하는 것이 바람직하다.

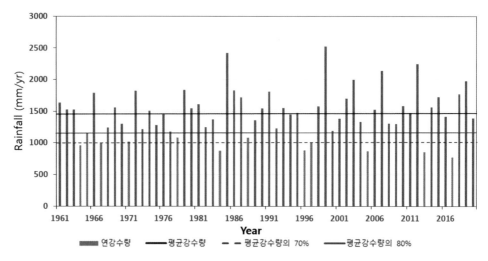

〈그림 14〉 제주시 지역의 연강수량 변화(1961~2020)

2) 직접유출량 산정

제주도 직접유출량 산정은 강우시 하천과 지표면을 통해 바다로 유출되는 총량을 정확히 측정하는 것은 현실적으로 불가능하므로 미국 자연자원보호청에서 개발한 NRCS-CN(Natural Resources Conservation Service-Curve Number)모형을 사용하여 분석하고 있다.

이 방법은 호우로 인한 유출량 자료가 없을 경우에도 토질특성과 식생피복상태 등 자료를 사용하여 지표 유출량을 산정할 수 있는 방법으로서 국내외에서 널리 사용되고 있다. 특히 최근에는 L-THIA(Long-Term Hydrologic Impact Assessment) 모델과 같이 지형경사도나 계절별 식생의 발달상태를 추가적으로 고려하여 현장상태를 다양하게 변화시킬 수 있는 장점이 있다. 그러나 이 방법은 초기손실량을 잠재보유수량의 20%로 가정하고 유효우량을 산정하므로 초기손실량을 과대 추정하게 됨으로써 유효우량의 과소산정을 초래할 수 있다.

또한 유출곡선지수(CN) 산정시에는 선행 토양 함수조건을 고려한 AMC 조건에 따라 각기 다른 CN값이 산정되므로 토양 및 토지이용(토지피복도)에 대한 충분한 자료가 확보되어야 한다. 특히 제주도는 63개 토양통으로 이루어져 있어 토양의 물리화학적 특성이 매우 복잡하기 때문에 이를 반영한 수문학적 토양군 분류와 검증이 요구된다. 2000년 이후에 수행된 물수지 분석에서는 제주도의 토양을 4개의 수문학적 토양군으로 분류하고 유출률을 산정하였다. 제주특별자치도에서 호우시 하천을 통해 바다로 유출되는 유량을 측정하기 위해 22개소에 하천유출량 관측소(수위·유속 측정)를 설치·운영하고 있으나, 관측자료를 직접유출량 산정에 적용하지 못하고 있다. 관측지점에서 유출은 해마다 적게는 4~5회, 많게는 20회 이상의 유출빈도를 나타내었으며, 유출량 또는 유출률은 연도별, 하천별로 변화가 매우 심하게 발생하고 있다. 소유역별로 보면, 외도천에서 2010년에 발생한 유출량은 53,847㎥/년으로 32.2%의 최대 유출률을 나타내었고, 산지천과 금성천은 2008년에 각각 50㎥/년과 479㎥/년의 유출량을 나타내어 모두 0.5%의 최저 유출률을 기록하였다. 2006~2010년까지 하천유출량 관측자료에 의한 유출률은 북부에서 0.5~32.2%, 서부에서 0.5~8.9%, 남부에서 2.0~24.5%, 동부에서 5.2~41.4%의 범위로 분석된 바 있다(〈표 15〉).

현재까지 설치된 하천유출량 관측소의 유역면적은 제주도 전체 면적의 36.4% 정도에 불과하고, 관측지점이 지역적으로 편중되어 있으며, 인위적인 수로 및 배수로로 인한 하천 경계의 불확실성 등의 한계는 있다. 그러나 다년간 관측된 자료를 기초로 하천별 수위-유량곡선(rating curve)을 통한 경험식을 개발하여 활용하는 등의 연구가 필요하다. 예를

〈표 15〉 제주도 하천유출량 관측 자료에 의한 유출량 및 유출률

구분	소유역	하천	유역면적 (km²)	유출량 및 유출률(천m³/년, %)				
				2006년	2007년	2008년	2009년	2010년
북부	서제주	외도천	44.8	-	29,529 (19.2)	11,104 (13.0)	11,063 (10.3)	53,847 (32.2)
	중제주	한천	35.0	-	-	2,077 (3.1)	1,790 (2.3)	12,861 (11.8)
		산지천	6.5	-	-	50 (0.5)	70 (0.6)	1,828 (10.9)
		병문천	14.2	-	-	-	1,176 (3.6)	9,544 (20.7)
	동제주	화북천	48.2	-	-	4,437 (4.9)	1655 (1.5)	7,264 (4.8)
서부	한림	옹포천	24.5	1,961 (4.9)	4,043 (8.9)	481 (1.7)	407 (1.2)	-
		금성천	70.1	1,865 (1.4)	8,050 (5.2)	479 (0.5)	598 (0.6)	2,858 (2.1)
남부	서서귀	중문천	28.8	-	-	-	3531 (6.1)	17,205 (19.4)
	중서귀	강정천	37.5	6,972 (7.2)	7,789 (6.7)	1,799 (2.6)	1970 (2.0)	10,175 (7.0)
	동서귀	효례천	49.5	-	-	9,804 (7.9)	20,478 (13.3)	55,326 (24.5)
동부	표선	천미천	117.8	126,781 (38.1)	166,616 (41.4)	71,272 (25.9)	46,315 (15.3)	7,682 (2.1)
		송천	26.4	-	-	-	3,408 (5.2)	4,244 (5.4)

(출처: 지식경제부, 제주광역경제권선도산업지원단, 한국지질자원연구원, 2011)

들어, 제주특별자치도개발공사는 호우시 발생하는 하천유출 규모를 파악하기 위해 2008
년부터 천미천 본류인 제4교래교(E.L 418.1m)에 하천유출량 관측소를 설치·운영하고 있
다. 이 관측소에서 2015~2017년 관측자료를 이용하여 수위-유량 관계식이 만들어졌는
데, 조사 기간의 하천수위가 0.62~6.29m에서 $Q = 9,187h^{2.5153}$로 산출되었으며, 수위와 유
출량 간의 R^2는 0.99 이상이다(〈그림 15〉).

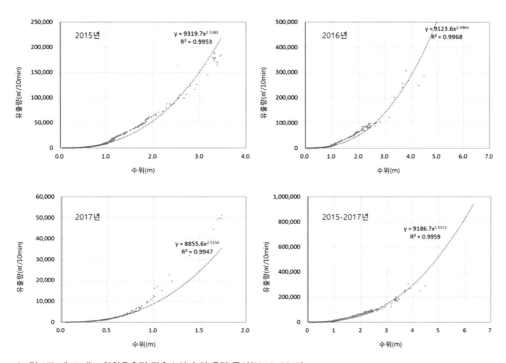

〈그림 15〉 제4교래교 하천유출량 관측소의 수위-유량 곡선(2015~2017)

3) 증발산량

증발산량은 기계적으로 측정이 어렵기 때문에 Penman 또는 Penman-Monteith 방법
에 의해 산정되고 있으며, 최근에는 에디공분산법(Eddy Covariance Method)을 활용하기도

한다. Penman-Monteith 방법을 이용한 증발산량 산정은 기상자료 및 기준 초지면(grass reference surface)을 바탕으로 관측소별로 기준증발산량(ET_o)을 산정하고, 증발산으로 변환이 가능한 토양수분 함량의 제한이 없다는 가정 하에 토지이용별 작물계수를 반영하여 작물증발산량(ET_c)을 산정한다. 그 이후, 토양수분평형법을 통해서 실제 토양 수분조건, 강우조건, 작물별 뿌리심도 등을 고려해 실제 증발산량을 산정하게 된다. Penman-Monteith 방법에서는 일최대기온, 일최저기온, 일평균기온, 상대습도, 이슬점 온도, 평균 풍속, 일조시간 등의 기상자료가 필요하지만, 현재까지 중산간 및 한라산 고지대 지역에서 상기와 같은 기상자료 관측이 이루어지지 않고 있다. 현재까지는 해안변 4개소(제주, 서귀포, 성산, 고산)의 기상관측소 자료를 이용할 수밖에 없다는 점이 제주도 전역의 증발산량 산정에 가장 큰 제약이 되고 있다. 즉, 중산간 및 고지대 지역의 잠재 및 실제 증발산량이 과다하거나 과소 평가될 수 있는 문제점이 내재되어 있다.

한국지질자원연구원에서는 과학기술부의 21세기 프론티어연구개발사업 중 '수자원의 지속적 확보기술개발' 사업의 일환으로 수행한 「지하수 순환/유동 시스템 모델링 기반 기술 개발」연구에서 건기와 우기 강수의 동위원소 조성 차이를 이용하여 지하수의 증발산량을 평가한 결과, 제주도 증발산량이 약 20% 정도 되는 것으로 보고하였다(한국지질자원연구원, 2004). 또한 미 항공우주국(National Aeronautics and Space Administration, NASA)의 모디스(MODIS: Moderate Resolution Imaging Spectroradiometer) Global Evapotranspiration Project(MOD16)의 자료 해석으로부터 제주도는 고도가 증가함에 따라 증발산량이 감소한다고 하였다. 이와 같은 결과는 실제 증발산량 산정결과가 산림과 초지의 영향으로 고도에 따라 증가한다고 하는 통상적인 결과와는 배치되는 것이다(제주특별자치도, 한국수자원공사, 2013).

이처럼, 증발산량 산정결과는 제주지역의 기후, 식생, 토지이용 등을 충분히 반영하지 못하고 있으며, 산정 방법에 따라서 각각 불확실성이 내재되어 있다. 따라서 증발산량 산정을 위해서는 중산간 및 한라산 고지대 지역 등에 기상관측소 설치가 반드시 필요하고, 지속적으로 증발산량을 관측 및 산정 결과를 검증할 수 있는 연구도 이루어져야 한다.

5. 지하수위 변동 및 염소이온 농도법에 의한 지하수 함양량 산정

수문학적 물수지 분석법을 이용하여 산정한 제주도의 지하수 함양률은 38.7~46.1% 의 범위를 나타낸다. 이 같은 산정 결과를 직접 검증할 수 있는 방법은 없으나, 이 절에서 는 지하수위 변동법과 염소이온 농도법으로 산정한 결과와 비교해 보았다.

1) 지하수위 변동법에 의한 지하수 함양률

한국지질자원연구원에서는 2010년 기준 126개소의 지하수위 관측망 자료를 대상으로 지하수위변동법에 의하여 제주도 전체 평균 지하수 함양률이 38.7%인 것으로 보고하였 다(지식경제부 등, 2011). 유역별 지하수 함양률은 북부 유역이 45.7%, 서부 유역이 37.1%, 남 부 유역이 44.0%, 동부 유역이 31.4%로서 북부와 남부 유역이 높고, 서부와 동부 유역이 낮았다. 소유역별 지하수 함양률은 구좌 유역이 24.6%로 가장 낮았고, 안덕 유역이 81.0%

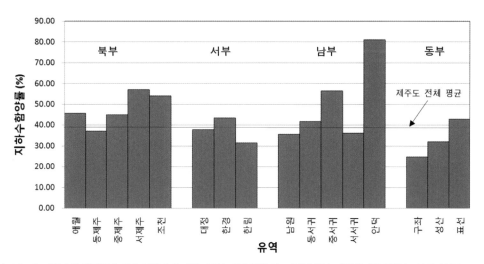

〈그림 16〉 지하수위 변동법에 의해 산정된 유역별 지하수 함양률(출처: 지식경제부, 제주광역경제권선도산업지원단, 한국시설사원연구원, 2011)

로 가장 높게 산정되었다(<그림 16>). 지하수위 변동법에 의해 산정된 지하수 함양률은 지하수 관측정과 그 주변에서의 값이기 때문에, 유역 전체를 평가하기에는 한계가 있다. 다만, 수문학적인 물수지법에 의한 지하수 함양량 산정결과를 비교·검토하거나, 관측정이 위치하고 있는 지점의 대략적인 지하수 부존특성을 파악할 수 있는 자료로 이용할 수 있다.

그 이전에 한국수자원공사는 25개 관측정의 2002년 1년간 관측된 지하수위 자료를 이용하여 지하수 함양률을 계산하였는데, 그 결과, 강수량 대비 최소 29.9%에서 최대 43.3%, 평균 37.9%이었다. 이를 유역별로 보면, 북부 유역의 지하수 함양률은 최대 43.4%, 최소 39.7%이며, 평균 41.8%로 4개 유역 중에서 가장 높은 함양률을 보였다. 남부 유역의 경우, 최대 42.65%, 최소 33.1%이며, 평균 36.7%이었다. 동부 유역의 지하수 함양률은 최대 43.3%, 최소 29.5%, 평균 36.3%이었으며, 서부 유역은 최대 42.6%, 최소 33.7%, 평균 38.4%이었다(제주도, 한국수자원공사, 2003).

2) 염소이온 농도법에 의한 지하수 함양률

2010년 한국지질자원연구원에서 염소이온 농도법으로 제주도 지하수 함양률을 산정한 결과, 제주도 전체 평균은 35.1%이었다. 유역별로는 북부 유역이 11.3~62.4%(평균 39.0%), 서부 유역이 27.2~31.9%(평균 27.8%), 남부 유역이 22.3~68.7%(평균 47.7%), 동부 유역이 9.2~67.2%(평균 35.0%)로서 남부 유역이 가장 높았고, 서부 유역이 가장 낮았다(<그림 17>)(지식경제부 등, 2011).

한편, 한국지질자원구원과 제주발전연구원은 「제주도 수문지질 및 지하수자원 종합조사(1)」에서 8개 지점 강우시료(2000. 9~2001. 4) Cl⁻ 농도 값(제주도 전역의 평균 Cl⁻ 농도 3.35 ㎎/L)을 이용하여 지하수 함양률을 48~60%(평균 54%)로 산정한 바 있으며, 한국수자원공사는 2002년 11월부터 2003년 4월까지 14개 지점의 강우 시료를 채취하고, Cl⁻ 농도 값을 이용하여 함양률을 25.5~31.8%로 산정하였다(<표 16과 17>).

<표 18>은 지하수위 변동법과 염소이온 농도법을 적용하여 산정된 지하수 함양률과

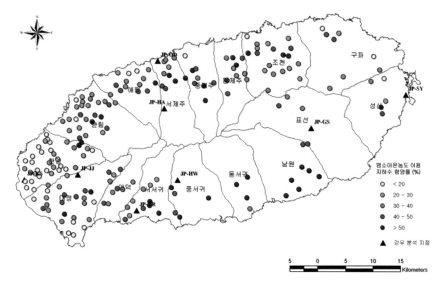

〈그림 17〉 염소이온 농도를 이용한 제주도 지하수 함양률 분포(출처: 지식경제부, 제주광역경제권선도산업지원단, 한국지질자원연구원, 2011)

〈표 16〉 강우 중의 염소이온 농도(단위: ㎎/L)

1차 조사(2002. 11. 13.)		2차 조사(2003. 4. 7.)	
시료채취지점	염소이온농도	시료채취지점	염소이온농도
구좌	2.6	남원	0.8
남원	0.8	서귀포1	1.2
상예	0.5	서귀포2	0.7
수산	1.0	애월1	0.7
장전	1.3	애월2	1.1
저지	0.8	애월3	5.7
조천	1.6	조천	1.0

(출처: 제주도, 한국수자원공사, 2003)

〈표 17〉 염소이온 농도를 이용하여 산정한 지하수 함양률

유역	지하수의 Cl⁻ 농도(mg/L)	강우의 Cl⁻ 농도(mg/L)	지하수 함양률(%)
중제주	4.61	1.41	30.6
한림	5.05	1.41	27.9
서서귀	4.44	1.41	31.8
표선	5.54	1.41	25.5

(출처: 제주도, 한국수자원공사, 2003)

〈표 18〉 지하수 함양량 산정 방법별 산정결과 비교

구분	KIGAM(2011)	K-Water(2003)	KIGAM/JDI(2001)
수문학적 분석법	38.7%	46.1%	
지하수위 변동법	38.73%(24.61~80.98%)	37.9%(29.9~43.3%)	
염소이온 농도법	35.1%(9.2~68.7%)	28.9%(25.5~31.8%)	54%(48~60%)

※ KIGAM: 한국지질자원연구원, K-Water: 한국수자원공사, JDI:제주발전연구원

수문학적 분석법에 의해 산정된 결과를 비교한 것이다. 지하수위 변동법과 염소이온 농도법으로 산정된 함양률은 유역, 위치, 연구기관에 따라 큰 차이를 보이며, 염소이온 농도법 역시 차이가 크게 발생하고 있다. 이들 산정 결과는 수문학적 분석법에 의한 함양률과도 상당한 차이를 보이고 있으므로, 제주도 전역에 적용하기보다는 측정 지점 주변의 수리지질 특성을 파악하는 용도로 활용되어야 할 것이다.

Ⅳ. 지하수 지속 이용 가능량

1. 지속 이용 가능량 개념

어느 한 유역이나 지역에서 수량과 수질에 악영향을 주지 않으면서 지속적으로 이용 가능한 지하수량을 산정하는 것은 결코 쉬운 일이 아니다. 지표수와 달리 지하수는 사람이 눈으로 직접 관찰하거나 측정할 수 없을 뿐 아니라, 땅속 지층 또한 구성물질과 지질구조가 아주 복잡하고 다양하기 때문에 정량화하기 어렵다. 또한 지하수의 원천인 강수는 지역별·시기별로 변화무쌍하고, 지하수 함양이 시작되는 지표 토양 역시 하루가 다르게 쓰임새가 변하고 있다. 이처럼 지하수를 둘러싼 내외부의 환경 요소들은 일정하게 유지되거나 규칙적인 변화상을 나타내는 것이 아니라, 끊임없이 변화를 거듭하고 있어 지하수 시스템은 불확실성으로 둘러싸인 움직이는 유체라 할 수 있다. 그럼에도 불구하고 지속 이용 가능한 지하수량(sustainable yield) 또는 안전 채수량(safe yield)을 산정하기 위한 연구는 1900년대 초반부터 현재까지 꾸준히 이어지고 있다(《표 19》).

지금까지 연구된 결과를 종합하면, 지하수 지속 이용 가능량이란 '수량 고갈을 초래하지 않고 수질을 계속 유지하면서 지속적으로 취수할 수 있는 지하수량'으로 정의할 수 있다. 자연 상태의 지하수 시스템은 인위적 취수가 이루어지지 않는 자연 상태가 유지되므로 함양량과 유출량은 동일하다(《그림 18(a)》). 이는 곧 질량보존의 법칙과도 같다. 그러나 지하수 개발이 진행되어 취수가 진행되면, 지하수 시스템으로 유입된 함양량과 유출량은 일정 부분 감소하기 시작하지만 취수량이 과다하지 않을 경우에는 동적 평형상태를 유지하면서 함양량 변화에 따른 반응이 이어진다(《그림 18(b)》). 즉, 지하수 함양량 중 상당량은 지하수 시스템에 저류되고 일정 부분만 취수가 이루어지기 때문에 동적 평형상태가 유지된다.

강수량이 많은 시기에는 함양량이 증가하여 지하수위가 상승하고, 강수가 적은 계절에는 수위가 내려가는 수위변화가 이어진다. 이처럼 지하수 시스템의 저류량(함양량)이 과

다한 감소를 초래하지 않는 범위에서 취수할 수 있는 양을 지속 이용 가능량이라 할 수 있다. 그렇지만 지하수 관정 밀도가 높아지고 취수량이 더욱 늘어나 저류량(함양량)의 상당 부분을 취수하게 되는 경우, 지하수위는 지속적으로 하강하며, 유출량이 감소하여 담-염수 경계면을 형성하는 해안대수층의 혼합대가 내륙 쪽으로 확장하는 해수침투가 발생할 수 있다. 즉, 동적 평형상태가 깨지고, 지하수 고갈현상이 진행되는 지하수 시스템으로 변하게 된다(〈그림 18(c)〉).

이상에서 살펴본 바와 같이, 지하수 지속 이용 가능량 산정은 자연적인 지하수 함양량

〈표 19〉 지하수 지속 이용 가능량의 개념

구분	개념 및 정의
Lee(1915)	안전 채수량(safe yield)은 저류지를 고갈시키는 위험이 없이 일정하게 영구적으로 취수할 수 있는 수량임
Mainzer(1923)	안전 채수량(safe yield)은 대수층을 고갈시키지 않으면서 공급할 수 있는 범위의 수량임
Stuart(1945)	안전 채수량(safe yield)은 수량과 수질을 손상시키지 않으면서 취수할 수 있는 최대 수량임
Todd(1959)	안전채수량(safe yield)은 바람직하지 않은 결과를 초래하지 않으면서 지하수 유역으로부터 매년 취수할 수 있는 수량임
ASCE(1972)	지속 산출량(perennial yield)은 자연적 배출 또는 함양으로 추가되거나, 추가되는 수량 중 회수할 수 있는 수량임
Bouwer(1978)	안전채수량(safe yield)은 ① 대수층으로 보충되는 평균 함양량과 동등한 수량, ② 관정이 고갈되는 위험이 없이 취수할 수 있는 지하수량, ③ 관정 소유자가 법적 제재를 받지 않으면서 취수할 수 있는 지하수량으로 정의될 수 있음
Sophocleous (2000)	지하수의 지속 이용 가능량(sustainable yield)은 지하수 저류량으로부터 취수할 수 있는 수량이지만, 지표수 고갈을 초래하므로 지속 가능량은 안전채수량보다 작아야 함
State of Hawaii CWRM(1990)	지속 이용 가능량(sustainable yield)이란 지하수 취수량과 수질에 영향을 주지 않으면서 지속적으로 취수할 수 있는 수량으로서, 지하수 함양량의 일부분이며, 연속적으로 취수하는 동안 허용할 수 있는 최소 수두에 의해 결정되므로 지하수 부존형태와 수두에 따라 다름

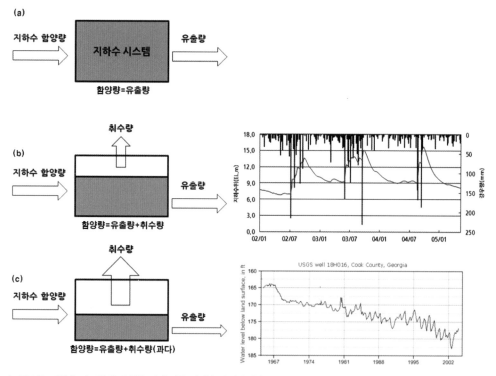

〈그림 18〉 지하수 시스템의 변화와 이에 따른 지하수위 반응. (a) 자연 상태의 지하수 시스템, (b) 지하수 개발이 적정한 상태, (c) 지하수 고갈이 진행되는 상태

범위 내에서 지하수 시스템의 장해를 초래하지 않는 적정량을 정하는 것이라 할 수 있다. 이를 위해서는 지하수 함양량에 대한 정교한 분석이 우선되어야 한다. 다시 말해, 지하수 유역 또는 대수층 단위별 물수지 분석의 신뢰도가 높아야 한다. 또한 지하수 부존 및 산출 특성도 고려해야 한다. 담-염수 경계면을 갖는 지하수체의 경우, 지하수위 하강이 곧 해수침투로 이어질 수 있기 때문이다. 특히 제주도와 같이 강수량의 변화가 크게 발생하는 지역에서는 수문총량을 산정하기 위한 기준 강수량을 정하는 것이 매우 중요하다. 기준 강수량을 정할 때에는 극심한 가뭄에 의해 함양량이 현저하게 감소하는 상황을 대비하기 위해서 연평균 강수량보다 적은 강수량으로 기준을 삼아야 할 것이다.

2. 제주도의 지하수 지속 이용 가능량

제주도의 지하수 지속 이용 가능량은 1981년 산업기지개발공사(현 한국수자원공사)에서 처음으로 제시되었다. 당시 산업기지개발공사는 총강수량(2,385백만㎥)의 45%에 해당하는 1,542백만㎥(일간 4.22백만㎥)가 지하수로 함양되는 것으로 추정하였다. 최대 이용 가능한 지하수량은 지하수 함양량의 70%인 1일 3백만㎥, 경제적 이용 가능량은 지하수 함양량의 47%에 해당하는 1일 2백만㎥로 제시하였다. 1993년 한국수자원공사는 하와이주의 평형방정식에 기초한 RAM 모델(Mink, 1981)을 적용하여 지속 이용 가능량을 지하수 함양량의 41%인 620백만㎥로 산정하였고, 2003년과 2013년에는 RAM2 모델(Lui, 2007)을 적용하여 645백만㎥, 730백만㎥로 각각 산정하였다. 또한 한국농어촌공사는 1993년 지하수 함양량의 57%인 910백만㎥로, 2011년 한국지질자원연구원(RAM2 모델 작용)은 지하수 함양량의 42%인 603백만㎥로 산정하였다(〈그림 19〉와 〈그림 20〉). 2013년과 2018년에 한국

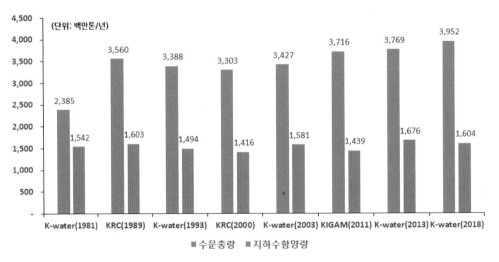

〈그림 19〉 연구기관별 제주도 지하수 함양량 산정결과. K-Water: 한국수자원공사, KRC: 한국농어촌공사, KIGAM: 한국지질자원연구원

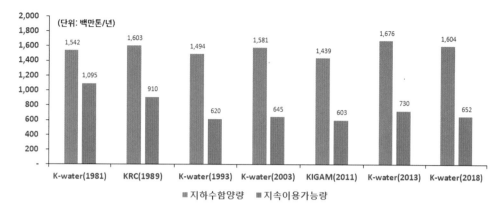

〈그림 20〉 연구기관별 제주도 지하수 지속 이용 가능량 산정결과. K-Water: 한국수자원공사, KRC: 한국농어촌공사, KIGAM: 한국지질자원연구원

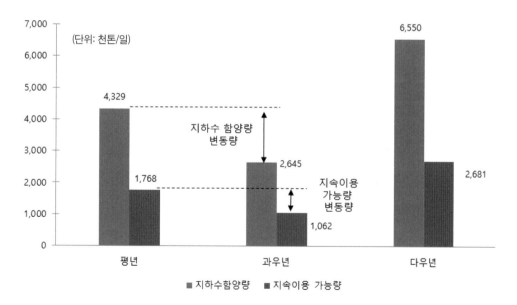

〈그림 21〉 제주도 지하수 함양량과 지속 이용 가능량 변동량(2003년 한국수자원공사 분석결과 인용)

수자원공사는 강수량과 지하수 관측자료 등 업데이트 된 자료를 이용하여 산정된 각각 지하수 함양량의 43.6%, 40.6%인 730백만㎥, 652백만㎥로 산정하였다(〈그림 20〉).

이상의 결과를 종합하면, 그간 제주도 지하수의 지속 이용 가능량은 연평균 약 650백만㎥ 내외이다. 그러나 이 값은 연평균 강수량을 기준으로 산정된 것이며, 극심한 가뭄에 대한 안전율이 고려되지 않은 것이다. 2003년 한국수자원공사의 분석 결과를 기준으로 할 때, 다우년과 과우년의 지하수 함양량은 1,684백만㎥의 변동을 나타내고, 지하수 지속 이용 가능량은 706백만㎥의 차이를 나타내고 있다(〈그림 21〉).

제주도 지하수의 지속 이용 가능량을 산정하는 방식은 주로 지하수 부존형태별로 지하수 함양량에 대한 일정한 비율을 곱하는 방법을 따른다. 기저지하수체(동부 유역)는 해안 대수층에 염수침투의 영향이 없도록 하고, 상위지하수체(남부 유역)는 용천수, 하천, 상수취수량 등을 포함한 취수안전률을 고려하며, 준기저지하수체(북부, 서부 유역)는 평형수두를 초기수두의 일정한 값으로 유지시킨다는 가정하에 산정한다. 즉, 지속 이용 가능량 산정 방식은 지하수 함양량에 어느 정도의 안전율을 곱할 것이냐의 문제인데, 근거가 되는 이용량, 유출량 등 관측자료의 한계가 존재하고 있으므로 보다 정교한 기법의 개발이 요구된다. 또한 지속 이용 가능량은 과학적 기술적 측면 이외의 사회·경제적인 면까지 고려하여 개발과 이용, 보전이라는 균형 원칙 하에 정책적 기준으로 판단하여야 할 것이다.

V. 제주도 지하수의 수위 변동

1. 지하수위 현황

1) 지하수위 변동 요인

지하수위는 일반적으로 강수량에 영향을 가장 크게 받으며, 그 밖에도 증발산량, 대기압, 지구 조석, 해양 석, 지진 등의 자연적인 요인과 주변의 지하수 양수, 지하 공간 개발 등과 같은 인위적 요인에 의해 변동되기도 한다. 이러한 특성을 고려하였을 때, 지하수위 측정을 통한 지하수의 물리적 상태 파악은 지하수 시스템의 변화를 인지하기 위해 매우 기초적인 과정이다. 지하수위 관측자료를 이용하여 그 경향성을 파악하게 되면, 대수층 내 지하수 부존량 변화 양상을 쉽게 파악할 수 있으며, 다른 추가적인 분석 및 연구가 수반될 경우 그 변화요인의 추적도 가능하다(최현미와 이진용, 2009). Freeze and Cherry(1979)는 지하수위 변동을 일으키는 요인들을 〈표 20〉과 같이 요약하였다. 이들 요인들은 자유면대수층과 피압대수층에 따라서 자연적, 인위적 그리고, 단기적, 일별, 계절적, 장기적인 경향을 나타내는지에 따라 분류될 수 있다. 그러나 일반적으로 지하수위는 하나의 요인에 의해서만 변동하는 것이 아니라 여러 요인이 복합적으로 작용하여 다소 복잡한 양상을 나타낸다.

2) 제주도 지하수 관측망 현황

제주특별자치도는 제주도내 지하수 자원의 철저하고 효율적인 관리를 위하여 2017년 말 기준으로 총 138개소의 지하수위 관측망을 운영하고 있다. 여기에는 지하수위 관측망 126개소, 인공함양 관측정 8개소, 국가지하수 관측망 4개소가 포함되며, 해안에 위치한 지하수위 관측망 53개소에는 지하수위와 함께 전기전도도 센서를 다층으로 설치(관측공당

〈표 20〉 지하수 수위변화 변동 요인

구분	자유면대수층	피압대수층	자연적	인위적	단기	일별	계절	장기	기후 변화
지하수 함양 (Infiltration to water table)	√		√				√		√
함양시 공기포획 효과 (Air entrapment)	√		√		√				√
증발산 (Evapotranspiration)	√		√			√			√
하천변 제방저류 (Bank storage)	√		√				√		√
해양조석 (Oceanic tide)	√	√	√			√			
기압 변화 (Atmospheric pressure)	√	√	√			√			√
피압층 상부 하중 (External loading)		√		√	√				
지진 (Earthquake)		√	√		√				
지하수 양수 (Groundwater pumpage)	√	√		√	√	√	√	√	
깊은 관정 주입 (Deep-well injection)		√		√				√	
인공함양 (Artificial recharge)	√			√				√	
관개용수 공급 및 배수 (Irrigation and drainage)	√			√		√	√	√	√
건설공사시 배수 (Open pit, mines, slopes, tunnels, etc)	√			√	√	√	√	√	

(출처: Freeze and Cherry(1979)로부터 수정)

268

3~6개 설치)하여 해수침투 여부를 관측하고 있다(제주특별자치도, 2018). 이들 관측정에서는 2001년부터 매일 24시간 간격으로 1회 지하수위를 측정·기록하고 있다. 이렇게 측정된 자료는 제주특별자치도 지하수정보관리시스템[1]에서 관측정별 표고와 심도, 관측정 위치, 지질주상도 등과 함께 공개되고 있다.

3) 제주도 지하수위 변동 유형

〈그림 22〉는 2010년 기준 제주도내 분포하는 지하수 관측망을 나타낸 것이다. 해수침투관측정, 고지대시추조사공, 인공함양조사공, 지하수위관측정, 광역상수도감시정, 국가관측망, 고미네랄부존조사공 등 총 122개의 관측정이 분포하고 있다. 이들 관측공에서 1시간 간격의 지하수위 변동을 분석하여 대표적인 유형을 〈그림 23~34〉에 나타내었다. 제주도 지하수위 변동 유형은 해양 조석, 강수량, 양수에 의한 영향과 이들과 무관한 양상으로 구분할 수 있다.

해안 지역에 위치하는 관측망에서는 〈그림 23〉과 같이 해양 조석의 효과가 잘 나타나는 공들이 많다. 해양 조석은 1일 2회의 주기적인 상승과 하강을 일으키기 때문에 수위변동 그래프에서 쉽게 이들의 영향을 받는 관정을 구분할 수 있다. 해안선에서 가까울수록 해양 조석의 효과가 강하고, 내륙으로 갈수록 그 영향은 줄어들어 어느 정도 거리가 떨어지면 그 양상이 나타나지 않는다(〈그림 24〉). 〈그림 22〉에서는 이들 해양 조석의 효과가 나타나는 관측정들과 그렇지 않는 것들을 구분하였다. 동부 유역에서 해양 조석에 대한 수위 변동이 내륙 깊숙이 들어온 반면, 남부 유역에서는 해안에 위치한 경우에도 이에 대한 영향이 나타나지 않는다. 북부와 서부는 해안선에 가까운 관측정에서만 해양 조석의 효과가 나타나고 있다. 이와 같은 수위 변동 양상은 제주도 지하수 부존형태를 그대로 반영

---

1) 제주특별자치도 지하수정보관리시스템(http://water.jeju.go.kr/)

하고 있다. 즉 동부에서는 기저지하수체, 남부에서는 상위지하수체, 북부와 서부는 준기저지하수체로 지하수가 부존하고 있어 해양 조석에 대한 효과의 정도를 반영하고 있다.

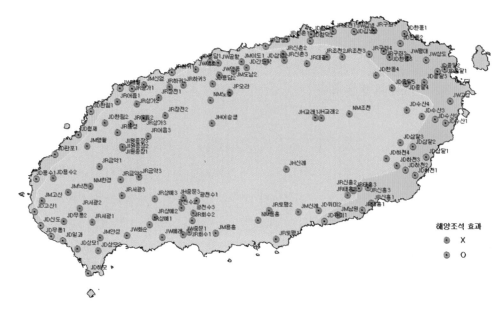

〈그림 22〉 제주도 지하수 관측망 현황 및 해양 조석의 영향을 보이는 관측정 분포(2010년 기준)

또한 제주도에서는 대부분의 관측정에서 강수량에 의한 지하수위 상승 또는 이에 대한 영향이 반영되어 있다. 다만, 강수량에 대한 반응은 〈그림 25~27〉과 같이 즉각적으로 나타나거나, 〈그림 28~30〉과 같이 일정한 시간지연을 가지고, 강수의 영향을 받아 완만하게 상승하였다가 하강하는 형태가 많이 관측된다.

〈그림 26〉의 지하수위는 중산간에 위치한 어승생 관측정 자료인데, 2010년 1월부터 10월까지 동 시기의 다른 관측망 수위와는 달리 하강 추세를 보이고, 매우 불규칙한 수위 변동을 보이는 것이 특징이다. 중산간 또는 상위지하수가 존재하는 곳에 위치한 관측공들은 여러 겹의 화산암층에서 여러 경로를 통해 지하수가 유입되고, 또한 배출이 되기 때문에 불규칙한 형태의 지하수위 변동이 나타날 수 있을 것으로 보인다.

또한 일부 관측정에서는 〈그림 31〉에서와 같이 지하수위가 강수에 의한 영향이 장기적으로 나타나 단기적으로는 강수의 영향인지를 판단하기 어렵다. 〈그림 32〉는 강수와는 상관없는 수위 변동을 보이는 경우이다. 〈그림 33〉과 〈그림 34〉는 주변 지하수의 양수에 의해 변동하는 양상이 잘 나타나고 있다. 한 번의 양수에 의해 수위 하강이 발생하고, 양수가 멈추면 회복되는 양상이 반복되어 수위 변동은 단기적인 상승과 하강, 또한 강수량과 함께 여러 변동요인이 복합적으로 잘 드러나 있다.

지하수위 변동추세를 살펴보는 것은 지하수 개발과 이용, 관리 측면에 있어서 매우 중요한 과정이다. 특히 최근 기후변화에 의해 가뭄과 홍수 등 극한 사상이 빈번하게 발생하고 있기 때문에 이들 관측정에서의 지하수위 변동요인과 추세를 파악하고, 지하수 관리에 활용할 필요가 있다.

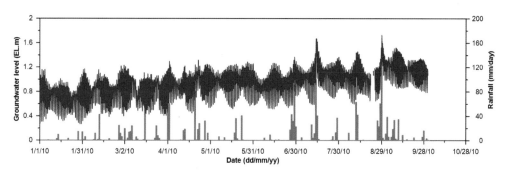

〈그림 23〉 해양 조석의 영향을 받는 지하수위 변동(JD-종달1)(강수량 자료는 성산관측소에서 관측된 것임)

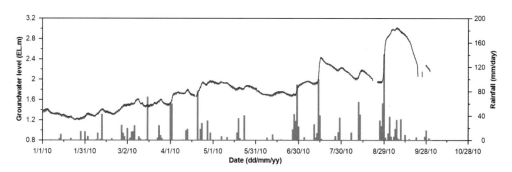

〈그림 24〉 강수와 미약한 해양 조석의 영향를 받는 지하수위 변동(JD-종달3)(강수량 자료는 성산관측소에서 관측된 것임)

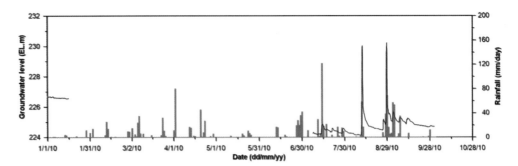

〈그림 25〉 강수에 즉각적으로 영향을 받는 지하수위 변동(IM 오등3)(강수량 자료는 제주관측소에서 관측된 것임)

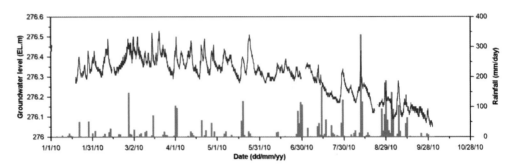

〈그림 26〉 강수에 영향을 받는 지하수위 변동(JH 어승생3)(강수량 자료는 어리목관측소에서 관측된 것임)

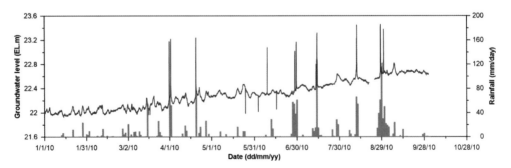

〈그림 27〉 강수에 직접적인 영향을 받는 지하수위 변동(JW 예래)(강수량 자료는 중문관측소에서 관측된 것임)

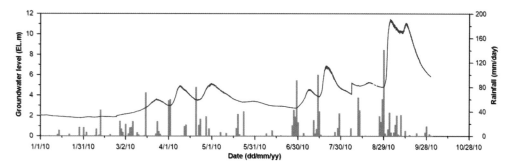

〈그림 28〉 일정한 시간지연을 가지고 강수의 영향을 받는 지하수위 변동(JD 삼달3)(강수량자료는 성산관측소에서 관측된 것임)

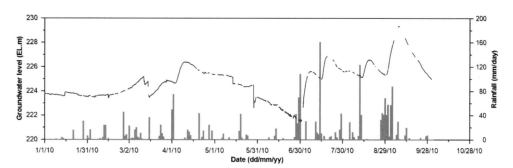

〈그림 29〉 일정한 시간지연을 가지고 강수의 영향을 받는 지하수위 변동(JR 어음3)(강수량 자료는 유수암관측소에서 관측된 것임)

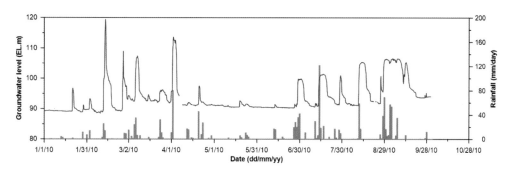

〈그림 30〉 일정한 시간지연을 가지고 강수의 영향을 받는 지하수위 변동(JM 노형)(강수량 자료는 제주관측소에서 관측된 것임)

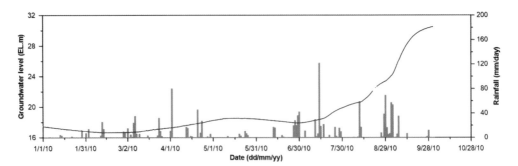

〈그림 31〉 강수에 대하여 상당한 시간을 두고 반응을 보이는 지하수위 변동(JD 간드락)(강수량 자료는 제주관측소에서 관측된 것임)

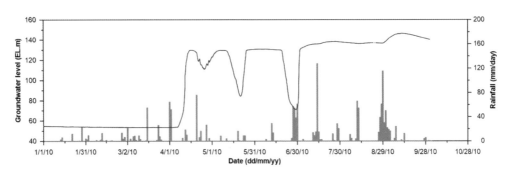

〈그림 32〉 강수와 상관이 없는 지하수위 변동(JM 상예2)(강수량 자료는 중문관측소에서 관측된 것임)

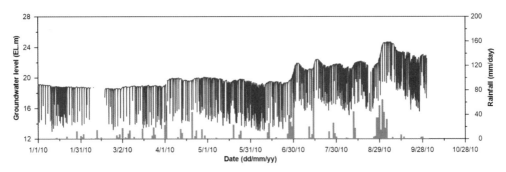

〈그림 33〉 강수와 주변 지하수 관정 양수의 영향을 강하게 받는 지하수위 변동(JM 낙천)(강수량 자료는 고산관측소에서 관측된 것임)

274

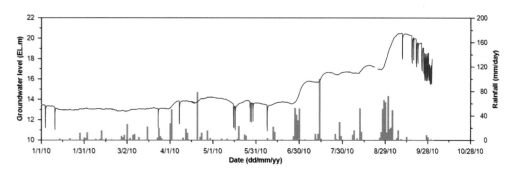

〈그림 34〉 강수와 일정 시기별 양수의 영향을 받는 지하수위 변동(JM 안성)(강수량 자료는 대정관측소에서 관측된 것임)

4) 지진에 따른 지하수위 변화

최근에 전 세계적으로 규모가 큰 지진에 의해 발생하는 수문학적·수리지질학적인 변화 메커니즘을 규명하고자 하는 연구가 계속 이루어지고 있다. 지진에 의하여 ① 지하수위 변동과 하천 수위 변화, ② 지하수 및 용천수의 수질 변화, 그리고 ③ 지하수 및 하천 유출량 변화 등이 발생하는 것이 알려져 있다. 또한 지하수위를 이용한 지진예보 가능성에 대하여도 연구되고 있다. 대만에서 1999년에 발생한 치치 지진(Chi-Chi earthquake)에 대하여는 지진 발생 이전의 지하수위를 분석하여 지하수위 관측자료를 이용한 지진예보 가능성이 제시된 바 있다. 그러나 지진에 의한 지하수의 반응은 수리지질 여건에 따라 수위 변동양상이 상이하고, 수위 변동자료에서 지진과 관련한 신호를 추출해 내는 것도 쉬운 일이 아니다. 그렇기 때문에 지진과 지하수의 연관성 내지는 지하수를 이용한 지진 예보에 대한 주제는 여전히 연구 수준에 머무르고 있다. 제주도에서도 몇몇 대형 지진에 의해 지하수위 변동이 관측되었는데, 여기서는 2010년 6월 13일 규모 7.7 인도네시아 수마트라 바다아체에서 일어난 지진과 2011년 3월 11일 규모 9.0 일본 Tohuku 지진에 의해 제주도에서 나타난 지하수위 변동을 소개한다.

지진파는 변동 주기가 짧기 때문에 지하수위도 최대한 짧은 시간 간격으로 수위를 관측하는 것이 필요하며, 여기서는 센서의 자료 저장 용량을 고려하여 1분 간격으로 관측을 실시하였다. 관측된 지하수위 자료는 기압보정을 거쳐서 실제 지하수위로 환산하였다. 지진파 자료는 기상청의 지진파 파형을 한국지질자원연구원의 analyst25 프로그램을 사용하여 분석하였다. 지하수위는 기압, 강수량, 해양 조석 등 다양한 요인들에 의해 변동하기 때문에, 지진에 의한 지하수위 변동을 추출할 필요가 있다. 이를 위해 지진이 발생한 시간을 중심으로 아래와 같이 이동평균법(moving average method)을 이용하여 지하수위 변화를 추출하였다(이수형 외, 2011; Lee et al., 2013).

$$X_t^* = X_t - \frac{X_{t-n} + \cdots X_t + \cdots X_{t+n}}{2n+1}$$

여기서, X_t^*는 이동평균법으로 얻어진 지하수위이며, X_t는 t시간에서의 측정된 지하수위, n은 X_t값 전후의 n개의 자료 수를 나타낸다. 〈그림 35〉는 초기 지하수위 자료로부터 기압보정과 이동평균법으로 지진에 의한 수위변동을 추출하는 과정을 나타낸 그림이다.

〈그림 36〉은 분석 대상된 2개의 대형 지진이 발생한 지점을 나타낸 그림이다. 인도네시아 수마트라 반다아체 지진은 2010년 6월 13일 오전 4시 26분에 반다아체 서북서쪽 452km 해역에서 발생하였으며, 규모는 7.7이고, 제주도 지진관측소(JJU)와는 약 4,600km 떨어져 있다. 일본 Tohuku 지진은 2011년 3월 11일 오후 2시 46분 23초에 발생하였으며, 규모는 9.0이고 제주도에서 1,560km 떨어진 위치에 있다. Tohuku 지진은 제주도 지진관측소에서 지진 발생 후 3분 16초 후인 14시 49분 39초에 P파가 관측되었다. 〈그림 37〉은 지진파가 관측정에 도착하여 관측되는 지하수위 변동을 보여주는 것으로 지진파에 대한 반응은 최대수위변동과 반응시간으로 비교할 수 있다.

〈그림 38〉은 지하수 관측정 위치를 나타낸 것으로 관측정의 표고는 해발 7.9~115.5m 이며 굴착심도는 40.6~267m, 그리고 지하수위는 해발 6.7~119.8m에 분포하고 있다. 해안변에 위치하는 관측정은 굴착심도와 지하수위가 낮고, 중산간으로 갈수록 굴착심도가 깊어지는 대신 지하수위는 높게 형성되어 있다.

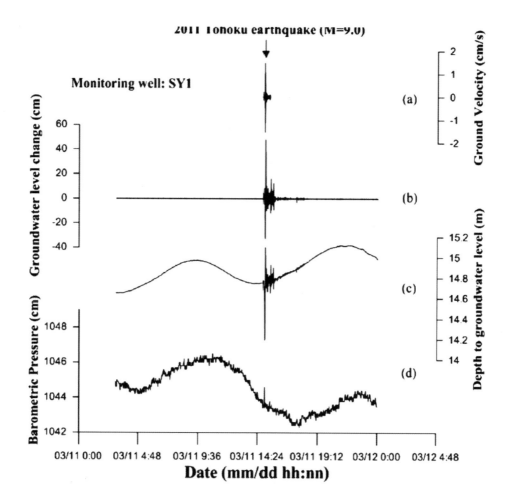

〈그림 35〉 지진에 의한 지하수위 변동 추출 과정, (a) 제주지진관측소(JJU)에서 관측된 2011 Tohuku 지진 파형과 SY1 관측정에서의 (b) 이동평균으로 추출된 지하수위, (c) 기압보정된 지하수위, (d) 대기압 자료

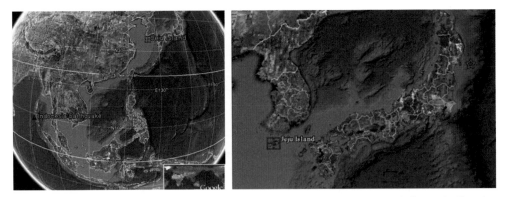

〈그림 36〉 인도네시아 수마트라 반다아체 지진(2010년 6월 13일, 규모 7.7)(좌)과 일본 Tohuku 지진(2011년 3월 11일, 규모 9.0)(우) 발생 위치

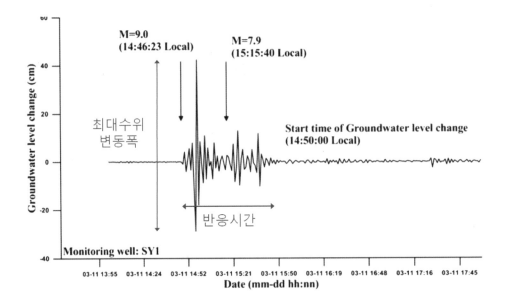

〈그림 37〉 2011 Tohuku 지진에 의한 SY1 관측정에서의 지하수위 변동(Lee et al.(2013)로부터 수정)

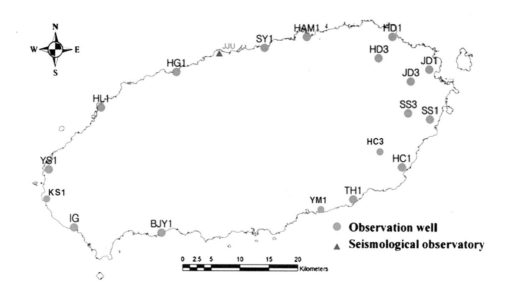

〈그림 38〉 지진에 의한 지하수위 변동 분석 대상 관측소(이수형 외(2011)와 Lee et al.(2013) 자료로부터 수정)

　〈표 21〉은 두 개의 대형지진에 대한 지하수위 변동을 요약한 표이다. 인도네시아 지진에 의해서는 총 10개의 관측정 중 6개 관측정에서 지진에 대한 반응이 관측되었으며, 최대 수위 변동폭은 1.4~2.4cm, 반응시간은 16~27분이었다. 일본 Tohuku 지진의 경우에는 15개 관측공 모두에서 지하수위 반응이 관측되었고, 최대수위 변동폭은 3.0~192.4cm, 반응시간은 1~62분이지만, 어떤 관측정(HD3)에서는 수위 변동이 관측 기간 동안 지속되었다.

　지진이 발생했을 때 지하수위 상승과 하강은 지진에 의한 대수층의 압축과 팽창에서 기인하며, 대수층 유형에 따라 본래의 지하수위로 회복되는 시간도 다르다. 지진에 의해 대수층이 압축되면 대수층 내 공극이 작아져, 관측정 내 지하수위가 상승하고, 반대로 대수층이 팽창되어 공극이 커지면 관측정 내 지하수위는 하강하게 된다. 또한 지진에 대한 반응 정도는 지진파를 전달하는 관측공 주변 지하지질과 수리지질학적 특성 차이에 기인한다. 지진에 대한 반응이 잘 나타나는 관측정들은 지진파를 잘 전달할 수 있는 암석들로 주로 구성되어 있으며, 지하수를 잘 흐르게 할 수 있는 투수성 구조가 많이 분포되어 있다. 하지만 지진에 대한 반응이 잘 나타나지 않는 관측정들은 모래와 점토 등의 미고결층이 많고, 서귀포층이나 U층의 비율이 크며, 투수성 구조도 적은 편이다(이수형 외, 2011).

지진에 의해 제주도에서 관측된 지하수는 지하수위뿐 아니라 지하수 수온과 전기전

〈표 21〉 각 관측공에서의 지진에 의한 수리적 반응 양상

관측정	인도네시아 지진(규모 7.7, 거리 4,600km)			Tohuku 지진(규모 9.0, 거리 1,560km)		
	지진반응 여부	최대수위 변동폭 (cm)	반응시간 (min)	지진반응 여부	최대수위 변동폭 (cm)	반응시간 (min)
SS1	×	-	-	○	30.4	17
HD1	○	2.4	27	○	96.5	58
JD1				○	3.0	1
HC1				○	13.6	11
HAM1	○	1.8	21	○	114.0	47
YS1	×	-	-	○	33.8	8
IG1				○	15.8	18
HL1				○	192.4	62
HG1	○	1.5	18	○	30.4	18
SY1	○	1.9	23	○	81.0	49
TH1	○	1.5	19	○	56.1	22
BJY1	○	1.4	16	○	19.0	23
SS3				○	10.9	21
HD3				○	80.0	지속
JD3				○	5.0	7
YM1	×	-	-			
KS1	×	-	-			

(출처: 이수형 외(2011)와 Lee et al. (2013)로부터 수정된 것으로 색으로 채워진 부분은 관측이 이루어지지 않은 것을 나타냄)

도도(EC)도 변화시켰다. 지진파에 의해 다른 수질을 갖는 지하수의 혼합이 발생하였다는 것을 지시하는 것이다(Lee et al., 2013). 지진에 대한 지하수 반응은 대수층의 수리상수, 투수성 지질 등 수리지질학적인 요인에 의존하는바, 보다 명확한 메커니즘 규명을 위해서는 지하지질을 파악할 수 있는 시추주상도 확보 및 지하수 관측기술 향상 등이 이루어져야 할 것이다(지시경제부 등, 2011).

2. 지하수위 변동 추세 분석

1) 지하수위 변동 추세 분석(2001~2010년)

본 절에서는 한국지질자원연구원에서 2010년 수행한 지하수위 변동 추세 분석 결과를 소개한다. 2010년 기준 제주도 내 총 131개소 지하수위 관측망에서 수집된 자료를 대

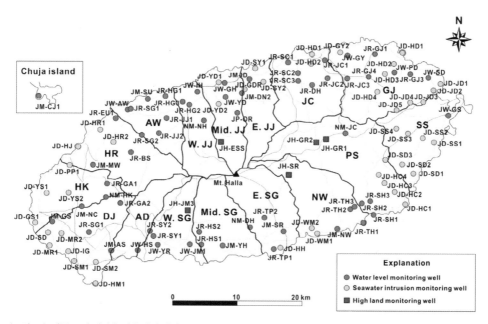

〈그림 30〉 제주도 내 지하수 관측정의 위치

상으로 분석하였으며, 이들 관측정들의 위치는 〈그림 39〉에 나타나 있다. 분석 자료는 2001~2010년 9월까지의 자료를 대상으로 하였으나, 관측 기간은 각 관측정의 설치연도에 따라 다르다. 기본적으로 통계분석에 사용한 관측자료는 일평균 자료를 이용하였으며, 필요한 경우, 매시간 관측자료도 이용하였다(지식경제부 등, 2011).

① 모수적 경향분석

모수적 경향분석을 위해 선형회귀분석법(linear regression)을 이용하였다. 선형회귀분석은 선형 추세분석(linear trend analysis)이라고도 하는데, 일정 기간 자료가 통계적으로 단순 증가 또는 단순 감소인지에 대한 경향성을 판단하는 데 사용할 수 있다. 이는 최소제곱법(least squares method)으로 그린 직선의 기울기로서 분석한다. 선형 회귀직선의 부합 정도는 결정계수(coefficient of determination, r^2)이며, 결정계수가 1에 가까울수록 회귀직선에 의한 관측값을 잘 설명할 수 있다. 그러나 결측값과 이상값에 의한 영향을 적절히 처리하지 않는 경우, 분석 결과가 크게 달라질 수 있다는 단점이 있다(최현미와 이진용, 2009).

〈표 22〉는 지하수위의 단기·장기 자료에 대한 모수 경향분석 결과를 나타낸 것이다. 2001~2005년간의 단기 자료에 대하여 시자료, 일평균, 월중앙, 연중앙 값의 분석 결과,

〈표 22〉 지하수위 자료에 대한 기간별 모수 경향성 분석 결과

기간	경향	시자료	일평균	월중앙	연중앙
2001~2005년	증가	27.9%(24[a]/86[b])	27.9%(24/86)	26.7%(23/86)	30.0%(24/80)
	감소	72.1%(62/86)	72.1%(62/86)	73.3%(63/86)	70.0%(56/80)
2006~2010년	증가	56.9%(74/130)	54.6%(71/130)	55.4%(72/130)	58.1%(72/124)
	감소	43.1%(56/130)	45.4%(59/130)	44.6%(58/130)	41.9%(52/124)
2001~2010년	증가	-	44.3%(58/131)	50.4%(66/131)	36.0%(45/125)
	감소	-	55.7%(73/131)	49.6%(65/131)	64.0%(80/125)

[a]증가경향을 보이는 관측정의 수; [b]분석대상 관정의 수

26.7~30.0%의 수위가 증가하였으며, 70.0~73.3%는 감소하였다. 2006~2010년간의 단기 자료에서는 54.6~58.1%가 증가하고 41.9~46.9%가 감소하여, 2001~2005년보다 지하수위가 증가하는 경향성을 가지는 관측정 비율이 증가하였다. 2001~2010년의 장기 자료는 36.0~50.4%가 증가하고 49.6~64.0%는 감소하는 경향성을 보였다.

〈그림 40〉은 각 관측정에서 2001~2009년 지하수위의 연중앙값 자료의 모수 경향분석 결과를 표시한 것이다. 119개 관정 중 25.2%는 증가, 74.8%는 감소하는 경향성이 나타났다. 지하수위가 주로 감소하는 지역은 제주도 북서부 및 서부의 애월, 한경, 대정 지역과 동부의 성산, 표선 지역, 그리고 서귀포 남서부 지역이다.

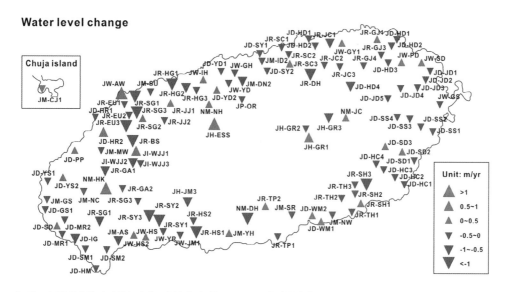

〈그림 40〉 각 관측정의 지하수위의 모수분석 결과(2001~2009년 연중앙값)

② 비모수적 경향 분석

비모수적 경향 분석 방법은 관측값의 서열 또는 변동 기울기를 이용하는 방법이다. 즉, 관측값을 그대로 적용하는 것이 아니기 때문에 모수적 경향성 분석보다 결측값과 이상값의 영향이 비교적 적다고 할 수 있다. 대표적으로 사용되는 비모수적 경향성 분석 방법은 Mann-Kendall test와 Sen's test이며, 이 두 방법으로 분석을 실시하였다. Mann-Kendall test 는 각 관측값을 쌍으로 비교하였을 때 증가(1), 감소(-1), 상등(0)의 값을 이용하는 것으로서 어떤 시점 i ($1 \leq i \leq n$)에서의 관측값을 x_i라고 하면 관측값 x_i는 N개의 $x_j - x_i (j > i)$ 차분쌍(difference pair)을 만들고 이 차분의 부호를 계산하면 아래와 같이 표현할 수 있다.

$$sgn(x_j - x_i) = \begin{cases} 1 & \text{if } x_j - x_i > 0 \\ 0 & \text{if } x_j - x_i = 0 \\ -1 & \text{if } x_j - x_i < 0 \end{cases}$$

또한 Mann-Kendall 통계량은 다음과 같이 계산된다.

$$S = \sum_{i=1}^{n-1} \sum_{j=i+1}^{n} sgn(x_j - x_i)$$

n>10인 경우에는 정규분포를 가정하고, 아래의 Gilbert(1987)의 식을 이용할 수 있다.

$$Z = \begin{cases} \dfrac{S-1}{\sqrt{Var(S)}} & S > 0 \\ 0 & S = 0 \\ \dfrac{S+1}{\sqrt{Var(S)}} & S < 0 \end{cases}$$

Sen's test에서는 먼저 기울기 추정값을 구하며, 이를 이용하여 Sen의 경향성 추정자 (estimator)를 얻을 수 있다. Sen의 경향성 추정자(estimator)를 구하기 위해서는 다음과 같은 N'개의 기울기 추정값, Q를 구해야 한다.

$$Q = \frac{X_j - X_i}{j - i}$$

여기서, X_j와 X_i는 각 관측 시점 j 과 i 에서 측정된 관측값이며, i 는 관측된 일련 순서이고, $j > i$, $N' = \frac{n(n-1)}{2}$ (n은 관측값 개수) 이다. 구해진 Q값은 그 크기에 따라 나열한 뒤 아래 식을 이용하여 중앙값(median)을 구한다.

$$S = Q_{[N+1/2]} \quad (\text{N: 홀수})$$

$$S = Q_{[N/2]} + Q_{[N+1/2]} \quad (\text{N: 짝수})$$

Gilbert(1987)는 가설검정에 필요한 S 분산값에 대하여 적은 수의 자료에 적용시킬 수 있는 Kendall(1975)의 식을 수정하여 다음과 같은 분산 추정값을 구하는 식을 제시하였다.

$$\text{var(S)} = \frac{1}{18} \left[n(n-1)(2n+5) - \sum_{p=1}^{q} t_p(t_p - 1)(2t_p + 5) \right]$$

여기서 t_p는 서로 같은 관측값을 갖거나 미관측된 관측값의 수를 뜻하며, q는 이러한 경우의 수이다. 이들 값을 이용하면 다음과 같이 신뢰구간을 구할 수 있다.

$$M_1 = \frac{N' - Z_{1-\alpha}[\,\mathrm{var(S)}\,]^{1/2}}{2}$$

$$M_2 = \frac{N' + Z_{1-\alpha}[\,\mathrm{var(S)}\,]^{1/2}}{2}$$

여기서, $Z_{1-\alpha}$는 정규분포의 $(1-\alpha)100\%$ 지점이다. 경향성이 없다는 귀무가설(null hypothesis)에 대하여 M_1과 M_2에 해당되는 Q값이 0을 포함하고 있지 않으면 귀무가설은 기각되어 경향성이 있다고 판단할 수 있다.

〈표 23〉은 지하수위 자료의 단기·장기 자료에 대한 비모수 경향분석 결과를 나타낸 것이다. 2001~2005년의 단기 자료에 대하여 월중앙값의 비모수 경향성 분석을 실시한 결과, 99% 신뢰도에서 전체 관측정 11.5%가 증가하고, 21.2%는 감소하며, 67.3%는 무경향으로 나타났다. 2006~2010년의 단기 자료에서는 21.5%가 증가하고, 5.4%가 감소하였으며 73.1%는 무경향으로 나타났다. 2001~2010년의 장기 자료에 대하여는 24.8%가 증가하고, 24.0%는 감소하며 51.2%가 무경향인 것으로 나타났다. 2001~2010년의 연중앙값은 99% 신뢰도에서 100%의 관정이 무경향인 것으로 나타났다.

〈그림 41〉은 각 관측정별 2001~2010년 지하수위 연중앙값 자료의 비모수 경향분석 결과이다. 지하수위가 주로 상승한 지역은 제주도 서부 및 중산간 일대와 남부 해안 지역으로 대부분 제주도 서부와 중산간에 집중되어 있다. 지하수위가 낮아지는 지역은 제주도 북부 및 서부, 동부, 남부의 해안 지역이다.

기간	경향	Mann-Kendall test		Sen's test	
		95%[a]	99%	95%	99%
2001-2005년 (월중앙)	증가	16.8% (19[b]/113[c])	11.5% (13/113)	16.8% (19/113)	11.5% (13/113)
	감소	25.7%(29/113)	21.2% (24/113)	25.7% (29/113)	21.2% (24/113)
	무경향	57.5%(65/113)	67.3% (76/113)	57.5% (65/113)	67.3% (76/113)
2006-2010년 (월중앙)	증가	24.6%(32/130)	21.5% (28/130)	24.6% (32/130)	21.5% (28/130)
	감소	6.2%(8/130)	5.4%(7/130)	6.2% (8/130)	5.4% (7/130)
	무경향	69.2%(90/130)	73.1%(95/130)	69.2% (90/130)	73.1% (95/130)
2001-2010년 (월중앙)	증가	28.7%(37/129)	24.8%(32/129)	28.7%(37a/129b)	24.8% (32/129)
	감소	27.1%(35/129)	24.0%(31/129)	27.1% (35/129)	24.0% (31/129)
	무경향	44.2%(57/129)	51.2%(66/129)	44.2% (57/129)	51.2% (66/129)
2001-2010년 (연중앙)	증가	2.1%(1/47)	0%(0/47)	2.1%(1/47)	0%(0/47)
	감소	4.3%(2/47)	0%(0/47)	4.3%(2/47)	0%(0/47)
	무경향	93.6%(3/47)	100%(47/47)	93.6%(3/47)	100%(47/47)

[a]신뢰수준; [b]증가경향을 보이는 관측정의 수; [c]분석대상 관정의 수

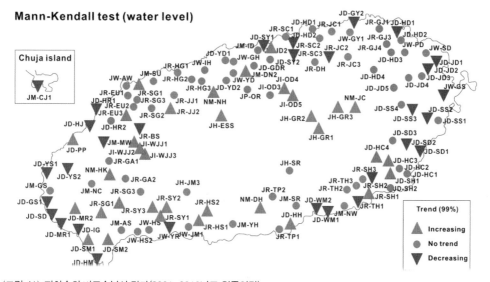

〈그림 41〉 지하수위 비모수분석 결과(2001~2010년도 월중앙값)

2) 지하수위 추세 분석(2001~2020년)

제주지하수연구센터에서는 제주도 지하수 관측망 133개소를 대상으로 2001년부터 2020년까지 20년간의 지하수위 추세분석을 수행하였다(제주특별자치도, 제주지하수연구센터, 2021). 2011년 한국지질자원연구원에서 수행된 비모수 통계분석기법인 Mann-Kendall 추세분석법 및 Sen의 기울기 분석법을 이용하였다.

분석결과, 2001~2020년의 지하수위 추세는 총 133개소 관정에서 상승 45개소(34%), 변화 없음 21개소(16%), 하강 67개소(50%)로 하강 추세가 우세한 것으로 나타났다. 2011년도 한국지질자원연구원에서 수행된 2001년~2009년의 제주도 전역 지하수위의 추세분석 결과와 비교하면, 지하수위의 장기적 변동이 없는 안정적인 상태보다는 상승이나 특히 하강이 우세한 상태로 변화하였다는 것을 알 수 있다. 지역별로는 북부(제주시, 조천, 애월)에서 상승 14개소(39%), 변화 없음 9개소(25%), 하강 13개소(36%)로 상승과 하강 추세가 유사한 비율을 나타냈다. 서부(한림, 한경, 대정, 안덕)에서는 상승 14개소(35%), 변화 없음 3개소(8%), 하강 23개소(58%)로 하강 추세가 우세하고, 남부(서귀포시, 남원)에서는 상승 8개소(35%), 변화 없음 6개소(26%), 하강 9개소(39%)로 상승과 하강 추세가 유사한 비율로 나타났다. 동부(표선, 성산, 구좌)에서는 상승 9개소(26%), 변화 없음 3개소(9%), 하강 22개소(65%)로 하강 추세가 우세하였다.

2007~2017년의 지하수위 추세분석 결과 총 131개소 관정에서 상승은 42개소, 변화 없음 25개소, 하강 64개소로 하강 추세가 49%의 비율로 나타났는데, 지역별로는 북부(제주시, 조천, 애월)에서 상승 8개소(22%), 변화 없음 10개소(28%), 하강 18개소(50%)로 2001~2020년에 비해 하강 추세 비율이 증가하였다. 서부(한림, 한경, 대정, 안덕)에서는 상승 16개소(41%), 변화 없음 4개소(10%), 하강 19개소(49%)로 하강 추세가 우세하였다. 남부(서귀포시, 남원)에서는 상승 9개소(39%), 변화 없음 3개소(13%), 하강 11개소(48%)로 2001~2020년에 비해 하강 추세가 우세하게 나타났다. 동부(표선, 성산, 구좌)에서는 상승 9개소(27%), 변화 없음 8개소(24%), 하강 16개소(48%)로 하강 추세가 우세하였다(〈표 24〉).

<표 24> 지하수위 추세분석 결과

분석기간 추세구분	2001~2020년			2007~2017년		
	상승	변화 없음	하강	상승	변화 없음	하강
제주도 전역	45(34%)	21(16%)	67(50%)	42(32%)	25(19%)	64(49%)
북부(제주, 조천, 애월)	14(39%)	9(25%)	13(36%)	8(22%)	10(28%)	18(50%)
서부(한림, 한경, 대정, 안덕)	14(35%)	3(8%)	23(58%)	16(41%)	4(10%)	19(49%)
남부(서귀, 남원)	8(35%)	6(26%)	9(39%)	9(39%)	3(13%)	11(48%)
동부(표선, 성산, 구좌)	9(26%)	3(9%)	22(65%)	9(27%)	8(24%)	16(48%)

(출처: 제주특별자치도·제주지하수연구센터, 2021)

2001~2020년과 2007~2017년간의 지하수위 추세의 지역적 분포를 비교한 결과, 강수의 감소 추이가 뚜렷한 2007~2017년 기간에는 2001~2020년에 비해서 전 지역적으로 지하수위가 하강하는 추세가 우세했다(〈그림 42와 43〉).

지하수위에 영향을 미치는 인자는 강수, 지하수 양수, 해수면 변동 등 다양하다. 최근 제주도에서는 시기별·지역별로 강수량이 부족해 가뭄이 빈번하게 발생하고 있으며, 이에 따라 지하수 이용량도 증가하여 지하수위 하강의 원인이 되고 있다. 강수도 연평균 강수량은 감소하지 않았지만, 강수 일수는 줄고, 집중호우가 늘어나는 경향이 있어 지하수 함양에 불리하게 작용하였다. 또한 지표피복의 변화도 지하수 함양의 조건을 변화시킬 수 있다. 지표피복은 1980년대 대비, 2000년대에 산림은 69%로, 토지는 75%로 감소했다. 비닐하우스 면적은 2013년 제주도 전체 면적의 1.3%였던 것이 2018년에는 3%를 차지하였는데, 이 수치는 두 배 이상 늘어난 것이다. 그 밖에도 지역 개발, 도로 건설 등 지표의 불투수 면적이 증가하였다. 이러한 지표의 불투수 면적이 증가한 것은 지하로 물이 침투할 수 있는 면적이 줄어들어 지하수 함양량이 감소하는 원인으로 작용한다. 그러나 지하수위는 관측정이 위치한 곳이 대수층 수리 특성에 의해 변동 양상도 달라진다. 제주도와 같

〈그림 42〉 2001~2020년 지하수위 추세 및 Sen 기울기 분포(출처: 제주특별자치도·제주지하수연구센터, 2021)

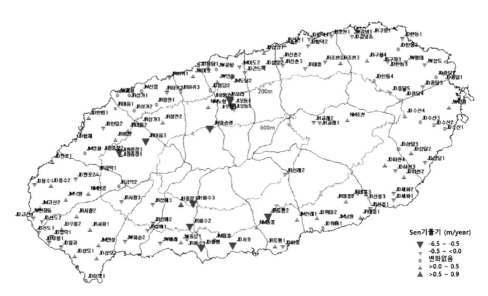

〈그림 43〉 2007~2017년 지하수위 추세 및 Sen 기울기 분포(출처: 제주특별자치도·제주지하수연구센터, 2021)

이 지질구조가 복잡한 지역의 경우, 지하수의 흐름 또한 복잡하게 형성되어 유사한 위치에 대수층이 존재하더라도 지하수량 변화는 각기 다른 요인에 의해 영향을 받을 수 있다. 따라서 지하수위 변동 추세가 상승 또는 하강하는 원인을 하나의 요인만으로 판단하는 것은 무리가 있다.

참고문헌

건설부·제주도·한국수자원공사, 1993, 『제주도 수자원종합개발계획수립 보고서』.

기상청, 2013, 『제주도 기후변화 상세분석 보고서』, 96.

김남원·정일문·이정우·김철겸·김지태·이정은·신아현·나한나, 2010, 『한국형 유역수문모형 SWAT-K의 구조』, 수자원의 지속적 확보기술개발 사업단, TR 2010-13, 91.

김종건·임경재·박윤식·허성구·박준호·안재훈·김기성·최중대, 2007, 「경사도에 따른 CN보정에 의한 L-THIA 직접유출 모의 영향 평가」, 『수질보전 한국물환경학회지』 23(6), 897-905.

김철겸·조재필·김남원, 2018, 「다중 GCM과 유역모델링을 이용한 기후변화에 따른 제주도의 수문학적 영향 평가」, 『한국수자원학회지』 51(1), 11-18.

농림수산부·제주도·농업진흥공사, 1989, 『제주도 지하수장기계발계획 조사 보고서』, 396.

농촌진흥청 난지농업연구소, 2006, 『난지권 밭토양(화산회토) 적정 물관리 기술개발』, 176.

산업기지개발공사, 1981, 『제주도 수자원개발 종합보고서』, 388.

유승환·최진용·장민원, 2006, 「논벼에 대한 Penman-Monteith와 FAO Modified Penman 공식의 작물계수 산정」, 『한국농공학회논문집』 48(1), 13-23.

이수형·함세영·하규철·김용철·정범근·고경석·고기원·김기표, 2011, 「지진에 의한 제주도 지하수위 변동 분석(2010년 인도네시아 규모 7.7 지진)」, 『지하수토양환경』 16(2), 41-51.

제주도, 2010, 『2010 제주도 통계연보』.

제주도·한국농어촌공사, 2000, 『제주도 지하수 보전관리계획 보고서』, 588.

제주도·한국수자원공사, 2003, 『제주도 수문지질 및 지하수자원 종합조사(3)』, 425.

_____, 2013, 『제주도 수자원관리종합계획(2013-2022)』.

제주특별자치도, 2018, 『2018-2022 제주특별자치도 수자원관리종합계획(보완)』, 328.

조홍제·오준호·남병호·정경택, 2004, 「GIS를 이용한 SCS-CN 산정에 관한 연구」, 『대한공간정보학회지』 12(1), 39-44.

지식경제부·제주광역경제권선도산업지원단·한국지질자원연구원, 2011,『제주워터 지속 이용 가능량 평가 및 기능성 지하수 발굴』.

최현미·이진용, 2009,「제주도 지하수 관측망 수위에 대한 모수 및 비모수 변동경향 분석」,『한국지하수 토양환경학회지』14(5), 41-50.

최현미·이진용·하규철·김기표, 2011,「제주도 수리자료에 대한 시계열 분석 및 지하수 함양율 추정연 구」,『한국지질공학회지』21(4), 337-348.

한국지질자원연구원, 2004,『지하수 순환/유동 시스템 모델링 기반기술 개발』, 21세기 프론티어 연구 개발 사업-수자원의 지속적 확보기술개발 사업, 과학기술부, 403.

환경부·한국수자원공사, 2018,『제주지역 지하수 기초조사(보완) 보고서』.

Allen, R.G., Pereira, L.S., Raes, D., Smith, M., 1998, Crop Evapotranspiration-Guidelines for Computing Crop Water Requirements-FAO Irrigation and Drainage Paper 56. FAO, Rome, 300(9): D05109.

ASCE(Americn Society of Civil Engineering), 1972, Groundwater Management, Manual of Engineering Practice 40.

Bouwer H., 1978, Groundwater Hydrology. McGraw-Hill Book Co.

Freeze, R.A., Cherry, J.A., 1979, Groundwaetr, Prentice-Hall, Inc., Englewood Cliffs, NJ. 604p.

Gilbert, R.O., 1987, Statistical Methods for Environmental Pollution Monitoring, Van Nostrand Rienhold Company, Inc., New York, 127p.

Healy, R.W., Winter, T. C., LaBaugh, J. W., and Franke O. L., 2007, Water Budgets: Foundations for Effective Water-Resources and Environmental Management. U.S. Geological Survey Circular 1308, 91p.

Heath, R.C., 1983, Basic ground-water hydrology: U.S. Geological Survey Water-Supply Paper 2220, 84p.

Huang, M., Gallich, J., Wang, Z., Goulet, M., 2006, A modification to the Soil Conservation Service curve number method for steep slopes in the Loess Plateau of China, Hydrological Processes, 20(3), 579-589.

Hunt, C.D. Jr., 1996, Geohydrology of the island of Oahu, Hawaii: U.S. Geological Survey Professional Paper 1412-B, 54p.

Kendall, M.G., 1975, Rank correlation methods, Charles Griffin, London, 202p.

Lee, C.H., 1915, The determination of safe yield of underground reservoirs of the closed basin type, Trans. Amer. Soc. Civil Engrs, 78, 148-151.

Lee, S.-H., Ha, K., Hamm, S.-Y., Ko, K.-S., 2013, Groundwater responses to the 2011 Tohoku Earthquake on Jeju Island, Korea, Hydrological Processes, 27, 1147-1157.

Lui, C.C.K., 2007, Ram2 modeling and the determination of sustainable yields of Hawaii Basal aquifers. Water Resources Research Center, university of Hawaii at Manoa, project report PR-2008-06.

Meinzer OE, 1923, Outline of groundwater hydrology, with definitions, U.S. Geol. Surv, Water Supply Paper, 494.

Mink, J.F., 1981, Determination of sustainable yields in basal aquifer. In Groundwater Hawaii-A Century of Progress, Water Resources Research Center, University of Hawaii at Manoa, 101-116.

Mink J. F., Lau L. S., 1987, Aquifer Identifcation and Classification for Oahu, Groundwater Project Strategy for Hawaii, Water Resources Research Center, University of Hawaii at Manoa, Technical Report No. 179, 28p.

Sharpley, A.N., Williams, J.R., 1990, EPIC Erosion/Productivity Impact Calculator: 1. Model Documentation. USA Department of Agriculture Technical Bulletin No. 1768, USA Government Printing Office, Washington DC.

Sophocleous, M., 2000, From safe yield to sustainable development of water resources: The Kansas experience, Journal of Hydrology, 235, 27-43.

State of Hawaii Department of Land and Natural Resources, Commission on Water Resource Management, 1990, Hawaii Water Plan, Water Resources Protection Plan: Honolulu, Hawaii.

State of Hawai'i, Commission on Water Resource Management, 1990, Oahu Water Management Plan.

State of Hawai'i, Commission on Water Resource Management, 2019, Water Resource Protection Plan 2019 UPDATE.

Stuart, W.T., 1945, Groundwater resources of the Lansing area, Mich. Dept. of Cons., Geol. Surv. Div. Rept. 13.

Todd, D.K., 1959, Groundwater Hydrology. John Wiley & Son, Inc., New York.

United Nations Development Programme Food and Agriculture Organization of The United Nations, 1972, Tube Well Irrigation Project, Republic of Korea : Groundwater Resources of Selected Area of Cheju Island and the Mainland, Volume I : Text, AGL : DP/ROK/68/524 Technical Report, 165p.

Westenbroek, S.M., Kelson, V.A., Dripps, W.R., Hunt, R.J., Bradbury, K.R., 2010, SWB-A modified Thornthwaithe-Mather Soil-Water-Balance code for estimating groundwater recharge: U.S. Geological Survey Techniques and Methods G-A31.

제주의 용천수

박원배

I. 머리말

화산섬 제주는 물 빠짐이 매우 좋아 내륙처럼 사시사철 흐르는 강이 없다. 물은 매우 귀했고, 지금처럼 수도꼭지를 틀면 물이 나오는 것이 아니었기 때문에 땅에서 솟아나는 물이 있는 용천수를 중심으로 마을이 만들어졌다. 용천수는 "지하를 흐르던 지하수가 지표의 열린 틈을 통해 솟아나는 물(지하수)"을 말하며, 지하수 관정 개발을 통한 상수도 보급 이전에는 대부분 이 용천수를 이용하여 생활을 영위하였다. 이는 제주 물 이용역사의 상징으로서, 도민의 생활사에 중요한 부분을 차지하고 있다.

제주의 용천수에 대한 전수조사를 살펴보면, 1999년도에는 제주도 전역에 911개소의 용천수가 분포하며 이 중에서 182개소의 용천수가 고갈 또는 멸실되었다고 보고하였다(제주도, 1999). 이후 2010년에 한국지질자원연구원에서 30개소를 추가 조사하여 941개소의 용천수의 존재를 확인하였으며, 이 중에서 281개소가 고갈 또는 멸실되었다고 보고하였다(한국지질자원연구원, 2011).

2013년도부터 2014년까지는 용천수 보전·관리 방안 마련을 위해 문헌 조사와 현장 전수

조사를 실시하여 총 1,025개소 1,013천㎥/일의 용천수의 존재를 확인하였다(제주특별자치도·제주연구원, 2016). 이 가운데 매립 또는 멸실된 270개소와 위치를 확인할 수 없는 94개소를 제외하고 661개소의 용천수를 보전·관리 대상으로 선정하여 관리계획을 수립하였다.

2020년 「제주특별자치도 용천수 관리계획 보완계획」 수립 시 전수조사를 한 결과, 17개소가 새롭게 발견되었으나, 개발사업 등으로 매립되거나 수량이 고갈되어 멸실된 용천수는 31개소로 파악되었다. 이 계획에서는 매립·멸실된 용천수를 제외하고 646개소의 용천수를 대상으로 용천수 보전·관리 보완계획을 수립하였다(제주특별자치도·제주연구원 제주지하수연구센터, 2020).

Ⅱ. 용천수의 분포

1. 용천수 분포 현황

제주의 용천수는 한라산을 중심으로 지형 경사가 가파른 북측과 남측 사면 그리고 제주도 전체의 해안선을 따라 분포하며, 2022년 현재 646개소(1,125천㎥/일)로 제주시 385개소, 서귀포시 261개소가 있다. 용천수는 해안에서 한라산 쪽으로 갈수록 현저하게 적다. 해발 200m 이상의 중산간 및 고지대에는 전체 용천수의 9%에 해당하는 65개소가 분포하고, 대부분 용천수는 해안가의 저지대에 편중되었다.

지형 경사가 완만하고 현무암질 용암류가 비교적 평탄하게 분포하는 동·서부지역에서는 중산간의 일부 오름 주변이나 기슭에서 용천수가 용출한다. 반면, 조면암과 조면현무암류가 주로 분포하는 지형 경사가 급한 남·북 지역의 중산간 및 고지대에는 용천수가 많은데, 이는 지형이 급하게 변하는 지점에서 발달하며, 주로 하천변이나 그 주변 지역에 위치하고 있다. 또한 북부지역에서는 외도천, 광령천, 산지천, 화북천을 중심으로 용천수들이 발달하고 있으며, 남부지역은 효례천, 연이천 등을 따라 분포하고 있다.

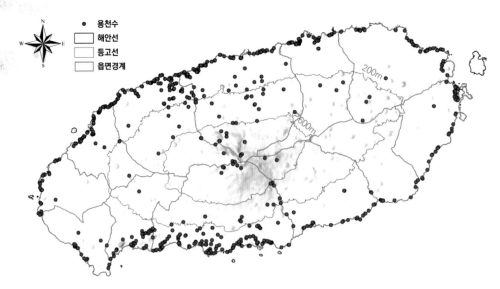

〈그림 1〉 제주도 용천수 분포 현황

2. 용천수 분포 특징

제주도의 용천수는 분포 위치에 따라 크게 저지대 용천수, 중산간지대 용천수, 고지대 용천수로 구분할 수 있다.

〈표 1〉 지역별·표고별 용천수 분포 현황

구분	조간대 공유수면	저지대		중산간지대	고지대	합계
		50m 이하	200m 이하	200~600m	600m 이상	
합계	231개소	258개소	92개소	40개소	25개소	646개소
북부	88	100	29	26	16	259(40%)
남부	47	77	56	10	9	199(31%)
동부	53	31	4	3	0	91(14%)
서부	43	50	3	1	-	97(15%)

1) 고지대 용천수

해발 600m 이상 고지대에는 용천수 25개소가 분포하고 있다. 해발 600~1,000m에는 관음사물, 천아계곡물, 선녀폭포, 성널샘, Y계곡물 등이 있고, 해발 1,001~1,500m에는 어승생물, 영실계곡물, 원점비물, 사라악약수, 사제비물 등이 분포하고 있다. 1500m 이상에는 용진각물, 영실물, 오름약수, 백록샘, 방아샘 등의 용천수가 분포한다.

방아오름물(서귀포시 서홍동)　　　　　　노루샘(서귀포시 영남동)

〈그림 2〉 고지대 용천수 전경

이들 고지대에 분포하는 용천수들은 함양지역 면적이 좁고, 지형 경사가 급하므로 빗물이 땅속으로 침투 후 2년 이내에 용출하여 용존성분 함량이 지극히 낮고, 강수량에 따라 용출량의 변동도 비교적 크게 나타난다.

2) 중산간지대 용천수

해발 200~600m 중산간지대에는 40개소의 용천수가 분포하고 있다. 이들 용천수를 표고별로 보면, 해발 200~300m 지역에는 유수암천 등이 있으며, 해발 300~400m에는 산천단물 등이, 해발 400~600m에는 열안지물 등이 있다.

이들 중산간지대 용천수의 전기전도도, 총고형물질 함량 및 수온은 표고가 상승할수록 낮아지는 경향을 보인다.

유수암천(제주시 애월읍 유수암리)

돈내코물(서귀포시 상효동)

정연물(제주시 애월읍 광령 2리)

주루렛물(제주시 해안동)

〈그림 3〉 중산간지대 용천수

3) 저지대 용천수

해발 200m 이하의 저지대에는 전체 용천수의 약 90%에 해당하는 581개소가 분포하고 있다. 제주시 지역에 339개소(52.5%), 서귀포시 지역에는 242개소(37.5%)가 있다.

저지대 용천수 581개소 중 조간대 및 공유수면에 231개소가 있다. 이 용천수들은 조수 간만의 차에 의해 바닷물에 잠기기도 하고 노출되는 현상을 반복하고 있다.

남바치물(서귀포시 상예동)

소왕물(제주시 애월읍 상귀리)

영등물(서귀포시 신례리)

청굴물(제주시 구좌읍 김녕리)

〈그림 4〉 저지대 용천수 전경

Ⅲ. 용출량 현황

용천수는 대부분 지표와 가까운 지층에서 솟아나므로 강수 또는 가뭄 등에 따라 용출량이 변동한다. 장기적으로는 지하수 이용 정도에 따라 영향을 받으므로 측정 시기에 따라 용출량의 편차가 발생하게 된다.

용천수 전수조사 결과 용출량은 1일 평균 905~2,788㎥로 분석되었다.

〈표 2〉 용천수 용출량 분석 결과

구분	조사 대상 용천수 개소	용출량 조사		용천수 당 평균 용출량(㎥/일)
		개소	총용출량(㎥/일)	
1999년	911	699	965,904	1,191
2010년	941	399	344,777	905
2014년	1,025	358	980,886	2,788
2020년	677	429	480,916	1,125

출처; 1998~1999년 제주도(상하수도본부) 조사, 2010년 한국지질자원연구원 조사, 2013~2014년 제주특별자치도(물정책과) 조사, 2020년 제주특별자치도(물정책과, 제주지하수연구센터) 조사

2020년 제주특별자치도와 제주지하수연구센터에서 427개 용천수를 대상으로 조사한 표고별 용출량의 변동 특성을 보면, 조간대를 비롯한 공유수면에 위치한 용천수의 용출량은 217,982㎥/일이고, 표고 0~10m에 위치한 용천수의 용출량은 199,491㎥/일로 전체 용출량의 87%를 차지하고 있다. 고지대인 600m 이상 지역에 위치한 용천수의 용출량은 3,817㎥/일로 이는 한라산국립공원 내에 있는 Y계곡물과 용진굴물 등에 의한 영향이다.

특히, 고지대는 강수량이 많으나 유역 면적이 작고, 지형 경사가 급해 용출량이 적다. 중산간 지역은 강수가 지하로 침투하는 함양지역인 반면, 해안지역은 상류 지역에서 함양되는 지하수가 유출되는 지역으로 용출량의 대부분을 차지하고 있다.

<表 3> 표고별 용출량 현황

표고(m)	용출량 측정 용천수(개소)	용출량(㎥/일)	용출률(%)	평균 용출량(㎥/일/개소)
계	427	480,499	100	1,125
공유수면	171	217,982	45	1,275
0~50	158	243,010	51	1,538
50~200	56	13,939	3	249
200~600	21	1,751	0	83
600 이상	21	3,817	1	182

지역별 용출량 현황은 제주시 지역 254개소에서 296,097㎥/일, 서귀포시 지역 173개소에서 184,402㎥/일로 나타났다. 제주시 지역에서 용출량이 가장 많은 지역은 조천읍으로 68,808㎥/일이다. 다음으로 구좌읍과 제주시 동지역이 각각 65,764㎥/일, 65,615㎥/일로 비슷하다.

서귀포시 지역은 동지역이 106,560㎥/일로 22%를 차지하고 있으며, 나머지 지역은 30,000㎥/일 이하이거나 비슷한 수준으로 서귀포시 동지역과는 차이가 매우 크다.

법화수(서귀포시 하원동)

거욱대물(제주시 애월읍 광령리)

〈그림 5〉 용천수 유출량 모니터링 전경

〈그림 6〉 용천수 유출량 관측 전경

〈표 4〉 지역별 용출량 분포 현황

구분			용출량 측정 용천수(개소)	용출량 (㎥/일)	용출률 (%)	평균 용출량 (㎥/일/개소)
계			427	480,499	100	1,125
제주시	소계		254	296,097	62	1,166
		동지역	77	65,615	14	852
		구좌읍	30	65,764	14	2,192
		애월읍	50	43,718	9	874
		조천읍	51	68,808	14	1,349
		한림읍	36	50,102	10	1,392
		한경면	10	2,090	0	209
서귀포시	소계		173	184,402	38	1,066
		동지역	97	106,560	22	1,099
		남원읍	18	27,391	6	1,522
		대정읍	9	5,866	1	652
		성산읍	11	30,514	6	2,774
		안덕면	30	6,508	1	217
		표선면	8	7,563	2	945

Ⅳ. 용천수의 수리지질학적 특징

1. 용천수 용출지점의 지질특성

제주에 분포하는 용천수의 용출지점 지질특성은 ① 지형이 급작스럽게 변하는 지점, ② 하천이나 계곡의 절벽면 혹은 바닥, ③ 용암류와 용암류 사이의 경계, ④ 치밀한 용암류에 발달한 절리나 파쇄대 틈, ⑤ 퇴적층과 용암류 사이의 틈, ⑥ 준고결 또는 미고결 퇴적층, ⑦ 분석구의 기슭 등으로 다양하며, 이를 지질학적 관점에서 정리하면 〈표 5〉와 같다.

〈표 5〉 제주도 용천수의 용출지점 지질특성

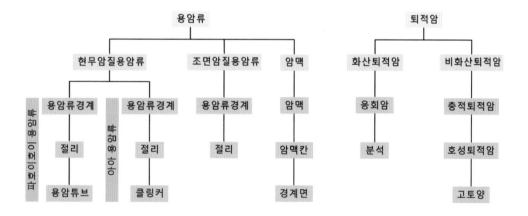

2. 제주도 용천수의 유형

1) 용암류에 발달한 용천수

이 유형은 용암류에 발달한 틈을 통해 지하수가 솟아나는 용천수로서 다음과 같이 세 가지 유형으로 나눌 수 있다.

① 용암류 경계형

용암류 경계형은 용암류와 용암류 사이의 경계를 통해 지하수가 용출되는 형태의 용천수를 말한다. 제주도에 분포하는 용천수의 대부분은 이 유형에 속한다(그림 7)(제주도, 1999). 이는 제주도 면적의 92%가 용암류로 이루어진 것과 무관하지 않다(고기원 외, 2017). 이 유형에 속하는 대표적인 용천수는 '백록샘(한라산 국립공원)', '신구물(위미리)' 등을 꼽을 수 있다(그림 8, 9). 고지대 용천들의 용출량은 대체로 강수량의 변화에 민감한 편이나, 해안 지역에 위치한 용천수는 비교적 용출량의 변화가 적은 편이다. 특히, 용암류 경계형 용천수가 발달한 지역에는 크고 작은 규모의 용천들이 군집을 이루어 발달하는 경우(예; 일과리, 사계리, 삼양동, 신촌리 등)가 있는데 이를 '용천군'이라 부른다.

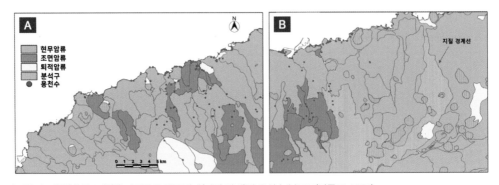

〈그림 7〉 애월(A) 및 조천(B) 지역의 용암류 경계(지질 경계)와 용천수 분포도(제주도, 1999)

〈그림 8〉 한라산 국립공원 내 백록샘 전경(A)과 용출지점의 지질특성(B)

〈그림 9〉 남원읍 위미리의 해안가에 위치한 신구물 전경(A)과 용출지의 지질특성(B)

② 절리 및 파쇄대형

절리 및 파쇄대형은 치밀질 용암류에 발달한 절리나 파쇄대의 틈을 통해 지하수가 유출되는 유형의 용천수를 말한다. 대체로 남부지역에 발달하였다. 안덕면에서 서귀포시 동홍동에 이르는 남부지역에는 조면암류가 국지적으로 분포하고 있다. 이 지역은 수십 미터 두께의 치밀질 현무암류가 분포하는 지질학적 특성과 관련되어 있다. 이 유형의 용천은 용출지점의 틈 발달 상태에 따라 용출량이 가변적이고, 용출지점이 절벽면에 발달하는 경우가 많다. 예를 들어 '박수기정물(대평리)', '천제연물(중문동)', '선돌언물(상효동)' 등이 대표적인 절리형 용천수이다(그림 10~12).

〈그림 10〉 감산리 박수기정에 발달한 절리대(A)의 절벽면을 따라 흘러내리는 용천수(B)

〈그림 11〉 중문동 천제연폭포 절리대(A) 하단부가 무너져 내린 공동 내에서 관찰되는 용천수의 용출현상(B)

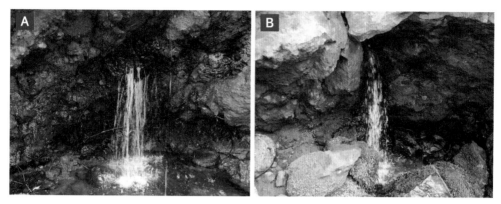

〈그림 12〉 상효동 선돌언물에서 관찰되는 파쇄대형(A) 및 절리형(B) 용출

③ 분지형

이 유형은 유수의 침식작용에 의해 대수층이 지상으로 노출된 하천이나 계곡에 발달한 용천수를 말한다. 즉, 지하에 형성된 대수층이 침식작용에 의해 단절되어 지하수가 지표 밖으로 유출되는 경우이다. 이 유형의 용천수는 '돈내코(상효동)', 'Y계곡물(한라산 국립공원)', '영실물(한라산 국립공원)' 등으로 고지대에 주로 발달하며, 수질은 양호하지만 수량은 대체로 강수량의 영향을 크게 받는다(그림 13~14).

〈그림 13〉 상효동 돈내코물이 전경(A)과 하천변의 용출(B)

〈그림 14〉 한라산 국립공원 내 Y계곡물(A)과 영실물(B)(명확한 용출지점 파악 불가)

2) 용암류와 퇴적층 사이에 발달한 용천수

지하수는 투수성이 좋은 용암류의 공극을 따라 아래쪽으로 이동하여 투수성이 낮은 퇴적층을 만나게 되면 하방침투의 방해를 받아 지상으로 열린 틈을 통해 지표로 유출된다. 즉, 용암류 하위에 퇴적층이 분포하는 경우로서, 서귀포시 서귀동에 위치한 '소남머리물', '굴렁지샘' 등을 예로 들 수 있다(그림 15~16).

〈그림 15〉 서귀동에 위치한 소남머리물의 전경(A)과 용출지점의 지질특성(B)

〈그림 16〉 서귀동 소재의 굴렁지샘 전경(A) 및 내부 용출지점의 지질특성(B)

3) 퇴적층에 발달한 용천수

퇴적층에 발달한 용천수는 완전하게 고결되지 않은 준고결 또는 미고결 퇴적층을 통해 용출되는 유형을 말한다. 이 유형의 용천은 ① 분석구 기슭에 위치하는 용천수, ② 준고결 응회암층의 공극을 통해 소량 유출되는 용천수(누수형 용천), ③ 미고결 사력층에 발달한 용천수, ④ 호성퇴적층에서 누수되는 용천수로 나눌 수 있다.

① 분석구 기슭에 위치하는 용천수

분석구 기슭에 위치하는 용천수는 분석구에 스며든 빗물이 하방으로 이동하다 기슭이나 오목지형의 틈을 통해 소량 유출된다. 안덕면 대평리 '구시물', 구좌읍 송당리의 '올로래기물', '거슨새미', '돌오름물'과 제주시 봉개동 '명도암물', '절물' 등을 꼽을 수 있다(그림 17~18).

〈그림 17〉 군산(A)과 거슨새미 오름(B)의 기슭과 오목지에 형성된 용천수

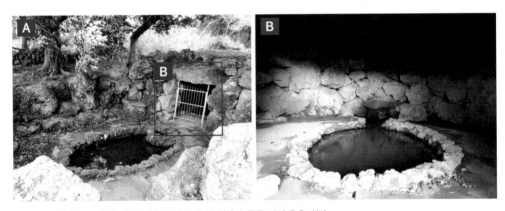

〈그림 18〉 봉개동 소재 명도암물이 형성된 곳의 전경(A)과 공동 내의 용출지(B)

② 준고결 응회암층의 공극을 통해 소량 유출되는 용천수

빗물이 응회암층으로 스며들어 느리게 이동하다가 퇴적층의 하단에 이르러 물방울 형태로 누출된 용천수이다. 고산리 수월봉 해안의 '엉알물(용운천)', '앞먹돌산물' 등을 꼽을 수 있다(그림 19~20).

〈그림 19〉 고산리 수월봉 해안(A) 응회암층 단면 하단부에서 유출되는 엉알물(B)

〈그림 20〉 엉알물 남서쪽 해안 앞먹돌산물(A)과 수월봉 응회암층에서 유출되는 용천수(B)

③ 미고결 사력층에 발달한 용천수

미고결 사력층에 발달한 용천수는 굳어지지 않은 사력층을 통해 지하수가 유출되는 유형으로서, 현재까지 알려진 이 유형의 용천은 서귀포시 호근동 해안의 '속골물'뿐이다 (그림 21).

313

〈그림 21〉 미고결 사력층을 통해 지하수가 유출되는 호근동 해안의 속골물(A)과 용천수가 모여 하류로 흘러내리는 모습(B)

④ 호성퇴적층에서 누수되는 용천수

화산의 분화구에 형성된 호성퇴적층을 채우고 있는 물로부터 유출되는 용천으로서, 서귀포시 하논에 있는 '물망소'가 대표적인 용천수이다(그림 22).

〈그림 22〉 하논 분화구에 형성된 물망소가 소규모 호수(A) 및 수로(B)를 이루고 있는 모습

V. 용천수의 이용

2020년 제주특별자치도와 제주연구원 제주지하수연구센터에서 용천수의 이용 현황 등을 조사한 결과, 도내 646개소의 용천수 가운데 상수원으로 이용하는 용천수는 17개소, 생활용 99개소, 농업용이 44개소, 이용하지 않는 용천수가 484개소, 기타 2개소로 조사되었다. 상수원이나 생활용으로 이용되는 용천수는 인구가 밀집되어 있는 제주시와 서귀포시 동지역에 집중되어 분포하고 있다(그림 23 참조).

〈표 6〉 용천수 용도별 이용현황

구분	상수원	생활용	농업용	미이용	기타	합계
개소	17	99	44	484	2	646

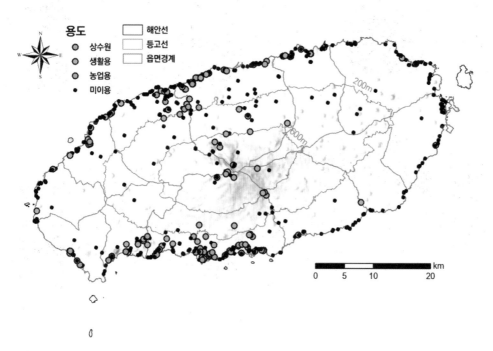

〈그림 20〉 용천수 이용 현황 분포

1. 상수원

용천수를 상수원으로 이용하기 위한 수원개발은 1953년 금산수원을 시작으로 활발하게 추진되었다. 이후 강정천, 이호, 외도천, 삼양, 옹포천, 정방, 돈내코, 서홍, 서림, 입석, 어승생(Y계곡 및 구구곡), 성판악 등의 용천수가 수원으로 개발되었다.

상수원으로 이용되는 용천수는 17개소이며, 용천수 취수시설 용량은 1일 736,700㎥이다(정수장에서 정수처리가 가능한 용량은 1일 134,000㎥).

삼양수원(가물개물)

강정수원(넷길이소)

어승생수원(Y계곡물)

외도수원(나라소)

〈그림 24〉 상수원으로 이용하고 있는 용천수 전경

지역별로 보면 제주시 지역이 13개소로 용천수에서 1일 709,000㎥를 취수할 수 있으며, 실제 이용되는 용천수량은 1일 평균 80,434㎥이다. 서귀포시 지역은 3개소 용천수에서 27,700㎥/일의 용천수를 이용하고 있다.

〈표 7〉 도내 상수원 이용 용천수 현황

구분	정수장(개소)	정수장 용량(㎥/일)	취수시설 용량(㎥/일)	2020년 일평균 취수량(㎥/일)	용천수명	개소
합계	7	134,000	736,700	100,320	-	17
	6	109,000	709,000	80,434	-	13
제주시	월산정수장	24,000	10,000	8,123	큰물(1)~(5)	5
			14,000	6,871	나라소	3
					진소	
					검은소	
	오라정수장	15,000	15,000	20,979	동한드기물-2	1
	별도봉정수장	35,000	35,000	10,786	가물개물	1
	도련정수장	10,000	15,000	10,237		
	한림정수장	10,000	20,000	9,248	월계수물	3
					막근물	
					조물-2	
	어승생정수장	15,000	600,000	14,189	Y계곡물	1
서귀포시	1	25,000	27,700	19,886	-	3
	강정정수장	25,000	25,000	18,172	넷길이소	1
			1,700	1,254	대왕수	1
			1,000	460	가시머리물-1	1

2. 생활용 및 농업용

생활용으로 이용되는 용천수 99개소 준 제주시에는 58개소(59%), 서귀포시에는 41개소(41%)가 분포하며, 총용출량은 113,448㎥/일이다. 제주시가 76,214㎥/일, 서귀포시가 37,234㎥/일로 나타났다.

〈표 8〉 지역별 생활용 용천수 현황

구분	용천수 개수	용출량(㎥/일)
합계	99(100%)	113,448(100%)
제주시	58(59)	76,214(67)
서귀포시	41(41)	37,234(33)

오래물(제주시 도두동)

자구리물(서귀포시 서귀동)

탕탕물(제주시 구좌읍 하도리)

산지물(제주시 건입동)

〈그림 25〉 생활용으로 사용되는 용천수 전경

농업용으로 이용되는 용천수는 44개소로 제주시 10개소, 서귀포시 34개소로 나타났다. 농업용으로 이용되는 용천수의 총 용출량은 56,489㎥/일이며 제주시가 2,329㎥/일(4%), 서귀포시가 54,160㎥/일(96%)로 조사되었다.

농업용 용천수는 대부분 서귀포시에서 많이 이용되고 있다.

〈표 9〉 지역별 농업용 용천수 이용 현황

구분	용천수 개수	용출량(㎥/일)
합계	44(100)	56,489(100%)
제주시	10(23%)	2,329(4%)
서귀포시	34(77%)	54,160㎥/일(96%)

물망소(서귀포시 서홍동 하논)

조이통물(서귀포시 강정동)

〈그림 26〉 농업용으로 이용되는 용천수

3. 먹는물 공동시설 이용

먹는물 공동시설로 지정된 용천수는 4개소이며 〈표 10〉과 같다. 먹는물 공동시설로 지정된 용천수는 주기적으로 수질검사를 시행하여 먹는물 기준에 따라 적합 여부를 판단한다. 기준에 부적합한 경우 이용을 금지하고 있다.

〈표 10〉 먹는물 공동시설로 지정된 용천수

구분	절물	영실물	노루샘	사제비물
지정일자	1996.4.10.	1996.4.10.	1998.8.20.	1998.8.27.
관리기관	제주시 절물생태관리사무소	세계유산본부 한라산국립공원관리소		
위치	절물휴양림 내	서귀포시 하원동 (영실휴게소 옆)	서귀포시 하원동 산1 (EL.1,680m)	애월읍 광령리 산183(EL.1,420m)
유지관리	UV 소독	염소 소독		
수질검사	- 분변성 오염지표 미생물 등(6항목): 1회/분기 시행 - 인체유해물질 등(48항목): 1회/년 시행			

절물(제주시 봉개동)   사제비물(제주시 애월읍 광령리)

〈그림 27〉 먹는물로 이용되고 있는 용천수

참고문헌

고기원·박준범·문덕철, 2017, 『화산섬 제주도의 지질과 지하수』.

제주도, 1999, 『제주의 물 용천수』.

한국지질자원연구원, 2011, 『제주워터 지속이용 가능량 평가 및 기능성 지하수 발굴』.

제주특별자치도, 2016, 『제주특별자치도 용천수 관리계획』.

제주특별자치도·제주연구원 제주지하수연구센터, 2022, 『제주특별자치도 용천수 관리계획 보완계획』.

제주 용암해수

이영돈

I. 머리말

제주도의 지하에는 담수지하수와 염지하수(지하해수, 용암해수; 이하 '제주용암해수'라 함)가 부존한다. 담수지하수는 한라산에 내린 눈과 비가 스며들어 지하에 생성된 물이다. 반면, 제주용암해수는 제주섬이 형성된 이후 바닷물이 지층의 틈새를 따라 스며들어 품은 물 자원으로 대부분 현무암층이 발달한 동부지역에 부존한다. 담수지하수의 수량은 강우량과 강설량에 의존적이지만, 제주용암해수는 해안지역의 지질과 바닷물의 물리적인 상호작용으로 생성되는 물이기 때문에 그 생성 기작이 다르다. 염지하수는 지구상 여러 곳에 분포하지만 지질 특성에 따라 부존형태나 구성성분이 다양하다(Van Weert et al., 2009).

제주용암해수(수온 16~18℃, pH 7.4, 염분 34‰)는 항상성과 청정성을 가진 물 자원으로 제주에서는 1980년대 중반부터 광어양식장 양식용수로 이용하기 시작하였다. 1991년 용암해수의 수온(16~18℃) 특성과 광주기 등을 이용한 광어 수정란 연중 생산 성공으로 현재 제주에서 광어양식 생산량이 2만5천 톤/년에 이르고 있다. 그리고 최근에는 붉바리, 자바리, 능성어 양식에 용암해수를 이용하고 있다(Lee, 2015; 이, 2020).

이 글은 제주지하해수의 유효성 탐색과 식음료 개발(2008) 과제와 제주테크노파크 용암해수센터의 용암해수 산업 방향 등의 내용을 바탕으로 용암해수사업추진배경, 용암해수의 정의, 용암해수 미네랄성분의 기능성, 용암해수의 개발현황과 방향에 관하여 서술하였다.

Ⅱ. 용암해수사업추진배경

제주용암해수는 어류 양식용수로만 이용하다가 먹는 물 소재, 미네랄을 이용한 건강 개선 소재, 식물배양 소재 등에 관한 제품개발 사업을 기획하여 정부로부터 지원을 받아 2005년부터 제주의 제조업 육성을 위한 연구개발과 상용화 사업을 시작하였다. 연구사업단을 발족하면서 제주염지하수를 제주용암해수로 명명하여 제주용암해수사업단으로 사업을 추진하였다(그림 1).

용암해수 연구개발의 동기는 필자가 1997년에 일본 류큐대학에 외국인연구원으로 1년간 활동하면서 해양심층수를 이용한 소재 상용화 현장을 둘러볼 기회가 있었던 데서 비롯됐다. 해양심층수는 수심 200m 이하에 분포하는 바닷물을 말한다. 귀국 후 제주 연

〈그림 1〉용암해수사업단 춘범(왼쪽부터 이영돈, 고정삼, 김봉찬 오른쪽 부태환, 강관부)

〈그림 2〉 용암해수 산업화 연구시설 조감도

안에서 해양심층수 분포를 조사하였으나 제주 연안은 대부분 수심이 100~150m 정도의 연안 대륙붕으로 구성되어 해양심층수 형성이 어려운 환경조건이었다. 필자는 해양심층수를 이용한 사업이 어려운 제주바다 환경에서 양식광어 양식용수로 이용하는 염지하수를 해양심층수처럼 이용하는 사업을 구상하였다. 염지하수를 이용한 산업화 소재 개발을 수행하기 위하여 관련 전문가들의 아이디어를 구하면서 국책사업을 추진하였다.

제주 용암해수산업화 연구시설은 제주특별자치도 수자원본부 고기원 박사의 도움을 얻어 제주지역 내 용암해수의 안정적인 분포와 항상성을 유지하는 구좌읍 한동1호공 지역 정보를 토대로 구좌읍 한동리 현 용암해수산업단지 부지에 설립하였다. 용암해수 연구개발을 수행하기 위한 연구시설과 장비를 구축하여 2007년 제주용암해수산업화 연구시설을 준공하여 제주용암해수사업단을 운영하였다(그림 2, 3).

용암해수의 안전성과 기능성 연구는 제주대학교 의과대학 박덕배 교수팀과 한국생명공학 실험동물관리 이철호 박사 연구팀의 협조로 진행하였고, 용암해수를 이용한 소재산업화 분야는 미네랄 성분을 이용한 화장품소재, 소금생산, 식음료 생산, 생물발효공정, 콩나물배양 등 다양한 분야 기업들의 참여로 진행하였다. 용암해수는 해양심층수 못지않은 미네랄 다양성, 청정성, 항상성을 가진 물 자원으로 대사성질환에 대한 개선효과를 보였고, 미네랄 다양성을 이용한 제품개발에 적용하였다. 해양심층수는 취수과정에 따라오는 미소 동식물과 부유물 제거를 위한 여과시스템 운영비용이 소요되는 반면에 용암해수는 미소플라스틱 등 부유물이 거의 없는 청정성과 수온 16~18℃, pH 7.4 등의 항상성으로 운영비용 측면에 경쟁력을 가지고 있다.

2010년 제주특별자치도 용암해수사업추진팀(팀장 김석고 서기관)의 노력으로 제주 염지하수(용암해수)를 이용하여 제조 판매할 수 있는 「먹는물관리법」이 국회에서 통과되었고 구좌읍 한동리에 용암해수산업단지조성 기본계획 등을 수립하였다. 제주에 용암해수가 먹는물 자원으로 추가된 것이다. 2013년 구좌읍 한동리에 용암해수산업단지가 조성되고 기업이 유치되어 용암해수를 이용한 기업 활동이 이루어지고 있다.

〈그림 3〉 제주용암해수 신입회 연구시설 준공식

제주특별자치도(김태환 도지사)는 2010년 국회에서 제주 염지하수(용암해수)를 이용하여 먹는 물을 제조 판매할 수 있는「먹는물 관리법」이 통과되도록 노력함과 아울러, 구좌읍 한동리에 용암해수산업단지조성 기본계획을 수립하고 2013년 용암해수산업단지가 조성되는 기반을 구축하였다. 2005년 제주용암해수사업단 출범과 국책과제수행에 문상욱 박사, 김병호 박사, 나오수 연구원, 김기주 박사, 김하진 연구원, 권철만 연구원이 함께하였다. 이 과제의 참여기업은 (주)오름수산, (주)창조바이오텍, (주)바이오랜드, (주)퍼멘텍 그리고 참여기관은 한국생명공학연구원, 제주대학교 의과대학이 사업에 참여하여 과제를 함께 수행하였다.

Ⅲ. 제주 용암해수

1. 용암해수란 이름은?

물은 지구상에서 다양한 형태로 존재하며 기본적으로 물은 지표면에 있는 지표수와 지하에 있는 지하수로 구분할 수 있는데, 지하수가 육상의 지하이든, 해양의 지하이든 그 성분이 염분을 띠고 있으면 기원, 농도, 연령, 수량을 불문하고 염지하수로 구분한다.

용암해수 명칭 사용은 2005년 지식경제부 지역산업육성사업과제로 연구사업 추진 시 제주대학 의대 박덕배 교수가 참여과제 내용 발표에서 염지하수를 'Magma seawater'라 표현한 것을 계기로, 사업단에서 자원측면의 지하해수, 지하염수, 염지하수 단어 표현을 염지하수자원의 산업적 활용을 위해 '용암해수'라 명명하여 사용하기로 하였다.

'염지하수'란 물속에 녹아있는 염분(鹽分) 등의 함량(含量)이 환경부령으로 정하는 기준 이상인 암반대수층 안의 지하수로서 수질의 안전성을 계속 유지할 수 있는 자연 상태의 물을 먹는 용도로 사용할 원수를 말한다. [먹는물관리법 제3조(정의) 3의2]

「먹는물관리법」시행규칙 제1조의2(염분 등의 함량)에 의하면, 염지하수는「먹는물관리법」제3조제3호의2에서 "염분(鹽分) 등의 함량(含量)이 환경부령으로 정하는 기준 이상"이란 염분 등 총용존고형물(總溶存固形物)의 함량이 2,000㎎/L 이상을 말한다. 염지하수는 부존 형태 및 기원에 따라 지하염수, 지하해수라는 명칭도 쓰고 있으나 법적·학술적으로 통용 되는 전문용어로 지하수학이나 수문지질학에서 널리 사용되는 '염지하수(Saline groundwater)' 로 명시하고 있다.

반면에, 용암해수는 제주 동부지역에 부존하는 염지하수 중 수온 16~18℃, pH 7.4~7.6± 0.1, 염분 31~35 ‰, 총용존고형물 함량 35,000±3,000㎎/L로 현무암층에 의해 여과되어 항상 청정하고 유용한 미네랄을 함유하고 있는 독특한 수자원이다. 용암해수는 제주의 독특한 지질구조로 인해 일반 해수와는 다른 특성을 지니고 있으며, 제주도는 2005년부 터 용암해수 자원의 특성 및 산업화 연구를 통하여 용암해수의 산업적인 잠재적 가치를 과학적으로 입증하였으며, 「먹는물관리법」개정(2010)을 통하여 염지하수를 산업소재로 활용할 수 있는 법적 근거가 마련되었다.

2. 제주 연안 바닷물과 용암해수는 같은 물인가?

제주 연안 바다는 수중 생물의 다양한 생활을 제공하는 생태공간으로 육상과 같이 계 절적 특징을 가지고 있다. 바닷물은 물리적, 화학적, 생물학적 균형을 유지하기 위해 다 양한 반응을 가진다. 그리고 바다는 육상산업 활동에 따른 부산물의 유입과 해상활동에 서 발생하는 다양한 물질들이 혼입되어 항상성 유지가 어렵다. 이러한 바다 환경특성으 로 바닷물을 먹는 물로 이용하기 위한 항상성과 안전성을 확보하는 데 여과 및 정수시설 운영비용이 많이 소요된다.

용암해수는 제주섬이 형성되면서 해수면 하부를 이루는 현무암층을 통해 유입된 해 수가 담수지하수 및 지층과의 반응을 통해 형성된 물로서 성분분석 결과 대장균, 암모니 아성 질소, 페놀류, 비소, 수은, 카드뮴 등이 검출되지 않은 청정한 지하수 자원으로 안전 성이 높고, 마그네슘, 칼슘, 칼륨, 아연, 바나듐, 게르마늄, 셀레늄 등 유용 미네랄성분을

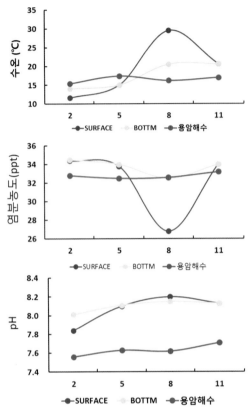

균형 있게 함유하여 독특한 기능성을 갖는다. 특히, 셀레늄(Se), 게르마늄(Ge), 바나듐(V) 성분이 일반해수보다 높게 함유하고 있다. 용암해수를 8 mS/cm, 12 mS/cm로 처리하여 비만, 지방간, 고지혈증 등과 같은 대사증후군 증상을 유도하는 모델 마우스에 투여한 결과 간조직에서 지방이 감소하는 경향을 보이고, 간 조직에서 지방산 에너지 대사를 촉진시키는 CPT(carnitine palmitoyltransferase)의 활성이 증가하였다(Noh et al., 2010). 또한 제주연안수는 수온 11.6~29.5℃, 염분농도 26.8~33.8 ‰, pH 7.84~8.22, 부유물(SS) 0.8~17.9단위로 계절적, 기상적 요인 등으로 시시각각으로 변화가 큰 반면, 수온(16~18℃), pH(7.3~7.5), 염분농도(31~33 ‰)가 연중 일정하게 유지된다(그림 4). 용암해수의 항상성, 청정성, 기능성, 안정성은 식음료 및 화장품 소재 등 산업적 활용가치가 매우 높다고 사료된다.

〈그림 4〉 용암해수와 제주연안 표층수, 저층수의 수온, 염분, 수소이온농도의 계절별 변화
(출처: 제주지하해수의 유효성 탐색과 식음료 개발, 2008)

3. 해양심층수와 용암해수의 차이점은 무엇인가?

해양심층수는 해수면 가까이에서 강수, 풍랑, 증발 등의 영향을 많이 받는 표층수(表層水)와 뚜렷이 구분되어 200m 이하의 깊은 바닷속에서 순환하는 바닷물이다. 해양심층수는 대서양·인도양·태평양 등 전 해양을 순환하는 해수가 북대서양 그린란드나 남극 웨델

해의 차가운 빙하해역을 만나면서 생성된다. 그린란드에서 발원한 해양심층수는 대서양, 인도양, 태평양을 2,000년 주기로 순환한다. 바닷물은 한곳에 머무르지 않고 지속적으로 지구의 해양 전체를 순환하고 있는데, 순환하는 바닷물이 그린란드의 빙하지역에 도착하면 매우 차가워져 비중이 커지게 된다. 비중이 커진 물은 아래로 점점 내려가 수심 200m 이하까지 이르게 되는데, 이때 수온은 약 2℃ 정도까지 떨어진다. 이러한 해양심층수는 고온, 고염분을 지닌 표층수와 뚜렷한 밀도 차이로 섞이지 못하고 마치 물과 기름처럼 서로 경계를 유지하며 거대한 해류층을 형성한다. 2℃ 이하 차가운 수온과 깊은 수심 덕분에 유기물이나 오염물질의 유입이 없어 청정성이 뛰어나며 미네랄과 영양염류가 풍부하다. 연안 바닷물은 햇빛의 영양으로 광합성도 생기고 유기물도 번식하며 공기와 육지의 오염물질들이 쉽게 들어올 수 있으나, 이런 유기물과 오염물질들이 수심 200m까지는 내려오지 못하기 때문에 해양심층수는 순수한 상태를 유지할 수 있다. 심층수는 해류의 흐름에 따라 지구 전체를 순환하는데 지구 한 바퀴를 도는 데 2,000년 정도가 소요된다. 오랜 시간 동안 순환하는 과정에 수온은 일정하게 유지하고 질소, 인, 규소와 같은 무기 영양 염류를 풍부하게 함유하게 된다.

1970~1980년대 미국과 일본에서 해양심층수에 관심을 가지기 시작했으며, 90년대 이후 수산, 식품, 음료, 화장품, 의약, 건강 등 다양한 분야에 활용하면서 각광을 받고 있다. 우리나라도 해양수산부가 2001년부터 강원도 고성군 앞바다에서 심층수 개발 연구에 들어갔으며, 정부는 500억 원을 들여 2005년 해양심층수연구센터를 건립하였다. 2008년 강릉 정동진, 동해 추암, 속초 외옹치, 울릉 저동, 고성 오호, 양양 원포, 울릉 태하, 울릉 현포 등 8개소를 해양심층수 취수해역으로 지정하였다(네이버 지식백과, 해양심층수, 시사상식사전, pmg 지식엔진연구소).

용암해수는 해양심층수와는 그 기원과 형성 과정이 다르다. 용암해수는 해수유입에 생성된 염지하수로 일반적인 해수 성분보다 평균적으로 농도가 높은 항목이 많은데, 이는 해수가 지하로 스며들어 암석에서 유래하는 물질이 더 포함되었기 때문이다. 특히 염소이온의 농도가 주변의 해수보다 용암해수에서 훨씬 높게 나오는 것은 해수의 성분 이

외에 암반에 기인한 유용미네랄이 함유되는 것으로 사료되나 추후 상세연구가 요구된다. 용암해수는 내륙에 부존하는 자원으로 산업적으로 청정한 상태의 원수를 얻을 수 있고, 해양심층수보다 개발 및 이용이 상대적으로 용이하여 개발비용이 저렴하다는 특성 때문에 매력적인 수자원이다.

4. 제주용암해수는 독특한가?

지구상 여러 곳에 분포하는 지하염수는 분포지역의 지질구성요소에 따라 차이가 있고(Van Weert et al., 2009) 제주용암해수는 제주섬이 만들어지면서 지하에 스며들어 저장 순환되는 수자원으로 현무암이 발달한 지역에 대부분 분포하는 제주만이 가지는 독특한 수자원이다.

한 등(1994)과 안 등(2017)의 보고에 의하면, 제주도 지하수의 함양과 부존특성을 결정짓는 가장 중요한 요인은 지표 및 지하지질이며, 지질구조에 따라 지하수의 부존과 산출특성이 다르다. 제주도는 현무암질 용암류의 반복 분출에 의해 형성된 복잡한 지질구조를 가진 화산섬으로서, 용암의 높은 공극률과 투수성, 절리, 균열, 단층, 용암층 사이에 협재하는 화산쇄설층이나 스코리아층 등은 지하수 부존과 흐름을 결정하는 요인이다(한 등, 1994; 안 등, 2017). 제주도 동부지역은 해안에서 내륙으로 9~12km까지 투수성이 양호한 용암류가 누층을 이루며 해수면 아래 90m 이하까지 분포하고 있어 지하수를 저류하거나 염수가 내륙 쪽으로 유입할 수 있는 공극과 틈이 잘 발달되어 있다(고 등, 2003).

제주도 동부지역은 담수지하수 렌즈 두께에 미치는 저투수성 지층의 역할은 미약하고, 해양성 퇴적층(MS: Marine Sediments) 상부에 발달한 베개용암(pillow lava)의 파쇄대가 고염분 지하수의 부존을 용이하게 해주는 투수성 지층으로 분포하고 있으며, 내륙 쪽에서 함양된 담수지하수는 투수층을 따라, 분산, 확산됨으로써 수압이 급격히 낮아져 지하수위가 해수면 근처에 형성됨과 동시에 해수로부터 유래된 염수지하수가 파쇄된 베개용암으로 이루어진 투수성 구간을 포함함으로써 담·염수가 경계면을 이루는 기저지하수체가 발

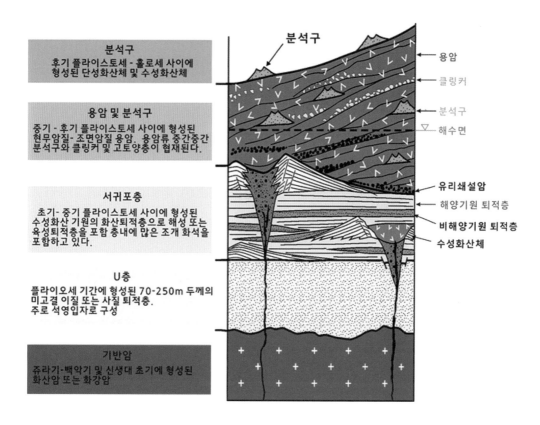

분석구 후기 플라이스토세 - 홀로세 사이에 형성된 단성화산체 및 수성화산체	용암 클링커 분석구 해수면
용암 및 분석구 중기 - 후기 플라이스토세 사이에 형성된 현무암질- 조면암질 용암. 용암류 중간중간 분석구와 클링커 및 고토양층이 협재된다.	
서귀포층 초기- 중기 플라이스토세 사이에 형성된 수성화산 기원의 화산퇴적층으로 해성 또는 육성퇴적층을 포함 층내에 많은 조개 화석을 포함하고 있다.	유리쇄설암 해양기원 퇴적층 비해양기원 퇴적층 수성화산체
U층 플라이오세 기간에 형성된 70-250m 두께의 미고결 이질 또는 사질 퇴적층. 주로 석영입자로 구성	
기반암 쥬라기-백악기 및 신생대 초기에 형성된 화산암 또는 화강암	

〈그림 5〉 제주도 지하층서의 개략적 모식도 (출처: 제주도지질공원 http://geopark.jeju.go.kr)

달하여 있다(고 등, 2005).

밀도가 낮은 담수지하수체는 최상부에 부존하며, 중간은 담·염수가 혼합되는 전이대 (Transition zone)층, 최하부는 염수지하수체가 부존되는 형태이다. 담수지하수는 해안에서 내륙으로 향하면서 그 두께가 점차 두꺼워지는 양상을 나타내는데, 해안에서 1km 이내 지역에서는 대체로 20~30m의 두께를 나타내고, 내륙 5km 지역에서는 약 70~80m의 두 께를 보인다(제주발전연구원, 2009). 담·염수 전이대는 지질구조와 대수층의 발달 정도에 따 라 지역적 차이를 나타내는데, 두꺼운 곳은 20~30m를 나타내지만, 얇은 곳은 1m 이내로 나타나고 계절에 따라 혼합대의 두께 변화가 있다. 염지하수는 화산암층이 끝나는 해수면 하 120~150m까지 분포하고 있는데, 수질조성은 해수와 별 차이가 없으며, 오히려 염소이온 농도는 해수보다 더 높은 편이다(Noh et al., 2010).

제주도의 지하수 부존형태는 담수와 해수와의 관계, 지하 지질의 분포 특성, 지하수위 분포 특성 등에 따라 분류되고, 제주도 지하수의 부존형태 분류에 대한 논의는 본격적인 연구가 시작된 1990년대부터 이루어졌으며, 담-염수경계면의 형성 및 변동 특성, 지하수위 분포 특성, 지하 지질분포 등을 고려하여 세부적으로 분류하고 있다(그림 6). 지하수 부존형태는 '제주도 수문지질 및 지하수자원 종합조사(Ⅲ)(2003, 제주도)'의 정의를 준용하며, 제주특별자치도 수자원관리종합계획(2013-2022)에서는 제주도 지하수 부존형태를 상위지하수, 기저지하수, 준기저지하수, 기반암지하수로 분류하고 있다.

고(1997), 제주특별자치도(2003) 등에 따르면, 지하수의 부존형태의 특성에 의해 상위지하수는 지표면에 내린 강수가 중력에 의해 투수성 지층을 통해 지표하부로 침투하다가 불투수성 암석층이나 점토층과 같은 저투수성 지층을 만나 더 이상 하부로 침투하지 못하고 저투수층을 따라 이동하는 지하수를 말한다. 준기저지하수는 담수 지하수체의 하부가 저투수성 퇴적층인 서귀포층에 의해 해수와의 직접적인 접촉이 차단되어 G-H 원리가 적용되지 않는 지하수체를 의미하고, 평균 해수면 상부에 위치하는 경우 상부 준기저지하수로 평균 해수면하부에 위치하는 경우 하부 준기저지하수라 한다. 기저지하수는 염수와 담수의 비중 차이에 의해서 담수가 염수 상부에 렌즈 형태로 부존하는 즉, Ghyben-Herzberg 원리에 의해 부존하는 지하수로 염지하수가 여기에 속한다(그림 7).

기반암지하수는 시대미상의 U층(미교결퇴적층), 서귀포층과 같은저투수성 퇴적층 하부에 위치하는 대보화강암(지질연령 172.4±5.2Ma)과 용결응회암 등의 기반암 내에 발달된 파쇄대나 절리 등의 유효공극 내에 부존하는 강우 기원의 심부지하수로 정의한다(제주특별자치도 지하수정보관리시스템). 고 등(2003), 김(2002)에 의하면, 불투수층이 깊이 분포하는 지질학적인 특성상 동부지역의 지하수는 염수와 담수의 밀도 차이에 의하여 정역학적인 평형을 이루고 있는 기저 지하수대로 분류되며 이는 해안에서 수 km 이상 떨어진 지점에서도 조석 영향을 많이 받고 강수 영향은 적은 특징을 가진다. 염지하수는 저투수층인 서귀포

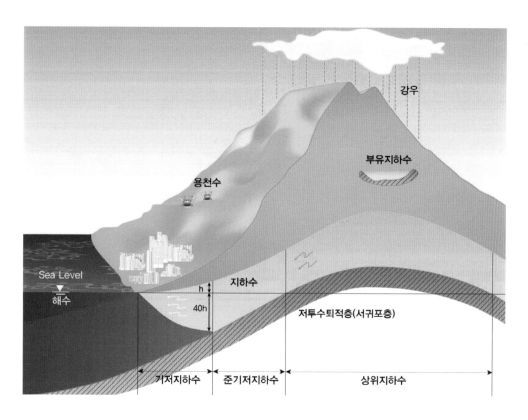

〈그림 6〉 지하수 부존형태 모식도(출처: 제주특별자치도 지하수정보관리시스템 https://water.jeju.go.kr/JWR/fIntro.cs)

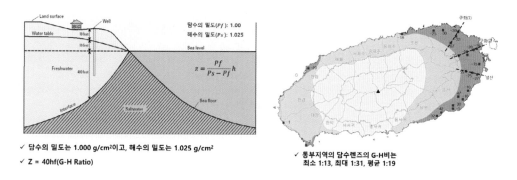

✓ 담수의 밀도는 1.000 g/cm²이고, 해수의 밀도는 1.025 g/cm²
✓ Z = 40hf(G-H Ratio)

✓ 동부지역의 담수렌즈의 G-H비는
  최소 1:13, 최대 1:31, 평균 1:19

〈그림 7〉 담수와 해수의 밀도 차이와 제주 동부지역 담수렌즈의 G-H비

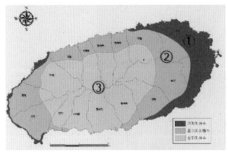
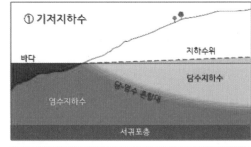
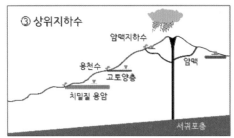
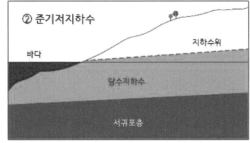

〈그림 8〉 제주섬에서 기저지하수, 준기저지하수, 상위지하수 분포와 부존형태

① 기저지하수(Basal Groundwater): 제주도 동부지역에 광범위하게 부존, 서부 해안지역에도 부존

② 준기저지하수(Parabasal Groundwater): 제주도 서부 및 북부지역, 동부 중산간지역에 부존

③ 상위지하수(High Level Groundwater): 서귀포 일대 남부와 한라산 고지대지역에 부존

〈표 1〉 제주도 염지하수 부존 면적

구분	전체	북부		남부	동부			서부		
		애월	조천	남원	구좌	성산	표선	대정	한경	한림
면적 (㎢)	306.5	0.8	13.6	18.1	117.4	93.9	35.1	9.1	8.1	10.4
		14.4		18.1	246.4			27.6		

※ 출처: 2018-2022 제주특별자치도 수자원관리종합계획, p.60

층이 지하 심부에 분포함으로 인해 기저지하수체가 주로 분포하는 동부지역에서의 지하수 담·염수 경계면의 수직적 분포를 이루고, 밀도가 낮은 담수지하수체는 최상부에 부존하며, 담·염수가 혼합되는 전이대(Transition zone)층 최하부는 염수지하수체가 부존되는 형태를 보인다(그림 8).

2018-2022년 제주특별자치도 수자원관리종합계획 내 경계면 설정을 통한 염지하수 부존량을 산정하였다. 서귀포층 상부 경계는 시추코어 주상도를 해수면기준(EL) 심도로 산정하였고, 담·염수 경계면은 Ghyben-Herzberg(G-H) 원리에 따라 형성되나 제주도 동부지역의 담·염수 경계면은 일반적인 G-H비보다 작게 형성되어 있으며 G-H비를 평균값인 1:19로 적용하여 담·염수 경계면을 산정하였다. 제주도 해안선을 기준으로 염지하수 외측 경계면을 산정하였고, 공극률은 제주도 현무암 지역의 평균 공극률인 40%를 적용하여 산정하였다. 염지하수 부존량 산정 결과 체적은 242억㎥로 산정되었으며 평균 공극률 40% 적용 시 염지하수 부존량은 96.7억㎥로 산정되었다.

5. 용암해수의 금속 성분은 인체에 유해하지 않은가?

용암해수에 분포하는 아연, 바나듐, 게르마늄, 셀레늄 등 금속 성분은 이온화된 상태로 미량 분포하여 생물의 대사활성에 기여하는 미네랄 성분으로 기능을 수행한다. 해수에 분포하는 금속성 이온들은 해양생물의 대사활동에 기여하는 중요한 미네랄이다. 다음 표는 제주용암해수가 함유하는 주요 미네랄 요소와 기능에 대하여 기술하였다(제주지하해수의 유효성 탐색과 식음료 개발, 2008).

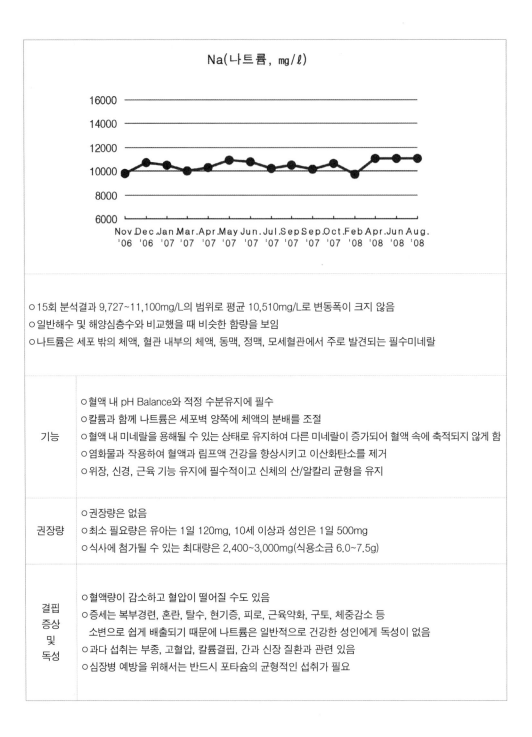

Na(나트륨, mg/ℓ)

○ 15회 분석결과 9,727~11,100mg/L의 범위로 평균 10,510mg/L로 변동폭이 크지 않음
○ 일반해수 및 해양심층수와 비교했을 때 비슷한 함량을 보임
○ 나트륨은 세포 밖의 체액, 혈관 내부의 체액, 동맥, 정맥, 모세혈관에서 주로 발견되는 필수미네랄

기능	○ 혈액 내 pH Balance와 적정 수분유지에 필수 ○ 칼륨과 함께 나트륨은 세포벽 양쪽에 체액의 분배를 조절 ○ 혈액 내 미네랄을 용해될 수 있는 상태로 유지하여 다른 미네랄이 증가되어 혈액 속에 축적되지 않게 함 ○ 염화물과 작용하여 혈액과 림프액 건강을 향상시키고 이산화탄소를 제거 ○ 위장, 신경, 근육 기능 유지에 필수적이고 신체의 산/알칼리 균형을 유지
권장량	○ 권장량은 없음 ○ 최소 필요량은 유아는 1일 120mg, 10세 이상과 성인은 1일 500mg ○ 식사에 첨가될 수 있는 최대량은 2,400~3,000mg(식용소금 6.0~7.5g)
결핍 증상 및 독성	○ 혈액량이 감소하고 혈압이 떨어질 수도 있음 ○ 증세는 복부경련, 혼란, 탈수, 현기증, 피로, 근육약화, 구토, 체중감소 등 소변으로 쉽게 배출되기 때문에 나트륨은 일반적으로 건강한 성인에게 독성이 없음 ○ 과다 섭취는 부종, 고혈압, 칼륨결핍, 간과 신장 질환과 관련 있음 ○ 심장병 예방을 위해서는 반드시 포타슘의 균형적인 섭취가 필요

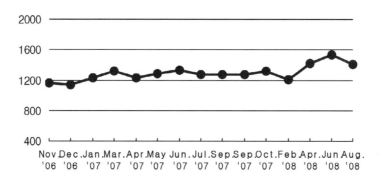

Nov.Dec.Jan.Mar.Apr.May Jun.Jul.Sep.Sep.Oct.Feb.Apr.Jun Aug.
'06 '06 '07 '07 '07 '07 '07 '07 '07 '07 '07 '08 '08 '08 '08

○15회 분석결과 1,140~1,530mg/L의 범위로 평균 1,295mg/L로 변동폭이 크지 않음

○일반해수 및 해양심층수와 비교했을 때 비슷한 함량을 보임

○마그네슘은 신체 내에서 네 번째로 많은 양이온으로 체내에서 발견되는 대략 60%는 뼈 내부에 들어 있고 나머지 40%는 근육과 비근육성 연조직에 분포. 신체 내 300개 이상의 효소 작용을 포함하여 많은 생물학적 기능을 위해 필요한 필수 영양소

기능	○효소 활성에 필수적으로 칼슘과 칼륨의 흡수를 도움 ○아미노산의 활성화와 DNA의 합성과 퇴화에 작용하고 신경전달과 면역기능에 중요한 역할을 함 ○마그네슘은 연조직의 석회화를 방지 ○동맥 내벽에 방어적 효과가 있고 혈압변화로 야기되는 스트레스로부터 동맥을 보호함
권장량	○0~6개월 유아 30mg, 7~12개월 75mg, 1~3세 80mg, 4~8세 130mg, 9~13세 240mg, ○남성 14~18세 360mg, 남성 19~30세 400mg, 남성 30세 이상 420mg, 여성 14~18세 360mg, 여성 19~30세 310mg, 여성 30세 이상 320mg
결핍 증상 및 독성	○마그네슘 결핍증세는 혼란, 불면증, 과민, 불안, 소화불량, 빠른 맥박, 발작, 당뇨, 심장부정맥, 심혈관 계 질병, 고혈압증, 천식, 만성적 피로, 만성적 통증증후군, 우울증, 민감성 장증후군, 조기출산, 자간 전증 유발

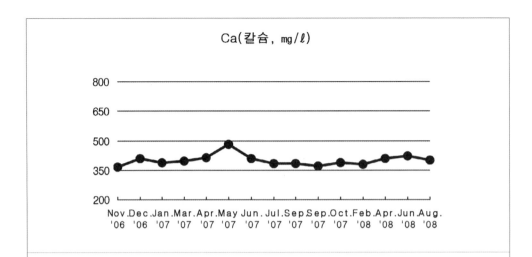

	○15회 분석결과 365~479mg/L의 범위로 평균 399mg/L로 변동폭이 크지 않음 ○일반해수 및 해양심층수와 비교했을 때 비슷한 함량을 보임 ○칼슘은 신체 내에서 가장 풍부한 미네랄로 탄소, 수소, 산소, 질소, 다음으로 신체 내에서 다섯 번째로 흔한 물질임
기능	○강한 뼈와 치아의 형성과 건강한 잇몸 유지에 필수적 ○뼈의 성장속도를 증가시키며 골다공증과 관계있는 뼈의 손실을 방지 ○규칙적인 심장박동 유지와 신경자극 전달에 중요함 ○콜레스테롤 수치를 낮추도록 도와주고 심장동맥질환을 예방하며 결장암을 포함하여 어떤 형태의 암을 방지 ○칼슘은 혈액응고 필수적이고 근육의 성장, 수축, 근육통을 예방
권장량	○호르몬 대체 치료(HRD)를 받는 폐경기 후 여성을 위한 권장량은 1일 1,000~1,200mg, HRD를 받지 않는 여성은 RDA가 1,500mg ○유아 0~0.5세 210mg, 0.5에서 1세 290mg, 1~3세 어린이 500mg, 4~8세 800mg, 9~18세 1,300mg, 19~50세 성인 1,000mg, 50세 이상 성인 1,200mg
결핍 증상 및 독성	○칼슘결핍은 관절통증, 습진, 부서지기 쉬운 손톱, 혈중 콜레스테롤 상승, 고혈압, 골다공증, 발육장애, 충치, 류마티스 관절염, 인지장애, 우울증, 심한 경우에는 경련, 망상증세가 나타남 ○비타민 D와 함께 과다복용 시 고칼슘혈증, 관절이나 신장에 칼슘침착, 미네랄 불균형을 일으킴 ○과다 복용은 철, 마그네슘, 아연을 포함한 다른 미네랄의 흡수를 방해

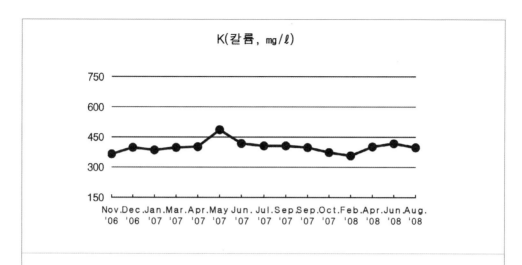

K(칼륨, mg/ℓ)

Nov. Dec. Jan. Mar. Apr. May Jun. Jul. Sep. Sep. Oct. Feb. Apr. Jun. Aug.
'06 '06 '07 '07 '07 '07 '07 '07 '07 '07 '07 '08 '08 '08 '08

○ 15회 분석결과 355~485mg/L의 범위로 평균 400mg/L로 변동폭이 크지 않음
○ 일반해수 및 해양심층수와 비교했을 때 비슷한 함량을 보임
○ K⁺형태의 칼륨은 세포의 가장 필수적인 양이온으로 칼륨의 농도는 나트륨-칼륨 펌프를 통과하는 세포막에 의해 조절

기능	○ 신체 내에 산, 염기 평형조절, 수분조절, 신경기능을 유지 ○ 세포 내 화학적 반응에 필요하고 정상의 혈압을 유지하고 고혈압이 있는 사람에게 칼륨은 최고(수축)혈압과 최고(확장)혈압을 유지 ○ 혈관을 확장시켜 부정맥을 예방하고 인과 작용하여 산소를 뇌에 보내고 건강한 피부에 필요 ○ 세포물질대사, 효소작용, 혈액 속 아미노산으로부터 단백질을 합성하는 역할 ○ 신장을 자극하여 독성이 있는 노폐물을 제거
권장량	○ 권장량은 없음 ○ 보통의 섭취량은 대략 1일 100mg ○ 정상의 저장량과 혈청과 체액의 농도를 확보하기 위해 최소 필요량은 1,600~2,000mg 이상이어야 함
결핍 증상 및 독성	○ 비정상적 피부건조, 여드름, 오한, 인지장애, 변비, 우울증, 설사, 반사신경위축, 부종, 포도당과민, 심한 갈증, 불면증 그리고 불규칙한 맥박, 불안, 높은 콜레스테롤 수치, 근육약화, 주기적 두통, 구토 등이 포함 ○ 당뇨, 소화계질병이 있는 사람들은 종종 칼륨이 결핍되어 있음 ○ 적정과량 섭취 시 신부전 환자에게는 치명적이 될 수 있음

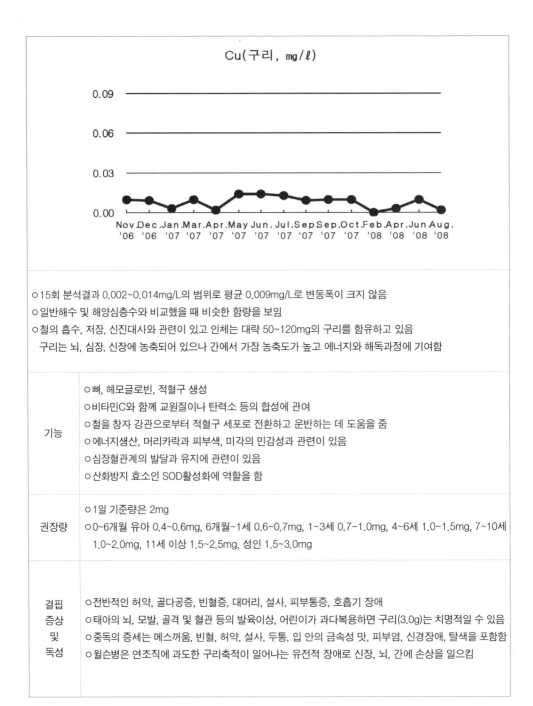

Cu(구리, mg/ℓ)

○15회 분석결과 0.002~0.014mg/L의 범위로 평균 0.009mg/L로 변동폭이 크지 않음

○일반해수 및 해양심층수와 비교했을 때 비슷한 함량을 보임

○철의 흡수, 저장, 신진대사와 관련이 있고 인체는 대략 50~120mg의 구리를 함유하고 있음
 구리는 뇌, 심장, 신장에 농축되어 있으나 간에서 가장 농축도가 높고 에너지와 해독과정에 기여함

기능	○뼈, 헤모글로빈, 적혈구 생성 ○비타민C와 함께 교원질이나 탄력소 등의 합성에 관여 ○철을 창자 강관으로부터 적혈구 세포로 전환하고 운반하는 데 도움을 줌 ○에너지생산, 머리카락과 피부색, 미각의 민감성과 관련이 있음 ○심장혈관계의 발달과 유지에 관련이 있음 ○산화방지 효소인 SOD활성화에 역할을 함
권장량	○1일 기준량은 2mg ○0~6개월 유아 0.4~0.6mg, 6개월~1세 0.6~0.7mg, 1~3세 0.7~1.0mg, 4~6세 1.0~1.5mg, 7~10세 1.0~2.0mg, 11세 이상 1.5~2.5mg, 성인 1.5~3.0mg
결핍 증상 및 독성	○전반적인 허약, 골다공증, 빈혈증, 대머리, 설사, 피부통증, 호흡기 장애 ○태아의 뇌, 모발, 골격 및 혈관 등의 발육이상, 어린이가 과다복용하면 구리(3.0g)는 치명적일 수 있음 ○중독의 증세는 메스꺼움, 빈혈, 허약, 설사, 두통, 입 안의 금속성 맛, 피부염, 신경장애, 탈색을 포함함 ○윌슨병은 연조직에 과도한 구리축적이 일어나는 유전적 장애로 신장, 뇌, 간에 손상을 일으킴

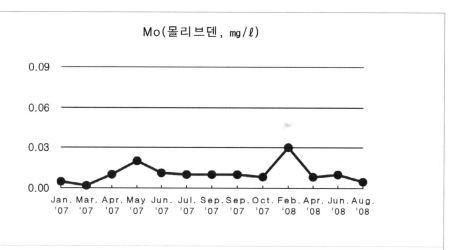

Mo(몰리브덴, mg/ℓ)

○13회 분석결과('06년 11~12월에 분석하지 않음) 몰리브덴은 0.002~0.030mg/L의 범위로 평균 0.011mg/L를 보임
○전체적으로 낮은 값을 보이나 일반해수와 해양심층수와 비교 시 비슷한 함량을 보임
○동물과 식물에 필수적인 미량 미네랄로 몰리브덴의 농축도는 간, 신장, 부신, 뼈에서 가장 높음
  몰리브덴은 위장에서 흡수되고 소변에서 분지

기능	○몰리브덴은 여러 효소의 성분이고 구리 신진대사의 요소 ○질소 화합물 산화효소는 요산 생성에 관련이 있고, 간에 보유된 철을 동원하는 데 도움을 줌 ○알데히드 산화효소는 지방을 산화하는 데 필요함
권장량	○0~6개월 유아 15~30㎍, 6~12개월 20~40㎍, 1~3세 25~50㎍, 4~6세 30~75㎍, 7~10세 50~150㎍, 청소년과 성인 75~250㎍
결핍 증상 및 독성	○몰리브덴은 주로 뼈, 간, 신장에 존재하고 섭취량이 부족하거나 결핍되면 중년 이후 남성의 임포텐스, 잇몸질환, 암의 발생률이 높아짐 ○남성 성불능을 일으킬 수 있고 증세는 설사, 빈혈, 성장둔화, 통풍 등이 포함 ○증세는 설사, 빈혈, 성장둔화, 통풍 ○하루에 15mg 이상의 섭취를 피하고 대량의 몰리브덴은 구리의 정상적인 대사과정을 저해함 ○황을 대량으로 섭취하면 체내 몰리브덴의 수준이 저하됨

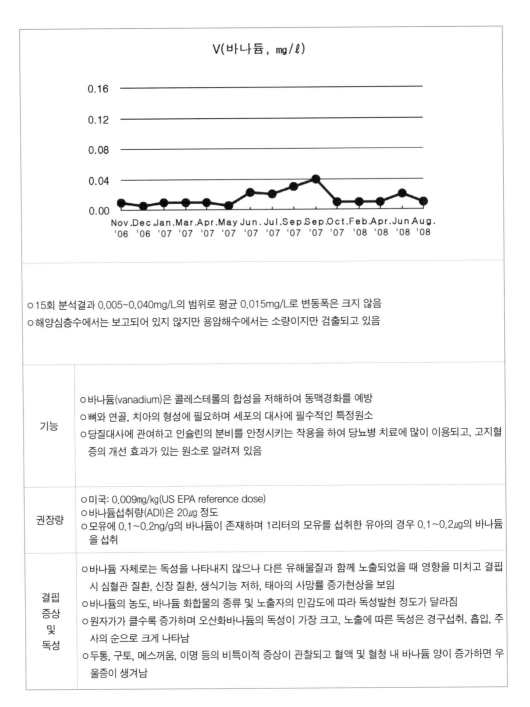

V(바나듐, mg/ℓ)

ㅇ15회 분석결과 0.005~0.040mg/L의 범위로 평균 0.015mg/L로 변동폭은 크지 않음	
ㅇ해양심층수에서는 보고되어 있지 않지만 용암해수에서는 소량이지만 검출되고 있음	
기능	ㅇ바나듐(vanadium)은 콜레스테롤의 합성을 저해하여 동맥경화를 예방 ㅇ뼈와 연골, 치아의 형성에 필요하며 세포의 대사에 필수적인 특정원소 ㅇ당질대사에 관여하고 인슐린의 분비를 안정시키는 작용을 하여 당뇨병 치료에 많이 이용되고, 고지혈증의 개선 효과가 있는 원소로 알려져 있음
권장량	ㅇ미국: 0.009mg/kg(US EPA reference dose) ㅇ바나듐섭취량(ADI)은 20㎍ 정도 ㅇ모유에 0.1~0.2ng/g의 바나듐이 존재하며 1리터의 모유를 섭취한 유아의 경우 0.1~0.2㎍의 바나듐을 섭취
결핍 증상 및 독성	ㅇ바나듐 자체로는 독성을 나타내지 않으나 다른 유해물질과 함께 노출되었을 때 영향을 미치고 결핍 시 심혈관 질환, 신장 질환, 생식기능 저하, 태아의 사망률 증가현상을 보임 ㅇ바나듐의 농도, 바나듐 화합물의 종류 및 노출자의 민감도에 따라 독성발현 정도가 달라짐 ㅇ원자가가 클수록 증가하며 오산화바나듐의 독성이 가장 크고, 노출에 따른 독성은 경구섭취, 흡입, 주사의 순으로 크게 나타남 ㅇ두통, 구토, 메스꺼움, 이명 등의 비특이적 증상이 관찰되고 혈액 및 혈청 내 바나듐 양이 증가하면 우울증이 생겨남

342

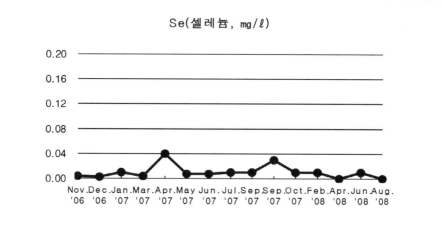

Se(셀레늄, mg/ℓ)

o 15회 분석결과 0.003~0.040mg/L의 범위로 평균 0.013mg/L로 전체적으로 낮은 값을 보이나 일반해수와 비교시 조금 높게 검출되고 있음

o 인체 내에서 주로 간, 신장, 심장, 비장에 분포되어 있는 미량 원소로 체내에서 생성된 과산화수소를 분해하여 세포의 손상을 방지하는 효소의 성분으로서 강력한 항산화제임

기능	o 항암, 항산화 효소인 glutathion peroxidase의 필수성분으로 비타민 E 효과를 상승시킴 o 췌장기능을 정상화시키고 간기능을 강화시켜 알콜중독 치료에도 사용됨 o 면역력을 증대하고 심근경색 및 고혈압을 예방 o 노화를 지연 및 방사선 피해를 경감
권장량	o 남성 55㎍, 여성 55㎍ o 우리나라의 셀레늄 1일 권장량은 정해져 있지 않으나 성인을 위한 안전하고 적절한 1일 셀레늄 섭취 범위는 50~200㎍
결핍 증상 및 독성	o 셀레늄 결핍증으로는 근육약화, 성장장애, 혈관협착, 노화촉진 등이 있음 o 간 장애, 근무력증, 조로, 오랫동안 많은 양이 결핍되면 특히 소화기관 또는 배설기관에 암이 생길 가능성이 있음 o 셀레늄 함량이 높으면 탈모 현상, 현기증, 피로, 초조감, 손톱과 발톱의 변화, 복부의 통증, 설사 유발, 피부탈색, 발진이나 간경변도 생길 수 있으며 장기 과잉 복용은 콜레스테롤 증가 및 암 발생 o 피 속에 셀레늄이 너무 많으면 셀레늄증이 나타남(위장관 장애, 탈모, 손톱의 흰 반점, 가벼운 신경손상)

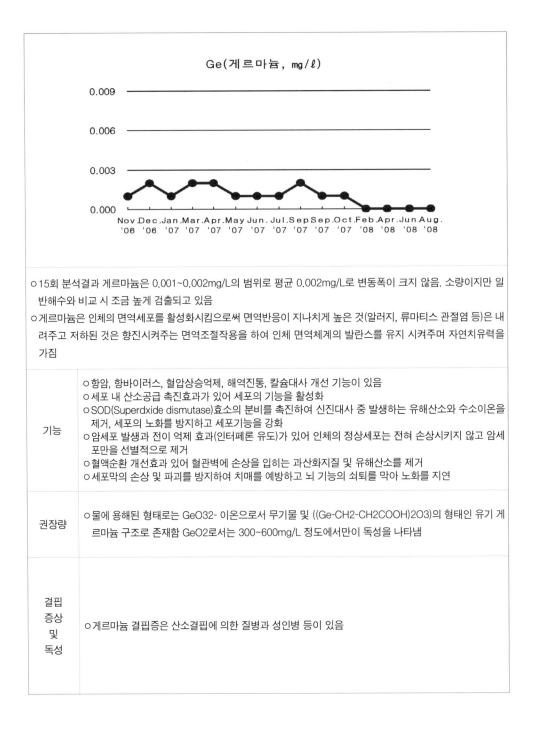

Ge(게르마늄, mg/ℓ)

○ 15회 분석결과 게르마늄은 0.001~0.002mg/L의 범위로 평균 0.002mg/L로 변동폭이 크지 않음. 소량이지만 일반해수와 비교 시 조금 높게 검출되고 있음

○ 게르마늄은 인체의 면역세포를 활성화시킴으로써 면역반응이 지나치게 높은 것(알러지, 류마티스 관절염 등)은 내려주고 저하된 것은 향진시켜주는 면역조절작용을 하여 인체 면역체계의 발란스를 유지 시켜주며 자연치유력을 가짐

기능	○ 항암, 항바이러스, 혈압상승억제, 해역진통, 칼슘대사 개선 기능이 있음 ○ 세포 내 산소공급 촉진효과가 있어 세포의 기능을 활성화 ○ SOD(Superdxide dismutase)효소의 분비를 촉진하여 신진대사 중 발생하는 유해산소와 수소이온을 제거, 세포의 노화를 방지하고 세포기능을 강화 ○ 암세포 발생과 전이 억제 효과(인터페론 유도)가 있어 인체의 정상세포는 전혀 손상시키지 않고 암세포만을 선별적으로 제거 ○ 혈액순환 개선효과 있어 혈관벽에 손상을 입히는 과산화지질 및 유해산소를 제거 ○ 세포막의 손상 및 파괴를 방지하여 치매를 예방하고 뇌 기능의 쇠퇴를 막아 노화를 지연
권장량	○ 물에 용해된 형태로는 GeO32- 이온으로서 무기물 및 ((Ge-CH2-CH2COOH)2O3)의 형태인 유기 게르마늄 구조로 존재함 GeO2로서는 300~600mg/L 정도에서만이 독성을 나타냄
결핍 증상 및 독성	○ 게르마늄 결핍증은 산소결핍에 의한 질병과 성인병 등이 있음

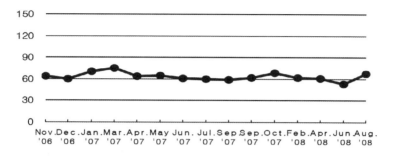

Br(브롬, mg/ℓ)

○15회 분석결과 53.1~75.2mg/L의 범위로 평균 63.4mg/L로 변동폭이 크지 않음
○일반해수 및 해양심층수와 비교했을 때 비슷한 함량을 보임

기능	○칼슘과 뼈의 신진대사에 필요, 골다공증과 관련된 뼈의 손실을 방지하도록 도움 ○충분한 브롬섭취와 충치발생감소의 관련성이 밝혀짐 ○기억력, 기민함, 인지기능력 향상 ○전립선암이 유발될 위험 감소
권장량	○1일 권장량은 정해져 있지 않지만 1일 섭취량은 2~8mg이 적당 ○브롬은 보통 브롬화물이온으로 섭취되어 독성의 수치는 낮기 때문에 영양에 관하여 독성이 위협되지 않음 ○브롬은 영양적으로 유익하다는 것을 일부 연구에서 제시됨 예를 들면 낮은 브롬 수치는 혈액투석환자와 관련이 있다고 알려져 있음
결핍 증상 및 독성	

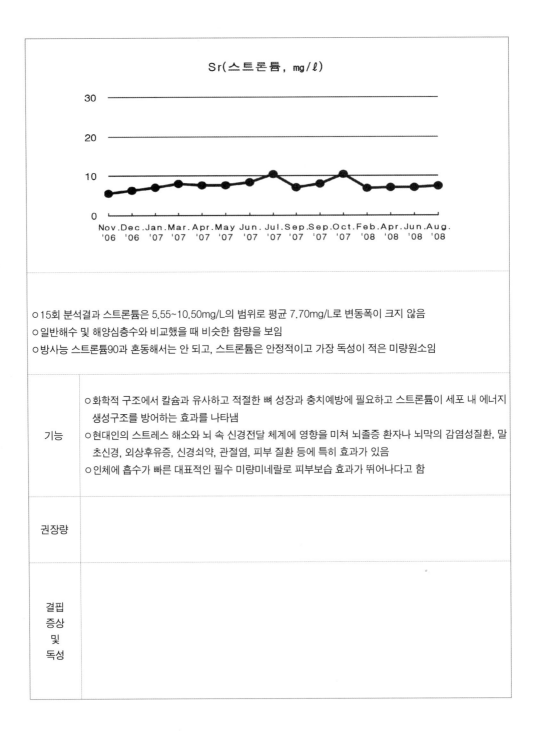

Sr(스트론튬, mg/ℓ)

Nov. '06, Dec. '06, Jan. '07, Mar. '07, Apr. '07, May '07, Jun. '07, Jul. '07, Sep. '07, Sep. '07, Oct. '07, Feb. '08, Apr. '08, Jun. '08, Aug. '08

○ 15회 분석결과 스트론튬은 5.55~10.50mg/L의 범위로 평균 7.70mg/L로 변동폭이 크지 않음
○ 일반해수 및 해양심층수와 비교했을 때 비슷한 함량을 보임
○ 방사능 스트론튬90과 혼동해서는 안 되고, 스트론튬은 안정적이고 가장 독성이 적은 미량원소임

기능	○ 화학적 구조에서 칼슘과 유사하고 적절한 뼈 성장과 충치예방에 필요하고 스트론튬이 세포 내 에너지 생성구조를 방어하는 효과를 나타냄 ○ 현대인의 스트레스 해소와 뇌 속 신경전달 체계에 영향을 미쳐 뇌졸증 환자나 뇌막의 감염성질환, 말초신경, 외상후유증, 신경쇠약, 관절염, 피부 질환 등에 특히 효과가 있음 ○ 인체에 흡수가 빠른 대표적인 필수 미량미네랄로 피부보습 효과가 뛰어나다고 함
권장량	
결핍 증상 및 독성	

346

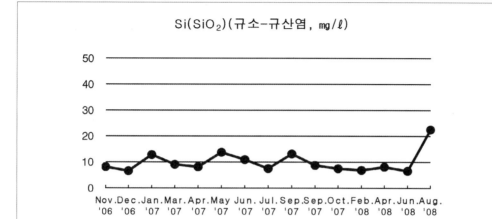

○ 15회 분석결과 6.57~22.60mg/L의 범위로 평균 10.01mg/L로 '08년 8월에 다소 높은 값을 보임

○ 일반해수와 해양심층수와 비교 시 상대적으로 높은 함량을 보임

○ 대동맥, 기관지, 힘줄, 뼈, 피부를 포함한 신체의 연결조직에서 발견되는 원소

기능	○ 칼슘과 작용하여 강한 뼈를 형성하고 골다공증과 관련이 있음 ○ 면역체계를 자극하고 신체조직에서 노화과정을 억제 ○ 노화는 실리콘에 대한 필요성을 증가 ○ 뼈와 결합조직(콜라겐 생성에 필수적인데, 구체적으로, 뼈의 초기 형성 과정에서 칼슘의 흡수를 촉진함) ○ 손톱, 피부, 머리카락을 건강하게 하고 대동맥의 탄력성을 유지시킴 ○ 심혈관계의 질환을 예방하고 알루미늄의 체내 축적을 방지하므로, 치매와 골다공증 예방에 효과가 있음
권장량	○ 권장량은 1일 5~10mg
결핍 증상 및 독성	○ 결핍증으로는 건망증, 인내력부족, 골다공증, 노화가 발생 ○ 특별한 독성은 밝혀지지 않음

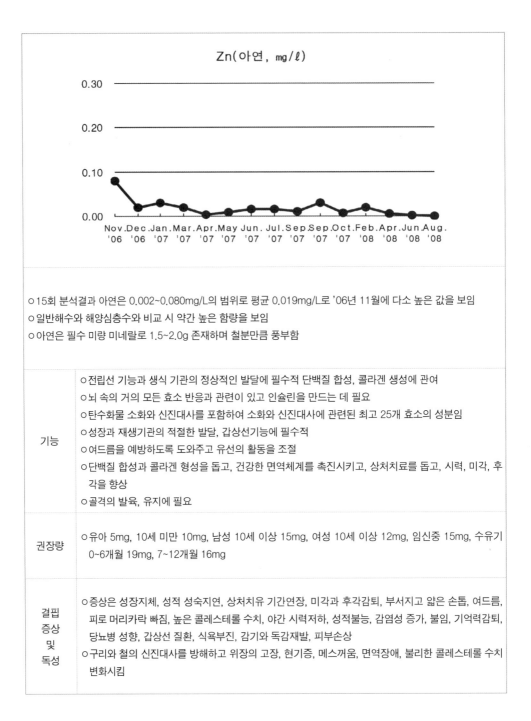

Zn(아연, mg/ℓ)

o 15회 분석결과 아연은 0.002~0.080mg/L의 범위로 평균 0.019mg/L로 '06년 11월에 다소 높은 값을 보임
o 일반해수와 해양심층수와 비교 시 약간 높은 함량을 보임
o 아연은 필수 미량 미네랄로 1.5~2.0g 존재하며 철분만큼 풍부함

기능	o 전립선 기능과 생식 기관의 정상적인 발달에 필수적 단백질 합성, 콜라겐 생성에 관여 o 뇌 속의 거의 모든 효소 반응과 관련이 있고 인슐린을 만드는 데 필요 o 탄수화물 소화와 신진대사를 포함하여 소화와 신진대사에 관련된 최고 25개 효소의 성분임 o 성장과 재생기관의 적절한 발달, 갑상선기능에 필수적 o 여드름을 예방하도록 도와주고 유선의 활동을 조절 o 단백질 합성과 콜라겐 형성을 돕고, 건강한 면역체계를 촉진시키고, 상처치료를 돕고, 시력, 미각, 후각을 향상 o 골격의 발육, 유지에 필요
권장량	o 유아 5mg, 10세 미만 10mg, 남성 10세 이상 15mg, 여성 10세 이상 12mg, 임신중 15mg, 수유기 0~6개월 19mg, 7~12개월 16mg
결핍 증상 및 독성	o 증상은 성장지체, 성적 성숙지연, 상처치유 기간연장, 미각과 후각감퇴, 부서지고 얇은 손톱, 여드름, 피로 머리카락 빠짐, 높은 콜레스테롤 수치, 야간 시력저하, 성적불능, 감염성 증가, 불임, 기억력감퇴, 당뇨병 성향, 갑상선 질환, 식욕부진, 감기와 독감재발, 피부손상 o 구리와 철의 신진대사를 방해하고 위장의 고장, 현기증, 메스꺼움, 면역장애, 불리한 콜레스테롤 수치 변화시킴

348

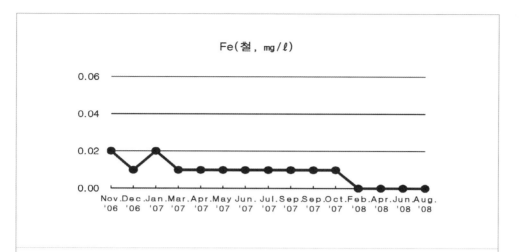

○ 15회 분석결과 철은 0.01~0.02mg/L의 범위로 평균 0.015mg/L로 전체적으로 낮은 값을 보이나 일반해수와 비교 시 다소 높은 함량을 보임
○ 철은 산소를 운반하고 적혈구 내 헤모글로빈과 근육에 미오글로빈을 형성하는 필수미네랄로 페리틴 형태로 간, 비장, 골수에 주로 저장

기능	○ 헤모글로빈과 미로글로빈의 생산 ○ 많은 효소들에 필수적이며 성장과 적절한 인기 기능 ○ 에너지 생산과 적절한 면역체계를 유지 ○ 산소운반, 음식물대사에 관여
권장량	○ 생리, 임신, 부족한 철분 섭취 때문에 철분 1일 권장량은 남성보다 여성에게 더 높음 ○ 0~6개월 유아 6mg, 6~10개월 10mg, 18세 이상 남성과 50세 이상 여성 12mg, 11~18세 남성 12mg, 11~50세 여성(수유 중 여성포함) 15mg, 임신 중 여성 30mg
결핍 증상 및 독성	○ 장출혈, 과다한 생리유발 및 인이 많이 함유된 음식, 소화 장애, 장기간의 질병, 궤양, 과격한 운동, 과도한 땀, 위장 내 염산부족 ○ 빈혈, 머리카락과 손톱 부서짐, 인지장애, 소화 장애, 현기증, 피로, 골절, 머리카락손실, 집중력 장애, 구강조직염증, 추위에 대한 과민증 유발 ○ 어린이에게 철분 결핍은 행동장애, 인지능력 부족 ○ 조직 내에 철분이 과량 축적되어 나타나는 질병은 혈색소증이며, 피부색이 검게 된다든지, 간경화, 당뇨, 심장병을 유발할 수 있음

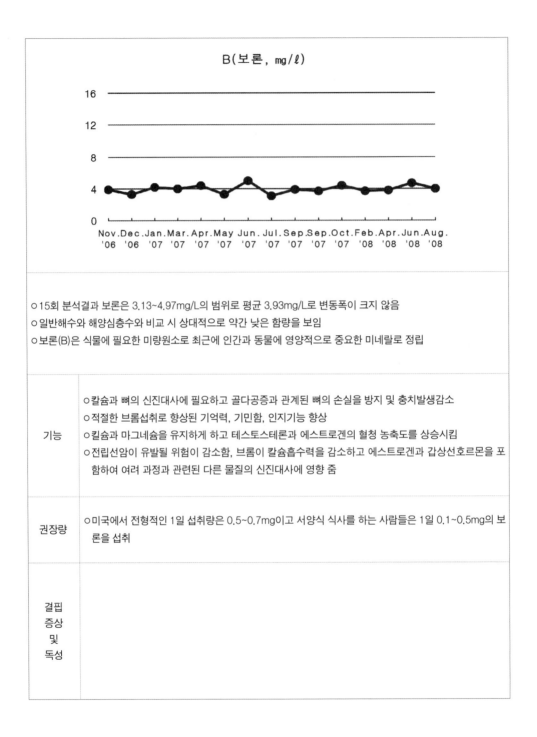

B(보론, mg/ℓ)

○15회 분석결과 보론은 3.13~4.97mg/L의 범위로 평균 3.93mg/L로 변동폭이 크지 않음
○일반해수와 해양심층수와 비교 시 상대적으로 약간 낮은 함량을 보임
○보론(B)은 식물에 필요한 미량원소로 최근에 인간과 동물에 영양적으로 중요한 미네랄로 정립

기능	○칼슘과 뼈의 신진대사에 필요하고 골다공증과 관계된 뼈의 손실을 방지 및 충치발생감소 ○적절한 브롬섭취로 향상된 기억력, 기민함, 인지기능 향상 ○칼슘과 마그네슘을 유지하게 하고 테스토스테론과 에스트로겐의 혈청 농축도를 상승시킴 ○전립선암이 유발될 위험이 감소함, 브롬이 칼슘흡수력을 감소하고 에스트로겐과 갑상선호르몬을 포함하여 여러 과정과 관련된 다른 물질의 신진대사에 영향 줌
권장량	○미국에서 전형적인 1일 섭취량은 0.5~0.7mg이고 서양식 식사를 하는 사람들은 1일 0.1~0.5mg의 보론을 섭취
결핍 증상 및 독성	

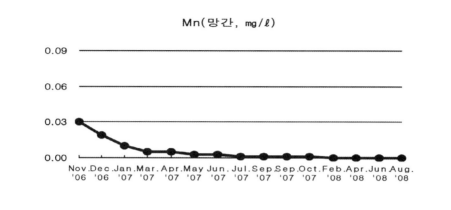

Mn(망간, mg/ℓ)

○15회 분석결과 망간은 0.001~0.030mg/L의 범위로 평균 0.008mg/L로 '06년 11월에 다소 높은 값을 보임 ○일반해수 및 해양심층수와 비교했을 때 다소 높은 함량을 보임 ○망간은 주로 뼈, 간, 췌장, 뇌에 농축되어 있는 미량 미네랄로 평균적으로 대부분의 사람들은 매일 약 4mg의 망간을 분비함	
기능	○여러 효소의 성분이며 콜레스테롤과 지방산의 합성에 촉매로 작용하고 단백질, 지방, 탄수화물 생성 ○뼈와 피부의 연골형성을 포함한 기타 여러 효소들을 활성화 ○망간은 우유 생산과 소변의 성분인 요소의 형성 ○망간은 성호르몬 생성을 유지하고, 신경과 뇌에 영양분을 주고 갑상선의 중요한 성분인 티록신의 형성에 필수적 ○망간은 당뇨병 치료에 도움 ○신체로부터 구리를 배출하는 데 효과적
권장량	○어린이 1~3세 1.0~1.5mg, 4~6세 1.5~2.0mg, 7~10세 2.0~3.0mg, 11~14세 2.0~5.0mg, 성인 2.0~5.0mg
결핍 증상 및 독성	○결핍증으로는 고환수축, 유즙분비력 저하, 체중감소, 피부염, 구토 등이 있음 ○골다공증, 외상이 없는 간질, perthes 병이 있는 환자는 망간 수치가 낮음 ○낮은 수치의 망간은 지방의 산화작용에 의해 발생하는 조직손상을 방지하는 망간-항산화제(super-oxide dismutase)의 수치를 낮춰 결장암의 위험을 증가

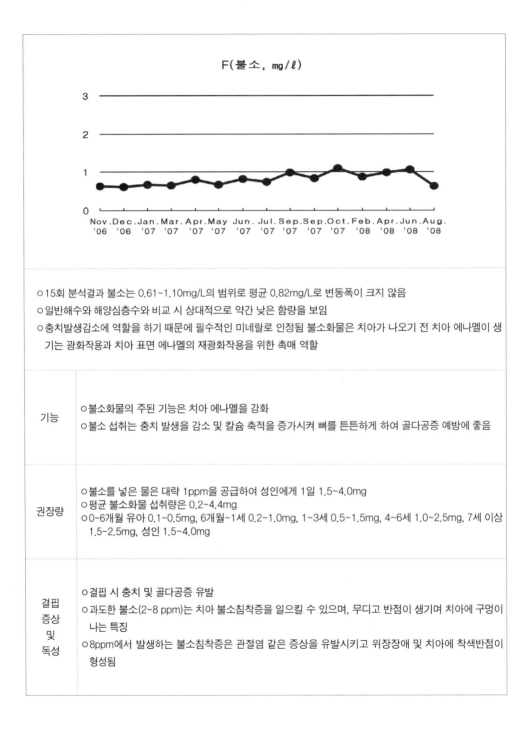

F(불소, mg/ℓ)

○15회 분석결과 불소는 0.61~1.10mg/L의 범위로 평균 0.82mg/L로 변동폭이 크지 않음	
○일반해수와 해양심층수와 비교 시 상대적으로 약간 낮은 함량을 보임	
○충치발생감소에 역할을 하기 때문에 필수적인 미네랄로 인정됨 불소화물은 치아가 나오기 전 치아 에나멜이 생기는 광화작용과 치아 표면 에나멜의 재광화작용을 위한 촉매 역할	

기능	○불소화물의 주된 기능은 치아 에나멜을 강화 ○불소 섭취는 충치 발생을 감소 및 칼슘 축적을 증가시켜 뼈를 튼튼하게 하여 골다공증 예방에 좋음
권장량	○불소를 넣은 물은 대략 1ppm을 공급하여 성인에게 1일 1.5~4.0mg ○평균 불소화물 섭취량은 0.2~4.4mg ○0~6개월 유아 0.1~0.5mg, 6개월~1세 0.2~1.0mg, 1~3세 0.5~1.5mg, 4~6세 1.0~2.5mg, 7세 이상 1.5~2.5mg, 성인 1.5~4.0mg
결핍 증상 및 독성	○결핍 시 충치 및 골다공증 유발 ○과도한 불소(2~8 ppm)는 치아 불소침착증을 일으킬 수 있으며, 무디고 반점이 생기며 치아에 구멍이 나는 특징 ○8ppm에서 발생하는 불소침착증은 관절염 같은 증상을 유발시키고 위장장애 및 치아에 착색반점이 형성됨

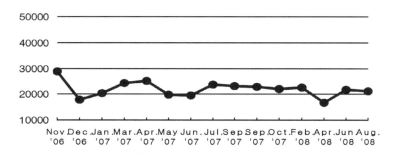

CI⁻(염소이온, mg/ℓ)

○ 15회 분석결과 염소이온은 16,605~28,611mg/L의 범위로 평균 21,942mg/L로 약간의 변동폭을 보이고 일반 해수와 해양심층수와 비교 시 약간 높은 함량을 보임

○ 신체가 필요로 하는 4개의 전해질 중 하나로, 염화물은 신체 내에서 많은 기능을 수행함 체중의 약 0.15%로 구성되고 나이가 들면서 염산이 더 적게 분비되어 적절한 소화 능력과 중요 영양소의 동화능력이 감소됨 염화물은 장을 통해 쉽게 흡수되고 초과량은 소변, 대변, 땀으로 분비

기능	○ 염화물은 효소 촉진제이고 산염기와 수분 균형 유지 ○ 염화물은 질병이나 장기적인 이뇨제 사용의 결과인 신진대사 알칼리혈증을 조절 ○ 간을 자극하여 신경전달과 정상적인 근육수축과 이완을 유지
권장량	○ 0~5개월 유아 180mg, 6~7개월 300mg ○ 1세 어린이 350mg, 2~5세 500mg, 6~9세 600mg, 10세 이상 어린이와 성인 750mg
결핍 증상 및 독성	○ 염화물은 전해질이기 때문에 결핍상태는 정상적 산염기 균형에 불균형을 초래하여 심한 경우 메스꺼움, 구토, 설사, 발한(땀)이 나타나는 특징이 있음 ○ 만성적 구토, 설사 또는 심한 발열, 머리카락과 치아 손상과 소화 장애 ○ 염화물이 부족한 유아는 식욕감소, 기면상태, 성장결핍, 근육약화 ○ 유일하게 알려진 염화물 독소의 원인은 탈수현상임

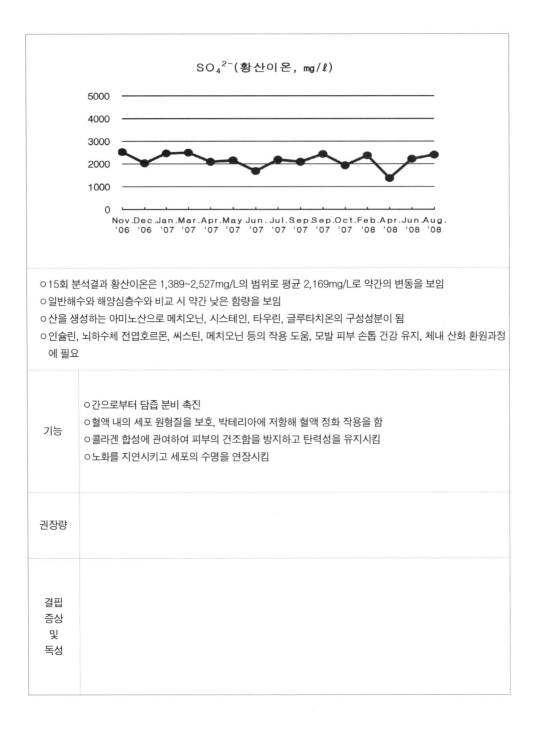

SO₄²⁻(황산이온, mg/ℓ)

	5000 ——————————————————————————
	4000 ——————————————————————————
	3000 ——————————————————————————
	2000 ——————————————————————————
	1000 ——————————————————————————
	0 ——————————————————————————

Nov.Dec.Jan.Mar.Apr.May Jun. Jul.Sep.Sep.Oct.Feb.Apr.Jun.Aug.
'06 '06 '07 '07 '07 '07 '07 '07 '07 '07 '07 '08 '08 '08 '08

ㅇ15회 분석결과 황산이온은 1,389~2,527mg/L의 범위로 평균 2,169mg/L로 약간의 변동을 보임
ㅇ일반해수와 해양심층수와 비교 시 약간 낮은 함량을 보임
ㅇ산을 생성하는 아미노산으로 메치오닌, 시스테인, 타우린, 글루타치온의 구성성분이 됨
ㅇ인슐린, 뇌하수체 전엽호르몬, 씨스틴, 메치오닌 등의 작용 도움, 모발 피부 손톱 건강 유지, 체내 산화 환원과정에 필요

기능	ㅇ간으로부터 담즙 분비 촉진 ㅇ혈액 내의 세포 원형질을 보호, 박테리아에 저항해 혈액 정화 작용을 함 ㅇ콜라겐 합성에 관여하여 피부의 건조함을 방지하고 탄력성을 유지시킴 ㅇ노화를 지연시키고 세포의 수명을 연장시킴
권장량	
결핍 증상 및 독성	

Ⅳ. 제주 용암해수 개발 현황

1. 염지하수 분류

지하수의 물리적인 특성은 총용존고형물(Total Dissolved Solids; TDS), 증발잔류물(Total Solid), 부유물질(Suspended Solid), 휘발성 부유물질(Volatile Suspended Solid) 및 전기전도도(Conductivity) 등을 들 수 있으며, 염분도(Salinity)는 해양학에서보다 복잡한 의미로 쓰이긴 하지만 원칙적으로 TDS와 같은 의미로 사용하고 있다. 일반적으로 물의 종류는 TDS의 함량에 따라 구분하고 있으며 지하수도 TDS 함양에 따라 담·염수를 구분한다. 지하수학이나 수문지질학에서는 지하수 중의 총용존고형물 함량에 따라 분류하고 있으며, 염지하수의 정의를 포괄적으로 규정하고 있다(표 2).

〈표 2〉 물의 종류와 총용존고형물(TSD) 함량(단위: mg/L)

물의 종류	TDS(총용존고형물 함량)		비고
	David 와 Dewiest(1967)	Cleary(1990)	Drever(1988)
담수(Fresh)	1,000 이하	1,000 이하	1,000 이하
기수(Blackish)	1,000~100,000	1,000~35,000	1,000~20,000
해수(Seawater)	10,000~100,000	35,000	saline water ± 35,000
고염수(Brine)	100,000	35,000 이상	35,000 이상

(출처: 제주지하해수의 유효성 탐색과 식음료 개발, 2008)

물의 분류는 자연적 물이든 사람이 사용한 물이든 광물질이나 여러 가지 물질들이 녹아 있으므로 그 농도에 따라 물을 분류할 수 있다. 이 중 총용존고형물(TDS)의 농도에 따른 구분이 매우 간편하므로 널리 사용되고 있는데, 물의 이용 목적 따라 분류하기도 한다(표 3). 총용존고형물(TDS)에 의한 분류로 물은 총용존고형물의 농도에 따라 담수와 염수 혹은 담수, 기수, 염수, 농염수 등으로 구분(염수는 음용이나 농업 혹은 공업 용도를 초과하는 물)한다(표 4).

〈표 3〉 염분농도에 따른 물의 분류

구분	담수	기수	염수	농염수
농도(%)	<0.05	0.05~3	3~5	>5
퍼밀(‰)	<0.5	0.5~30	30~50	>50

Wikipedia, Google. "Salinity"

〈표 4〉 사용자의 목적에 따라 총용존고형물(TDS)에 의한 물의 분류 사례(단위: ㎎/L)

구분	담수(fresh water)	염수(saline water)		
		기수 (brackish water)	해수(sea water)	농염수(brine water)
USGS[1]	1,000 미만	1,000~35,000	35,000	35,000 이상
Freeze and Cherry[2]	1,000 미만	1,000~10,000 ※음용한계 2,000-3,000	10,000~100,000	100,000 이상
텍사스 물개발위원회[3]		3,000~10,000 ※염수:10,000 이상		
캐나다 앨버타주[4]	4,000	4,000-10,000 ※염수:10,000 이상		
Gilbert and Wendell[5]	1,500	1500~5,000 ※염수: 5,000 이상		
Thomson[6]		1,000-5,000(Mildly) 5,000-15,000 (Moderately) 15,000-35,000 (Heavily)	35,000	35,000 이상
Google[7]	500 미만	500~35,000	35,000	35,000 이상
미국 토지매립국[8]		1,000-25,000	35,000	
NRC[9]	1,000	1,000-37,000	TDS: 33,000-37,000 (전체 바다의 97%) 48,000(걸프만)	37,000 이상

구분	담수(fresh water)	염수(saline water)		
		기수 (brackish water)	해수(sea water)	농염수(brine water)
세계보건기구 (WHO)[10]	1,000 미만 (1984, 맛) 1,200(음용불만) 1,500 미만[11]			

1) USGS: United States Geological Survey(미국 지질조사소)

2) Freeze & Cherry(1979), Groundwater, Prentice-Hall.

3) TWBD(2008) Guidance Manual for Brackish Groundwater Desalination in Texas, Texas Water Development Board, p7

4) George, Robert(2009) Brackish Water Classification Outcomes and Objectives, Alberta Environment Water Policy Branch

5) Gilbert M. Masters and Wendell P. Ela(2007) Introduction to Environmental Engineering & Science 3rd, Prenctice Hall.

6) Thomson, B., Brackish Ground Water Desalination: Challenges to inland Desalination Technologies, University of New Mexico(Internet Available 2009/3/24)

7) Google(검색어: saline water)

8) USBR(2003) Desalination and Water Purification Technology Roadmap, A Report of the Executive Committee, Sandia National Laboratories) U. S. Department of Interior, Bureau of Reclamation.

9) NRC(2008) Desalination: A National Perspective, National Research Council of the National Academies, The National Academies Press, Washington, D.C.,p14.

10) WHO(2007) Desalination for Safe Water Supply, Guidance for the Health and Environment Aspects Applicable to Desalination, Public Health and the Environment, World Health Organization. p5.

11) WHO(2004) Guidelines for Drinking-water Quality, 3rd, Volume 1, Recommendations, World Health Organization.

2. 세계 염지하수 부존 현황

1) 해양 기원의 염지하수

해양 기원의 퇴적물 형성에 의해 생성된 선천적 염지하수는 해양의 퇴적물 형성 과정에서 일반적으로 나타나고 바닷물은 암석층과 함께 퇴적되어 틈새에 존재한다(그림 9). 해수면의 변화에 의한 해수 침수로 생성된 염지하수는 오랜 시간에 걸쳐 해수면의 높이가 변하는 경향에 의해 해안 저지대가 침수되는 기간 동안 담수에 비해 밀도가 높은 바닷물이 담수의 아래쪽으로 침투하여 원래의 연안 대수층에 염분이 섞여 생성된다.

▨▨▨해양기원 ▨▨▨육상기원 ▤▤▤인위적 기원 ▥▥▥혼합기원

〈그림 9〉 세계 지하수의 분포도 (출처: Van Weet, F., 2012)

해수 범람에 의해 생성된 염지하수는 해일이 발생하거나 만조 시 해안 저지대에서 일시적으로 육상 지표면이 해수에 잠겨 고인 해수가 해안 대수층에 침투하여 형성된다. 측면으로 침투한 해수에 의해 발생하는 염지하수는 바다와 연결된 해안 대수층 사이의 상호작용으로 인해 발생하고 지하수가 배출되어 생기는 빈 공간에 바닷물이 침투하여 염지하수를 형성한다. 해수 분무현상으로 인한 염지하수는 해안지대의 공기 속 풍부한 염분입자가 빗물에 의해 지표면으로 떨어져 지하수로 침투하여 지하수가 염류화되어 생성된다(표 5).

2) 자연적 육상 기원의 염지하수

지표면 또는 지표면 근처의 증발에 의해 생성되는 염지하수는 기후조건이 건조(증발)할 때 발생하며, 분지의 염분호수에서 많이 나타나고, 호수의 높은 염분은 지하수에 어느 정도 깊이와 거리까지 퍼지는 것으로 추정된다. 지하에서 자연적으로 발생하는 수용성 광물이 용해되어 생성되는 미네랄이 풍부한 지하수는 지표면 아래를 통과하거나 흐를 때 증발형성물(암염) 또는 탄산염층에서 염분이 용해되어 지하수에 염분이 섞여 염지하수를 형성한다. 지열 기원의 염지하수는 화산 활동의 부산물로 생성되는 미네랄화된 물로서 아직 수문 순환의 일부가 아니기 때문에 'juvenile water'라고 화고 화산 활동이 높은 지역의 고온, 고압의 지하수는 높은 용해능력을 가지고 있어 염이 풍부한 'hermo-mineral water'가 생성될 수 있어 열수 지하수 시스템은 염도가 높은 hermo-mineral water를 더 얕은 깊이로 수송할 수 있으며, 지표면에 뜨겁고 짠 샘을 생성할 수 있다.

3) 인공적 육상 기원의 염지하수

농수 공급의 영향에 의한 염지하수는 농수로 공급한 물에 함유된 미네랄이 증발하여 미네랄이 토양에 잔류하게 되고, 이 과정을 지속적으로 반복하게 되면서 토양에 축적된

〈표 5〉 기원에 따른 염지하수의 생성과 분포지역

기원	발생 원인	지역
해양 기원	선천적 염지하수	리비아, 수단 및 이집트의 누비아 사암 대수층, 북아프리카 니제르 분지의 Tin Séririne-Irhazer 및 Iullemeden 대수층, 그란차코의 파라과이 부분에서 파타고니아 동부, 미국 북대서양 해안평야 대수층, 남동부 해안평야 대수층, 텍사스 해안 저지대 대수층, 미시시피 연안 고지대 대수층, 플로리다 대수층 시스템
	해수면 변화에 의한 염지하수	스웨덴 중부와 핀란드의 발트해 해안선
	해수 범람에 의한 염지하수	홍콩과 상하이 사이의 저지대 중국 연안지역, 필리핀, 대만, 일본의 저지대 지역, 인도, 스리랑카, 방글라데시, 태국, 말레이시아, 수마트라
	측면으로 침투한 해수에 의해 발생하는 염지하수	벨기에와 네덜란드의 해안 대수층, 도쿄, 가와사키, 요코하마, 대만, 필리핀 세부와 마닐라, 인도 첸나이, 탄자니아 다르에스살람, 스페인 바르셀로나, 미국 마이애미, **대한민국 제주도**
	해수 분무현상으로 인한 염지하수	호주
육상 기원 -자연적	지표면 증발에 의해 미네랄이 풍부한 지하수	남아메리카 알티플라노 남부(볼리비아, 칠레, 아르헨티나), 이집트의 El Natrun 및 Kattara, 알제리, 튀니지아의 Chotts, 리비아 남부의 페잔, 중국의 티베트 및 산 고원, 호주의 뉴사우스웨일즈 Murray Darling 분지
	수용성 광물이 용해에 의한 염지하수	호주의 Adavale 분지, 인더스 및 갠지스 분지, 러시아의 Khakasia, 시베리아 레나-빌류 유역, 이르쿠츠크 북서쪽, 브라츠크 서쪽, 바이칼 호수 북서쪽, 아라비아 반도 동부, 유프라테스-티그리스 분지, 구 페르미 Zechsteingo(잉글랜드 동부-폴란드 북부, 네덜란드 북동부-독일 북부), 서부 러시아
육상 기원 -인공적	지열 기원의 염지하수	캄차카, 쿠릴열도, 일본, 대만, 필리핀, 인도네시아, 뉴질랜드, 태평양 제도
	농수 공급의 영향에 의한 염지하수	호주의 Avon wheat belt와 Estern Mallee, 터키, 시리아, 이스라엘과 이라크의 바그다드 남쪽과 동쪽, 파키스탄 신드, 인도 펀자브, 황해평야, 만주강평야
	인위적 오염에 의한 염지하수	남인도, 베트남, 방글라데시, 필리핀

360

미네랄이 지하로 흡수되어 대수층에 도달하여 지하수의 염도를 점진적으로 증가시켜 염지하수를 생성한다. 인위적 오염에 의한 염지하수는 비료, 생활폐수, 산업 및 농업 폐수, 유출된 오일, 담수화 공장의 염수 등 인위적 오염물질이 지하수로 침투하여 지하수를 염분화하여 염지하수를 생성한다.

4) 개발과 이용 현황

염지하수는 담수화 목적 외에는 국외 산업화 개발 사례가 다소 미미하다. 미국 활용 사례의 경우 Shea(2010), Mickley(2010) 등의 보고에 따르면, 1985년 이후 염지하수를 활용하고 있으며, 2010년에는 649개의 담수화설비가 하루 402백만 갤런(gallon)을 취수한다(그림 10).

프랑스 생말로탈라소테라피센터(Thermes Marins de Saint-Malo)에서 해양치유분야 활용 사례(출처: 해양산업 활성화를 위한 해양치유 가능자원 발굴 및 실용화 기반연구, 2019)를 보면 ① 수이완(Aquarelaxation sessions), ② 요가(Yoga sessions), ③ 하이드로 테라피(Hydrotherapy): 해수분사(Manual Affusion Showers), 수중샤워(Underwater shower), 해초 및 에센셜 오일과 해양배수 제트 목욕

Source: Mickley & Associates, written commun., 2013. Survey of municipal desalination plants.

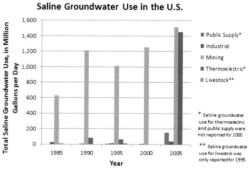

〈그림 10〉 미국의 염지하수 분포와 활용 사례, 2013

(marine draining jet baths with seaweed or essential oils), ④ 물리요법(physiotherapy massages), ⑤ 사우나(Sauna), ⑥ 해초랩(seaweed body wraps), ⑦ 제트풀(pool jets), ⑧ 심리적 발반사요법(Emotional Foot Reflexology), ⑨ 터키식 목욕탕(Hammam), ⑩ 아유르베다 인도식 마사지(Ayurvedic Indian Massage), ⑪ 중국식 전통 기마사지(Traditional Chinese Energetic Massage)이다.

3. 국내 염지하수의 부존과 이용 현황

국내의 염지하수 분포는 대부분 해안선을 따라서 연안 근처에 부존하고 있다(그림 12). 총 양수량은 54,482㎥/일로 가장 많은 양수량을 보유한 시도는 전라남도(26,340㎥/일)이며, 시군구는 전라남도 완도군(17,523㎥/일)이다. 가장 적은 양수량을 보유한 시도는 부산광역시(150㎥/일)이며, 시군구는 부산광역시 기장군(150㎥/일)이다. 이때 양수량이 측정되지 않은 지역은 0㎥/일로 처리한다(그림 13).

생활용수 확보를 위한 해수담수화 운영 사례는 2017년 기준 인천 1개소(340㎥/일), 경기 3개소(390㎥/일), 충남 23개소(770㎥/일), 전북 7개소(470㎥/일), 전남(3,985㎥/일), 경북 1개소(28㎥/일), 경남 7개소(150㎥/일), 제주 4개소(2,200㎥/일)이다(그림 14).

해양치유분야 산업화 개발 사례는 "완도 해양치유센터 건립(건설 중, ~'22)", "울진 해양

시설 현황	물생산 단가	해수담수화 운영 문제점
<중·대규모> • 10,000m³/d 초과 3개소 　- (정부) 부산 기장, 대산산업, (민간)포스코 • 1,000m³/d ~10,000m³/d 　- (민간) 현대석유, 삼성 SDI **<소규모>** • 1,000m³/d 미만 109개소 　- 2018년 11월 기준 8,333m³/d, 도서지역 　- 소규모 시설 81%, 100m³/d 미만 　- (지자체) 74개, 공사 35개, 위탁 5개	• 2016년 이전에 물 생산단가는 평균 **1~1.3 US$/m³** 수준 • 최근 **0.5 US$/ m³** 수준 대폭 하락 • 에너지 효율 증가 　- MSF9(증발식) 방식 9~25kWh/m³ 　- MED(다단효율)방식 7~8kWh/m³ 　- **RO 방식 3kWh/m³ →2kWh/m³** • 분리막 개발 및 가격 가성비 향상 　- 고성능 RO 분리막 개발	**에너지 효율** • 수처리 방식 중 에너지 효율이 높지만 고에너지 한계 극복 필요 **유지보수비용** • 고가 분리막/염분에 따른 장비 부식 • 운영에 따른 유지보수비용 절감 필요 **농축수 배출** • 농축수에 대해 바닷물과 희석하여 배출 • 해양환경문제/저감 방안 필요

〈그림 11〉 국내지역 소규모 담수화시설 현황과 운영 (부산기장)

〈그림 12〉 국내 염지하수 분포도(전기전도도 800µs/㎝ 이상인 시추공은 염지하수 부존 가능지점으로 분류)

(출처: 해양산업 활성화를 위한 해양치유 가능자원 발굴 및 실용화 기반연구, 2019)

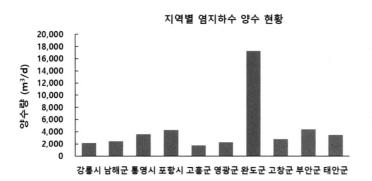

〈그림 13〉 우리나라 지역별 염지하수 양수 현황(농림축산식품부 지자체별 양수량 통계)

치유센터 건립(건설 예정, ~'24)", "해양치유자원에 관한 법률 공포('22.01.04.)" 등이 있으며,
염지하수 미네랄 활용 제품화(울진) 사례는 "미네랄 활용 항염, 면역 개선 음료(아리바이오)"
가 있다(그림 15).

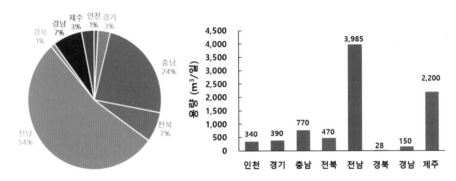

〈그림 14〉 국내 해수담수화 시설 현황(좌, 지역별 시설 수; 우, 지역별 시설용량)
(출처: 국통교통부, 2016)

〈그림 15〉 국내 염지하수 미네랄 활용제품

4. 제주 염지하수의 이용과 개발 현황

1) 제주 염지하수 이용

2022년 염지하수 허가 현황은 총 8,066,137㎥/일(1,225개)로 생활용 0.2%(18,191㎥/일), 공업용 0.1%(6,004㎥/일), 농어업용 99.7%(8,041,942㎥/일)로 염지하수 대부분이 어류 양식 용수로 이용되고 있다(그림 16, 표 6, 7).

2) 제주 용암해수 산업적 개발

용암해수는 해안에 가까운 곳에 부존하는데 동부지역은 해안으로부터 내륙으로 약 7~8km까지 부존하고 북동지역과 남동지역에서는 해안에서 수백 m 이내 지역에 부존하

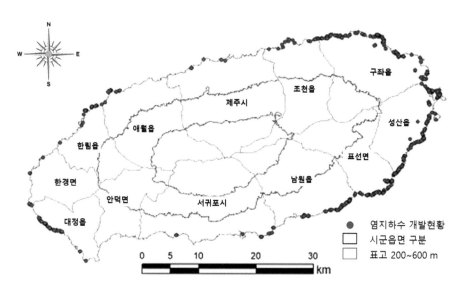

〈그림 16〉 제주도 지역별 염지하수 개발 현황

〈표 6〉 제주도 염지하수 개발이용 시설 현황

구분		생활용	공업용	농어업용	먹는물 제조용	조사 관측용	계
공공	공수	7	3	17	0	18	45
공공	허가량 (㎥/년)	1,008,720	4,320,000	31,981,296	0	0	37,310,016
사설	공수	103	2	1,075	0	0	1,180
사설	허가량 (㎥/년)	5,565,924	31,548	2,903,327,712	0	0	2,908,925,184
계	공수	110	5	1,092	0	18	1,225
계	허가량 (㎥/년)	6,574,644	4,351,548	2,935,309,008	0	0	2,946,235,200

는 기저지하수를 산업적으로 활용하기 위하여 '용암해수'로 명명하며(제주용암해수사업단 2005년), 「먹는물관리법」에 의해 염지하수 관리구역으로 지정된 용암해수산업단지에서 활용하고 있다(그림 16).

용암해수산업단지 인근 기 개발된 관정의 지질주상도와 EC/수온 검층자료를 고려했을 시, (염)지하수 부존특성은 용암류 사이에 협재된 퇴적층(모래, 유리질쇄설성각력암 등)을 통해 유입된 해수가 내륙으로부터 함양·유동하는 담지하수와 혼합되어 최상부에는 담지하수, 중간에 담-염수 전이대(Transition zone), 최하부에 염지하수 등의 3가지 형태의 수직적 분포를 나타낸다(고 등, 2003).

용암해수산업단지가 위치한 지역은 미고결 퇴적층 상부에 고온의 용암이 바다로 흘러갈 때 형성되는 것으로 보이는 유리쇄설성 각력암층(hyaloclastite breccia)이 약 51.0m의 두꺼운 층으로 발달되어 있어 염지하수의 부존을 용이하게 해주는 요인으로 판단되고 개발 당시의 물리검층 결과, 지하지질 특성에 따라 2개의 전이대 형태를 보이고 있다. 제1차 전이대는 담·염수 상하한 경계로 추정되며, 이때 전이대층 두께는 약 20.2~22.5m로 보고되

〈표 7〉 제주 염지하수 허가 현황

시	읍면동	생활용		공업용		농어업용		먹는물 제조용		조사관측용	
		관정수	허가량 (m³/년)	관정수	허가량 (m³/년)	관정수	허가량 (m³/년)	관정수	허가량 (m³/년)	관정수	허가량 (m³/년)
제주시	동지역	3	112,800	0	0	2	709,920	0	0	0	0
	한림읍	0	0	0	0	41	115,545,240	0	0	0	0
	애월읍	1	174,000	0	0	3	7,200,000	0	0	0	0
	구좌읍	22	1,031,160	3	4,320,000	221	582,997,764	0	0	10	0
	조천읍	4	142,128	0	0	33	94,108,680	0	0	0	0
	한경면	0	0	0	0	17	71,437,680	0	0	1	0
	추자면	0	0	0	0	0	0	0	0	1	0
	우도면	13	1,095,120	1	20,508	6	2,188,080	0	0	0	0
	소계	0	0	0	0	0	0	0	0	2	0
제주시	동지역	2	39,360	0	0	7	19,786,680	0	0	0	0
	대정읍	3	493,200	0	0	58	122,921,820	0	0	6	0
	남원읍	7	747,360	0	0	157	425,441,160	0	0	0	0
	성산읍	38	1,952,016	1	11,040	343	975,114,120	0	0	0	0
	표선면	17	787,500	0	0	204	517,857,864	0	0	0	0
	소계	0	0	0	0	0	0	0	0	6	0
전체		110	6,574,644	5	4,351,548	1,092	2,935,309,008	0	0	18	0

출처: 제주특별자치도 지하수정보관리시스템(2021년도)

고 있다(제주하이테크산업진흥원, 2008).

　제주도 동부지역에서 담수 지하수체의 수직적인 분포 두께는 해안에서 내륙 쪽으로 거리에 따라 큰 차이를 보이고 있다(그림 18). 즉 해안에서 약 0.9km 내륙 쪽에 위치한 한동1호공(HAD-1)에서는 평균 해수면 하 33.6m까지 담수 지하수체가 형성되어 있으나 약 2.5km 내륙 쪽에 위치한 한동2호공에서는 평균 해수면 하 35.3 m로 다소 두꺼워지며, 내류 쪽 5.2km 지점에 위치한 한동3호공에서는 평균 해수면 하 68.2m를 나타내어 내륙 쪽으로 거리가 멀어짐에 따라 담수 지하수체의 두께가 두꺼워지는 현상을 보이고 있다(고 등, 2003, 제주발전연구원, 2009).

JD한동1 관측정과「용암해수산업단지」취수 1호정에서의 지하수체는 담수 지하수체 (EC 1,700㎲/cm 이하), 저염수 지하수체(EC 1,700~17,350㎲/cm), 고염수 지하수체(EC 17,350㎲ /cm 이상) 3가지 유형의 지하수체가 수직적으로 부존한다(그림 19).

「용암해수산업단지」는 염지하수 자원을 활용한 지역산업 활성화를 목적으로『먹는물

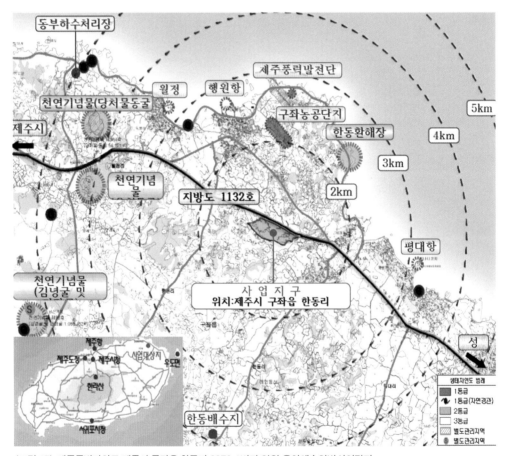

〈그림 17〉 제주특별자치도 제주시 구좌읍 한동리 2972-1번지 일원 용암해수일반산업단지

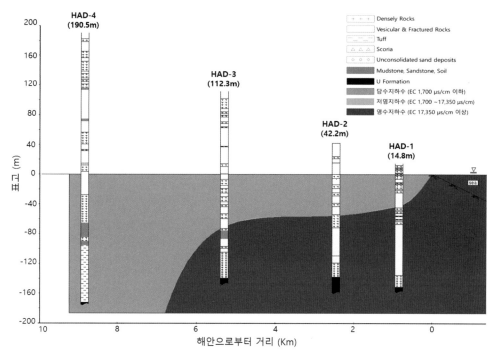

〈그림 18〉 해안~한동1,2,3,4 관측정을 잇는 지질 및 지하수 수직적 종단면도

(출처: 제주지역 용수수요 전망과 수자원 보전·관리계획에 관한 연구, 2009)

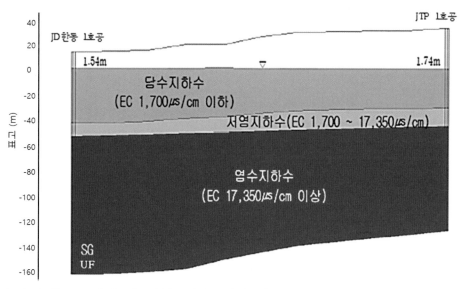

〈그림 19〉 한동1-JTP 1호정을 잇는 지하수 수직적 횡단면도(추정)

관리법』제11조 제3항 및 동법 시행령 제3조의3에 따라 2014년 5월 14일 '제주용암해수 일반산업단지 염지하수 관리구역'으로 지정하였다. 용암해수(염지하수) 자원의 취수량 증가에 따른 체계적 연구 체제를 구축하기 위하여 지속적인 모니터링을 통한 수질의 안정성을 확보하여 난개발 방지를 위한 체계적이고 효율적 관리가 필요한 지역이다. 따라서 「제주테크노파크 용암해수센터」에서는 공업용수(염지하수) 공급체계를 일원화하기 위하여 단지 내 지하수 개발·이용시설 3공(양수능력 12,000㎥/일, 취수허가량 360,000㎥/월)을 확보하고, 산업단지 내 염지하수 전용 파이프라인(원수, 탈염수, 농축수)을 통해 입주기업에게 가공원료를 제공하고, 염지하수 가공장비를 갖춘 기업에게는 가공 전 원수를 직접 공급하고 있다(표 8).

3) 용암해수산업의 발전 방안

용암해수산업은 용암해수를 원자재나 부자재, 소비재로 활용하여 제품이나 서비스를 생산하는 산업이다. 용암해수는 유용 미네랄을 함유하고 낮은 투하자본과 제주도 브랜드

〈표 8〉 지하수 개발·이용시설 소재지

허가번호	관리명칭	소재지	TM 좌표	
			X	Y
W200630027	취수1호정	제주시 구좌읍 행원리 3575	182,412	105,434
W201210013	관측3호정	제주시 구좌읍 한동리 4849	182,502 (182,519)	105,459 (105,429)
W201910003	취수3호정	제주시 구좌읍 한동리 4849	182,588	105,387
W201910004	취수4호정	제주시 구좌읍 한동리 4849-9	182,984	105,313
W201710038	관측1호정	제주시 구좌읍 한동리 4849-9	182,944 (182,594)	105,323 (105,393)
W201910005	관측2호정	제주시 구좌읍 한동리 4849	182,585 (182,990)	105,385 (105,325)

이미지 결합으로 산업적 가치가 높고 용암해수는 순환자원으로서 지역 내 1차, 3차 산업과 연계 가능한 산업으로 지역 1차 산업과 연계한 음료, 식품가공산업 고도화 및 3차 서비스산업 연계 해양치유산업 등 미래 잠재수요 대응 및 확장성이 높은 산업이다(표 9).

용암해수산업은 지리적 특성, 자원의 희소성을 가진 산업재를 '거점화', '집적화', '규모화', '기능화/확장화'하는 산업이다(표 10).

용암해수산업은 용암해수자원을 기반으로 용암해수를 원자재나 부자재, 소비재로 활용하여 제품이나 서비스를 생산하는 제주지역 특화 산업이다. 용암해수산업은 용암해수자원 활용산업 확대 등 잠재 개발수요 등을 고려한 자원의 안정적 순환관리체계 확립으로 지속가능한 자원순환 융합산업이다. 제주의 산업 가치사슬은 투입물(1차산업)에서 제조 및 서비스 지역산업 Bridge 연계기술 개발을 통한 지역주도형 신상품/서비스 개발 활성화에 기여도가 높다. 기존 먹는물 중심의 산업체계에서 제조·서비스 중심의 유망기술 접목으로 물산업 시장 선도 및 제주형 물산업 범위 확장 가능성이 높다. 제주 지하수(담수)

〈표 9〉 용암해수의 특성과 산업화 입지 여건

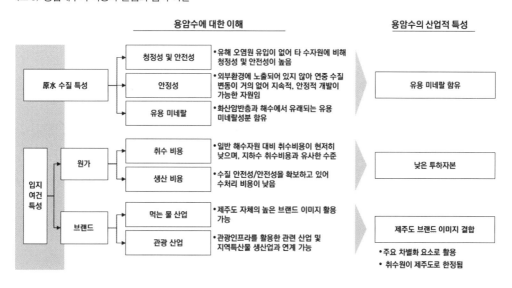

자원과의 명확한 상생/차별화로 제주만의 유일한 자원 활용 제품 경쟁우위 확보 가능성이 높다. 지역 인프라 및 특성을 활용한 지역특화 실증화시설 및 집적단지 조성·운영과 지속적인 유망기업 및 연구소 유치를 위한 적극적인 산업정책추진을 유도하고 있다.

제주는 식품산업의 근간인 제조업보다는 1차 농수산업 비중이 높고, 지역경제의 한 축으로 자리잡고 있어 환경 및 대외여건에 따라 지역경제에 미치는 영향이 크게 작용하는 것으로 본다. 제주 내 식품산업은 농림축수산물의 최종 제품을 생산하는 데 중간재로 투입되는 원물, 반가공품 등의 식품 소재가 대부분을 차지한다. 제주 천연물 및 농산물은 고품질로 전국 대비 점유율이 높은 반면 고차가공/소재화보다는 원물 유통으로 고부가가치화 연계가 부족한 현실이다. 특히, 식품소재 산업에 사용되는 원료 대부분이 수입에 의존하고 있어 이를 국산원료로 대체할 수 있는 방안 마련이 필요한 실정이다. 1차산업 소재의 단순가공 및 원물 유통으로 인한 지역 내 부가가치 창출에 한계를 지역 주력산업인 청정바이오산업 내 건강기능성식품 산업 육성으로 지역 천연물과 농산물 수요확대 및 제

〈표 10〉 용암해수의 산업적 특성과 산업의 특성

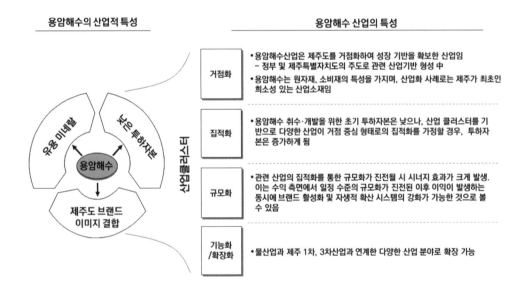

조업 경쟁력 제고가 요구된다. 병입수(음료제품) 중심의 제품화에서 생성되는 부산물인 농축수와 고미네랄수를 활용한 액상조미료 제품화 및 지역자원 연계 기능성 식품 산업으로 다각화가 요구된다(표 11).

용암해수산업은 제주지역의 수자원(용암해수 포함)과 농수산물로 생산하는 식음료, 화

〈표 11〉 용암해수기반 제주 청정바이오 식품산업 전략

제주 청정바이오 식품 산업 ⇓		
(기존) 용암해수산업	**용암해수기반 청정바이오산업**	**유망품목**
• 용암해수자원을 기반으로 용암해수를 원자재나 부자재, 소비재로 활용하여 제품이나 서비스를 생산하는 제주지역 특화 산업 • 제주 청정바이오소재와 용암해수를 기반으로 기능성 음료 특화 산업	• 용암해수 미네랄 기반 액상 조미료 및 제주자원 연계 소재화를 통한 제품화 • 용암해수 기능성 미네랄 소재화를 통한 지역특화산업 연계 육성 전략을 바탕으로 제주형 메디푸드산업 기반 확보	**액상 조미 식품** • 미네랄 액상 조미 식품 • 제주원료 연계 천연 조미료 • 지역 자원 연계 소금
		건강 기능 식품 • 기능성 표시제 식품 • 미네랄 건강기능 식품 • 고혈압 개선 저염 소금
		간편 가공 식품 • 고령친화 HMR 식품 • 유아 건강 HMR 식품 • 캠핑 등 야외 간편 식품
	• 제주 지역 내 우수한 천연자원 장점을 바탕으로 국내 메디푸드시장 내 기능성 및 표준화된 원료기반 신점으로 지역 특화고부가산업으로 육성	**특산 가공 식품** • 제주형 연계 장류 식품 • 제주형 전통 절임 식품 • 지역 수산가공 식품

장품, 주류 등의 2차 상품을 기반으로 수치료, 의약외품, 의약품 등에 접목 가능한 메디 소재를 활용하는 제품 및 서비스산업을 육성하는 제주형 특화 산업으로 육성이 요구된다(표 12).

지역 내 물응용 산업 고도화를 통한 식품 소재산업 및 고부가가치 식품 산업 육성은 ① 유용소비재 확보(생산거점) ② 웰빙 수요에 따른 급증 시장 선점(프리미엄 지역브랜드) ③ 국내 생산량 고 점유(대량 소재확보) 등의 지역 장점을 바탕으로 경쟁력 확보가 필요하다. 건강에 대한 관심증대에 따른 고부가가치 제품 등을 생산하는 제주 청정 특화자원 기반의 건강지향성 산업으로, 특히 제주지역의 수자원(용암해수 포함)과 천연물·농수산물을 활용한

〈표 12〉 용암해수 산업분류(한국표준산업분류 10차 기준)

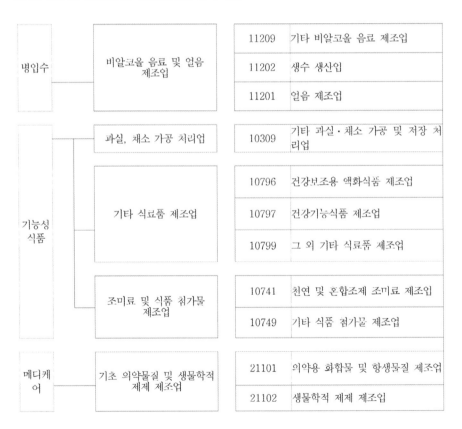

병입수	비알코올 음료 및 얼음 제조업	11209	기타 비알코올 음료 제조업
		11202	생수 생산업
		11201	얼음 제조업
기능성 식품	과실, 채소 가공 처리업	10309	기타 과실·채소 가공 및 저장 처리업
	기타 식료품 제조업	10796	건강보조용 액화식품 제조업
		10797	건강기능식품 제조업
		10799	그 외 기타 식료품 제조업
	조미료 및 식품 첨가물 제조업	10741	천연 및 혼합조제 조미료 제조업
		10749	기타 식품 첨가물 제조업
메디케어	기초 의약물질 및 생물학적 제제 제조업	21101	의약용 화합물 및 항생물질 제조업
		21102	생물학적 제제 제조업

지역산업 연계 용암해수산업 특성화를 목적으로 한다.

Ⅴ. 맺음말

　제주용암해수사업은 2005년 지식경제부의 지역균형발전사업의 일환으로 제주해양 생물자원과 지하해수의 산업화 소재개발 내용 중에서 제주지하해수의 유효성탐색과 식 음료개발로 추진하였으며, 과제 기획과 국책사업추진에 제주하이테크산업진흥원(현 제주 테크노파크) 부태환 원장님의 적극적이고 열정적인 지원과 격려, 산업연구원 홍진기 박사 의 정책자문과 지원 그리고 문상욱 박사와 김병호 박사, 나오수, 김기주 박사, 권철만, 김 하진 연구원의 연구과제 업무에 대한 불굴의 노력으로 국책사업을 수주하여 수행하게 되 었다. 국책사업을 수행하는 데 있어서 고기원 박사의 제주도 지질과 수자원 정보 제공, 제 주특별자치도 김태환 지사님의 적극적인 행정지원과, 제주하이테크산업진흥원 고유봉 원장님의 연구과제 수행지원에 심심한 사의를 드린다. 그리고 제주 용암해수 산업의 경 쟁력 강화와 세계화를 위하여 불철주야 열정을 불사르는 장원국 제주TP 용암해수센터장 님을 비롯한 모든 분들에게 감사드린다.

　이 글은 2005년부터 2008년까지 "제주지하해수의 유효성 탐색과 식음료 개발" 사업내 용과 제주테크노파크 용암해수센터의 용암해수 산업발전방안 등을 참고로 작성하였다. 원고 작성에 도움을 주신 제주테크노파크 김기주 박사와 제주대학교 해양과학연구소 이 치훈 박사 그리고 고기원 박사에게 심심한 사의를 표한다.

　제주용암해수가 제주특별자치도의 건강생활소재 자원을 넘어서 대한민국과 세계인 의 먹는 물 자원으로 세계인의 건강생활 산업에 유용한 자원으로 활용되기를 기대한다.

참고문헌

고기원, 1997, 「제주도의 지하수 부존특성과 서귀포층의 수문지질학적 관련성」, 부산대학교 박사학위논문.

_____, 2005, 「제주도 지하수의 부존 및 산출 특성」, 『제주문화』 11, 95-115.

고기원·박윤석·박원배·문덕철, 2003, 『제주도 동부지역의 수문지질에 관한 연구(Ⅱ)』, 한국지하수토양환경학회 춘계학술대회.

고창성·윤석훈·홍정균·정종옥·김진주, 2019, 「제주도 월정리 해안 시추공의 층서분석」, 『지질학회지』 55(1), 1-20.

김기표, 2002, 「제주도 동부해안 한동리 지역의 수문지질학적 연구」, 제주대학교 석사학위논문.

국통교통부, 2016, 『통계로 보는 한국의 수자원』, 619.

안웅산·전용문·기진석·김기표·고수연·이병철·정차연, 2017, 「야회지질학적 관찰을 통한 제주도 지하수 모델 제안」, 『지질학회지』 53(2), 347-360.

이영돈, 2020, 「바다는 생명의 원천이다」, 『Ecovision 21』 200, 18-27.

제주특별자치도, 2003, 『제주도 수문지질 및 지하수자원 종합조사(Ⅲ)』.

_____, 2018, 『2018-2022 제주특별자치도 수자원관리종합계획』.

(재)제주하이테크산업진흥원, 2008, 『제주지하해수의 유효성 탐색과 식음료 개발』, 지식경제부.

제주발전연구원, 2009, 『제주지역 용수수요 전망과 수자원 보전·관리계획에 관한 연구』.

한정상·한규상·김창길·김남종·한찬, 1994, 「제주도 지하수자원의 최적 개발가능량」, 『한국지하수토양환경학회』 1(1), 33-50.

황세호·신제현·박기화·박인화·고기원, 2006, 「제주 현무암 지역에서 물리검층 자료 해석」, 『지구물리와물리탐사』 9(3), 231-240.

해양수산부·해양수산과학기술진흥원, 2019, 『해양산업 활성화를 위한 해양치유 가능 자원 발굴 및 실용화 기반연구』.

한국환경정책·평가연구원, 2017, 『해수담수화에서 생성되는 농축수의 환경적 영향과 평가』.

제주특별자치도 지하수정보관리시스템 https://water.jeju.go.kr/JWR/fIntro.cs

제주도지질공원 http://geopark.jeju.go.kr

Dieter, C. A., Maupin, M. A., Caldwell, R. R., Harris, M. A., Ivahnenko, T. I., Lovelace, J. K., Barber, N. L. & Linsey, K. S. 2018. Estimated use of water in the United States in 2015. U. S. Geological Survey.

Lee, Y. D. 2015. Status and vision for aquaculture in Jeju Island, Korea. AquaInfo. 3(1), 88-104.

Noh, J. R., Gang, G. T., Kim, Y. H., Yang, K. J., Lee, C. H., Na, O. S., Kim, G, J., Oh, W., K., Lee, Y. D., 2010. Desalinated underground seawater of Jeju Island (Korea) improves lipid metabolism in mice fed diets containing high fat and increases antioxidant potential in t-BHP treated HepG2 cells. *Nutr Res Pract.*, 4(1), 3-10.

Van Weert, F. & Van der Gun, J. 2012. Saline and Brackish groundwater at shallow and intermediate depths: Genesis and world-wide occurrence. *IAH Congress, Niagara Falls.*

Van Weert, F., Van der Gun, J. & Reckman, J. 2009. Global overview of saline groundwater occurrence and genesis. International Groundwater Resources Assessment Center, Report GP-2009-1, Utrecht.

제주학회 제주학총서 3

물을 품은 제주섬을 말하다

인 쇄 일 2022년 12월 20일
발 행 일 2022년 12월 30일

엮 은 곳 (사)제주학회
집 필 진 윤용택, 문경미, 강수경, 고기원, 고은희, 하규철, 박원배, 이영돈
지원·진행 고신자

───────────────────────────────

발 행 인 김영훈
편 집 장 김지희
디 자 인 김영훈
편 집 부 이은아, 부건영, 강은미
발 행 처 한그루
　　　　　　출판등록 제6510000251020008000003호
　　　　　　제주특별자치도 제주시 복지로1길 21
　　　　　　전화 064 723 7580 전송 064 753 7580
　　　　　　전자우편 onetreebook@daum.net 누리방 onetreebook.com

ISBN 979-11-6867-094-5(93300)

『물을 품은 제주섬을 말하다』는 오리온재단의 출판비 지원에 의해 발간되었습니다.

값 30,000원